普通高等教育实践教学系列规划教材

高等学校毕业设计（论文）指导教程
——机械类专业

主 编 张 黎 王 坤

副主编 吴 爽 唐海波 尹淑杰 顾 园

中国水利水电出版社
www.waterpub.com.cn

内 容 提 要

本教程系统地介绍了机械类专业毕业设计的相关内容，主要包括三部分：机械类专业毕业设计指南、机械类专业毕业设计流程和机械类专业各方向毕业设计实例及选题。

本教程遵循规范性原则，力求展示标准的机械类专业毕业设计流程和论文写作过程。本教程本着实用性原则，列举了机械类不同专业方向的大量实例，阐述了毕业设计的所有相关内容和文档，使读者对毕业设计有了更形象和更直接的认识。本教程本着先进性原则，列举的选题展现了当今流行的和热门的毕业设计研究方向。

本教程针对高等院校机械类专业学生毕业设计的实际情况编排内容，具有较强的专业性、指导性和应用性，层次清晰、实例丰富，适合作为高等院校机械类专业学生进行毕业设计和毕业论文编写的指导教程，对从事机械类专业相关工作的技术人员也具有很高的参考价值。

图书在版编目（CIP）数据

> 高等学校毕业设计（论文）指导教程. 机械类专业 / 张黎，王坤主编. -- 北京：中国水利水电出版社，2015.5（2018.12重印）
> 普通高等教育实践教学系列规划教材
> ISBN 978-7-5170-3116-1
>
> Ⅰ. ①高… Ⅱ. ①张… ②王… Ⅲ. ①机械工程－毕业实践－高等学校－教学参考资料 Ⅳ. ①G642.477
>
> 中国版本图书馆CIP数据核字(2015)第083218号

策划编辑：石永峰　　责任编辑：宋俊娥　　加工编辑：夏雪丽　　封面设计：李　佳

书　　名	普通高等教育实践教学系列规划教材 **高等学校毕业设计（论文）指导教程——机械类专业**
作　　者	主　编　张　黎　王　坤 副主编　吴　爽　唐海波　尹淑杰　顾　园
出版发行	中国水利水电出版社 （北京市海淀区玉渊潭南路1号D座　100038） 网址：www.waterpub.com.cn E-mail：mchannel@263.net（万水） 　　　　sales@waterpub.com.cn 电话：（010）68367658（发行部）、82562819（万水）
经　　售	北京科水图书销售中心（零售） 电话：（010）88383994、63202643、68545874 全国各地新华书店和相关出版物销售网点
排　　版	北京万水电子信息有限公司
印　　刷	三河市铭浩彩色印装有限公司
规　　格	184mm×260mm　16开本　20印张　491千字
版　　次	2015年5月第1版　2018年12月第2次印刷
印　　数	3001—5000册
定　　价	42.00元

凡购买我社图书，如有缺页、倒页、脱页的，本社发行部负责调换

版权所有·侵权必究

前　　言

　　本教程全部由机械专业一线教师编写，笔者希望把多年指导机械类专业学生毕业设计的教学经验和教学实践成果融入到教程中，为机械类专业学生的毕业设计提供一本高质量的指导教程。

　　在内容布局上，本着理论与实践并重的原则，首先从总体上介绍机械类专业毕业设计的相关内容和组织管理，然后详细介绍了机械类专业毕业设计的整体流程，最后从机制方向、数控方向、模具方向、成型方向和焊接方向五个方面分析实例并进行选题列举，达到实战示范的效果。

　　本教程选材注意把握机械类相关专业学生的知识背景与接受能力，以内容的新颖性、实例的应用性以及教程布局的系统性激发学生的阅读兴趣，帮助学生更好地完成毕业设计任务。

　　毕业设计及论文撰写是大学教育阶段的最后教学环节，是每个受高等教育学生在毕业前必须完成的一门重要的实践必修课程。各类教育院校都要求学生在指导教师的监督引导下，顺利完成毕业设计（论文），成绩合格是学生毕业和获得学位的必要条件。

　　围绕机械类专业毕业设计（论文）的特点，本教程的内容安排如下：

第一部分　机械类专业毕业设计指南

1．机械类专业毕业设计概述

　　介绍了机械类专业毕业设计的内容；机械类专业毕业设计的功能特点、基本要求；机械类专业毕业设计的文档内容。

2．机械类专业毕业设计的管理

　　介绍了机械类专业毕业设计组织管理、毕业设计工作要求、毕业设计选题管理、毕业设计答辩管理、毕业设计成绩评定、毕业设计归档等内容。

第二部分　机械类专业毕业设计流程

1．机械类专业毕业设计的选题

　　介绍了机械类专业毕业设计选题的原则、选题的流程及撰写任务书和开题报告。

2．机械类毕业设计的调研和文献检索

　　介绍了毕业设计的调研工作、毕业设计的文献检索及使用、文献综述及机械类文献资料常用的检索工具。

3．机械类专业毕业设计的主体内容设计

　　介绍了机械类专业毕业设计的主体内容设计，包括分析研究背景、认清关键技术及难点、毕业设计的进度规划、毕业设计的具体实施过程等。

4．机械类专业毕业设计的论文撰写

　　介绍了机械类专业毕业设计的论文撰写方法，包括论文的格式、论文的结构、论文内容的撰写、内容规范总体要求、论文撰写步骤及专业术语等。

5．机械类专业毕业设计的答辩

　　介绍了答辩的程序、答辩的准备，包括演示文稿设计、答辩的自我陈述和答辩的问题准备。

第三部分 机械类专业各方向毕业设计实例及选题

1．机制方向毕业设计实例及选题

简述了机制方向，介绍了机制方向毕业设计实例分析和机制方向的各类选题。

2．数控方向毕业设计实例及选题

简述了数控方向，介绍了数控方向毕业设计实例分析和数控方向的各类选题。

3．模具方向毕业设计实例及选题

简述了模具方向，介绍了模具方向毕业设计实例分析和模具方向的各类选题。

4．成型方向毕业设计实例及选题

简述了成型方向，介绍了成型方向毕业设计实例分析和成型方向的各类选题。

5．焊接方向毕业设计实例及选题

简述了焊接方向，介绍了焊接方向毕业设计实例分析和焊接方向的各类选题。

本教程共分三大部分，下设 12 章。全面系统地阐述了机械类专业毕业设计的相关内容和文档、执行流程、论文撰写、应用策略。针对机械类专业各方向都进行了实例设计展示和相关选题列举。

本教程由张黎、王坤主编，吴爽、唐海波、尹淑杰、顾园任副主编。另外，李仁杰、杜文洁、王秀梅、时代、祝溪明、孙红雨、郭英等也参与了本教程的编写和校对工作。

由于水平和时间有限，书中难免出现一些疏漏，请读者批评指正。

编　者

2015 年 4 月

目　　录

前言

第一部分　机械类专业毕业设计指南

第1章　机械类专业毕业设计概述 … 2
- 1.1　毕业设计的内容 … 2
- 1.2　毕业设计的功能特点和基本要求 … 2
  - 1.2.1　毕业设计的功能及特点 … 2
  - 1.2.2　毕业设计的基本要求 … 2
- 1.3　毕业设计（论文）的文档内容 … 3

第2章　机械类专业毕业设计的管理 … 11
- 2.1　毕业设计组织管理 … 11
- 2.2　毕业设计工作要求 … 13
- 2.3　毕业设计选题管理 … 14
- 2.4　毕业设计答辩管理 … 15
- 2.5　毕业设计成绩评定 … 18
- 2.6　毕业设计归档 … 20

第二部分　机械类专业毕业设计流程

第3章　机械类专业毕业设计的选题 … 22
- 3.1　选题的原则 … 22
- 3.2　选题的流程 … 23
- 3.3　撰写任务书和开题报告 … 24

第4章　机械类毕业设计的调研和文献检索 … 30
- 4.1　调研工作 … 30
- 4.2　文献检索及使用 … 31
- 4.3　文献综述 … 41
- 4.4　机械类文献资料常用检索工具 … 41

第5章　机械类专业毕业设计的主体内容 … 42
- 5.1　研究背景 … 42
- 5.2　关键技术及难点 … 44
- 5.3　毕业设计的进度规划 … 45
- 5.4　毕业设计的具体实施 … 45

第6章　机械类专业毕业论文的撰写 … 49
- 6.1　论文的格式 … 49
- 6.2　论文的结构 … 52
- 6.3　论文的内容的撰写 … 54
  - 6.3.1　内容规范总体要求 … 54
  - 6.3.2　论文撰写步骤 … 56
  - 6.3.3　专业术语 … 57

第7章　机械类专业毕业设计的答辩 … 58
- 7.1　答辩程序 … 58
- 7.2　答辩准备 … 58
  - 7.2.1　演示文稿设计 … 58
  - 7.2.2　自我陈述环节的准备 … 60
  - 7.2.3　提问环节的准备 … 63

第三部分　机械类专业各方向毕业设计实例及选题

第8章　机制方向毕业设计实例及选题 … 68
- 8.1　机制方向概述 … 68
- 8.2　机制方向毕业设计实例 … 70
  - 8.2.1　回转体零件在线检测设备的设计 … 70
  - 8.2.2　铝合金薄壁件高速铣削加工工艺与实验研究 … 116

8.3 机制方向的各类选题 …………………… 166
　8.3.1 机械设计与制造方向 …………… 166
　8.3.2 创新设计方向 …………………… 167
第9章 数控方向毕业设计实例及选题 …… 169
　9.1 数控方向概述 …………………………… 169
　9.2 数控方向毕业设计实例 ……………… 170
　9.3 数控方向的各类选题 ………………… 199
　　9.3.1 数控加工 ………………………… 199
　　9.3.2 数控机床加工 …………………… 200
第10章 模具方向毕业设计实例及选题 …… 202
　10.1 模具方向概述 ………………………… 202
　10.2 模具方向毕业设计实例 ……………… 204
　10.3 模具方向的各类选题 ………………… 232
　　10.3.1 冷冲压方向 …………………… 232
　　10.3.2 型腔模具 ……………………… 234
第11章 成型方向毕业设计实例及选题 …… 236
　11.1 成型方向概述 ………………………… 236
　11.2 成型方向毕业设计实例 ……………… 238
　11.3 成型方向的各类选题 ………………… 273
　　11.3.1 砂型铸造 ……………………… 273
　　11.3.2 特种铸造 ……………………… 274
第12章 焊接方向毕业设计实例及选题 …… 277
　12.1 焊接方向概述 ………………………… 277
　12.2 焊接方向毕业设计实例 ……………… 278
　12.3 焊接方向的各类选题 ………………… 309
　　12.3.1 焊缝设计及质量控制 ………… 309
　　12.3.2 合金的焊接设计 ……………… 310
参考文献 ……………………………………… 311

第一部分　机械类专业毕业设计指南

本部分概要

- 机械类专业毕业设计的内容、功能特点、基本要求及文档内容；
- 机械类专业毕业设计的管理。

本部分导言

　　毕业设计及论文撰写是大学教育阶段最后的教学环节，是每个受高等教育学生在毕业前必须完成的一门重要的实践必修课程。各类教育院校都要求学生在指导教师的监督引导下，顺利完成毕业设计（论文），成绩合格是学生毕业和获得学位的必要条件。

　　围绕机械类专业毕业设计（论文）的特点，本部分概括了机械类专业毕业设计的相关内容，描述了机械类专业毕业设计的管理工作。

第 1 章 机械类专业毕业设计概述

本章概要

- 机械类专业毕业设计的内容;
- 机械类专业毕业设计的功能特点、基本要求;
- 机械类专业毕业设计的文档内容。

1.1 毕业设计的内容

毕业设计的内容可以是本专业较为熟悉的传统设计题目,也可以是实际工程项目或实际工程项目的模拟,还可以是本专业具有探索性的、以工程设计为主的课题,最后完成并提交的形式为设计方案、完整的技术图纸和设计说明书。

1.2 毕业设计的功能特点和基本要求

1.2.1 毕业设计的功能及特点

毕业设计首先应满足教学与教育功能,培养和造就学生的创新能力和工程意识,通过毕业设计教学与教育功能的实现,促进学生科学的智能结构的形成;其次,毕业设计大多来源于实际,其成果可直接或间接地满足市场需求,为社会服务,实现毕业设计的社会功能。

鉴于毕业设计是在特定条件下为实现其功能而进行的设计工作,所以毕业设计具有下列特点:

(1)毕业设计任务的确定首先要考虑教学基本要求,同时也要兼顾社会需求,这也是毕业设计选题的原则之一。

(2)毕业设计具有时间的限定性及学业的规定性。毕业设计任务规定为学生毕业前必须完成的必修科目。

(3)毕业设计是在指导教师指导下由学生独立完成的。指导教师可以是教师,也可以是厂、院、所的工程技术人员。

1.2.2 毕业设计的基本要求

大多数机械类毕业设计为工程设计。工程设计是将技术原理转化为生产力的桥梁,是实现科研成果社会价值的创新活动。所以,毕业设计也应满足对工程设计的以下基本要求:

(1)设计思想科学性。从需求分析、方案论证、总体设计到结构设计,应以继承与创新的有机结合为主线,以科学的理论为指导,以科学试验和工程实践为依据。

(2)设计内容新颖性。设计是应用智慧进行的开发与创造,应体现探索与创新的特征,

设计内容应有足够的技术进步,满足市场需求和技术要求。

（3）设计表述规范性。设计工作的进行,应依据国家标准及各种规范,并结合科学技术、生产实践及经济发展状况,精心组织完成。

（4）设计约束的严密性。实现设计目标是有约束条件的,设计受到内、外约束条件制约。因此在设计中,应采用科学的方法,综合研究各种条件,以期实现最佳方案的选择。

（5）设计过程的综合性。设计过程是科学先进的设计思想、可提供的物质资源与条件,现代设计方法的综合,是多学科的知识及工程实践的综合。因此设计应具有鲜明的综合性,其综合性含有技术特征与非技术特征。

（6）设计结果实用性。设计过程应与市场需求和生产实践紧密结合,使其设计成果产生较好的经济效益和社会效益。

工程设计类型的毕业设计,应力求实现上述各项要求。

1.3　毕业设计（论文）的文档内容

毕业设计（论文）的文档内容包括：毕业设计任务书、文献综述、开题报告、中期报告、论文正文等。每种文档都有自己的内容规范和格式规范,这些规范由学校统一制定。

1. 毕业设计任务书样式

毕业设计任务书样式如表 1-1 所示。

表 1-1　××××大学毕业设计（论文）任务书

姓　　名		学　号		系　别		
专　　业		年级班级		指导教师		
论文题目						
任务和目标						
基本要求						
研究所需条件						
任务进度安排	序号	主要任务		起止时间		
	1					
	2					
	3					
	4					
	5					
	6					
	7					
指导教师签字			日期		年　月　日	
系部领导签章			日期		年　月　日	

2. 文献综述样式

文献综述样式如表 1-2 所示。

表 1-2　××××大学毕业设计（论文）文献综述

姓　　名		学号		系别	
专　　业		年级班级		指导教师	
论文题目					
查阅的主要文献					
文献综述					
备注					
指导教师意见	指导教师签字： 　　　年　　月　　日				

3. 毕业设计开题报告样式

毕业设计开题报告样式如表 1-3 所示。

表 1-3　××××大学毕业设计（论文）开题报告

姓　　名		学　号		系别	
专　　业		年级班级		指导教师	
论文题目					
选题依据与意义					
研究内容					
研究方案					
写作进度安排					

续表

指导教师意见	指导教师签字： 年　月　日
学术委员会意见	主任签章： 年　月　日

4. 毕业设计中期报告样式

毕业设计中期报告样式如表 1-4 所示。

表 1-4　××××大学毕业论文中期检查报告

姓名		学号		指导老师	
论文题目					
论文中期完成情况					
完成情况评价	1．按计划完成，完成情况优（　） 2．按计划完成，完成情况良（　） 3．基本按计划完成，完成情况合格（　） 4．完成情况不合格（　） 补充说明： 指导教师签名：　　　　　　　　　　　年　月　日				

5. 毕业论文封皮样式

毕业论文封皮示样图如图 1-1 所示。

```
××××大学（（居中，小1号））

毕  业  论  文（设 计）（居中，小1号）


题    目：_____（3号）
系    部：_____（3号）
专    业：_____（3号）
班    级：_____（3号）
学    号：_____（3号）
学生姓名：_____（3号）
指导教师：_____（3号）
完成日期：××××年××月××日      （3号）
```

图 1-1 毕业论文封皮示样图

6. 毕业设计论文的排版格式

毕业设计论文的排版格式要求如下：

（1）文字。

行文按文章结构段落自然排列，每段起行空两格，自然折返顶格，用"小四号宋体"。强调部分可加粗或加下划线、着重点，但全文要保持统一风格。

论文中汉字必须使用国家公布的规范字，所有文字字面清晰，不得涂改。

（2）正文主体格式。

中文论文撰写通行的题序层次大致有以下几种格式，如表 1-5 所示。

表 1-5 中文论文题序层次格式

第一种	第二种	第三种	第四种
一、	1	第一章	第一章
（一）	1.1	一、	第一节
1.	1.1.1	（一）	一、
（1）		1.	（一）

格式是保证文章结构清晰、纲目分明的编辑手段，撰写毕业论文可任选其中的一种格式，但采用的格式必须符合上表规定，并前后统一，不得混杂使用。格式除题序层次外，还应包括分段、行距、字体和字号等。

（3）主要表示方法。

1）计量单位，一律采用国家标准 GB3100～GB3102－93。非物理量的单位可采用汉字与其他符号构成组合形式的单位。

2）标点符号，应采用国家新闻出版署公布的中华人民共和国国家标准《标点符号用法》。

3）科学技术名词，应采用全国自然科学技术名词审定委员会公布的规范词或国家标准、部标准中规定的名称，尚未统一规定或有争议的名称可采用习惯用法。

4）数字使用，除部分结构层次序数、词组、惯用语、缩略语、具有修辞色彩的语句中作为词素的数字必须使用汉字外，应使用阿拉伯数字。论文数字表示方法应前后一致。

（4）表格。

正义中所有表格须列明标题，并通篇统一编制序号，如全文篇幅较长，可按章编制。正文中与相关表格对应文字处须在括号中注明"见表 n"字样，表序及表名置于表的上方。表内必须按规定的符号注明单位。

表格内数字须上下对齐，相邻栏内的数字相同时，不能用"同上""同左"和其他类似用词，应一一重新标注。

表序和表题置于表格上方中间位置，无表题的表序置于表格的左上方或右上方（同一篇论文位置应一致）。

示例如表 1-6 所示。

表 1-6　氮气流量对规整率的影响

氮气流量（m³/h）	0.15	0.18	0.2	0.25	0.28	0.15	0.18
产物收率（%）	65.46	82.38	98.64	95.02	76.98	65.46	82.38

注：温度 1050℃　时间 60 min
表格来源：热蒸发法制备一维 ZnO 晶须材料

（5）图。

所有曲线、图表、线路图、流程图、程序框图、示意图等不可徒手画，必须采用计算机制做。插图要精选。中文中所有图示须列明标题，并通篇统一编制序号，如全文篇幅较长，亦可按章编制。正文中与相关图示对应文字处须在括号中注明"见图 n"字样，图序及图名置于图的下方中间位置。

示例如图 1-2 所示。

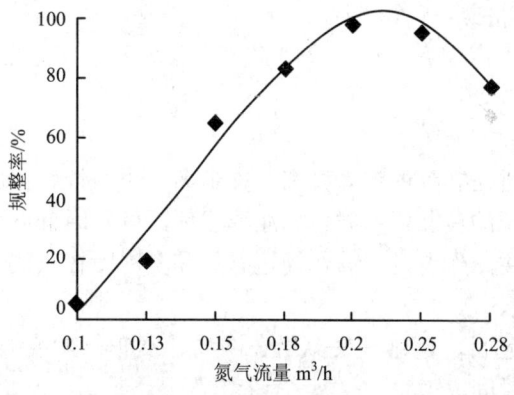

图 1-2　氮气流量对规整率的影响

本图来源：热蒸发法制备一维 ZnO 晶须材料

(6) 公式。

公式应另起一行居中，统一用公式编辑器编辑。公式与编号之间不加虚线。公式较长时应在"＝"前转行或在"＋、－、×、÷"运算符号处转行，等号或运算符号应在转行后的行首，公式的编号用圆括号括起来放在公式右边行末。

公式序号按章编排，例如：第3章第2个公式序号为"(3.2)"。文中引用公式时，采用"见公式(3.2)"表述。

示例如下：

动力学普遍方程：

$$\sum_{i=1}^{n}(F_i - m_i a_i) \cdot \delta r_i = 0$$

(7) 软件。

软件流程图和原程序清单要按软件文档格式附在论文后面，特殊情况可在答辩时展示，不附在论文内。

(8) 注释和引证。

1) 正文注释采用脚注。

注释序号用阿拉伯数字加圆圈标注，行文标注为上标，注释序号保持正常位置，字体的大小由Word软件自然生成。注释序号本页连续，全文连续。

2) 中文独立文献注释格式。

首次引用，注明著者姓名、文献名、卷册序号、出版地、出版单位、出版时间、页码。

再次引用同一文献来源的资料时，只需注出作者姓名、著作名和资料所在页码，如在同一页且紧接同一资料来源的上一注释，可以用"同上"代替作者姓名、著作名，仅标明页码。

转引，按上述要求标注原始资料出处，用句号结束。用"转引自"表明转引，标明载有转引文献的资料出处。

注释行文中，作者与文献名间用冒号，多个作者间用逗号分开。

3) 期刊杂志注释格式。

应注明作者姓名，期刊名，刊号，页码，如刊号不表示时间应注明发表时间。

4) 中文析出文献注释格式。

引证标注内容及顺序为：作者，析出文献名，文集编者，文集题名，卷册，出版者与出版时间，版本，页码。

5) 外文文献注释格式。

首次引用需注明资料所在文献的作者姓名、文献名、出版地、出版时间及资料所在页码；再次引用同一文献来源的英文资料时，如注释相邻，可以用Ibid代替作者姓名、著作名，如果注释有间隔，可以只注出作者姓、著作简短题目和资料所在页码。

6) 网络文献注释格式。

原则上应注出作者、题目、网址和文献所在网页、发布日期或阅读日期；电子数据库应注明资料所在网址和查询时间。

7) 其他来源文献的注释可根据具体情况参照有关学术刊物标注，或根据指导教师的意见确定注释方式。

8）篇幅较长且相对独立的有助于读者完整深入地理解正文内容或了解正文中不得不省略的解释、论证过程，供读者参阅的相关文献，如样本、问卷、图表、范例等可以作为附录置于论文之后。

（9）参考文献。

参考文献一律放在文后，参考文献的格式按国家标准 GB7714－87 的规定编写。参考文献按其在文中出现的先后顺序统一用阿拉伯数字进行自然编号，一般序码宜用方括号［ ］标明，顺序为：作者名称，文章题目，期刊名称，年、卷、期、页码。具体各类参考文献的编排格式如下：

1）文献是期刊时，书写格式为：

[序号] 作者. 文章题目[J]. 期刊名，出版年份，卷号（期数）：起止页码.

2）文献是图书时，书写格式为：

[序号] 作者. 书名[M]. 版次. 出版地：出版单位，出版年份：起止页码.

3）文献是会议论文集时，书写格式为：

[序号] 作者. 文章题目[A]. 主编. 论文集名[C]，出版地：出版单位，出版年份：起止页码.

4）文献是学位论文时，书写格式为：

[序号] 作者. 论文题目[D]. 保存地：保存单位，年份.

5）文献是来自报告时，书写格式为：

[序号] 报告者. 报告题目[R]. 报告地：报告会主办单位，报告年份.

6）文献是来自专利时，书写格式为：

[序号] 专利所有者. 专利名称：专利国别，专利号[P].发布日期.

7）文献是来自国际、国家标准时，书写格式为：

[序号] 标准代号. 标准名称[S]. 出版地：出版单位，出版年份.

8）文献来自报纸文章时，书写格式为：

[序号] 作者. 文章题目[N]. 报纸名，出版日期（版次）.

9）文献来自电子文献时，书写格式为：

[序号] 作者. 文献题目[电子文献及载体类型标识]. 电子文献的可获取地址，发表或更新日期/引用日期（可以只选择一项）.

示样图如图 1-3 所示。

[1] 张毅. 铸造工艺 CAD 及其应用[M]. 北京：机械工业出版社，1994：14-15.
[2] Huang S C, Huang Y M, Shieh S M. Vibration and stability of a rotating shaft containing a transerse crack[J], J Sound and Vibration, 1993, 162（3）：387-401.
[3] 周丽. 机械式挖掘机工作装置的优化与仿真[D]. 沈阳：东北大学，2000.

图 1-3　参考文献格式示样图

电子参考文献建议标识：

［DB/OL］——联机网上数据库（database online）

［DB/MT］——磁带数据库（database on magnetic tape）

［M/CD］——光盘图书（monograph on CD-ROM）

［CP/DK］——磁盘软件（computer program on disk）

［J/OL］——网上期刊（serial online）

［EB/OL］——网上电子公告（electronic bulletin board online）

（10）文献综述。

文献综述包括题目、前言、正文、总结等几个部分。

题目：一般应直接采用《文献综述》作为标题，经指导教师批准也可以所研究的题目或主要论题加"文献综述"的方式作为标题。

前言：点明毕业设计（论文）的论题、学术意义以及其与所阅读文献的关系，简要说明文献收集的目的、重点、时空范围、文献种类、核心刊物等方面的内容。

正文：无固定格式，文献综述在逻辑上要合理，可以按文献与毕业设计（论文）主题的关系由远而近进行综述，也可以按年代顺序综述，也可按不同的问题进行综述，还可按不同的观点进行比较综述。总之要根据毕业设计（论文）的具体情况撰写，对毕业设计（论文）所采用的全部参考文献分类、归纳、分析、比较、评述，应特别注意对主流、权威文献学术成果的引用和评述，注意发现已有成果的不足。

结论：对全文的评述做出简明扼要的总结，重点说明对毕业设计（论文）具有启示、借鉴或作为毕业设计（论文）重要论述依据的相关文献已有成果的学术意义、应用价值和不足，提出自己的研究目标。

第 2 章　机械类专业毕业设计的管理

本章概要

- 毕业设计组织管理；
- 毕业设计工作要求；
- 毕业设计选题管理；
- 毕业设计答辩管理；
- 毕业设计成绩评定；
- 毕业设计归档。

2.1　毕业设计组织管理

全校的毕业设计工作应由校领导统一领导，由教务处、学院、系、指导教师分级落实完成。

1. 教务处职责

教务处作为学校教学主管部门负责全校毕业设计的宏观组织管理工作。其主要职责包括：

（1）制定全校毕业设计工作的有关政策、制度和规定。

（2）负责年度毕业设计经费的分配与管理。

（3）负责组织全校性毕业设计工作的抽查、检查、评估和总结，汇总全校毕业设计题目类型、成绩等有关信息，对学院毕业设计工作进行考核、评价。

（4）加强与各学院间的联系，协调、解决学院在毕业设计工作过程中出现的问题。

（5）组织校级优秀毕业设计和优秀指导教师的评选工作，编印《××××大学优秀毕业设计摘要选编》。

（6）组织毕业设计管理工作的教学研究和改革。

2. 学院职责

学院负责本院学生毕业设计工作的全过程管理。各学院成立由教学院长、系主任、教学秘书和部分指导教师组成的毕业设计工作领导小组。其主要职责是：

（1）贯彻落实学校有关毕业设计工作的管理规定和安排，根据本院各专业特点，明确和细化毕业设计的教学基本要求，拟定本院毕业设计工作实施细则、计划和措施。

（2）向各系布置毕业设计工作任务，对学生进行毕业设计动员。

（3）组织审定毕业设计选题，为学生选配合适的指导教师，下达任务书，填报题目落实情况统计表，报教务处备案。

（4）定期检查各系毕业设计工作的进度和质量。抓好题目审查、实习检查、开题、中期检查、答辩检查等各个环节。

（5）负责对本院毕业设计工作及教学过程的各个环节进行质量检查和评价。

（6）成立学院答辩委员会和各专业答辩小组，组织全院答辩工作，审查答辩小组对毕业设计的成绩评定。

（7）进行本院毕业设计工作总结，填写有关统计数据和表格。

（8）负责评选、推荐校级优秀毕业设计和优秀指导教师。

（9）做好毕业设计文件的归档工作。

3. 各系职责

各系负责本单位学生毕业设计工作的具体组织和实施，成立以系主任为组长的毕业设计工作指导小组。其主要职责是：

（1）贯彻执行校、院两级对毕业设计管理的规定。

（2）根据教师的条件，确认指导教师名单并报学院审核。

（3）根据选题原则组织毕业设计选题并报学院审核。

（4）填报《××××大学毕业设计计划题目统计表》和《××××大学毕业设计题目落实情况统计表》，并报学院。

（5）召开指导教师会议，就指导要求、日程安排、评阅标准等，统一认识和要求。

（6）组织指导教师填写并向学生下达毕业设计任务书。

（7）检查毕业设计的进度和质量，考核指导教师的工作，组织对学生的日常管理。

（8）组成毕业设计答辩小组，组织毕业设计评阅、答辩和成绩评定。

（9）进行本系毕业设计工作总结。

（10）将毕业设计材料汇总并交学院存档。

4. 指导教师职责

毕业设计实行指导教师负责制。毕业设计的指导教师，必须由具有讲师（或相当于讲师）以上职称或具有硕士、博士学位，并经学院领导批准的教师、科研人员、工程技术人员担任。每个指导教师应对整个毕业设计阶段的教学活动全面负责。其主要职责是：

（1）提出毕业设计课题。

（2）根据课题的性质和要求，填写《××××大学生毕业设计任务书》，经系和学院签署意见后下发给学生，并定期检查学生的工作进度。

（3）向学生介绍进行毕业设计的工作方法和研究方法，为学生介绍、提供有关参考书目或文献资料，审查学生拟定的设计方案或写作提纲。

（4）负责指导学生进行调查研究、文献查阅、方案制定、开题报告、实验研究、上机运算、图纸绘制、论文撰写、毕业答辩等各项工作。

（5）在毕业设计内容上对学生提出具体要求，如学生应完成的计算工作、各项实验数据、查阅中外文资料、硬件制作、绘制图纸数量、开题报告、文献综述、毕业设计说明书、毕业论文等。

（6）按时完成对学生的毕业设计初稿的审阅，提出具体的修改意见并督促学生进行修改。

（7）必须在学生答辩前审查完毕业设计正式稿（包括设计说明书、计算资料、实验报告、图纸或论文等），实事求是地向答辩委员会写出对学生工作态度、能力、毕业设计水平、应用价值等评语、意见和建议，并认真填写毕业设计成绩评分表。

具体评阅内容如下：

- 课题与任务评价：岗位贴近度、专业贴近度、训练实效性；

- 质量与水平评价：科学性与创新性、规范性、实用性；
- 工作量评价：工作量大小、独立完成性；
- 态度评价：钻研与勤奋、团队合作精神、学导合作；
- 写作质量评价：文字表述及图表质量等；

（8）指导学生做好毕业设计答辩工作。

（9）在整个毕业设计过程中，应保证对学生指导答疑的周学时数，定期对学生进行答疑。

5. 学生的职责

（1）学生在毕业设计开始前两周向指导教师索取《毕业设计任务书》和《××××毕业设计（论文）指导记录》。

（2）根据毕业设计任务书的要求，学生应向指导教师提呈调研提纲，拟定毕业设计工作计划，并在毕业设计工作开始两周内写出开题报告，主要内容包括调研资料准备情况，设计的目的、要求、思路与预期成果，工作任务分解，各阶段完成的内容与时间分配以及需要解决的问题等。在交指导教师审查批准后，正式开始毕业设计工作。

（3）学生必须在规定时间内完成毕业设计各项任务。毕业设计说明书或论文书写格式要符合毕业设计撰写规范。

（4）毕业设计答辩开始前一周，学生需向指导教师提交毕业设计全部成果，文档部分按规定装订成册。答辩前需写出设计说明书或论文提要、答辩提纲、必要的图表等。

（5）学生答辩后，应交回所有资料（包括设计说明书、图纸、论文、阶段资料、实验原始记录、译文、软件文档等）。对于设计内容中涉及的有关技术资料，未经许可不得擅自对外发表或转让。

（6）毕业设计成绩不及格者不能毕业。学生可提出重修申请，经二级学院院长批准，报教务处办理重修手续后，安排在下一届毕业设计期间进行。

2.2 毕业设计工作要求

1. 指导教师

（1）指导教师应由具有中级及以上技术职称且具有科研工作背景和实践经验、责任心强的教师担任。提倡建立校内外指导教师相结合，以校内教师为主体的指导教师队伍。

（2）首次独立担任毕业设计指导工作的青年教师要认真学习毕业设计的有关规定，并拟定详细的指导方案，由学院批准。系（教研室、研究所）应指派经验丰富的教师对他们进行指导，帮助他们提高指导水平。

（3）为保证学生毕业设计质量，原则上中级职称指导教师指导学生不超过 4 人，高级职称指导教师指导学生不超过 8 人；对师资充足的专业，根据情况指导人数可适度降低。

（4）指导教师一经确定，不得随意更换。确因工作需要变更时，必须经学院毕业设计领导小组组长批准。

（5）指导教师要注意培养学生独立分析问题和解决问题的能力，鼓励学生的创新精神。在选题、文献查阅、试验设计、观察记载、数据处理、结果分析、论文或设计说明书撰写等方面要切实加强指导，对学生提出的总体方案、计算方法、实验方案，所做的理论推导、实验分析的结论、译文、外文摘要等做必要的审查。在指导过程中努力培养学生严肃、严密、严谨和勇于创新的科学作风。

（6）指导教师对学生必须严格要求，工作中注意防止学生的抄袭、拼凑行为，杜绝学术腐败现象。

指导教师应对学生的论文质量（除学生自身的能力和水平外）承担相应的责任。因教师不负责任构成教学事故的，按照有关规定进行处理。

（7）指导教师要以身作则、教书育人，定期检查学生的工作进度和工作质量，解答和处理学生提出的有关问题，并随时做好记录，认真填写指导记录。

毕业设计（论文）指导记录示例如表 2-1 所示。

表 2-1 ××××大学毕业设计（论文）指导记录表

姓 名		学 号		系 别	
专 业		年级班级		指导教师	
论文题目					
指导时间		指 导 内 容			教师签字

（8）毕业设计完成后，指导教师和评阅教师要认真审阅，并根据学生的工作态度、工作能力、设计质量等方面对毕业设计做出较全面、准确的评价，写出书面评语，给出成绩。

2. 学生

（1）学生应充分认识毕业设计对培养自己能力和素质的重要性，要以严肃认真的态度进行工作，要有高度的责任感和自觉性，力争高质量地完成毕业设计。

（2）参加毕业设计的学生既要虚心接受导师的指导，又要充分发挥主观能动性。要结合课题，独立思考，努力钻研，勇于实践，敢于创新。

（3）毕业设计期间要遵守学校及所在单位的劳动纪律和规章制度。严格按照本科毕业设计要求和撰写规范的要求完成毕业设计，不得弄虚作假，不得抄袭、剽窃他人的论著或成果。

（4）毕业设计期间要严格遵守实验室规章制度和仪器设备操作规程，爱护设备，节约材料。

（5）在做毕业设计期间，要严格遵守学院有关管理规定，接受指导老师的指导与检查。不按要求执行者，不得参加答辩；

（6）答辩结束后，学生必须将所有资料交回学院。其资料包括毕业设计、设计说明书、图纸、阶段资料、实验原始记录、软件文档等。

（7）未在规定时间内完成毕业设计或不按时参加答辩者，无毕业设计成绩。

2.3　毕业设计选题管理

毕业设计选题要采取"公布题目，自拟题目，按需选题，导师负责"的做法，突出学生的主体地位，以充分调动学生的主动性和积极性。

（1）选题原则。

- 必须符合本专业的培养目标及基本教学要求，体现本专业的基本理论应用和基本技能训练需要，充分发挥学生的主动性和创造性，使学生得到全面的训练。可采取以指导教师公布参考题目为主，学生自拟题目为辅的方式。

- 选题要有明确的任务或研究对象，且工作量和难易程度适当，使学生能在规定的时间内，在教师的指导下独立完成。
- 选题要体现先进性，要有利于学生深化所学知识并拓宽知识面。选题时，要尽可能选择与科研和生产实际相结合的题目，引导与学科建设紧密相关的题目，有条件的选择与当地政策有重大指导意义的调查综述类题目，鼓励指导教师带领学生开展具有一定深度和前沿的专题研究。
- 选题要坚持因材施教的原则，充分发挥每个学生的积极性与创造性，提高学生独立思考、自主创新的能力。

（2）参考题目要由指导教师根据本人的学术研究方向在学生选题前拟出后，经教研室审定并按专业划分指导教师及研究方向，报系部审查批准备案后实施。学生自拟题目要与指导教师充分沟通后确定。

（3）指导教师及参考题目批准备案后，由系部组织毕业生选题，调整汇总后，再反馈至指导老师及毕业生，并通知学生到指导教师处报到，接受设计（论文）任务。

（4）指导教师与学生按照选定的论文题目充分地沟通，反复地论证，合理地确定毕业设计（论文）框架结构、主要内容、进度安排等事项。

（5）选题、审题工作要在规定时间内完成，以便学生及早考虑和准备。任务书要在毕业设计（论文）开始前发给学生。

（6）任务书一经审定，原则上不得随意更改。如确需变更，须在规定时间内提出书面报告说明变更原因，经教研室主任同意，并报系部批准后方可执行。

2.4 毕业设计答辩管理

（1）毕业设计完成以后，必须经指导教师、评阅教师评审，审查合格后方能参加答辩。毕业设计（论文）指导教师评分规则示例如表 2-2 所示，毕业设计（论文）评阅教师评分规则示例如表 2-3 所示。

表 2-2 ××××大学毕业设计（论文）指导教师评分表

姓 名		学 号		系 别	
专 业		年级班级		指导教师	
论文题目					
由指导教师根据学生的毕业论文写作完成情况确定（总计 40 分）					评分
1. 文献检索及阅读能力（计 5 分） A. 文献检索、翻译、阅读能力很强，参考文献十分充足（5 分） B. 文献检索、翻译、阅读能力较强，参考文献较为充足（4 分） C. 文献检索、翻译、阅读能力一般，参考文献基本充足（3 分） D. 文献检索、翻译、阅读能力较差，参考文献不足（3 分以下）					

续表

2．论文研究方案设计能力（计5分） A．能独立地提出可行性研究方案（5分） B．能独立地提出部分可行性研究方案（4分） C．只有在指导教师的指导下，才确定可行性研究方案（3分） D．在指导教师的多次指导下，才确定研究方案（3分以下）	
3．基本概念、基本理论掌握情况及独立研究能力（8分） A．基本概念清楚、基本理论扎实、广泛，有很强的独立研究能力（8分） B．基本概念较清楚、基本理论较扎实，有较强的独立研究能力（7分） C．基本概念、基本理论掌握程度一般，独立研究能力一般（6分） D．基本概念、基本理论掌握程度较差，独立研究能力较差（6分以下）	
4．分析问题、解决问题及计算机运用能力（计7分） A．能正确分析解决写作中遇到的问题，计算机运用技能很强（7分） B．能分析写作中遇到的问题，并部分地解决相关问题，计算机运用技能强（6分） C．能部分分析写作中遇到的问题，并部分地解决相关问题，计算机运用技能一般（5分） D．分析、解决问题能力较差，计算机运用技能较差（5分以下）	
5．科学素养及论文写作态度情况（计7分） A．科学素养好，撰写论文态度认真、严谨（7分） B．科学素养较好，撰写论文态度较认真，严谨（6分） C．科学素养一般，撰写论文态度一般（5分） D．科学素养较差，撰写论文态度不够端正（5分以下）	
6．工作量及毕业设计（论文）进度（计8分） A．学生对自己的工作量要求很饱满，能很好地完成规定的进度（8分） B．学生对自己的工作量要求较饱满，基本上能完成规定的进度（7分） C．学生对自己的工作量要求一般，勉强完成进度（6分） D．学生对自己的工作量要求不饱满，也没有完成进度（6分以下）	
合计：	
指导教师评语：	
评定意见：是否同意参加答辩	□ 同意　　□ 不同意
指导教师签字：	年　　月　　日

表2-3　××××大学毕业设计（论文）评阅教师评分表

姓　　名		学　　号		系　　别	
专　　业		年级班级		指导教师	
论文题目					

由评阅教师根据论文质量给出（总计20分）	评分
1．论文书写规范得分（计5分） A．格式规范，符合毕业论文撰写格式要求（5分） （封面、中英文摘要（含关键词）、目录、正文、注释、参考文献、封底）	

续表

B. A 中所列项目中有 1 项或 2 项不合格（4 分） C. A 中所列项目中有 3 项或 4 项不合格（3 分） D. A 中所列项目中超过 4 项不合格（3 分以下）	
2. 论文行文基本要求得分（计 5 分） A. 论文语句通顺、流畅；标点符号、语法正确；叙述简明扼要；思路、层次清晰；概括全面准确；重点突出（5 分） B. 论文行文水平较好（4 分） C. 论文行文水平一般（3 分） D. 论文语句不通，有标点符号和语法错误，思路不清（3 分以下）	
3. 论文正文质量得分（计 5 分） A. 能熟练运用本专业所必须的基本理论和基本专业知识，分析问题、解决问题；概念清楚、方案可行；逻辑合理、论证严密（5 分） B. 论文正文质量较好（4 分） C. 论文正文质量一般（3 分） D. 论文正文质量很差（3 分以下）	
4. 论文创造性得分（计 5 分） A. 具有合理、切实可行的新观点，采取新视角或新的研究方法，能够填补学术空白或完善相关学术理论（5 分） B. 具有较合理的新观点，能够完善相关理论（4 分） C. 仅对已有理论进行综述、分析缺乏自己的见解（3 分） D. 仅对已有理论进行综述、没有自己的见解（3 分以下）	
合计：	
评阅教师评语：	
评定意见：是否同意参加答辩	□ 同意　　□ 修改后同意　　□ 不同意
评阅教师签字：	年　　　月　　　日

（2）各系部要成立毕业设计答辩委员会，并设立答辩组，其成员由系部领导、教研室主任、专业教师等人员组成，答辩组人数要在 3 人以上，指导教师要回避本人指导学生的答辩。

（3）毕业设计答辩开始前，答辩组教师要认真阅读论文，并根据论文所涉及的内容，准备好不同难度的问题，拟在答辩中提问选用。

（4）答辩时间：学生陈述约 5 分钟，教师提问及学生答辩 10～15 分钟。

（5）答辩组要认真填写毕业设计答辩记录表（如表 2-4 所示）和毕业设计（论文）答辩组评分表（如表 2-5 所示），客观地给出答辩评语。

表 2-4　××××大学毕业设计（论文）答辩记录表

姓　　名		学　　号		系　　别	
专　　业		年级班级		指导教师	
论文题目					
答辩时间		地　　点		记录人	

续表

答辩组人数		出席人数	
答辩记录	记录人签字：　　　　　　年　月　日 答辩组组长签字：　　　　　年　月　日		

表 2-5　××××大学毕业设计（论文）答辩组评分表

姓　　名		学　号		系　别	
专　　业		年级班级		指导教师	
论文题目					
由答辩组根据学生论文答辩情况给出（总计 40 分）					评分
1. 答辩准备情况得分（计 10 分） A. 答辩准备情况很好（9～10 分） B. 答辩准备情况较好（7～8 分） C. 答辩准备情况一般（5～6 分） D. 答辩准备情况较差（5 分以下）					
2. 毕业论文介绍表现情况得分（计 10 分） A. 毕业论文介绍简洁、流利、重点突出，表现出对所研究问题掌握地很透彻（9～10 分） B. 毕业论文介绍表现较好（7～8 分） C. 毕业论文介绍表现一般（5～6 分） D. 毕业论文介绍表现较差（5 分以下）					
3. 回答表现得分（计 20 分） A. 回答问题全部正确，概念清楚、理论知识掌握扎实、简明扼要（18～20 分） B. 回答问题表现较好（16～18 分） C. 回答问题表现一般（12～15 分） D. 回答问题表现较差（12 分以下）					
合计：					
答辩组评语：					
评定意见：是否通过答辩			□ 通过　　　□ 未通过		
答辩组成员签字：			年　月　日		

2.5　毕业设计成绩评定

毕业设计成绩评定标准如下：

（1）毕业设计成绩评定要以学生完成工作任务的情况、业务水平、工作态度、设计质量以及答辩情况为依据。

（2）毕业设计成绩采用优秀、良好、中等、及格和不及格五级记分制。由指导教师（占40%）、评阅教师（占20%）、答辩组（占40%）分别评定后，由答辩委员综合审定。

（3）成绩的评定必须坚持标准，从严要求。严格控制"优秀"的比例，严格区分"优秀""良好""中等"与"及格"的界限，对违纪违章被取消毕业设计资格的学生一律按不及格处理。

（4）毕业设计（论文）不能免修、缓修，不及格的必须重做。

毕业设计评分标准如下：

（1）优秀：能圆满地完成课题任务，并在某些方面有独特的见解或创新，有一定的理论意义或使用价值；设计（论文）内容完整、论证详尽、层次分明；设计（论文）书写规范，符合要求且质量高；完成的软、硬件达到甚至优于规定的性能指标要求；独立工作能力强，工作态度认真，作风严谨；答辩时概念清楚，回答问题正确。

（2）良好：能较好地完成课题任务；设计（论文）完整，论证基本正确；设计（论文）书写较规范，符合要求且质量较高；完成的软、硬件基本达到规定性能指标要求；有较强的独立工作能力，工作态度端正，作风严谨；答辩时概念较清楚，回答问题基本正确。

（3）中等：完成课题任务；设计（论文）内容基本完整，论证无原则性错误；设计（论文）书写规范，质量一般；完成的软、硬件尚能达到规定的性能指标要求；有一定的独立工作能力，工作表现较好；答辩时能回答所提出的主要问题，且基本正确。

（4）及格：基本完成课题任务；设计（论文）质量一般，无重大原则性错误；设计（论文）书写不够规范，不够完整；完成的软、硬件性能较差；答辩时讲述不够清楚，对任务涉及的问题能够简要回答，无重大原则性错误。

（5）不及格：没有完成课题任务；设计（论文）中有重大原则性错误；设计（论文）质量较差；完成的软、硬件性能差；答辩时概念不清，对所提问题基本上不能正确回答。

毕业设计成绩评出汇总后，要认真进行毕业设计质量分析并上报教务处。毕业设计（论文）总成绩评定表示例如表2-6所示。

表2-6 ××××大学毕业设计（论文）总成绩评定表

姓　　名		学　　号		系　　别	
专　　业		年级班级		指导教师	
论文题目					
总评成绩	分　　数			等　　级	
答辩委员会意见：					
经审核，论文评语客观公正，评分真实有效，根据指导老师、评阅教师、答辩小组意见，该同学论文成绩评定为 主任签章： 　　　　　　　　　　　　　　　　年　　月　　日					

2.6　毕业设计归档

（1）毕业设计工作结束后，各系部要按要求做好归档工作。毕业设计的归档资料包括：
- 纸质版：

封面－毕业设计任务书－毕业设计文献综述－毕业设计开题报告－毕业设计指导记录－毕业设计指导教师评分表－毕业设计评阅教师评分表－毕业设计答辩组评分表－毕业设计答辩记录－毕业设计总成绩评定表。
- 电子版：

封面－原创声明－目录－标题、摘要与关键词－前言－主体部分－论文－注释－参考文献－致谢－封底（空白纸）。

（2）总结报送。

毕业设计工作结束后，各学院进行自评和总结。并将自评结果和总结报告以书面形式于规定时间内交教务处存档。

第二部分　机械类专业毕业设计流程

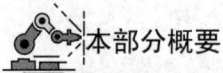本部分概要

本部分介绍了机械类专业毕业设计流程，具体环节包括：
- 选题；
- 调研工作；
- 信息和文献检索；
- 主体内容设计；
- 论文撰写；
- 答辩。

本部分导言

毕业设计流程是由多个环节组成，每个环节的目标和任务不同，按照一定时间顺序排列。学生按照顺序有条不紊地执行设计流程，就会高效率地完成设计工作。

第 3 章　机械类专业毕业设计的选题

本章概要

- 选题的原则；
- 选题的流程；
- 选题的策略；
- 撰写开题报告。

3.1　选题的原则

选题是毕业设计的第一步，也是非常重要的一步。选题的成功与否直接关系学生能否顺利完成最终的毕业设计任务。选题不仅确定了毕业设计的方向和研究目标，还确定了学生需要运用的专业知识范围以及最后毕业论文的类型。如果能够选择一个有实际应用性的、有研究价值的、适合个人专业能力的题目，毕业设计就成功了一半。

选题具体原则如下：

（1）符合机械类专业培养目标。

机械类专业的综合培养目标是培养具有扎实机械理论知识和良好机械类专业技能，掌握经济、管理等宽泛知识领域，能够胜任企事业单位机械技术方面开发、应用和维护需求，能够从事机械学术研究的专门人才。

在毕业设计选题上，学生应该选择和机械类专业培养目标相吻合的课题。

（2）选题符合所学课程范畴。

选题要符合机械类专业所学课程范畴，课题要涵盖在本专业主干课程或者本专业主要研究方向中。要运用所学的专业知识进行设计。

（3）具有一定理论价值和应用价值。

选题要注意理论上的价值和社会应用价值。

理论研究型毕业设计（论文）注意贴近本专业最近流行的、热门的科研方向。开发设计型毕业设计（论文）注意解决常见的一些实用技术问题。计算机科学技术在各行各业都有广泛的应用和实践，应该尽量选择某个应用项目进行设计。

（4）可行性原则。

- 难度适当。

选题要本着大小适中、难度适当的原则。

不可好高骛远，选择一些复杂的、大型的企业级项目进行设计。因为这些项目是要靠庞大的专业团队来完成，几个学生构成的课题小组不足以在技术水平上、财力物力上支持项目的实现。不可选择一些自身不擅长的专业领域进行毕业设计。如果在专业课学习阶段，某些专业

方向没有接触过，不能抱着边学新知识边做毕业设计的心态，这样会导致设计不能保质保量完成，影响毕业设计的成绩，甚至影响毕业学位的获得。

学生应该选择在规模上超过课程设计、课程实训，在时间上保证 3～4 个月能够顺利完成的、自身擅长的课题。

- 可以选取指导教师罗列的选题。
- 可以选取自己感兴趣的有实际意义的选题。
- 可以选取毕业实习工作中的项目。
- 可以选取和未来工作岗位有关的项目。

（5）实际性原则。

根据机械专业实际性强的特点，尽量做到"真问题真解决"，选择实用性强、有推广价值的课题，检验学生实际问题解决能力。

（6）创新性原则。

选题的创新性体现在以下几个方面：

- 选题可以是前人没有研究过的问题。
- 选题可以是前人研究过，但是存在难点和疑点的问题。
- 选题可以是前人研究过，但是可以进一步升级和扩展的问题。
- 选题可以是前人研究过，但是可以采用新技术、新思路设计的问题。

以上几个方面的选题都符合创新性原则。当然，创新性的前提是理论和实践是科学合理的，要有机械类专业知识做支撑。

3.2 选题的流程

机械类专业毕业设计的题材来源多种多样，可以是学校指导老师罗列的选题范围中的题目，可以是和实习单位所做工作相关的课题内容，也可以是学生感兴趣的、擅长的、有应用价值的自选题目。

不论哪种类型的毕业设计题材，选题都要有一个过程，不能一步而成。多数同学要经过一个不断探索、斟酌的过程，才能选好自己的理想题目。在这个过程中，指导教师要不断监督和指导，学生要舍弃不合实际的题目，选择有意义的、易于展开研究的题目。

通常，选题的流程如下：

（1）学院和指导教师列出选题范围。

在组织学生开始毕业设计之前，各个指导教师上报《机械类专业毕业设计选题指导范围（讨论稿）》，学院组织专业骨干教师进行审核和修改，最终确定《机械类专业毕业设计选题指导范围》并发放给学生参阅。

（2）学生申报选题。

学校一般采取多向选择原则，学生可以选择《机械类专业毕业设计选题指导范围》中感兴趣的题目，也可以选择在实习单位做的课题，或者自拟选题。

学生拟好选题后，上报给学校，接受审核。

（3）学校审核学生选题。

学校对汇总的学生选题进行逐一审核，一般情况下个人独立完成，题目之间不可以重复。

如果选题任务较繁重，允许多名同学共同承担，但是必须明确毕业设计组内每名同学的具体任务和责任。

学校要组织毕业设计指导教师和学生详细沟通，保证选题的可行性，保证毕业设计能够顺利开展。对于不合适的选题，要坚决要求学生另作更换。

（4）学生确定选题，填写《毕业设计任务书》和《毕业设计开题报告》

经过审核和沟通，学生最终确定选题，一般不允许设计中途再做更改。学生要填写《毕业设计任务书》和《毕业设计开题报告》，制定详细的设计开展计划，上交给学院。

3.3 撰写任务书和开题报告

本教程第一章展示了机械类毕业设计任务书和毕业设计开题报告的样式。在本节中，将列举两种文档实例，并对具体条目进行解析，供读者参考。

1. 毕业设计任务书实例和解析

（1）毕业设计任务书实例

毕业设计任务书实例如表 3-1 所示。

表 3-1 ××××大学毕业设计（论文）任务书

姓　　名	×××	学　　号	××××××××	系　别	机械系
专　　业	材料成型专业	年级班级	××级×班	指导教师	×××
论文题目	车床拨叉零件毛坯成形工艺设计					
任务和目标	毕业设计（论文）的任务和目标： 　　本毕业设计主要完成一个"车床拨叉零件毛坯成形工艺"的设计，并撰写题目为《车床拨叉零件毛坯成形工艺设计》的论文。根据本设计题目生产性质、零件结构特点和用途，确定采用铸造成形工艺方法做出该零件的毛坯。论文撰写必须符合学院所规定的标准。 设计需要符合铸造工艺设计要求，主要设计部分包括： 1. 铸造工艺方案的确定 2. 零件毛坯的铸造工艺设计 　　（1）铸件浇注位置的确定 　　（2）型芯设计 　　（3）铸造工艺参数的确定 　　（4）绘制铸造工艺图 　　（5）浇注系统设计 　　（6）冒口设计 　　（7）冷铁设计 3. 铸造工艺装备设计 　　（1）模样材质的选择及制造步骤 　　（2）模样尺寸的计算 　　（3）模板的设计 4. 砂箱的设计 　　（1）砂箱选择 　　（2）砂箱的结构设计					

续表

	5．支座铸件芯盒的确定 （1）芯盒的种类及特点分析 （2）芯盒设计的一般原则 （3）手工芯盒的设计 6．铸型装配 （1）合型及定位 （2）砂型、砂芯的烘干 （3）铸型装配图
基本要求	论文撰写应在指导教师指导下独立完成，并以马克思主义理论为指导，符合党和国家的有关方针、政策；论文应做到中心突出，层次清楚，结构合理；必须观点正确，论据充分，条理清楚，文字通顺；并能进行深入分析，见解独到。同时论文字数不得少于8000字，还要有300字左右的论文摘要，关键词3～5个（按词条外延层次，由高至低顺序排列）。最后附上参考文献目录和致谢辞。
研究所需条件	1．具备足够的专业基础知识。 （1）识图绘图的能力。 （2）熔炼、铸造工艺等专业知识。 （3）计算机绘图工具的使用。 2．具备搜集资料的网络、图书馆等资源和条件。

	序号	主要任务	起止时间
任务进度安排	1	任务书下达、毕业设计正式开始	2014.3.1～2014.3.10
	2	完成文献综述、开题报告	2014.3.11～2014.3.31
	3	完成需求分析	2014.4.1～2014.4.10
	4	完成论文二稿	2014.4.11～2014.5.30
	5	上交论文成稿及设计图纸等	2014.5.31～2014.6.15
	6	论文答辩	2014.6.16～2014.6.20
指导教师签字		日期	年　月　日
系部领导签章		日期	年　月　日

（2）毕业设计任务书解析如下：

1）毕业设计题目。

毕业设计题目要求如下：

- 要反映毕业设计的核心内容和核心技术；
- 要表明设计的主题思想；
- 要含有若干简明、恰当的关键字；
- 一般中文题目不超过20个字。

2）毕业设计内容。

"毕业设计内容"部分要言简意赅，清楚表述三方面内容：毕业设计想做什么，如何做，做成什么。

- 想做什么，即选题内容和方向，毕业设计涉及的具体领域。
- 如何做，即具体采用什么方法和策略进行课题的研究和开发。

- 做成什么,即毕业设计最终要实现的目标和任务。

3)毕业设计的进度和起止时间。

"毕业设计的工作进度和起止时间"部分是描述毕业设计的实施步骤。学生对毕业设计要有具体的进度安排和时间限制,制定合理的时间分配和详细的实施计划有益于学生顺利完成毕业设计。时间安排要张弛有道,既要紧凑、保证按时完成设计任务,又要留有余地、提供设计进行过程中的机动时间。

4)毕业设计任务书一般是1000~3000字左右。

2. 毕业设计开题报告实例和解析

(1)毕业设计开题报告实例

毕业设计开题报告实例如表3-2所示。

表3-2 ××××大学毕业设计(论文)开题报告

姓 名	×××	学 号	××××××××	系 别	机械系
专 业	材料成型专业	年级班级	××级×班	指导教师	×××
论文题目	车床拨叉零件毛坯成形工艺设计					

选题依据与意义	一、学术价值、应用价值
	  铸造是将通过熔炼的金属液体浇注入铸型内,经冷却凝固获得所需形状和性能的零件的制作过程。铸造是常用的制造方法。优点是:制造成本低,工艺灵活性大,可以获得复杂形状和大型的铸件,在机械制造中占有很大的比重,如机床占60~80%,汽车占25%,拖拉机占50~60%。
	  砂型铸造是在砂型中生产铸件的铸造方法。钢、铁和大多数有色合金铸件都可用砂型铸造方法获得。由于砂型铸造所用的造型材料价廉易得,铸型制造简便,对铸件的单件生产、成批生产和大量生产均能适应,长期以来,一直是铸造生产中的基本工艺。
	  铸造工艺是铸造生产的核心,是能否生产优质铸件的关键,这也是本论文的关键内容。古今中外都把提高和发展工艺水平,视为推动行业技术进步,满足经济和社会发展需要的一个重要组成部分。
	二、铸造工艺国内外研究现状分析
	  发达国家总体上铸造技术先进、产品质量好、生产效率高、环境污染少、原辅材料已形成商品化系列化供应,如在欧洲已建立跨国服务系统。生产普遍实现机械化、自动化、智能化(计算机控制、机器人操作)。
	  在大批量小铸件的生产中,大多采用微机控制的高密度静压、射压或气冲造型机械化、自动化高效流水线湿型砂造型工艺。砂处理采用高效连续混砂机、人工智能型砂在线控制专家系统,制芯工艺普遍采用树脂砂热、温芯盒法和冷芯盒法。
	  我国"十二五"时期,整个铸造行业特别要在铸造新工艺和新材料上下工夫,铸造材料的价格居高不下,要求精密铸造行业必须而且快速开发出新的可替代的低价新材料;下游客户的要求不断提高,驱使我们必须提升工艺水准;人力资源成本的不断上升,我们必须在精密铸造装备上多下工夫,多开发,多投资。例如,中国铸造权威机构中国铸造协会及国际铸业咨询网一致推荐的新材料精铸专用刚玉及台湾的铸造手机器人等,都是精密铸造下一步发展的方向。				

研究内容	第1章 前言 第2章 零件毛坯制造方法的确定 2.1 零件的工艺分析 2.2 毛坯制造方法的确定 第3章 零件材料的选择及对化学成分的要求				

	3.1 零件材料的选择
	3.2 本铸件熔炼时化学成分的要求
	3.3 HT250 合金的熔炼
	第 4 章 铸造工艺方案的确定
	第 5 章 零件毛坯的铸造工艺设计
	  5.1 铸件浇注位置的确定
	  5.2 型芯设计
	  5.3 铸造工艺参数的确定
	  5.4 绘制铸造工艺图
	  5.5 浇注系统设计
	  5.6 冒口
	  5.7 冷铁
	第 6 章 铸造工艺装备设计
	  6.1 模样设计及模样的种类
	  6.2 模样材质的选择及制造步骤
	  6.3 模样尺寸的计算
	  6.4 模板
	第 7 章 砂箱
	  7.1 砂箱选择和设计原则
	  7.2 砂箱的结构设计
	第 8 章 支座铸件芯盒的确定

研究方案	**一、本课题研究的目标**
	    本课题的任务是完成车床拨叉零件成形工艺设计，根据本设计题目生产性质、零件结构特点和用途，确定采用铸造成形工艺方法做出该零件的毛坯。
	二、本课题研究的内容
	    本设计体内容包括了铸造工艺方案的设计，铸造工艺参数的确定，砂芯设计，浇注系统设计，冒口设计，冷铁和出气孔设计，砂型及砂芯的烘干等，又对铸造工艺装配进行了设计，内容包括模样、模板、芯盒和砂箱等的设计。绘制出了工艺装配图、铸造工艺图、铸件图和模样图。
	三、本课题研究要解决的问题
	（一）工艺方法的选择
	    铸件的工艺设计方法有很多种选择，可供选择砂型铸造方法的种类有干型和表干型、实型铸造、负压铸造、手工铸造、砂型铸造和特种铸造。由于本题目的生产性质，50 件，结构较为复杂，尺寸不大，故选择两箱砂型铸造，一箱一铸。
	（二）实践问题
	    在实际生产中，要设计出合理并尽可能节约成本的工艺是需要在实践过程中不断积累经验的。因此对于每一个设计参数我们都要考虑到实际生产的合理性，从而使设计出的工艺不但可行而且能生产出高质量高成品率的铸件。
	四、本课题的研究方法
	    本题目的研究方法，是运用所学《材料成形工艺基础》中的铸造成形理论，对金属液在充型、结晶、凝固和冷却过程中发生的一系列物理、化学的变化及铸件内部的变化进行了理论研究和分析。对如何保证铸件的质量，在合金液的成分上进行了研究和探讨，对工艺上采取的相应措施进行了可行性的研究和探讨，针对本题目，如何运用灰铸铁（HT250）铸造出所要求的零件的铸造成型工艺作了详细阐述，对运用砂型铸造设计的浇注系统做出了详细设计，并做出了铸型装配图，铸造工艺图和模样图。

续表

研究方案	**五、技术路线** **（一）研究步骤** 　1. 2014年3月10日～2014年3月31日，需求调研，收集资料。 　2. 2014年4月01日～2014年4月10日，进行铸件结构分析、确定工艺方案。 　3. 2014年4月11日～2014年5月15日，具体参数设计。 　4. 2014年5月16日～2014年5月30日，完成论文二稿。 **（二）关键技术** 　（1）作力学性能分析：根据拨叉零件在工作中受拉应力和冲击力作用，要求最大抗拉强度 $\sigma_b \geqslant 275$MPa，硬度为 HBS210-241。机械性能要求宜选用材料 HT250。 　（2）Φ14孔在工作时会受到频繁的冲击力和拉应力，而拨叉的大圆弧所要求的加工精度较高，且与离合器的摩擦很频繁，这些都是重要的加工面，在铸造过程中不允许有缩孔组织及夹渣的出现。 **六、可行性分析** 1. 结构可行性分析 　零件外形有支撑筋板，最小壁厚为 5.5mm，最大壁厚为 16mm，壁厚差较大，由不同的几何形体组成，属结构复杂机件。结合生产批量，可采用铸造毛坯。 2. 性能可行性分析 　拨叉工作时主要承受拉应力和冲击力作用，且工作频繁。要求拨叉强度、硬度设计值为：$\sigma_b \geqslant 275$MPa，HBS210-241，根据拨叉零件在工作中受拉应力和冲击力作用，要求最大抗拉强度 $\sigma_b \geqslant 275$MPa，硬度为 HBS210-241。查表得知：宜选用 HT250，但必须经过孕育处理，孕育处理后，它的强度和硬度显著提高（$\sigma_b = 250 \sim 350$MPa，硬度=170～270HBS）都可以满足该零件的机械性能。 3. 经济可行性分析 　因为是批量生产，经过初步分析，本机床拨叉零件毛坯的生产有两种方式：可选用铸造和锻造。首先，对于锻造来说，锻出的锻件的质量往往比铸件质量要好，但是，由于锻造的模具设计过于复杂以及在设计成本上往往高出很多，而且对于设备的要求也相当高一些，而对于机床的拨叉零件，经过合理的选用铸造合金和相应合理的设计要求，是可以达到零件所需的工作性能的，而且对于设备的要求没有锻件的高，而且成本也会大大降低，所以鉴于设备和成本要求分析、机床的拨叉零件选用铸造最为合适。 **七、预期成果** 　完成车床拨叉零件成形工艺设计，根据本设计题目生产性质、零件结构特点和用途，确定采用铸造成形工艺方法做出该零件的毛坯。
写作进度安排	1. 2014年3月10日～2014年3月31日，完成文献综述及开题报告。 2. 2014年3月11日～2014年4月10日，进行铸件结构分析、确定工艺方案。 3. 2014年4月11日～2014年5月30日，完成论文二稿或中期检查。 4. 2014年6月01日～2014年6月10日，完成设计图纸等。 5. 2014年6月11日～2014年6月15日，上交论文成稿及设计图纸。
指导教师意见	 指导教师签字： 　　　　　　　　　　　　　　　　年　　月　　日

系学术委员会意见	
	主任签章： 年　　月　　日

（2）毕业设计开题报告解析如下：
- 毕业设计的选题依据与意义。

在这部分中，学生要阐述毕业设计要研究什么，为什么要研究此课题，研究的价值是什么。
- 毕业设计的研究方案。

这部分包括：研究目标、研究对象、设计方法和途径、技术路线和预期成果等。本部分涉及了毕业设计的整体思路和方法以及具体操作途径。

开题阶段是毕业设计的开始阶段、计划阶段，学生还没有真正实施，只是表述期望取得怎样的研究成果。因此，这部分表述切不可好高骛远，要切合实际，追求力所能及的研究成果，规划合理的完成时间。
- 毕业设计开题报告一般是 3000～8000 字左右。

第4章 机械类毕业设计的调研和文献检索

本章概要

- 调研工作;
- 文献检索及使用;
- 文献综述;
- 机械类文献资料常用检索工具。

本部分导言

毕业设计（论文）的调研工作和文献检索是毕业设计的一个基础环节。

深入地调研、详尽地文献检索有助于学生开展毕业设计工作，有助于顺利取得最终设计成果。

搜索参考文献是容易被忽略的一个部分，多数学生认为只是一些相关书目的罗列，这是不对的。参考文献的每一项都要和选题密切相关，都要在具体的设计工作中起到引导作用，要具有代表性、实时性。特别是计算机行业，技术发展日新月异，一些涵盖陈旧技术理念的参考资料不可选用。

毕业设计的参考文献体现了学生前期选题工作是否做得充分和具体。好的参考文献能够代表选题相关领域的经典理论和核心技术，能够指引学生选择正确的设计路线。这部分应该引起学生的高度重视。

4.1 调研工作

1. 调研的必要性

调研是毕业设计一个很重要的步骤，学生开题后，要根据具体题目进行细致的调查研究。

学生不可以忽略调研阶段，也不可以为了节省时间缩短调研时间。调研工作既是一个花费时间长、收益不明显的活动，也是一个为设计打好基础的过程。调研越充分、越深入，毕业设计过程越顺畅、最终成果越显著。

毕业设计作品（论文）的实际应用意义很多都是从调研中得来的。调研来自生活，毕业设计服务于生活，好的调研会使毕业设计具有更好的社会实用价值。

2. 调研的方式

调研的途径多种多样，具体形式如下：

（1）通过毕业实习进行调研。

毕业实习阶段，学生要深入工厂、企业进行短期学习、调查和实践。利用这个阶段，按照自己选题的方向，多做调查，观察产品的开发流程、设计工艺、销售方式和市场需求状况，体验实践工作中解决技术问题的方法等。把这些发现问题、解决问题的经验用于毕业设计中。

(2) 参与相关课题研究。

积极参与学院、导师的一些国家级、省市级课题，了解毕业设计研究领域的国内外、省内外现状，明确毕业设计的研究背景、目的和意义。

(3) 参加学术报告、专题讲座、学术会议等进行调研。

学校经常会请机械行业的专家做学术报告、专题讲座等。这些活动要积极参与，从中了解本专业技术发展的最新趋势，利用新技术设计毕业作品。

(4) 访谈本领域的专家、导师和一线开发人员进行调研。

前面三种调研方式都会令学生在做毕业设计时受益匪浅，但是针对性不强。学生可以依据自己毕业设计选题的技术难点和重点，直接、快速地咨询相关专家、导师和一线工作人员，获得最准确和有用的技术信息和经验。

(5) 深入实验基地进行调研。

机械类专业毕业设计很多课题偏重于实践，比如产品开发、工艺设计等。这些课题可以在实验室和生产现场进行实地调研。实验基地能够获得一手的数据、一手的资料，这些都是毕业设计最有力的实践依据。

4.2 文献检索及使用

文献检索和整理是机械类专业毕业设计和论文写作中的必经环节，是学生顺利完成毕设任务的"资本"。

新闻出版总署副署长邬书林在《反映创新成果，传播创新知识，营造创新环境——出版业要自觉地为建设创新型国家服务》[①]的讲话中提到："据美国科学基金会统计，科研人员花在搜集信息资料上的时间几乎占到全部科研时间的 50.9%，计划思考又占 7.7%，实验研究占 32.1%，写报告和论文占 9.3%。"由上述统计数字可以看出，文献检索和整理对于科研人员来说是非常重要的，占据了他们一半的时间。

对于机械类专业做毕业设计的学生来说，不一定要花费这么大比例的时间用于查找信息资料，但是也要留出大约 1~3 周的时间来查阅资料、收集文献和整理信息。

1. 文献检索的含义

文献（document）在现代的解释为"记录信息和知识的一切有形载体"。文献是将信息和知识用文字、图像、符号、声频、视频等技术手段记录在一定的物质载体上。现在通常理解为图书、期刊等各种出版物的总和。

文献检索（Document Retrieval）有狭义和广义之分。

(1) 广义的文献检索包括文献的存储和检索两个过程（Storage and Retrieval），是将大量原始文献按照一定的逻辑方式组织和存储起来，使其系统化和有序化，构成一个数据库或者检索系统，能够根据人们的特定需要随时检索出相关信息。广义的文献检索又称为"文献的存储与检索"。

(2) 狭义的文献检索主要是指文献的检索部分，即按照一定的方法，从已经组织好的文献集合中搜索和获取人们所需的特定信息的过程。

---

① http://www.gapp.gov.cn/cms/html/21/1014/200604/449362.html

2. 文献的种类

按照文献的载体不同可以分为：印刷型、缩微型、声像型和机读型。印刷型是文献的最基本方式，包括铅印、油印等。缩微型包括胶卷、胶片等。声像型包括幻灯片、唱片、录音带、录像带、电影等。机读型即计算机阅读型，是以计算机处理技术为核心记录信息和知识的一种文献形式。这是当今非常流行和常用的文献载体，具有搜索速度极快、内容涵盖量超大、方便灵活的优势，例如电子图书。机读型文献又分为光盘文献和网络文献。

根据文献的印刷出版形式不同可以分为：图书、期刊和特种文献。特种文献：专刊文献、标准文献、学位论文、科技报告、会议文献、政府出版物、档案资料、产品资料、年鉴和地方志等。

依据文献的加工深度不同可以分为：一次文献（原始文献）、二次文献和三次文献。一次文献是指科研人员直接撰写的文献，包括学术论文、会议论文、科技期刊、科技报告、专利文献和政府出版物等。一次文献是人们进行文献检索的主要对象。二次文献是指把一次文献进行加工、归纳和分类后的有序文献，包括文摘、目录、索引等。二次文献是一次文献检索的辅助工具。三次文献是指把大量相关联的一次文献进行综合整理、浓缩提炼成系统性文献，全方位展现某一研究领域的信息情况。三次文献包括工具书、年鉴、教科书、专著、论丛、手册和报告等。

3. 文献检索的方法

（1）直接法。

直接法是利用检索系统直接检索文献的方法，是文献检索最常用的方法，包括顺查法、倒查法和抽查法。

顺查法是指由远到近的查找方式。针对某个课题，按照年代顺序，从前到后依次查找相关资料，这种方式可以概览该课题的发展全过程，适合于大型选题的文献检索。

倒查法是指由近到远的查找方式。针对某个课题，按照年代顺序，从新到旧依次查找相关资料，这种方式以最快速度获取新近流行的技术资料，适合于着重创新点的课题。计算机专业领域发展快、变化大，科研人员经常会用倒查法来掌握最新最快的科技动态。

抽查法是指针对某一个课题发展兴旺的时间段进行文献检索。学科和课题的发展通常是波浪式前行，有高潮发展时期，也有缓慢延伸时期。针对更新频率较快时期的文献重点检索，有益于获取更多有建设性的参考资料。

（2）追溯法。

追溯法是指利用论文、专著中提及的文献来源或者结尾处的参考目录追溯有用文献的方式。这种方法有利于了解课题的相关论点、论据，获取大量的相关背景资料，有利于学生做毕业设计时思路的扩展。

（3）循环法。

循环法又称综合法，即结合直接法和追溯法进行交替运用。这种方法兼有直接法和追溯法的优点，能够获得全面而准确的课题资源，是科研人员常用的文献检索方法。

以上三种方法，学生在做毕业设计和撰写论文时要因情况灵活运用。

4. 常用的文献检索系统

（1）世界三大文献检索工具。

《科学引文索引》（SCI）、《工程索引》（EI）、《科技会议录索引》（ISTP）是世界著名的三大科技文献检索系统,是世界公认的进行科学研究、统计和评价的主要检索工具。

1)《科学引文索引》(Science Citation Index,SCI)是由美国科学信息研究所(ISI)出版的引文数据库,开始于 1961 年。《科学引文索引》涵盖各个学科领域,化学、物理学、医学和生命科学所占比例较大,是文献计量学和科学计量学的重要工具,也是当今世界上最重要的检索性刊物。

2)《工程索引》(The Engineering Index,EI)是美国工程信息公司(Engineering information Inc.)出版的工程技术类综合性检索工具,创刊于 1884 年。《工程索引》收录的文献涉及工程技术各个领域,包括电力工程、机械工程、自动控制、土木工程、交通运输工程等。

3)《科技会议录索引》(Index to Scientific & Technical Proceedings,简称 ISTP)由美国科学信息研究所(ISI)编辑出版,创刊于 1978 年。《科技会议录索引》收录了每年世界各个地区科技会议的会议文献,包括一般性会议、座谈会、研究会、讨论会、发表会等。《科技会议录索引》涉及科学技术的各个领域,其中工程技术与应用科学类文献约占 35%。

(2)国内常用检索系统。

1)中国知网(CNKI)。

网址:http://www.cnki.net/。

2)中国学位论文全文数据库。

网址:http://www.cnki.net/。

3)中国重要会议论文全文数据库。

网址:http://www.cnki.net/。

4)中国重要报纸全文数据库。

网址:http://www.cnki.net/。

5)万方数据平台。

网址:http://www.wanfangdata.com.cn/。

6)超星数字图书馆。

网址:http://book.chaoxing.com/。

7)维普资讯(主导产品:中文科技期刊数据库)。

网址:http://www.cqvip.com/。

8)中国人大复印报刊全文数据库。

网址:http://ipub.zlzx.org/。

9)读秀学术搜索。

网址:http://www.duxiu.com/。

(3)国外常用检索系统。

1)CSA(剑桥科学文摘)。

剑桥科学文摘(Cambridge Scientific Abstracts,CSA)数据库是由美国的 CSA 私营信息公司出版,有 30 余年历史。CAS 主要编辑出版科学技术研究文献的文摘及索引,共有 60 多种数据库。

2)INSPEC。

INSPEC(Information Service in Physics,Electro-Technology,Computer and Control)是全球著名的科技文摘数据库,是理工学科最重要、使用最频繁的数据库之一,包含物理学、电子

学、电子工程、计算机科学及信息技术领域的权威性文摘索引数据库。

3）SpringerLink。

SpringerLink 是国际著名科技出版集团 Springer 的网络版全文文献服务系统。

4）EBSCO。

EBSCO 是一个具有 60 多年历史的大型文献服务系统，涵盖近 100 多个在线文献数据库，涉及自然科学、社会科学、人文和艺术等多种学术领域。

5）Proquest。

Proquest 学位论文全文数据库是目前国内唯一提供国外高质量学位论文全文的数据库，主要收录了来自欧美国家 2000 余所知名大学的优秀博硕士论文，涉及文、理、工、农、医等多个领域，是学术研究中十分重要的信息资源。

6）Emerald。

Emerald 数据库主要包含管理学、图书馆学、工程学等专业领域的文献。世界许多著名的商学院和大型企业都订阅 Emerald 数据库期刊。

7）RSC。

RSC 数据库是化学领域具有权威性的数据库。

8）Elsevier。

Elsevier 数据库提供 1100 种电子期刊，是全球研究人员、教师、学生等常用的文献检索工具。

9）Wiley。

Wiley 是全球最大、最全面的经同行评审的科学、技术、医学和学术研究的在线多学科资源平台之一，收录了来自 1500 余种期刊、10000 多本在线图书以及数百种多卷册的参考工具书、丛书系列、手册和辞典、实验室指南和数据库的 400 多万篇文章，并提供在线阅读。

10）Google 学术搜索。

Google 学术搜索是一个可以免费搜索学术文章的 Google 网络应用。

11）Scirus 学术搜索。

Scirus 学术搜索是一个混合型的搜索引擎。它不仅包含科学、技术类期刊文章概要，还包含精选的科学类网页。Scirus 学术搜索是专门用于科技信息检索的世界上最全面的科技搜索引擎之一。

（4）常用搜索引擎。

1）Google：全球最大的机器搜索引擎之一。

网址：http://www.google.com.hk/。

2）Yahoo!：全球最大的门户网站之一。

网址：http://www.yahoo.com/。

3）MSN：隶属于微软公司。

网址：http://www.msn.com/。

4）AOL（美国在线）：是世界上最早的门户网站之一。

网址：http://www.aol.com/。

5）Lycos：是全世界最早的搜索引擎之一。。

网址：http://www.Lycos.com/。

6) AltaVista：全世界最古老的搜索引擎之一，也是功能最完善、搜索精度较高的全文搜索引擎之一。

网址：http://www.AltaVista.com/。

7) HotBot：是比较活跃的搜索引擎，数据更新速度较快。

网址：http://www.HotBot.com/。

8) 百度：国内最大的商业化全文搜索引擎。

网址：http://www.baidu.com/。

5. 文献的加工整理

（1）文献的筛选。

文献筛选是把检索到的文献进一步加工整合，真正做到"为设计所用"。在文献检索中，学生获取了大量的选题信息和知识，而这些资源需要再次甄别真伪、提取精华。指导教师应该督导学生把大量的检索文献进行筛选并且按照一定逻辑顺序编排归类，这样处理过的文献更有利于学生在毕业设计中的参考之用。同时，筛选的过程也是学生对本选题领域文献充分理解、消化和吸收的过程，使得选题的研究思路更加清晰，选题的开展更加顺畅。

（2）文献的引用。

文献的引用要注意以下几个方面：

1) 在阐述选题来源、背景知识和发展现状的时候，可以引用相关文献，说明其他研究者所做的相关工作，表述本课题的着重点、创新点和现实意义；

2) 毕业设计和论文中用到一些理论知识时，可以引用一些权威文献作为支撑和佐证；

3) 引用他人观点时，要说明文献的准确出处。

6. 文献检索实例

（1）中国知网文献检索实例。

中国知网（CNKI）是目前世界上全文信息量范围最大的动态数据库，文献总量逾 5000 万篇，其中人文社科文献和科技文献均分别超过 2500 万篇。CNKI（Chinese National Knowledge Infrastructure）的含义是中国国家知识基础设施，是由世界银行于 1998 年提出。CNKI 工程是以实现全社会知识资源传播共享与增值利用为目标的信息化建设项目。

CNKI 旗下的主要网站包括：

- 中国期刊全文数据库
- 中国工具书网络出版总库
- 中国研究生网
- 中国社会团体网
- CNKI 知网数字图书馆
- 中国医院数字图书馆
- 中国企业创新知识网
- 中国城建数字图书馆
- 中国农业数字图书馆
- 中小学多媒体数字图书馆
- 文献规范与计量评价网
- CNKI 系列软件

- CNKI 汉语词典在线
- CNKI 翻译助手-辅助在线翻译系统
- CNKI 英汉－汉英词典在线
- CNKI 专科辞典在线
- CNKI 百科全书在线
- CNKI 医学图谱在线
- CNKI 图鉴图录在线
- CNKI 知识超市
- 知网空间
- 飞度 BOOK

其中，科技人员常用的是中国期刊全文数据库。具体文献检索步骤如下：

1）登录网站。

登录网站地址：http://www.cnki.net，进入 CNKI 首页。因为 CNKI 网站上的数据库是收费检索数据库，所以用户要先购买使用权，通过网站注册得到用户名和密码，然后才能登录已经购买使用权的全文数据库，进行文献检索。对于高校学生，可以通过校园网进入本校图书馆的中国期刊全文数据库镜像站点，直接搜索内容。

2）文献检索方法。

中国期刊全文数据库提供多种检索方式：检索、高级检索、专业检索、作者发文检索等。

- 检索

简单文献检索只包含"检索词"。用户只要在"检索词"一栏输入关键词，就会列出在检索字段中含有此关键词的所有文献，并且按照一定规则排序。排序规则可以选择"发表时间""被引频次"和"下载频次"。

例如，检索词为"齿轮"并含"热处理"，得到的文献列表如图 4-1 所示。

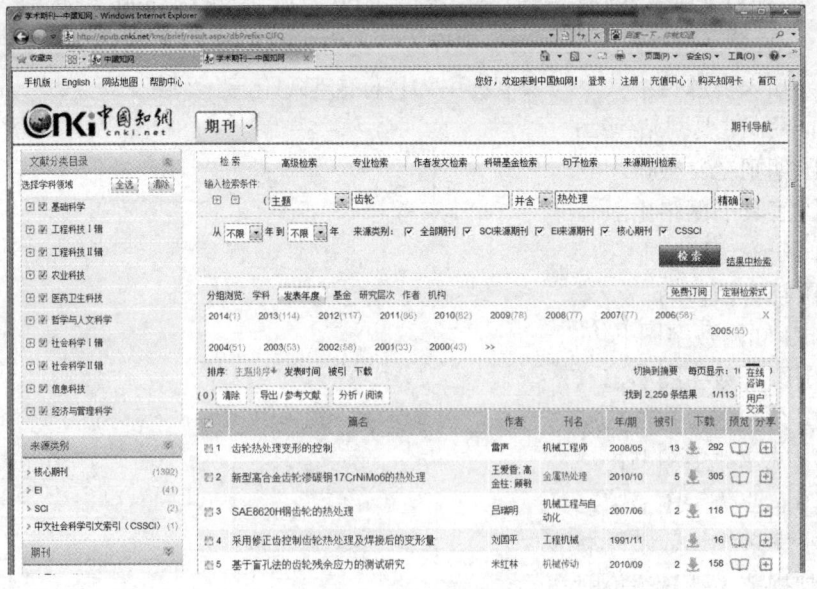

图 4-1 检索结果

- 高级检索

高级检索比标准检索功能更强大。高级检索有更多的检索条件,包括:主题、篇名、关键词、摘要、时间、来源期刊、来源类别、支持基金、作者及作者单位等。

例如,搜索主题包含"铸造"并含"仿真"以及作者为"胡红军"的文献,会得到如图4-2 的结果。

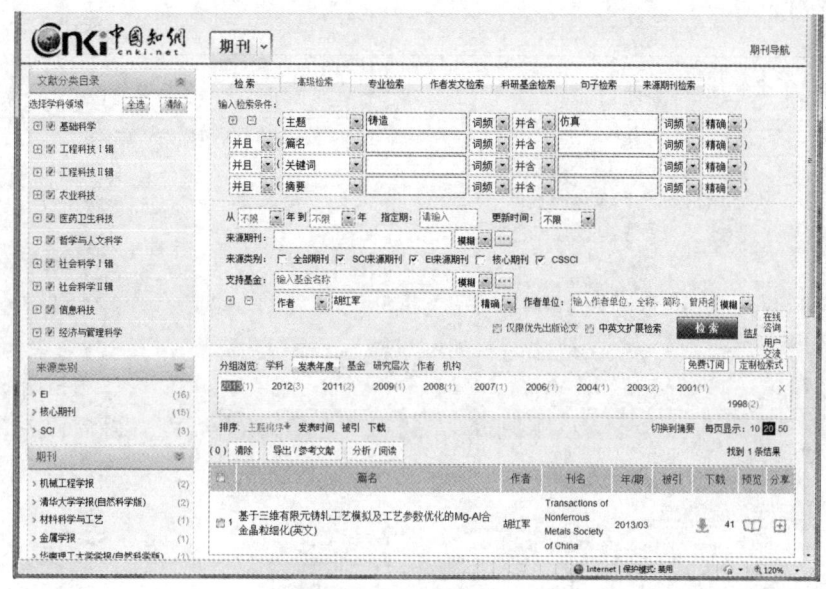

图 4-2 高级检索结果

- 专业检索

专业检索比高级检索功能更加强大。专业检索可以用 17 个检索项构造检索表达式,如图 4-3 所示。检索表达式中的各个检索项之间可以用逻辑运算符 AND、OR 和 NOT 进行组合。

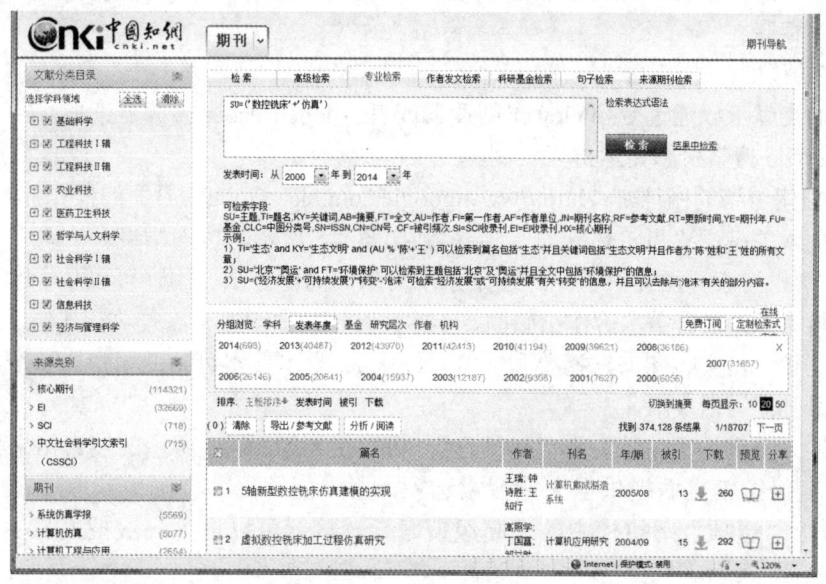

图 4-3 专业检索结果

例如：检索表达式：SU=('数控铣床'+'仿真')。表示主题包括数控铣床、仿真的所有文章。检索结果如图4-3所示。

- 作者发文检索

作者发文检索中可以搜索到指定作者发表的文章，搜索条件包括作者姓名、第一作者姓名、作者单位。例如：搜索作者名为"陈尔凡"、作者单位为"沈阳化工大学"的全部文章。搜索结果如图4-4所示。

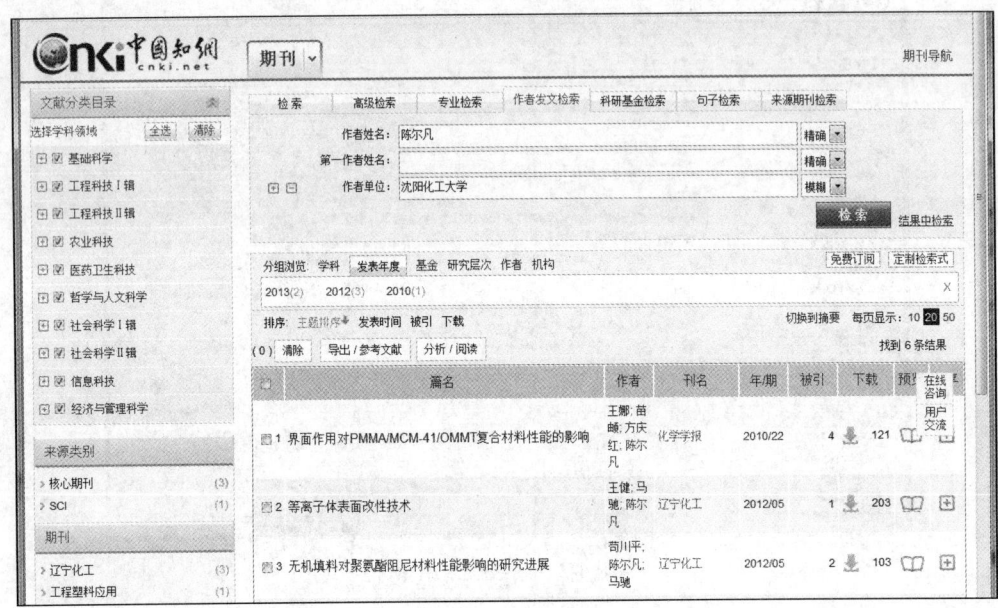

图4-4 作者发文检索结果

3) 文献下载和存储。

检索到所要的文献后，点击提名进入文献所在页面，点击"CAJ下载"或者"PDF下载"，就可以下载并存储。

4) 文献的读取。

存储好的文献可以通过CAJViewer阅读器或者Adobe Reader阅读器读取。

（2）Google搜索引擎文献检索实例。

Google搜索引擎的网址是：http://www.google.com.hk。Google界面的操作非常简单易学。例如，输入关键词"齿轮热处理"，会得到如图4-5所示的搜索结果。

Google 学术搜索界面提供了广泛搜索学术文献的简便方法。用户可以从一个位置搜索众多学科和资料来源：来自学术著作出版商、专业性社团、预印本、各大学及其他学术组织的经同行评论的文章、论文、图书、摘要和文章。Google 学术搜索可帮助用户在整个学术领域中确定相关性最强的科研文献。

例如，输入关键词"齿轮"和"热处理"，可以得到如图4-6所示的搜索结果。

Google 高级搜索界面提供了大量搜索选项，用户能够更加精确地获取所需文献，单击Google 首页上"选项"下拉栏中的"高级搜索"链接就可以进入高级搜索界面，如图4-7所示。

第 4 章 机械类毕业设计的调研和文献检索

图 4-5　Google 搜索结果

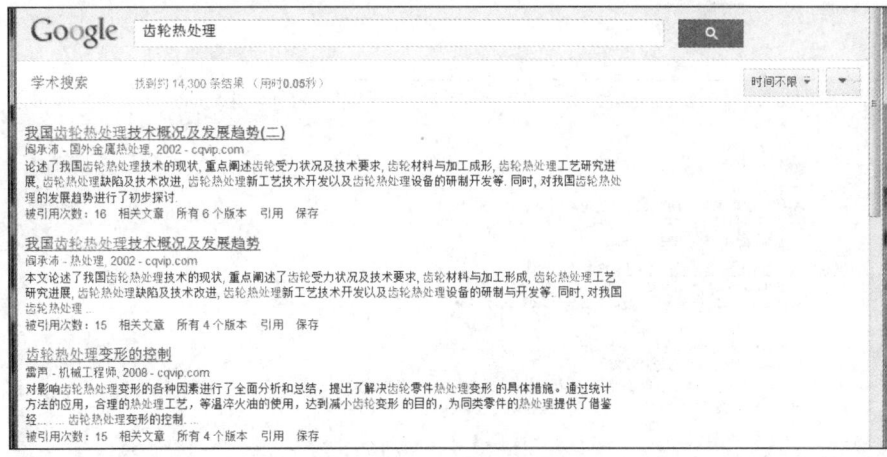

图 4-6　Google 学术搜索结果

例如，搜索所有字词"齿轮热处理"和字词完全匹配"齿轮"的网页，得到如图 4-8 所示的结果。

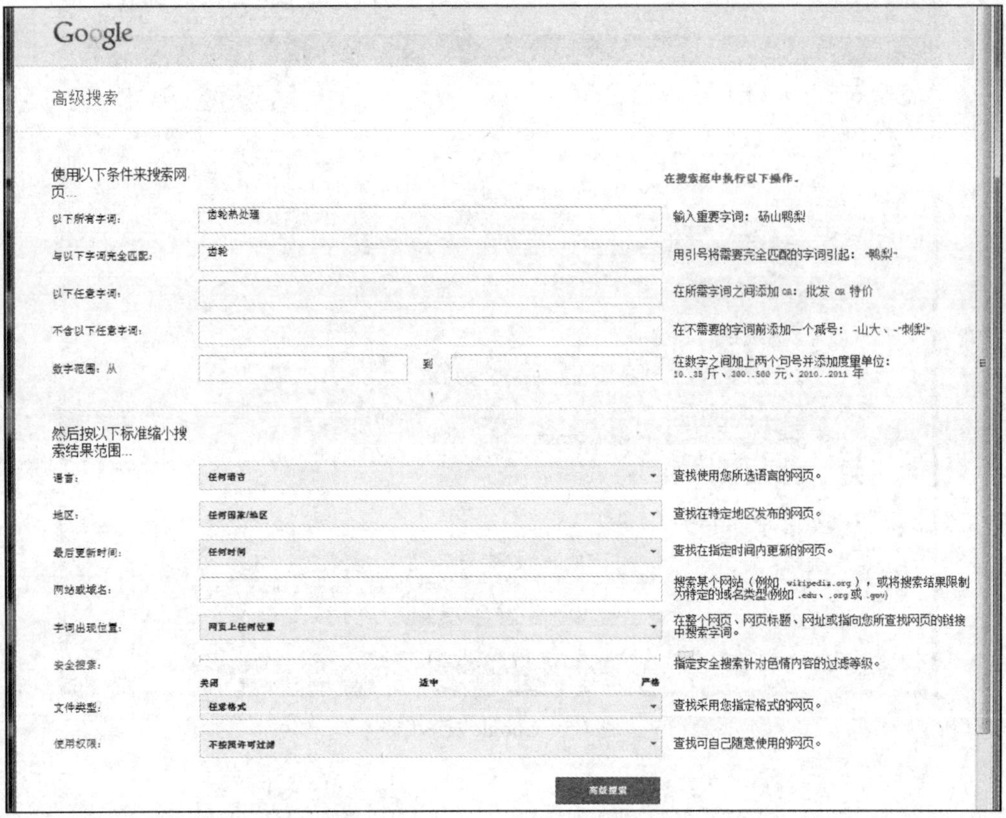

图 4-7　Google 高级搜索界面

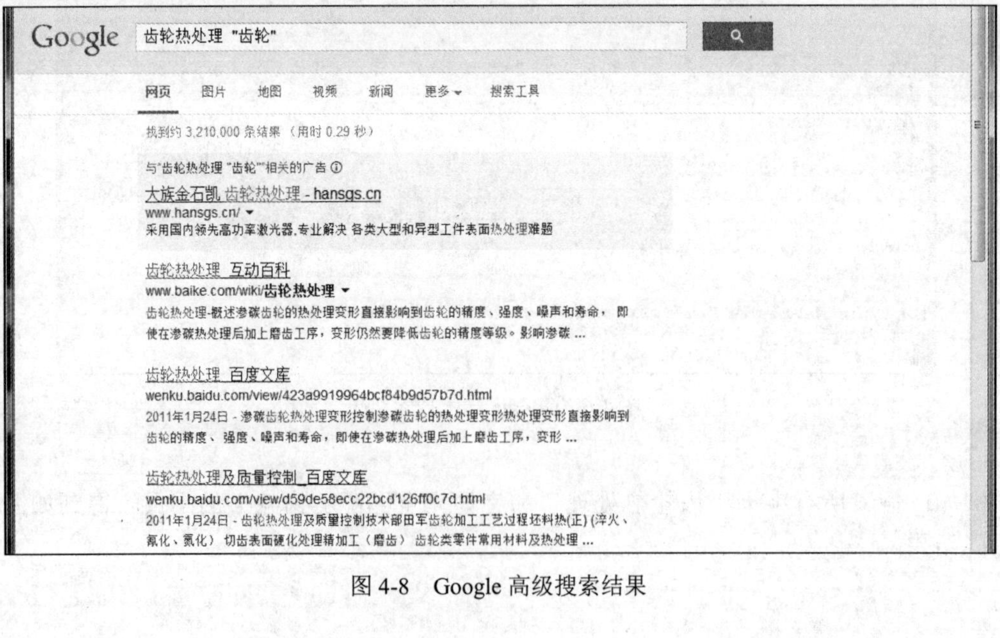

图 4-8　Google 高级搜索结果

4.3　文献综述

文献综述是学生在开题前阅读过某一主题的文献后，经过理解、整理、融会贯通，综合分析和评价而形成的一种不同于毕业论文的文体。综述的目的是反映某一课题的新水平、新动态、新技术和新发现。介绍和评论其历史、现状、存在问题以及发展趋势等，并在此基础上提出自己的见解，预测未来的发展趋势，提出论文的中心论点，为选题和开题奠定良好的基础。

4.4　机械类文献资料常用检索工具

1. 国内主要检索工具
- 中国科技情报所重庆分所主编《机械制造文摘》：机床与工具分册，制造分册，锻压分册，焊接分册，材料与热处理分册，零件与传动分册；
- 沈阳水泵研究所主编的《通用机械文献》；
- 北京起重运输机械研究所主编的《起重运输机械文摘》；
- 哈尔滨电站设备研究所主编的《动力机械文摘》；
- 天津工程机械研究所主编的《工程机械文摘》；
- 中国农业机械研究所主编的《农业机械文摘》；
- 长春汽车研究所主编的《汽车文摘》；
- 机械工业自动化所主编的《机械工程自动化与计算机应用文摘》；
- 机械工业部科技情报所主编的《中国机械工程文摘》及《国外科技资料目录－机械工程》；
- 上海内燃机研究所主编的《内燃机文摘》。
2. 国外主要检索工具
- 美国的《工程索引》（EI：Engineering Index），以及《科学引文索引》（SCI：Science Citation Index）；
- 英国的《科学文摘》（SA：Science Abstracts）；
- 俄罗斯的《机械制造通报》；
- 法国的《文摘通报》（BS：Bulletin Signalelique）；
- 德国的《国际科学期刊论文目录》；
- 日本的《科学技术文献快报》（原文为"科學技術文獻速報"）以及《机械工业海外情报》（原文为"機械工業海外情報"）。

第 5 章　机械类专业毕业设计的主体内容

本章概要

本章介绍了机械类专业毕业设计的主体内容，包括分析研究背景，认清关键技术及难点，毕业设计的进度规划，毕业设计的具体实施过程等。这是学习本书后续内容的必要准备。

毕业设计不同于毕业论文，它的组成部分不只是一篇学术论文，还包括：设计图纸、开题报告、任务书、实习报告、说明书正文。这说明了做一份优秀的毕业设计要付出大量的努力，下面我们将介绍如何来完成一个毕业设计的主体内容设计。

5.1　研究背景

在接到毕业设计任务书后，首先要进行调研和资料检索。通过这一过程我们将会了解与课题有关的技术、设备、工艺、装置、检测手段、生产特点及组织管理等实际知识，除此之外还要了解这一课题在当今国内外的研究现状和发展动态，并对课题的要求、所要达到的预期目标有更加明确的认识，明确课题的经济效益和社会效益以及科学价值，这将增强完成毕业设计的迫切性和责任感。

在调查国内外研究现状和发展动态时我们需要搜集有关的理论和实践性的论文或报告，通过各种渠道搜集和检索信息资料，并对其分析、归纳、整理、研究，以便在毕业论文中列出，这是一项艰苦而又细致的工作。

了解国内外研究现状和发展动态对设计者和研究者是十分重要的工作，设计所需的资料不仅要有计算数据，而且要有生产经验和研究成果以及总结、规范和口头访问的资料，均应分析择优采用。

当今世界技术的进步突飞猛进、日新月异，很多问题的实现和解决已不再主要受方法和手段的限制，而更多依赖于人们的想象力，很多问题只要想得到，就可以做到。

1. 现代机械制造技术的现状

（1）国外情况。

在产品设计方面，普遍采用计算机辅助产品设计（CAD）、计算机辅助工程分析（CAE）和计算机仿真技术；在加工技术方面，已实现了底层（车间层）的自动化，包括广泛地采用加工中心（或数控技术）、自动引导小车（AGV）等。近 10 余年来，发达国家主要从具有全新制造理念的制造系统自动化方面寻找出路，提出了一系列新的制造系统，如计算机集成制造系统、智能制造系统、并行工程、敏捷制造等。

1）计算机集成制造系统（CIMS）。

它是在自动化技术、信息技术和制造技术的基础上，通过计算机及其软件，将制造厂商全部生产活动所需的各种分散的自动化系统有机地集成起来，是适合于多品种、中小批量生产的总体高效率、高柔性的制造系统。首先在功能上，它包含了一个工厂的全部生产经营活动，

即从市场预测、产品设计、加工工艺、制造、管理至售后服务以及报废处理的全部活动。因此它比传统的工厂自动化的范围要大得多，是一个复杂的大系统，是工厂自动化的发展方向。其次，在集成上，它涉及的自动化不是工厂各个环节自动化的简单叠加，而是在计算机网络和分布式数据库支持下的有机集成。这种集成主要体现在以信息和功能为特征的技术集成，即信息集成和功能集成。计算机集成制造系统的核心技术是CAD/CAM技术。

2）智能制造系统（IMS）。

智能制造系统是指将专家系统、模糊逻辑、人工神经网络等人工智能技术应用到制造系统中，以解决复杂的决策问题，提高制造系统的水平和实用性。人工智能的作用是要代替熟练工人的技艺，学习工程技术人员的实践经验和知识，并用于解决生产中的实际问题，从而将工人、工程技术人员多年来积累起来的丰富而又宝贵的实践经验保存下来，在实际的生产中长期发挥作用。智能制造系统的核心技术是人工智能。

3）并行工程（CE）。

并行工程又称同步工程或同期工程，是针对传统的产品串行开发过程而提出的概念和方法。并行工程是集成地、并行地设计产品及其相关各种过程的系统方法。该方法要求开发人员从设计开始就考虑产品整个生命周期中的所有因素，包括产品制造工艺、质量、成本、进度计划和用户要求等。并行工程通过组成多学科的产品开发群组协同工作，利用各种计算机辅助工具等手段，使产品开发的各个阶段，既有一定的时序又能并行，同时采用上、下游的各种因素共同决策产品开发各阶段工作的方式,在产品开发的早期就能及时发现产品开发全过程中的问题，从而缩短产品开发周期，提高产品质量，降低成本，增加企业竞争能力。并行工程强调在集成环境下的并行工作，因此，它是CIMS进一步发展的方向。

4）敏捷制造（AM）。

敏捷制造又称灵捷制造、迅速制造和灵活制造等，它是将柔性生产技术、熟练掌握生产技能和知识的劳动力与促进企业内部和企业之间相互合作的灵活管理集成在一起,通过所建立的共同基础结构，对迅速改变或无法预见的消费者需求和市场时机作出快速响应。敏捷制造的基本原理是采用标准化和专业化的计算机网络和信息集成基础结构，以分布式结构连接各类企业，构成虚拟制造环境，以竞争合作为原则，在虚拟制造环境内动态选择合作伙伴，并通过组成虚拟企业来适应持续多变、无法预料的市场变化。敏捷制造的核心是虚拟公司，虚拟公司映射为虚拟制造系统，虚拟制造系统是敏捷制造的关键。敏捷制造是一种战略决策，它能使各合作伙伴既保证各自的利益，又能获得共同利益的一种全新的生产组织模式和制造模式。目前，敏捷制造仍在发展研究中。

（2）国内情况。

近十几年来，我国大力推广应用CIMS技术，20世纪90年代初期已建成研究环境，包括有CIMS实验工程中心和7个开放实验室。在全国范围内，部署了CIMS的若干研究项目，诸如CIMS软件工程与标准化、开放式系统结构与发展战略、CIMS总体与集成技术、产品设计自动化、工艺设计自动化、柔性制造技术、网络与数据库技术以及系统理论和方法等专题。各项研究均取得了丰硕成果，获得不同程度的进展。近几年，已有一些大中型骨干企业实施了工厂CIMS工程。如成都飞机工业公司以国家CIMS实验工程为技术依托，和清华大学、南京航空航天大学、西北工业大学等单位合作开发了计算机集成制造系统工程，在公司的计算机网络和分布式数据库支持下，由管理信息系统、质量信息系统、工程信息系统和车间自动化系统有机集成,形成了一个计算机辅助经营、设计、管理、制造的初步集成系统,以满足航空产品研制和多品种小批量生产的需要。但我国的机械制造技术水平与发达国家相比还有一定差距。大部分大型机械制造企业和绝大部分中小型机械制造企业主要限于 CAD 和管理信息系统。

2. 现代机械制造技术的发展方向

现代机械制造技术的发展主要表现在两个方向上:一是精密工程技术,以超精密加工的前沿部分——微细加工、纳米技术为代表,将进入微型机械电子技术和微型机器人的时代;二是机械制造的高度自动化,以 CIMS 和敏捷制造等的进一步发展为代表。21 世纪制造业的发展方向可用"三化"来概括,即全球化、虚拟化和绿色化。

(1) 全球化。

制造的全球化,可以说是 21 世纪机械制造业自动化最重要的发展趋势。近年来,在各种工业领域中,国际化经营不仅成为大公司而且已是中小规模企业取得成功的重要因素。全球化制造的第一个技术基础是网络化。由于网络通迅技术的迅速发展和普及,正在给企业的生产和经营活动带来革命性的变革。产品设计、物料选择、零件制造、市场开拓与产品销售都可以异地或跨越国界进行,实现制造的全球化。

第二个技术基础是集成化与标准化,异地制造实际上是实现产品信息集成、功能集成、过程集成和企业集成。实现集成的基础与关键是标准化,可以说,没有标准化就没有全球化。

(2) 虚拟化。

虚拟化是指设计过程中的拟实技术和制造过程中的虚拟技术。虚拟化可以大大加快产品的开发速度和减少开发的风险。产品设计中的拟实技术是指面向产品的结构和性能分析技术,以优化产品本身性能和成本为目标,包括产品的运动仿真和干涉检验、动力学分析、造型设计、人机工程学分析、强度和刚度的有限元计算等。制造过程中的虚拟技术是指面向产品生产过程的模拟和检验,检验产品的可加工性、加工方法和工艺的合理性,以优化产品的制造工艺,保证产品质量、生产周期和最低成本为目标,进行生产过程计划、组织管理、车间调度、供应链及物流设计的建模和仿真。虚拟化的核心是计算机仿真。通过仿真软件来模拟真实系统,以保证产品设计和产品工艺的合理性,保证产品制造的成功和生产周期,发现设计、生产中不可避免的缺陷和错误。

(3) 绿色化。

国际环保标准为制造业提出了一个新的难题,快速实现制造业的绿色化。许多专家指出,这在一定程度上限制了制造业的发展。绿色制造通过一系列的过程制造出绿色产品,且该产品通过绿色渠道循环利用,减少对环境的负面影响,原材料和能源利用率达到最高。如何最有效地利用资源和对环境造成最小的污染仍是制造业所共同面临的重大挑战。绿色制造符合当今可持续发展的战略构思,必将被未来制造业所重视。

5.2 关键技术及难点

毕业设计应该反映出作者具有扎实的专业基础知识和一定的独立研究科学能力,对所研究的课题有自己独到的见解。而毕业设计中课题的关键技术及难点部分则是这一问题的集中体现,是整个毕业设计的核心部分,整个毕业设计的结论由此得出,一切讨论由此引发,所有推理由此导出。这部分内容需要列出实验数据和具体的研究结论,并对所得结论加以分析和讨论。

要注意科学地、准确地表达关键技术及难点的所在及解决方法，扬弃不必要的部分。实验数据或结果，通常用表格、图或照片等予以表达，而且尽量用图，不用表格或少用表格。在陈述关键技术及难点的研究结论时，应先把研究的成果列举出来，再对自己工作的进展、水平做一个实事求是的评论，在用"首次提出""重大突破""重要价值"等词语时要慎重。

5.3 毕业设计的进度规划

毕业设计是带有研究性质的专题研究分析、设计报告，是完成教学任务、培养合格人才的一个重要实践性教学环节。通过毕业设计，可以使我们对所学过的基础理论和专业知识进行一次全面、系统地回顾和总结，通过对具体题目的分析，使理论与实践相结合，巩固和发展所学理论知识，掌握正确的思维方法和基本技能，提高我们独立思考的能力和团结协作的工作作风，提高我们利用计算机解决实际问题的能力及计算机实际操作水平，促进学生树立严谨的科学态度和工作作风。毕业设计是一个构思与创造的活动过程，毕业生选择或接受课题任务后需要运用计算机技术和所学的专业知识和技能进行设计并形成设计成果，毕业设计不同于普通的实验，如果没有完整的进度规划的话，逻辑思维就会出现偏差，为了保证少走弯路够能顺利地完成毕业设计，我们必须要做好毕业设计的进度规划。

以机械类软件专业为例，给出一个毕业设计的进度计划安排。

毕业设计主体进度计划（大致用时安排）：

（1）需求分析阶段（约两周时间完成）。

（2）结构分析阶段（约一周时间完成），同时完成毕业论文结构分析部分资料整理工作。

（3）工艺流程设计阶段（约一周时间完成），同时完成毕业论文工艺流程设计部分的资料整理工作。

（4）工艺参数设计阶段（约四周时间完成），同时完成毕业论文工艺参数设计部分的资料整理工作。

（5）图纸完成阶段（约两周时间完成）。

（6）毕业论文说明书的整理定稿阶段（约两周时间完成）。

5.4 毕业设计的具体实施

1. 毕业设计实施过程举例（以铸件工艺设计为例）

以铸件工艺设计为例，学生必须掌握正确的设计过程，对铸件的结构有清晰的认识，在此前提下进行工艺设计，才能达到良好的效果。

典型铸件工艺的设计包括以下几个步骤：

（1）零件材料性能分析。

（2）零件结构的铸造工艺分析。

（3）铸造工艺方案的确定。

（4）铸件工艺参数的选择。

（5）铸件工艺具体设计（包括浇冒口、铸造系统及装备等）。

2. 毕业设计实施过程中需要注意的问题

(1) 毕业设计一定要有自己的见解,中心明确,避免综合论述,拼凑成章。

完成毕业设计时,要掌握前人和今人的研究成果,要了解该选题研究的现状以及发展的趋势。若是他人已解决了的问题,可以不必花力气重复进行研究。另外,不要人云亦云,凑热闹,找"热门",要经过深入研究,冷静地考虑,确有新见。

此外,还要考虑个人的时间、资料和研究能力。盲目选择论题,一般说来是不会成功的。选择自己获取信息、寻找图书资料方便的题目,考虑自己能利用哪些社会关系,到哪些单位调查研究,获取哪方面的文书档案、统计报表、数据资料比较方便,这样有助于资料运用起来得心应手,有助于写作的成功。

完成毕业设计过程中要关注并了解相关学科领域的学科带头人,著名的理论著作及最新研究成果,对于论文的写作必不可少;其次,对各种材料必须消化吸收、融会贯通,针对实际工作中的矛盾和经验,重点研究,形成自己的观点,提出独到的见解。看材料、写文章,犹如春蚕吐丝,先吃进桑叶,经过咀嚼、消化,排除废物,然后吐出蚕丝,做成美丽的蚕茧,进而织成五光十色的锦缎,切忌搞大拼盘,进行简单的组合装配。

(2) 写论文前要先草拟论文提纲。

提纲是文章的骨架,体现作者的总体思路,以及全文的逻辑性和结构框架。通过草拟提纲,可以规划基本内容,搭好基本框架,使自己的思想明确、条理清晰,还可以发现构思的缺陷、材料的不足、论据的不充分、思路的不清晰,使论文写作少走弯路。

论文提纲一般应包括文章的基本论点和主要论据,反映文章的体系结构。简单地说,提纲要列出一级题目、二级题目,如有需要,再作一些说明。有的人不习惯于写提纲,提起笔来就写初稿,结果由于构思不成熟,往往费时更多。

提纲写好后,要不断修改、推敲。一是推敲题目是否恰当,是否适合;二是推敲提纲的结构,是否能阐明中心论点或说明主要议题;三是检查划分的部分、层次、段落是否合乎逻辑;四是验证材料是否充分说明问题。这些工作完成后,再开始动笔写初稿也不迟。

1) 论文提纲的结构层次安排方法。

- 并列法。即表现为几个观点或几个问题、几类事情或若干事件并列在一起,形式上彼此独立,内容上共同为说明主题服务。这些内容(任务、原因、措施、成绩、经验、体会)没有谁先谁后,谁主谁次的区分,但须注意的是,各层次之间必须有内在的联系,不能互相矛盾、重复、包容,分类的标准、角度要一致。
- 递进法。说明主题(问题)各个层次的内容,或者是按照事情发展过程的先后次序,或者是按照事理逐层深入的关系来安排层次。用递进法安排层次,有明显的逻辑上的严密性,人们容易理解和接受。要注意的是,事情和整理的先后顺序必须是确实存在的,而且是实质性的,否则,也不能很好地说明问题。
- 因果法。任何问题的发生总有其原因,任何做法、事态的发展总有其结果。层次的安排可结果在前原因在后,也可原因在前结果在后。

2) 论文提纲按照详略程度大体有以下几种形式。

- 标题式提纲。用简要的词语概括内容,以标题的形式列出。在正文中一般可以作为主线、大的框框来处理。这种写法简明扼要,一目了然。
- 句子式提纲。用一个能够表达完整意思的句子概括内容,该句子可以带有标点。

第 6 章　机械类专业毕业论文的撰写

本章概要

- 毕业论文的格式；
- 论文的结构；
- 论文内容的撰写。

6.1　论文的格式

根据国家标准局 1987 年发布的 GB7713—87《科学技术报告、学位论文和学术论文的编写格式》，要求论文"就事论事，言简意赅"，术语要规范，切勿杜撰，注重论据，条理清晰。毕业论文字数不少于 10000 字。

1. 具体格式要求应参照如下所列条款

（1）毕业论文需用学校规定的纸张，用计算机打印，背面不得打印正文和图表。正文中的任何部分不得打印到稿纸边框线以外。稿纸不准左右加贴补写正文和图表的纸条，或随意接长截短。

（2）字迹要清楚、端正、切勿潦草。

（3）简体字必须采用已正式公布过的，勿自造或误用非正式的简体字。例如"部分"不要写成"卩分"，"计算"不可写成"计祘"，"圆周"不要写成"园周"，"零件"不要写成"另件"。

（4）要按照 1986 年国务院重新发表的汉字《简化字总表》正确使用简化字。

（5）外文字母一律仿印刷体书写。有些外文字母形状相似，书写时注意分清字形。英文的 C、K、O、P、W、X、Y、Z 等字母，其本身的大写和小写相似，书写时在形状大小上要注意有所区别。用作符号的字母的大小写要特别注意分清，例如，光学玻璃的折射率 nd 与 nD 分别表示 d 谱线与 D 谱线的折射率，不能混淆。

（6）符号的上下角标号及数码要求大小分清，位置高低明显，尤其是角标，要格外注意写清楚。

2. 标点符号

毕业论文中的标点符号应符合国家标准 GB/T15834－1995《标点符号用法》的规定，一些需要注意的地方列举如下：

（1）行文中的标点符号，除（）、""、''、《》、<>外，其余应点在每格的左下方、格的四分之一处。

（2）每行的第一格内可以点的标点符号是'、"、《、<、(、——……（其中——和……点两格），其他均不能点在一行的第一格。《、〈、(等标点符号，不能单独在一行的最后一格，应点在另一行的第一格内。如一行的末端需要点——和……这两种标点符号，又只剩下一个格，

就将标点符号提出格外一部分，不可分为两截，前一半后一半。

（3）句号要求用"。"表示。

（4）引号用""（双引号）和''（单引号）。单层引号只使用在双引号套引号时，双引号在外，单引号在内，如"什么是'趋肤作用'"。

（5）书名号"《》"用来表示文件名称和书、刊、报名或它们当中的文章名。

（6）破折号"——"常用来标明行文中的注释性部分或同义词，占两格书写，如"可惜爱因斯坦——相对论的作者——并没有正确地解释他所得到的公式。"

（7）连接号中的半字线即"-"，占半个字宽，书写时不占格，写在两格之间。用于结合各种并列和从属关系，例如并列词组（应力-应变曲线、温度-时间曲线），合金系统（Fe-Cr-Al），产品型号（SZB-4 真空泵），化合物（3-羟基丙酸、丁酮-2、α-丁烯酸、甲烷-d），币制（卢布-戈比），图、表、公式的序号（图 3-1，表 2-5，式 7-6）。

（8）连接号中的一字线"—"占一个字宽，书写时应比汉字"一"略宽，在稿纸上写作一格位置。它用在化学键（如 C—H—C）、标准代号（如 137—64）、图注（如 1—低碳钢）、机械图中的剖面（如 A—A）等标注符号中。

（9）省略号在正文中占两格"……"，在公式中占一格"…"。

（10）乘号用"×"，不用"·"。

中文的并列字、词一般用顿号分开，如："依该种的特征、习性、产地或用途等确定名称。"在文中夹用外文、符号及数码时，遇并列字、词仍用顿号分开。阿拉伯数字及外文的并列字、词则用逗号分开，如：当 x=2, 3, 4 时，函数 f(x)的值分别等于 14, 16, 20 或 A, B, C 等，如参考文献等全句都是外文的，遇有并列字、词，用逗号分开。

在并列的词组和短句之中又包含并列词的较复杂情况下，为避免并列的范围混淆不清起见，外层的并列词组或短句可用逗号或分号分开，其中的并列词用顿号分开。例如："须解决邻位效应，饱和链中的中性质交递，有机物中氢分子、卤分子的活动性，瓦耳登转化等问题。"

3. 名词、名称

（1）毕业论文中的科学技术名词术语尽量采用全国自然科学名词审定委员会审定公布的科技名词或国家标准等标准中编写的名词，尚未编定和叫法有争议的，可采用惯用的名称。

（2）相同名词术语和物理量的符号应前后统一。不同物理量的符号应避免混淆。

（3）使用外文缩写代替某一名词术语时，首次出现应在括号内注明其含义，如 CPU（Central Processing Unit，计算机中央处理器。）

（4）除一般很熟知的外国人名（如牛顿、爱因斯坦、门捷列夫、达尔文、马克思等）只须按通常标准译法写译名外，其余采用英文原名，不译成中文。其他语种的人名可译可不译。英文人名按名在前姓在后的原则书写，如 P.Cray。不可把外国人姓名中名的部分漏写，如不能只写 Cray。

（5）国内工厂、机关、单位的名称应使用全称，不得简化，如不得把北京大学写成"北大"。

4. 量和单位

（1）毕业论文中量的单位必须符合我国法定计量单位。它以国际单位制（SI）为基础。请参看有关文件，如 GB3100～3102－93 等。

（2）有些单位的名称既可用全称，也可用简称表示（如"安培"和"安"，"伏特"和"伏"，"摩尔"和"摩"等），可以任意采用一种表示法，但在全文中用法要一致，不要两者并用。

（3）非物理量的单位，如件、台、人、周、月、元等，可用汉字与单位符号构成组合形式的单位，如：件/台·h、元/km。

（4）表和图中的数值采用量与单位的比值形式表示，如 λ/nm=58.9。改变过去把单位放在括号内或用逗号与量隔开的表示方法如 λ(nm)=58.9。

（5）在文中不要用物理量符号、计量单位符号和数学符号代替相应的名称。在表示一个物理量的量值时，应在阿拉伯数字之后用计量单位符号。例如："试样高度 h 为 25mm"不要写成"试样 h 为 25mm"，"钢轨每米质量"不要写成"钢轨每 m 质量"，"绕组电阻小于 1Ω"不要写成"绕组电阻<1Ω"，"铁的百分含量"不要写成"铁的%含量"，"加 15mol 的硫酸"不要写成"加 15mol 的 H_2SO_4"，"正负相消"不要写成"+－相消"，"随着压力 F 的下降而减少"不要写成"随着 F 的↓而减小"。

5. 数字

（1）毕业论文中的测量、统计的数据一律用阿拉伯数字，如"5.25MeV"等。

（2）公历的年、月、日一律用阿拉伯数字，如"1949 年 10 月 1 日"；夏历的年、月、日一律用汉字。历史上的朝代和年号须加注公元纪年。

（3）普通叙述中不是很大的数目，一般不宜用阿拉伯数字。例如："他发现两颗小行星""三力作用于一点"，不宜写成"他发现 2 颗小行星""3 力作用于 1 点"。

（4）大约的数目可用中文数字，也可用阿拉伯数字。例如："约一百五十人""八百公里""约二十五万人"，也可写成"约 150 人""约 800 公里""约 25 万人"。

（5）分数可用阿拉伯数字表示，亦可用中文数字表示，但两者写法不同，前者要写成"5/8"（不要写成"8 分之 5"），后者要写成"八分之五"。

6. 标题层次

（1）毕业论文的全部标题层次应有条不紊，整齐清晰，相同的层次应采用统一的表示体例。正文中各级标题下的内容应同各自的标题对应，不应有同标题无关的内容。注意在正文的每个自然段前不得滥加序号。

（2）章节编号方法应采用分级编号方法，一般不超过四级。

7. 注释

（1）毕业论文中有个别名词或情况需要解释时，可加注说明。

（2）注释用页末注（即把注文放在加注处那一页稿纸的下端），而不用行中注（夹在正文中的注）或篇末注（把全部的注文集中在论文末）。

（3）在同一页中有两个以上的注释时，按各注释出现的先后顺序编注释号，如 1，2，3 等。注释号的顺序取稿纸前一页为准计算，隔页时必须从头开始不得续接。注释只限于写在注释号出现的同页，不得隔页。较长的注文应在抄写正文时妥善安排，当页写完。

8. 公式

（1）公式应另起一行写在稿纸中央。一行写不完的长公式，最好在等号处或数学符号（如"+""－"号）处转行，而在下一行开头不应重复这一记号。

（2）公式的编号用圆括号括起放在公式右边行末，在公式和编号之间不加虚线。公式可按全文统编序号，也可按章单独编序号，如：(49)、(7.11)，采用哪一种序号应和稿中的图序、表序编法一致。不得有的章里的公式编序号，有的则不编序号。子公式可不编序号，需要引用时可加编 a、b、c 等，重复引用的公式不得另编新序号。公式序号必须连续，不得重复或跳缺。

（3）文中引用某一公式时，写成"由式（16.20）可见"，而不写成"16.20 可见"，或"由第 16.20 式可见"等。

（4）将分数的分子和分母平列在一行而用斜线分开时，注意避免含义不清，例如，a/b•cosx 就会既可能被认为是 a/(bcosx)，也可能被认为是(a/b)cosx。

（5）公式中分数的横分数线要写清楚，特别是连分数（即分子、分母也出现分数时）更要注意分数线的长短，并把主要分数线和等号对齐。

6.2 论文的结构

中华人民共和国国标 GB7713－87《科学技术报告、学位论文和学术论文的编写格式》中规定，凡是学术论文，通常应包括题名、作者姓名及其所在单位、目录和摘要、关键词、引言（绪论）、正文（本论）、结论、致谢、参考文献等。具体到一篇毕业设计论文，在内容和写作上有着一些特殊的要求，在结构上通常有以下一些项目（详见本节的毕业论文写作框架）。

1. 前置部分

（1）封面。

封面是学术论文的门面，不仅对论文起保护作用，而且可以提供应有的信息。一般应包括以下内容：

1）论文类别（如毕业论文、××学位论文）。

2）标题。标题又称题目、文题，是以最恰当、最简明的词语反映论文中最重要的特定内容的逻辑组合。一般分为单标题和双标题两种。要求简要、明确，一般不超过 20 字。

3）署名。其中包括论文作者的姓名、论文指导老师的姓名和职称。学位论文和毕业论文一般不允许两人或多人在同一篇论文上署名。

4）专业名称。即论文作者主修专业的名称。

使用统一封面，样式根据学校具体要求，封面上的所有有关信息填写准确、完整、清晰。

（2）目录。

目录即论文的纲目，主要指学位论文和毕业论文的，其他论文一般不要求有目录。标引论文目录的目的是让读者看完目录之后，对论文的选题、中心内容、结构安排等，有一个初步的了解和评价。目录的内容一般由两级标题表明，即"一"和"（一）"两层。

（3）摘要。

摘要又称概要或内容提要，是对论文基本内容的浓缩，是论文内容不加注释和评论的简短陈述。要求简要概括论文的观点和主要内容。中文摘要一般以 200～300 字为宜，英语专业的外文摘要在 250 个实词左右。

（4）关键词。

关键词是为文献标引或检索而从论文中选取出来，能表达论文主题内容和属性类别的词、词组或术语。每篇论文选取 3～5 个词作为关键词，另起一行，标在摘要的左下方。标引的顺序应根据含义由大到小、由内容到形式，每一关键词之间留一个空格，不加标点。

2. 主体部分

（1）绪论。绪论也称引言、导论、导言、序言，是学术论文正文的开头部分。

（2）本论。本论是详细阐述论文作者的个人研究成果，特别是作者提出的新的、创造性的见解。按章节层次排布。文中的图和表按章编号置于相应位置。

（3）结论。结论是立论在得到证明之后的自然归宿，应与本论部分的立论相一致。它是对本论部分的主要观点做科学的概括，而不应当是不厌其烦的重复。

（4）致谢（必要时）。它是指对在毕业论文的研究和写作过程中，给予过帮助、支持的个人和组织表示感谢。

（5）参考文献。文后列出参考文献的目的和作用有三：一是表明作者对他人研究成果的尊重，也表明作者对课题研究的依据以及科学而严谨的治学态度；二是从另一个侧面反映了本课题研究的深度和广度，有利于自己今后进一步研究该课题时作必要的参考；三是有利于研究相同或相似课题的同行了解此项研究前人所做的工作。要求列出 3 篇以上的参考文献或论文所在网址。格式要求如下：

- 著作：作者. 书名. 出版社，出版时间：页码。
- 论文：作者. 论文篇名. 刊号，年，卷（期）：页码。

（6）注释。注释是指对论文中的引文出处和某些词语的说明和解释。分尾注、脚注和夹注。其格式与参考文献的格式一致。

毕业论文（设计）正文小 4 号字，采用 A4 纸打印装订成册，某些专业的毕业论文（设计）还需提供相应的程序设计清单及光盘。

毕业论文写作框架如下（以回转体零件在线检测设备的设计为例）：

摘要及关键词

Abstract and Keywords

目录

正文

第一章　绪论

　1.1 概述

　1.2 回转体零件检测现状分析

　1.3 检测设备设计要求

　1.4 设计方案的选择

第二章　设备的机械结构设计

　2.1 床身设计

　2.2 左主轴箱的设计

　2.3 右主轴箱的设计

　2.4 其他附件的设计

第三章　设备的气动系统设计

　3.1 左主轴箱内动作设计

　3.2 右主轴箱内动作设计

　3.3 整体动作设计

第四章　设备的检测系统设计

　4.1 检测系统设计要求

　4.2 检测系统方案的确定

第五章　检测设备典型零件的加工工艺

5.1 左主轴箱内主要零件的加工工艺
5.2 右主轴箱内零件的加工工艺
第六章 设备装配工艺流程
6.1 装配相关知识
6.2 检测设备的装配流程
第七章 结束语
致谢
参考文献

6.3 论文的内容的撰写

6.3.1 内容规范总体要求

毕业论文撰写内容应符合如下要求：

1. 标题

标题应该简短、明确，要有概括性。让人看后能大致了解文章的确切内容、专业的特点和学科的范畴。标题字数要适当，一般不宜超过 20 个字。

2. 摘要

摘要也称内容提要，应当以浓缩的形式概括研究课题的主要内容、方法和观点，以及取得的主要成果和结论，应反映整个论文的精华。中文摘要在 300 字以内为宜，同时，要求写出外文摘要，并在 250 个实词以内为宜。

摘要应写得扼要、精炼、准确，往往在毕业论文全文完成后再写摘要。一篇几百字的摘要，总要反复修改几遍才能定稿。在写作中要注意以下几点：

（1）用精炼、概括的语言表达，每项内容均不宜展开论证说明。
（2）要客观陈述，不宜加主观评价。
（3）成果和结论性意见是摘要的重点内容，在文字上用量较多，以加深读者的印象。
（4）要独立成文，选词用语要避免与全文尤其是前言和结论部分雷同。
（5）既要写得简短扼要，又要行文活泼，在词语润色、表达方法和章法结构上要尽可能写得有文采，以唤起读者对全文阅读的兴趣。

3. 目录页
4. 引言

引言是全篇论文的开场白。它主要包括：

（1）选题的缘由。
（2）对本课题已有研究情况的评述。
（3）说明本文所要解决的问题和采用的手段、方法。

5. 概述成果及意义。

作为摘要和前言，虽然所定的内容大体相同，但仍有很大区别。区别主要在于：摘要一般要写得高度概括、简略，前言则可以稍微具体些；摘要内的某些内容，如结论意见，可以笼统地表述，而前言中所有的内容则必须明确表述；摘要不写选题的缘由，前言则应明确反映；在文字量上一般情况是前言多而摘要少些。

6. 正文

论文的正文是作者对自己的研究工作详细的表述。它占全文的较多篇幅。主体内容包括研究工作的基本前提、假设和条件；模型的建立，实验方案的拟定；基本概念和理论基础；设计计算的主要方法和内容；实验方法、内容及其结果和意义的阐明；理论论证，理论在实际中的应用等。根据课题的性质，一篇论文可能仅包含上述的一部分内容。

正文的写作要求：

（1）理论分析部分应写明所作的假定及其合理性，所用的分析方法、计算方法、实验方法等哪些是别人用过的，哪些是自己改进的，哪些是自己创造的，以便指导教师审查和纠正。这一部分所占篇幅不宜过多，应以简练、明了的文字概略表述。

（2）课题研究的方法与手段，分别以下面几种方法说明。

用实验方法研究课题，应具体说明实验用的装置、仪器、原材料的性能等是否标准，并应对所有装置、仪器、原材料作出检验和标定。对实验的过程或操作方法，力求叙述得简明扼要，对人所共知的或细节性的内容不必过分详述。

用理论推导的手段和方法达到研究目的的，这方面内容一定要精心组织，做到概念准确，判断推理符合客观事物的发展规律，符合人们对客观事物的认识习惯与程序。换言之，要做到言之有序，言之有理，以论点为中枢，组织成完整而严谨的内容整体。

用调查研究的方法达到研究目的的，调查目标、对象、范围、时间、地点，调查的过程和方法等，这些内容与研究的最终结果有关系，但不是结果本身，所以，一定要简述。但对调查所提的样本、数据、新的发现等则应详细说明。这是结论产生的依据，若写得抽象、简单，结论就立之不牢，分析就难以置信。在写作时应特别予以重视。

（3）结果与讨论是全文的心脏，一般要占较多篇幅。

在写作时，应对研究成果精心筛选，把那些必要而充分的数据、现象、样品、认识等挑选出来，写进去，作为分析的依据，应尽量避免事无巨细，把所得结果和盘托出。在对结果作定性和定量分析时，应说明数据的处理方法以及误差分析，说明现象出现的条件及其可证性，交代理论推导中认识的由来和发展，以便别人以此为根据进行核实验证。对结果进行分析后所得到的结论和推论，也应说明其适用的条件与范围。恰当运用表和图作结果与分析，是科技论文通用的一种表达方式。

7. 结论

结论包括对整个研究工作进行归纳和综合而得出的总结；所得结果与已有结果的比较；以及在本课题的研究中尚存在的问题，对进一步开展研究的见解与建议。它集中反映作者的研究成果，表达作者对所研究的课题的见解和主张，是全文的思想精髓，是文章价值的体现。一般写得概括、篇幅较短。撰写时应注意下列事项：

（1）结论要简单、明确。在措辞上应严密，但又容易被人领会。

（2）结论应反映个人的研究工作，属于前人和他人已有过的结论可少提。

（3）要实事求是地介绍自己研究的成果，切忌言过其实，在无充分把握时，应留有余地。因为在科学问题的探索上是永无止境的。

8. 感谢辞

谢辞是在论文的结尾处，以简短文字，对课题研究与写作过程中曾给予直接帮助的人员，例如指导教师、答疑教师及其他人员，表示自己的谢意。这不仅是一种礼貌，也是对他人劳动的尊重，是治学者应有的思想作风。

9. 参考文献与附录

参考文献是毕业论文不可缺少的组成部分。它反映毕业论文的取材来源、材料的广博程度及材料的可靠程度。一份完整的参考文献也是向读者提供的一份有价值的信息资料。

此外，有些不宜于放在正文中，但有参考价值的内容，可编入论文的附录中，如公式的推演。编写的算法语言程序等。

论文编写完成后，为了醒目和便于读者翻阅，可为论文编写一个目录，目录可分章节，每一章节之后应编写页码。

如果论文中引用的符号较多，为了节省论文的篇幅，并且便于读者查对，可以编写一个符号说明。注明符号所代表的意义，如果是有指数的量，则应注明其指数。

6.3.2 论文撰写步骤

毕业论文的写作步骤大体上分为拟写提纲、写成初稿、修改定稿和誊写等步骤。

1. 拟写提纲

毕业论文的篇幅较长，内容比较复杂，动笔写作时先拟一个文字提纲，很有必要。陶铸生前对拟定提纲的重要性和必要性，讲得很深刻。他说："目的确定以后，最好先拟定简单提纲，写稿提纲和发言提纲的作用一样，是为了文章有组织（短文当然可以不用）。按提纲写稿子，有这样许多好处：①可以帮助你组织材料；②可以使想问题周到；③免得一面写一面想，写时吃力不讨好；又可以避免遗漏。"

拟定提纲要项目齐全，能初步构成文章的轮廓；要从全局着眼，权衡好各个部分；要征求指导教师的意见，注意多加修改，写作时要遵循提纲"框"住自己的头脑。要边写边积极思索，不断开拓自己的思路，才会取得满意的结果。

2. 写成初稿

毕业论文初稿的写作是最艰苦的工作阶段。在执笔时应注意下面几点要求：

（1）要尽可能把自己事先所想到的内容写进去。初稿的内容尽量充分丰富，以方便修改定稿。当然，也要防止一味地堆砌，使其成为材料仓库。

（2）要合乎文体范围。文句力求精炼简明，深入浅出，通顺易读。避免采用不合语法的口头语言，也要避免采用科技新闻报道式文体。

（3）要顺利表达，不要在枝节上停留。

（4）要写得干净些、清楚些。初稿最好使用页面字数不太多的稿纸，四周有足够的空余之处，便于进行增、删、改。

3. 修改定稿

初次撰写毕业论文时，应注意对论文的精心修改。修改的范围：内容上包括修改观点，修改材料；形式上包括修改结构，修改语言等。

修改观点：一是观点的订正，看一看全文的基本观点以及说明它的若干从属论点是否偏颇、片面或表述得不准确。二是观点的深化，看一看自己的观点是否与别人雷同，有无深意或

(1) 答辩提纲的内容。

答辩提纲主要应该有以下四个内容：所研究课题的背景和研究该课题的主要意义；研究此课题的关键是什么；独立解决问题的创新方法；研究依据和研究结果。

1) 熟读自己撰写的论文，从中提取主要内容。

列出自己对这一问题的基本观点、看法、提供的主要论据、结论、理论价值和实际应用的意义。这些是单从论文本身出发，整理此篇论文所涉及到的核心内容。这些内容是答辩提纲的重要组成部分。

2) 了解所研究问题的背景，该问题的发展现状，研究该问题的原因是什么。

充分掌握一个课题的背景、现状和由来，有助于在答辩中回答老师的提问。

3) 收集与选题有关的诸多方面的材料，掌握有关的知识。

这项工作是对选题的延伸，学生不仅要熟知题目的研究情况，还要扩大范围，延展到相关领域。

4) 参考资料的来源。

对任何课题的研究都不可能凭空臆造，都是在前人研究的基础上继续拓展的结果，因此必定要对前人资料进行总结、归纳概括和吸收，然后在此基础上创新。研究课题的参考资料要尽可能搜集全面和准确。

5) 论文作者在该课题中的工作。

较小的课题可能由一个人来完成，而复杂的研究内容需要多人的合作。每个学生承担的工作重点有所不同，毕业设计要求每位学生必须独立做完相应模块。学生要集中力量陈述自己独立工作完成的部分，这是评价论文难易程度的主要依据。学生对课题的整体要了解清楚，对其他合作者研究的部分也要简单知道，虽然不涉及细节问题，但是总体框架和结构必须明确。

6) 局限性。

学生毕业设计及论文的写作都是在很短的时间内完成的，且知识面和掌握程度有限，鉴于这些原因，虽有一些研究成果，但毕竟不够深入，存在疏漏、谬误的地方，因此针对论文的不足之处要谦虚地提出来。

7) 新成果的评价与展望。

正确认识毕业设计取得了哪些新成果。既不能过分自信，不够谦虚，也不能太过自卑，实事求是才是对待科学的认真态度。一个新成果有两个方面的价值，即理论价值和实践价值。如何将新成果推广到实际生活中，取得较好的经济效益，这是我们要思考和研究的问题之一，最后还要展望新成果的发展之路。

(2) 答辩提纲的写作。

答辩提纲分为引言、正文和结尾三个部分。下面详细介绍每个组成部分的基本内容。写作时要注意提纲挈领，不一定每一项内容都要写在提纲里，答辩提纲的主要目的是在答辩时起到"提示"的作用。

1) 引言。

引言是进入正文的一个不用手段，是进入答辩高潮环节的有益铺垫，所以书写引言时要投入一定精力，使引言能够引起答辩教师的注意，创造轻松的答辩氛围。

引言要做到引人入胜，如果能够采取听众感兴趣的话题作为切入点，可谓事半功倍、一每位答辩老师应认真负责地对待每篇论文，仔细阅读、准备提问的问题。

答辩老师提出的问题有一定的方向性，主要分为鉴别论文真实性的问题、识别知识掌握程度的问题、判断论文研究深度的问题。出题也有一定的原则，把握目的难易程度和范围，难易深浅相结合，题目（大方向）的数量一般在 3 个左右。

2. 心理准备

答辩是学生获准毕业、取得学位的必由之路，是走出学校、走向社会的最后一次在校学习的机会。只要认真对待，通过并非难事。

自负与自卑都不可取。以轻视的态度面对答辩，放松精神、漫不经心、精力分散，势必在答辩中难于集中精神，自述丢三落四，回答问题张冠李戴，精神状态懒散，这种自负会让我们搬起石头砸自己的脚功亏一篑。自卑的心理会使答辩大失水准，甚至由于胆怯而不能正常表达自己的想法，说话颠三倒四，思维停滞，态度唯唯诺诺，无法体现真实的能力和水平。

树立自信心，适当放松心情，不要给自己过大的压力，积极热情，泰然处之，以平常心对待。在答辩之前，搞一个小型的试讲会，模拟提问，努力适应答辩环境，克服恐惧、紧张的心理。

3. 物质准备

物质准备包括论文底稿、参考资料、答辩提纲。

答辩不同于一般的口试，准备工作必须是全方位的。进入答辩会场要携带论文底稿、答辩提纲和参考资料，这三种资料的准备工作尤为重要。

论文底稿要保留，答辩之前要熟读其内容。无论是答辩中的自我陈述，还是答辩教师的提问都是以论文内容作为依据，论文中的重点内容必须牢记。

收集与论文相关的参考资料，分类整理，做好索引以便查找。参考资料尽量齐全，仔细阅读并学习研究，开拓视野，储备丰富的知识。

答辩提纲作为答辩中必不可少的物质资料，直接影响答辩的质量。答辩提纲的撰写有其特殊的要求、要领。它是论文底稿和参考资料的融合与提炼。从表面看，一份提纲的篇幅相对于论文来讲，是相当少的，但它的内容和信息量是论文与参考资料的总和。

4. 辅助准备

在大约 5 分钟的自我陈述过程中，单用"说"这种枯燥的方式，不容易达到好的效果。在答辩过程中应注意吸引答辩老师的注意力，充分调动答辩小组的积极性，使用生动活泼的语言可以收到好的成效；视觉图像往往让人有更加深刻的认知，如果利用视觉反应传达毕业设计论文的内容，再配以语言解释，这二者的巧妙结合将使答辩变得有声有色。因此可以选择图、表、照片、幻灯片、投影等作为辅助答辩的物质材料。

另外毕业论文答辩还应注意以下几个问题。

（1）精心的准备。

主要指制作一个精美的幻灯片。相信大家答辩时都会用到 PowerPoint，制作一个优秀的幻灯片会为你的论文增色不少，尤其对那些论文实质内容比较苍白的论文来说，一个令人眼花缭乱的 PPT，可以很大程度上弥补论文本身的不足。

（2）演讲时间上的准确的把握。

毕设答辩各组时间不同，但基本上每人讲述 10 分钟左右，提问 5 分钟。演讲的时间概念很重要，一定要在规定的时间内讲完，否则会被老师强行制止。正式演讲前最好自己预讲一下，做到心里有数。讲的时候，尽量讲一些重要的、结论性的东西，中间一些不重要的最好忽略。

（3）灵活的应变。

个人讲演完闭后接着就是老师提问环节。回答问题时一定要沉着冷静，相信自己是自己课题方面的专家（实际上也是这样，一般你做的课题别的老师并不十分清楚，你在做什么只有你自己知道），对待老师的提问一般多是有惊无险，只要沉着应战一般均可轻松拿下！

总之，答辩就是凭印象给分，你的表现越好，所得得分也就越高，尽量给老师留个好印象是十分重要的。因此要做好心理准备，克服怯场心理，消除紧张情绪，保持良好的心理状态。要有自信意识，这是学生应具备的最基本的一种心理素质。凡是有充分自信意识的学生，在答辩过程中就会精神焕发、心绪镇静、神态自若、思维敏捷、记忆完整。答辩就可以淋漓尽致地发挥。要做到自信，需要对自己的论文从内容、范围、材料有充分的理解和多方面的准备，做到烂熟于心。从整体到局部都有了然于胸的感受，这样就能对提出的种种质疑，应付自如，即使不能对答如流，至少也能迎刃而解，问有所答。真正做到"艺高胆大"，有了真才实学，就不怕别人提出质询。

另外还要做好资料的准备。不要忘记将与论文有关的一些图表类资料整理好。如经济类论文答辩时，可能会涉及许多统计表、统计图、测算表、明细表、演示图等。准备许多相关的图表，悬挂在答辩现场，供作讲解之辅助工具。

最后要做好发言提纲的准备。"工欲善其事，必先利其器"不打无准备之仗，答辩者在答辩前可从以下角度去考虑准备答辩：

（1）自己为什么选择这个课题？
（2）研究这个课题的意义和目的是什么？
（3）全文的基本框架、基本结构是如何安排的？
（4）全文的各部分之间逻辑关系如何？
（5）在研究本课题的过程中，发现了哪些不同见解？对这些不同的意见，自己是怎样逐步认识的？又是如何处理的？
（6）论文虽未论及，但与其较密切相关的问题还有哪些？
（7）还有哪些问题自己还没有搞清楚，在论文中论述得不够透彻？
（8）写作论文时立论的主要依据是什么？

对以上问题应仔细想一想，必要时要用笔记整理出来，写成发言提纲，在答辩时用。这样才能做到有备无患，临阵不慌

在答辩时，一般是几位相关专业的老师根据学生的设计实体和论文提出一些问题，同时听取学生个人阐述，以了解学生毕业设计的真实性和对设计的熟悉性；考察学生的应变能力和知识面的宽窄；听取学生对课题发展前景的认识。

答辩中专业老师常会提出的问题分类如下：

（1）辨别论文真伪，检查是否为答辩人独立撰写的问题；
（2）测试答辩人掌握知识深度和广度的问题；
（3）论文中没有叙述清楚，但对于本课题来讲尤为重要的问题；
（4）关于论文中出现的错误观点的问题；
（5）课题有关背景和发展现状的问题；

第 8 章 机制方向毕业设计实例及选题

本章概要

- 机制方向概述；
- 机制方向毕业设计实例分析；
- 机制方向的各类选题。

8.1 机制方向概述

1. 机制专业概述

机械设计与制造专业通常是指在冷加工的基础上，研究机械加工过程中的相关参数对机械加工质量的影响，解决机制工艺开发，机制设备、工艺优化的理论和方法；研究机械结构设计理论及方法，研究机械制造中的材料、参数、加工方法等问题。本学科是国民经济发展的支柱产业。

机械设计与制造专业作为机械系的一个方向，主要侧重于机械加工方面。它包括机械制图、工程力学、公差与互换性、机械零件、计算机辅助设计与制造、机械设计、机械制造技术及机械加工技术等。可以说该专业是一个制造类基础专业。

本专业具体方向又分为机械设计、机械制造、机械电子与机械控制等。本章主要以机械设计与制造为主。

2. 毕业生能力培养目标

高等学校机制专业培养具备机械加工的理论基础、机械设计的基本知识、机械设计制造等专业知识，能在机械、模具、材料成型加工等领域从事科学研究、应用开发、工艺与设备的设计、生产及经营管理等方面工作的高级工程技术人才和管理人才。

毕业生应具备的能力：

（1）工艺规程的制定与实施的能力；
（2）工艺装备设计的能力；
（3）机制工艺操作的能力；
（4）产品质量检验与分析的能力；
（5）现场生产管理与技术管理的能力。

3. 毕业设计相关主干课程

机制专业毕业设计涉及学生在校期间必修和选修的一些专业课，这些课程内容支撑着整个毕业设计过程。相关专业课一般包括：机械制图、工程力学、公差与互换性、金属材料与热处理、计算机辅助设计与制造、机械设计、机械制造技术、数控机床基本操作等课程。

（1）机械制图。

机械制图是机械类专业学生必修的专业基础课，是一门既有系统理论又有较强的实践性的技术基础课。本课程的目的主要是学习正投影法的基本原理及其应用，培养学生绘制和阅读

机械图样的基本能力，培养学生图解简单空间几何问题的能力，培养学生对三维形状与相关位置的空间逻辑能力和形象思维能力，培养学生使用 CAD 软件的初步能力。同时有目的地培养学生自学能力、分析问题和解决问题的能力，以及认真负责的工作态度和严谨细致的工作作风。

（2）工程力学。

工程力学是研究物体机械运动的一般规律和工程构件的强度、刚度及稳定性等计算原理的一门学科。它是一门理论性较强的技术基础课，在整个教学过程中起着承上启下的作用。通过本课程的学习，可以开发学生的智力，培养学生敏锐的观察能力、丰富的想象能力、科学的思维能力，并为后续专业课程的学习和解决工程实际问题提供基本理论和方法。

（3）公差与互换性。

公差与互换性是机械类专业的一门实践性很强的技术基础课，该课程将实现互换性生产的标准化领域与计量学领域的有关知识结合在一起，涉及机械电子产品的设计、制造、质量控制和生产组织管理等诸多方面，是机械类专业技术人才必须具备的基础知识与基本能力。本课程使学生熟悉机械精度设计的基本概念，精度设计的基本步骤、基本原则和一般方法；掌握基本几何量线性尺寸、角度尺寸、形状和位置精度的基本概念及有关国标的基本内容，形位精度和尺寸精度间的关系；具备初步设计几何量精度的能力；了解常用测量器具的工作原理、调整和使用；具备对机械零件的一般几何量作技术测量的初步能力。

（4）金属材料与热处理。

该课程主要讲授金属与合金成分、加工工艺、组织结构及性能之间的关系；阐述合金化、控制结晶、塑性变形、热处理等强化手段的基本理论和合金钢热处理基本工艺方法，热处理工艺设计的基本知识，常用热处理设备简介等。

（5）计算机辅助设计与制造。

本课程是为高职机械类各专业设置的一门选修课。课程主要任务是使掌握 AutoCAD 软件，用计算机进行辅助绘制的能力。

通过本课程的教学，应使学生达到下列基本要求：具有识读和测绘中等复杂程度的机械零件图和装配图的能力；所绘图样应做到投影正确、尺寸完整、符合国家标准《技术制图》和《机械制图》规定；并能按要求标注表面粗糙度、公差配合和形位公差及技术要求；熟练应用 AutoCAD 绘制零件图和装配图的能力，为毕业后从事产品设计与制造应用打基础。

（6）机械设计。

机械零件的结构要素、工艺要素、零件的强度概念等。课程教学中，穿插安排机械原理、机械零件、工程力学课程典型实验和机械拆装、测绘和设计的技能实训。

（7）机械制造技术。

本课程是专业领域的重要职业基础课程。主要讲授机床通用夹具的选用原则，刀具几何参数、材料、切削参数选用知识，掌握典型零件的安装方法，并具有对简单夹具的拆装及设计能力；讲授机械零件的结构工艺性、选择加工方法、编制机械加工工艺规程及刀具、夹具、量具等方面的知识。

（8）数控机床基本操作。

本课程主要讲述数控加工程序编制过程中有关工艺处理及各种常用功能指令。另外，在课程中还介绍常用数控机床及控制系统的操作方法。通过本课程的学习使学生能掌握数控车床、数控铣床编程与操作的基本方法。

8.2 机制方向毕业设计实例

8.2.1 回转体零件在线检测设备的设计

1. 毕业设计任务书

毕业设计任务书如表 8-1 所示。

表 8-1 ××××大学毕业论文（设计）任务书

姓　　名	×××	学　　号	××××××××	系　　别	机械系
专　　业	机制专业	年级班级	××级×班	指导教师	×××
论文题目	\multicolumn{5}{c}{回转体零件在线检测设备的设计}				
任务和目标	\multicolumn{5}{l}{毕业设计（论文）的任务和目标： 　　本毕业设计主要完成一个"回转体零件在线检测设备的设计"，并撰写题目为《回转体零件在线检测设备的设计》的论文。根据本设计题目生产纲领、零件结构特点和用途，确定采用铸造成形工艺方法做出该零件的毛坯。论文撰写必须符合学院所规定的标准。 　　设计需要符合机械加工工艺设计要求，主要设计部分包括： （1）设备的机械结构设计 （2）设备的气动系统设计 （3）设备的检测系统设计 （4）检测设备典型零件的加工工艺 （5）设备装配工艺流程}				
基本要求	\multicolumn{5}{l}{论文撰写应在指导教师指导下独立完成，并以马克思主义理论为指导，符合党和国家的有关方针、政策；论文应做到中心突出，层次清楚，结构合理；必须观点正确，论据充分，条理清楚，文字通顺；并能进行深入分析，见解独到。同时论文字数不得少于 8000 字，还要有 300 字左右的论文摘要，关键词 3~5 个（按词条外延层次，由高至低顺序排列）。最后附上参考文献目录和致谢辞。}				
研究所需条件	\multicolumn{5}{l}{1. 具备足够的专业基础知识 　　（1）识图绘图的能力 　　（2）机械制造工艺等专业知识 　　（3）计算机绘图工具的使用 2. 具备搜集资料的网络、图书馆等资源和条件}				
任务进度安排	序号	\multicolumn{3}{l}{主要任务}	\multicolumn{2}{l}{起止时间}		
	1	\multicolumn{3}{l}{任务书下达、毕业设计正式开始}	\multicolumn{2}{l}{2014.3.1～2014.3.10}		
	2	\multicolumn{3}{l}{完成文献综述、开题报告}	\multicolumn{2}{l}{2014.3.11～2014.3.31}		
	3	\multicolumn{3}{l}{完成需求分析}	\multicolumn{2}{l}{2014.4.1～2014.4.10}		
	4	\multicolumn{3}{l}{完成论文二稿}	\multicolumn{2}{l}{2014.4.11～2014.5.30}		
	5	\multicolumn{3}{l}{上交论文成稿及设计图纸等}	\multicolumn{2}{l}{2014.5.31～2014.6.15}		
	6	\multicolumn{3}{l}{论文答辩}	\multicolumn{2}{l}{2014.6.16～2014.6.20}		
指导教师签字				日期	\multicolumn{2}{l}{年　　月　　日}		
系部领导签章				日期	\multicolumn{2}{l}{年　　月　　日}		

2. 文献综述

文献综述如表 8-2 所示。

表 8-2　××××大学毕业论文（设计）文献综述

姓　　名	×××	学号	××××××××	系别	机械系
专　　业	机制专业	年级班级	××级×班	指导教师	×××
论文题目			回转体零件在线检测设备的设计		
查阅的 主要文献	[1] 雷良育，周晓军，潘明清．基于机器视觉的轴承内外径尺寸检测系统[J]．农业机械学报，2005，36（3）：131-134． [2] 东芝 CCD 传感器 TCD2557D 说明书． [3] 栾敏．机械制造技术基础[M]．北京：北京大学出版社．2009． [4] 赵颖．基于 CCD 的非接触法测量炮弹外径技术研究[D]．长春：长春理工大学，2009 [5] 杨帮文．现代新潮传感器应用手册[M]．北京：机械工业出版社，2006． [6] 雷玉堂，王庆有等．光电检测技术[M]．北京：中国计量出版社，1997． [7] 马芸艳．基于 CCD 的钢球外观检测技术的研究[D]．哈尔滨：哈尔滨工业大学，2006． [8] 孙佳，张磊．大直径工件的测量方法[J]．东北大学学报．2006，3：13-15． [9] 张国玉，安志勇，李成志．大尺寸直径非接触光电检测系统研究[J]．仪器仪表学报，2006，27（1）：13-19． [10] Tetsuro Ashida. Signal processing and automatic camera control for digital still cameras equipped with a new type CCD[J]. Proc. SPIE，2004，5301：42． [11] 殷镇良等．大直径轴盘类工件直径的测量方法及装置．中国专利数据库，2002，8． [12] 许裕华．光电探测器件线性响应的快速测量[J]．韶关大学学报（自然科学版）．2000，21（4）：45-47． [13] 黄文恺．基于线阵 CCD 的二维轮廓多尺寸图像检测技术的研究[D]．广州：广东工业大学． [14] 强锡富．传感器[M]．北京：机械工业出版社，2001． [15] 高稚允，高岳．光电检测技术．北京：中国计量出版社，1995：12-45． [16] 郭培源．光电检测技术与应用．第 1 版．北京：航空航天大学出版社．2006：28-61． [17] 安毓英，曾小东．光学传感与测量．北京：电子工业出版社．2001：77-102． [18] 李宝安．钢材直径非接触在线检测仪的研究[D]．长春：长春光学精密机械学院，2000． [19] 马潮．AVR 单片机嵌入式系统原理与应用实践．北京：北京航空航天大学出版社，2007． [20] 张晓明，杨维，王军．光栅数显装置在大直径测量中的应用．沈阳工业大学学报，2002，14（3）：54-58． [21] 陈白宁，王生力．光栅传感器测量系统前通道配置与接口设计．沈阳工业学院学报，1998． [22] 王庆有．CCD 应用技术[M]．天津：天津大学出版社，2000． [23] 孙晓军．线阵 CCD 在圆柱体表面检测系统中的应用[J]．光学技术，2000，26（1）：29-31． [24] Lrppino G A. Design of an 8192×8192 pixel CCD mosaic. Proc .SPIE，1994，2198：810．				

续表

文献综述	**一、回转体零件检测设备的设计** 　　回转体零件作为一种典型且常见结构，其在各类设备中得到广泛应用，并且在整个设备中所处的地位十分重要，因此回转体零件加工的精确性、经济性以及测量的快速性越来越受关注。本论文基于回转体的测量要求，开发了一种回转体在线检测设备，并对检测设备典型零件的加工工艺及装配工艺进行详细研究。 　　首先，本论文介绍了回转体零件的检测现状，分析了回转体零件的结构特点，及其检测过程与方法，研究了回转体零件在线检测设备的结构及工作原理，根据回转体零件检测设备的检测过程、检测效率及检测精度要求，确定了检测设备的开发方案。根据检测尺寸和精度的要求，将此台检测设备安排在零件的机械加工精加工结束之后，表面处理之前；根据检测时间的要求，每个零件的检测时间为 30 秒，这就要求整体动作要迅速连贯；此设备的动作内容包括自动上料、自动定位、自动夹紧、自动检测及自动卸料。自动上料和卸料装置采取 V 形托盘式自动伸缩机构，此机构实现上料到位，卸料保证安全。在上料和卸料过程中保证零件不能受到磕碰。自动定位装置，采取的是轴线定位，保证工件实现定位基准和测量基准重合，避免基准不重合误差的存在。自动夹紧装置主要是浮动块的斜楔式加紧方式，保证加紧力大小适中。自动监测装置，采用的是非接触式信号采集、分析及反馈系统，实现对不合格尺寸的零件进行报警提醒。 　　其次，本论文分别从检测设备的机械系统设计、气动系统设计及检测系统设计三个方面进行全面研究。 　　机械系统作为设备的承载主体，是整个系统的骨架，论文完成了床身设计、左主轴箱设计、右主轴箱设计以及各种附件设计，为设备开发奠定了基础。本论文分别从各部分的功能要求出发，针对各个功能及动作设计相对应的结构，将各个部分结构有机结合起来，才形成了整体部分的结构。在机械系统设计中，右主轴箱中的"缸中缸"和"内斜涨"结构，承担着一定的逻辑动作，同时体现了结构紧凑、节省空间、制造方便快捷的设计理念，在整台设备中此处为设计的一个亮点。附件中吸盘的尾椎结构，能够实现一定尺寸范围内的回转体零件的轴线定位，减少了调整时间，同时节省了设备附件的设计及制造。为了实现能够调整测量长度范围的设计要求，在左主轴箱上，设计有燕尾槽来实现左右轴线上对正的调整，右主轴箱上的方形导轨保证了右主轴箱可以沿轴线方向进行移动，实现测量的长度尺寸的调整。 　　气动系统作为设备的筋脉，可以满足预期的动作要求，对左、右主轴箱的动作过程进行了细致分析，给出了左、右主轴箱动作的气动原理图，同时对设备整体动作进行深入研究，绘制整体气动原理图。左主轴箱部分主要实现的是顶紧与放松工件的往复移动，使用单缸控制即可；右主轴箱需要实现定位、胀紧、放松和撤销定位四个动作，这就需要两个缸来实现。同时由于动作具有先后的逻辑顺序，所以需要使用单项顺序阀来控制气动回路；托盘的辅助动作仅为上料和下料两个动作，所以一个气缸就可以实现动作。整个动作的逻辑性通过电磁阀的通电顺序来控制。 　　检测系统作为设备的感应神经，是完成零件检测的直接部分，为了达到检测目的，提出了检测系统要求，确定了检测系统方案，并给出了检测方法。根据回转体零件的流体设计和加工装配要求，一般情况下检测精度要求在 0.01mm 左右。为了满足这一设计要求，检测装置采用的是 CCD 采集信号。本文选择使用的是东芝 TCD2557D 型线阵 CCD 器件，并分析了此元件的各种参数及特性。CCD 采集到信号后，上传到计算机系统，然后计算机根据采集结果，判断数据是否在要求范围之内，若超出范围，系统将自动报警，进行提示。 　　再次，根据检测设备的结构和要求，对检测设备中典型零件的加工工艺以及整个设备的装配工艺进行了系统分析。讨论了主轴箱、活塞轴的加工过程，分析了轴承端盖、套轴零件的加工工艺。本论文分别选择了机械结构中的四种典型零件进行加工工艺分析，一方面阐述了各种表面的加工方法及工艺方案的确定过程，另一方面体现了本设备零件的多样性。每种零件都是从零件图出发，根据毛坯的制造原则，设计合理的毛坯结构，绘制毛坯—零件综合图；根据每种零件的特点，使用通用机床，安排零件的机械加工工艺流程。由

续表

于此设备尚且处于实验阶段，加工数量少，所以，本论文的加工工艺流程是按照"工序集中"原则进行安排的。

最后，明确了设备装配的工艺过程，给出了检测设备的装配方案。本论文先阐述了装配的相关知识，然后根据装配的原则来确定本设备的装配流程。在左主轴箱的装配过程中，论文讲述了装配工艺流程卡片的识读方法，并分析了具体零件装配位置安排先后的原因。右主轴箱的装配，由于零件比较繁多，本文将其分解成箱体内和箱体外两部分分别说明。阐述过程简单明了。

通过对回转体零件在线检测设备的开发，分析了检测系统的要求，构建了检测设备的机械结构，完成了气动系统设计并给出系统的气动原理图，实现了回转体零件的在线检测。通过验证，本课题所完成的机械制造工艺和装配工艺流程完全符合实际生产的过程，证实了该设备是可行的且能满足检测要求。

从经济方面考虑，目前市场上现有的设备检测的尺寸为直径从 0.3mm 到 130mm，长度可达到 800mm。长度若增加 100mm 的尺寸，价格大约相对增加 10 万元左右。本课题设计的检测设备要实现的测量尺寸为直径从 0.3mm 到 200mm，长度达到 1200mm。通过成本预算，本设计的制造成本比直接采购的成本要节约很多。从附加成本的投资方面来看，操作新采购设备的操作者需要进行一段时间的岗前专门培训，操作者才能持证上岗，另外，当设备出现故障时，使用方还需聘请制造方来售后维修，这在费用和时间上都是很大的投资。如果使用方自行制造和装配此设备，在一定程度上可以节约培训费用，更主要的是可以节约售后服务产生的费用。综合多方面的条件，本设备值得加工投产，本方案值得进行推广。

二、设计思路

主要设计部分包括：

第 1 章 绪论
 1.1 概述
 1.2 回转体零件检测现状分析
  1.2.1 回转体零件的特点
  1.2.2 目前回转体零件的检测现状
  1.2.3 设备研究方案的确定
 1.3 检测设备设计要求
  1.3.1 生产线内位置设计要求
  1.3.2 时间设计要求
  1.3.3 动作设计要求
  1.3.4 检测精度要求
 1.4 设计方案的选择

第 2 章 设备的机械结构设计
 2.1 床身设计
  2.1.1 功能要求
  2.1.2 结构设计要求
 2.2 左主轴箱的设计
  2.2.1 左主轴箱整体功能要求
  2.2.2 左主轴箱的结构设计
  2.2.3 左主轴箱装配图纸
 2.3 右主轴箱的设计

续表

	2.3.1 右主轴箱整体功能要求
	2.3.2 右主轴箱的结构设计
	2.3.3 右主轴箱装配图纸
	2.4 其他附件的设计
	2.4.1 吸盘设计
	2.4.2 带轮传动设计
	第3章 设备的气动系统设计
	3.1 左主轴箱内动作设计
	3.1.1 左主轴箱内实现的动作分析
	3.1.2 左主轴箱内气动原理图
	3.1.3 左主轴箱内气动元件
	3.2 右主轴箱内动作设计
	3.2.1 右主轴箱内实现的动作分析
	3.2.2 右主轴箱内气动原理图
	3.3 整体动作设计
	3.3.1 整体动作分析
	3.3.2 整体气动原理图
	第4章 设备的检测系统设计
	4.1 检测系统设计要求
	4.2 检测系统方案的确定
	4.2.1 检测方法的选择
	4.2.2 检测元件的选择
	4.2.3 线阵CCD驱动器主要特性
	第5章 检测设备典型零件的加工工艺
	5.1 左主轴箱内主要零件的加工工艺
	5.1.1 左主轴箱体加工
	5.1.2 活塞轴加工
	5.2 右主轴箱内零件的加工工艺
	5.2.1 轴承端盖加工
	5.2.2 套轴零件加工
	第6章 设备装配工艺流程
	6.1 装配相关知识
	6.1.1 装配的概念
	6.1.2 装配工艺过程
	6.1.3 装配工作的组织
	6.1.4 装配精度的概念
	6.1.5 保证装配精度的方法
	6.1.6 制订装配工艺规程的步骤
	6.2 检测设备的装配流程
	6.2.1 左主轴箱装配方案
	6.2.2 右主轴箱装配方案

续表

	三、结束语 　　关于回转体零件直径的在线检测设备，为了达到检测精度 0.01mm 的要求，选择东芝的 TCD2557D 型线阵 CCD 器件作为主要检测元件；为了达到检测范围的要求，在设备的机械部分，采用的是结构简单、测量调整范围大、具有自己特色的结构；为了满足能源环保的要求，动力源方面，采用气压传动实现检测所需的具体动作；为了实现设备的合理制造和装配，设计了机构零件的加工工艺和设备装配的合理的流程方案。 　　本论文首先对目前回转体零件的检测现状进行了详细介绍，分析回转体零件的结构特点，了解回转体零件的检测过程与方法，探讨回转体零件在线检测设备的结构及工作原理，根据回转体零件检测设备的检测过程、检测效率及检测精度要求，选择并确定检测设备的开发方案。 　　其次，论文分别从检测设备的机械系统设计、气动系统设计及检测系统设计三个方面进行全面研究。 　　机械系统作为设备的承载主体，是整个系统的骨架，论文完成了床身设计、左主轴箱设计、右主轴箱设计以及各种附件设计，为设备开发奠定了基础。 　　气动系统作为设备的筋脉，为了满足预期的动作要求，对左、右主轴箱的动作过程进行了细致分析，给出了左、右主轴箱动作的气动原理图，同时对设备整体动作进行深入研究，绘制整体气动原理图。 　　检测系统作为设备的感应神经，是完成零件检测的直接部分，为了达到检测目的，提出了检测系统要求，确定了检测系统方案，并给出了检测方法。 　　最后，根据检测设备的结构和要求，对检测设备中典型零件的加工工艺以及整个设备的装配工艺进行了系统分析。讨论了主轴箱、活塞轴的加工过程，分析了轴承端盖、套轴零件的加工工艺。明确了设备装配的工艺过程，给出了检测设备的装配方案。 　　通过对回转体零件在线检测设备的开发，分析了检测系统的要求，构建了检测设备的机械结构，完成了气动系统设计并给出系统的气动原理图，实现了回转体零件的在线检测。通过对其典型零件的加工工艺及装配工艺研究，证实了该设备可行性及能够满足的检测要求。 　　本课题所完成的机械制造工艺和装配工艺流程完全符合实际生产的过程。从经济方面考虑，制造设备的投资比采购要节约很多。综合多方面的条件，本设备值得加工投产。
备注	
指导教师意见：	指导教师签字： 　　　年　　　月　　　日

3. 论文开题报告

论文开题报告如表 8-3 所示。

表 8-3 ××××大学毕业论文（设计）开题报告

姓　　名	×××	学　号	××××××××	系　别	机械系
专　　业	机制专业	年级班级	××级×班	指导教师	×××
论文题目	回转体零件在线检测设备的设计					
选题依据与意义	现代工业的快速发展，要求对回转体零件进行精确、快速的测量，传统的测量方法难以同时满足测量精度和测量速度的要求。本课题研制的回转体零件测量系统采用接触和非接触相结合的测量方式，以满足回转体零件测量精度和速度的需求。通过本课题的研究，设计解决回转体零件在线自动检测，这样能够充分节省工作时间，进而提高工作效率，直接降低成本。 回转体零件的检测方法在国内目前常采用的有手工检测法、边界图像检测法等。 回转体零件的手工检验法是目前一些大型国企常采用的方式，尤其在军工企业。这种检测方法成本较低，但是有其自身的缺点。国有军工企业的规模比较庞大，人员数量比较多，为了保证大家都有工作，传统检测方式是设有专门的检测机构负责检测。检测常用的工具为自制的专门检验的量具。检测时，每人检测一个尺寸，大家逐一进行检测。这种检测方式一方面难以保证尺寸的相对精度，另一方面检测工具多次与工件进行接触，直接对工件造成损伤。 回转体零件边界图像法检测，自动化程度高，但是其设备的成本也很高。这种设备的价格不是一般企业所能承受的，而且在标准体的设置环节也相对复杂。目前国外采用的是 TESA SCAN 专门用于回转体零件的非接触测量，集多种光电测量系统功能于一身。廓投影仪或显微镜等系统，为其提供了对回转体零件更有效的替代传统检测的方法。可以测量回转体的形状和尺寸，直径从 0.3mm 到 80mm，长度可达到 500mm。TESA SCAN 非接触测量系统采用高分辨率 CCD 线性传感器。每个传感器被细分为数千个光敏感像素。当工件被投影时，作为感光尺能够探测到亚像素级的微小变化。					
研究内容	第 1 章　绪论 　1.1　概述 　1.2　回转体零件检测现状分析 　　1.2.1　回转体零件的特点 　　1.2.2　目前回转体零件的检测现状 　　1.2.3　设备研究方案的确定 　1.3　检测设备设计要求 　　1.3.1　生产线内位置设计要求 　　1.3.2　时间设计要求 　　1.3.3　动作设计要求 　　1.3.4　检测精度要求 　1.4　设计方案的选择 第 2 章　设备的机械结构设计 　2.1　床身设计 　　2.1.1　功能要求 　　2.1.2　结构设计要求 　2.2　左主轴箱的设计 　　2.2.1　左主轴箱整体功能要求 　　2.2.2　左主轴箱的结构设计 　　2.2.3　左主轴箱装配图纸 　2.3　右主轴箱的设计					

	2.3.1 右主轴箱整体功能要求
	2.3.2 右主轴箱的结构设计
	2.3.3 右主轴箱装配图纸
	2.4 其他附件的设计
	2.4.1 吸盘设计
	2.4.2 带轮传动设计
	第3章 设备的气动系统设计
	3.1 左主轴箱内动作设计
	3.1.1 左主轴箱内实现的动作分析
	3.1.2 左主轴箱内气动原理图
	3.1.3 左主轴箱内气动元件
	3.2 右主轴箱内动作设计
	3.2.1 右主轴箱内实现的动作分析
	3.2.2 右主轴箱内气动原理图
	3.3 整体动作设计
	3.3.1 整体动作分析
	3.3.2 整体气动原理图
	第4章 设备的检测系统设计
	4.1 检测系统设计要求
	4.2 检测系统方案的确定
	4.2.1 检测方法的选择
	4.2.2 检测元件的选择
	4.2.3 线阵CCD驱动器主要特性
	第5章 检测设备典型零件的加工工艺
	5.1 左主轴箱内主要零件的加工工艺
	5.1.1 左主轴箱体加工
	5.1.2 活塞轴加工
	5.2 右主轴箱内零件的加工工艺
	5.2.1 轴承端盖加工
	5.2.2 套轴零件加工
	第6章 设备装配工艺流程
	6.1 装配相关知识
	6.1.1 装配的概念
	6.1.2 装配工艺过程
	6.1.3 装配工作的组织
	6.1.4 装配精度的概念
	6.1.5 保证装配精度的方法
	6.1.6 制订装配工艺规程的步骤
	6.2 检测设备的装配流程
	6.2.1 左主轴箱装配方案
	6.2.2 右主轴箱装配方案

续表

研究方案	一、研究目标、研究内容和拟解决的关键问题
	研究的目标是保证回转体零件在线监测的前提下，实现经济利益的最大化。目前国内销售的一台边界影像的投影仪其价格大约在 28 万人民币左右，可以测量回转体的形状和尺寸，直径从 0.3mm 到 130mm，长度可达到 800mm。这对回转体零件的尺寸限制比较大。据与专门从事此种设备生产的厂家进行沟通得知，若增加 100mm 的尺寸，价格大约相对增加 10 万左右。本课题要设计的在线检测系统，要实现的是测量尺寸为直径从 0.3mm 到 200mm，长度可达到 1200mm，经济价值合理，测量性能合理的回转体在线检测设备。 　　研究内容包括零件的自动上料装置、自动定位装置、自动夹紧装置、自动检测装置及自动卸料装置。自动上料和卸料装置采取托盘式自动伸缩机构，此机构实现上料到位，卸料保证安全。实现工件无磕碰现象产生。自动定位装置主要实现的是一方面保证测量基准的准确性，另一方面实现工件的轴线的定位性。此定位机构由于存在长期使用会产生磨损，所以，主要的定位部分要采用的是可更换和可调性。自动夹紧装置主要是浮动块的斜楔夹紧方式，保证夹紧的力量和定位的精度。自动检测装置采用的是光学投影法和机械接触法两种方式，然后根据测量结果判断是否在要求范围之内，若不在要求范围之内要进行自动报警，进行提示。 　　根据目前的加工状态和自动化生产线的传输速度得知，一般情况下工件的传输速度为每分钟 2 个左右，那就要求一个零件的检测过程需在 30 秒内完成。 　　在能源方面，目前机械行业常采用的能源方式，无外乎为电动、液压和气压为主。而在这些能源方式之中，气压的方式更为合理，故，我们设计的动力源装置大都采用风机。整个题目的关键问题在于，被检测工件的定位与夹紧。我们采用的方案为回转体口部先定位，尾部再进行顶紧，然后再口部内深入夹紧外涨机构，随后胀紧机构带动整个工件进行回转运动。再进行在线测量，随后进行逐步的复原工作。最主要的技术难点在于口部整个动作，既要保证动作的到位，还要保证动作的顺序。这成为整个设备主要的技术难点。 二、针对研究内容拟采取的研究方法、技术路线、实验方案及可行性分析 　　对于课题的确定，我们主要采取调查法和观察法进行系统的确定设计方案和设计理念；之后根据设计要求进行模拟的实验，进而确定各部分的设计结构；之后根据设计的机构进行性能的定性和定量分析对机构进行调整；最后根据设计图纸进行试加工，做出产品的试样，再对模拟的试样的性能进行检测，根据检测结果进行调整。最终达到设计的设备能够完全满足设计的各项性能要求。 　　前期的调查主要是通过走访企业进行开展的。在走访中进行有目的、有计划、有系统地搜集有关研究对象的现实状况或历史状况。对走访企业进行实地观察、谈话、问卷、个案研究、测验等科学方式，对想解决问题现象进行有计划的、周密的和系统的了解，并对调查搜集到的大量资料进行分析、综合、比较、归纳，从而为课题的开展提供客观依据。 　　整个设计过程中，要根据设计要求确定各部分结构的基本构架，然后根据实际的动作及形状要求进行结构的合理优化，设计出的结构要进行动作的仿真来对设计的机构进行强度、碰撞及干涉等性能进行模拟的动态分析，然后进行结构的优化处理，确定各部分机构的具体形状，将所有结构进行整体装配，再进行整体的动态仿真分析，最终确定所有机构。 　　确定所有机构后，采用相似材料进行加工，针对加工过程确定提供合理的工艺方案。装配出仿真的设备，对仿真设备进行定量和定性的实验，实际检测实验找出其需要改进的机构，并判断其是否满足设计要求。 　　根据试样的加工成本，确定真机的加工成本，确定其成本的价值与国外同期产品价格的差值、检测尺寸、精度的区别。根据试样的磨损状态，分析真机的各种机构及部件的使用寿命。根据试样的工作条件及测量的精度提出真机的工作环境要求和测量参数的范围。 　　根据试真机的经济性能和工艺性能的要求，做出设备的设计及加工的可行性分析报告，确定设计方案的合理性。

	续表
	三、本课题的特点与创新之处 　　本课题的主要特点在于直接为工厂解决实际的检测问题。题目来源于工厂的实际工程问题，具有非常重要的现实意义。 　　本课题的创新在于工件的定位及夹紧定位的精度的控制上。因为测量的为回转体工件，那么在测量时保证工件的回转轴与带动工件旋转的主轴之间的同轴度问题将是测量精度的最大的障碍。所以怎样保证同轴度问题是本课题的机构设计的难点问题，而针对此问题，采取"缸中缸"的设计就是本课题在机构设计上的一个创新之处。 **四、研究进度、工作内容和预期成果** 主要阶段性成果 序号|研究阶段|阶段成果名称|成果形式 1|设备调研|确定具体测量范围|调研表及分析报告 2|基本机构设计|各部分机构模型|设计图纸 3|产品结构设计|设计方案|设计图纸 4|产品加工工艺方案确定|加工工艺方案|工艺规程 5|产品装配工艺方案确定|装配工艺方案|工艺规程 6|产品生产流程确定|生产流程设计|生产任务书 7|动态仿真模拟分析|动态仿真机构|实验数据及报告 最终成果 序号|最终成果名称|成果形式 1|设备整体机构设计|设备整体装配图 2|设计文件|设备设计说明书
写作进度安排	1. 2014年3月10日～2014年3月31日，完成文献综述及开题报告。 2. 2014年3月8日～2014年4月10日，进行结构分析、确定工艺方案。 3. 2014年4月8日～2014年5月30日，完成论文二稿或中期检查。 4. 2014年6月1日～2014年6月10日，完成设计图纸等。 5. 2014年6月8日～2014年6月15日，上交论文成稿及设计图纸。
指导教师意见	指导教师签字： 　　　　年　　月　　日
系学术委员会意见	 主任签章： 　　　　年　　月　　日

4. 论文中期报告

论文中期报告如表 8-4 所示。

表 8-4　××××毕业论文中期检查报告

学生名字	×××	学号	××××××××	指导老师	×××
论文题目			回转体零件在线检测设备的设计		
论文中期 完成情况	一、前期工作简述 　　论文的前期工作主要完成了任务书、文献综述和开题报告的撰写，确定总体工艺方案，并对各环节进行总体设计。 二、解决的问题及解决办法 　　1. 零件的工艺设计：本次设计内容较多，尤其各种传动系统的设计较复杂，开始有点摸不着头脑，后来经过指导老师的点播以及查阅了相关的资料，已经基本上捋顺了。 　　2. 制造工艺装备设计：此部分中典型零件的加工是重点，经过导师的辅导，以及在网上搜索一定量的资料和相关书籍，对此部分设计有了一定的掌握。 三、尚存在的问题及解决方案 　　装配方案问题：为保证结构和使用的准确性，除了合理的结构、制造工艺及参数设计，还要保证装配的准确性，因此要总结准确装配的方法，以确保设备的质量。 四、后期工作安排 2014 年 6 月 1 日～2014 年 6 月 10 日，完成装配内容，撰写论文。 2014 年 6 月 8 日～2014 年 6 月 15 日，上交论文成稿。					
完成情况 评价	1. 按计划完成，完成情况优（　） 2. 按计划完成，完成情况良（　） 3. 基本按计划完成，完成情况合格（　） 4. 完成情况不合格（　） 补充说明： 　　　　　　　　　　　　　指导教师签名： 　　　　　　　　　　　　　　　　　　　年　　月　　日					

5. 论文封皮

论文封皮示样图如图 8-1 所示。

　　　　　　　　　××××大学

　　　　　　毕　业　论　文（设　计）

题　　目：回转体零件在线检测设备的设计
系　　部：机械系
专　　业：机制专业
班　　级：××级×班
学　　号：××××××××
姓　　名：×××
指导教师：×××
完成日期：××××年××月××日

图 8-1　论文封皮示样图

6. 论文诚信声明和版权说明

论文诚信声明和版权说明如图 8-2 所示。

毕业论文（设计）诚信声明书

本人声明：我将提交的毕业论文（设计）《回转体零件在线检测设备的设计》是我在指导教师指导下独立研究、写作的成果，论文中所引用他人的无论以何种方式发布的文字、研究成果，均在论文中加以说明；有关教师、同学和其他人员对本文的写作、修订提出过并为我在论文中加以采纳的意见、建议，均已在我的致谢辞中加以说明并深致谢意。

         论文作者：×××   （签字）时间： 年 月 日
         指导教师已阅   （签字）时间： 年 月 日

毕业论文（设计）版权使用授权书

本毕业论文（设计）《回转体零件在线检测设备的设计》是本人在校期间所完成学业的组成部分，是在××××大学教师的指导下完成的，因此，本人特授权对××××大学可将本毕业论文（设计）的全部或部分内容编入有关书籍、数据库保存，可采用复制、印刷、网页制作等方式将论文文本和经过编辑、批注等处理的论文文本提供给读者查阅、参考，可向有关学术部门和国家有关教育主管部门呈送复印件和电子文档。本毕业论文（设计）无论做何种处理，必须尊重本人的著作权，署明本人姓名。

         论文作者：×××   （签字）时间： 年 月 日
         指导教师已阅   （签字）时间： 年 月 日

图 8-2　论文诚信声明和版权说明

7. 论文正文

回转体零件在线检测设备的设计

摘要：回转体机械零件作为一种常见的典型零件，广泛应用于各类设备当中，在机械设备中起着重要的作用。因此对其加工的精确性、经济性以及测量的快速性越来越受关注。论文基于回转体零件的测量要求，开发了一种回转体零件在线检测设备，对检测设备机械结构、典型零件的加工工艺及装配工艺进行了详细研究。

  首先，本论文在分析当前回转体零件检测现状的基础上，对回转体零件的结构特点、检测过程与方法进行了剖析介绍，探讨了回转体零件在线检测设备的结构及工作原理，根据回转体零件检测设备的检测过程、检测效率及检测精度要求，选择并确定检测设备的开发方案。

  其次，论文分别从检测设备的机械系统设计、气动系统设计及检测系统设计三个方面进行全面研究。机械系统作为设备的承载主体，是整个系统的骨架，论文完成了床身设计，左、右主轴箱设计以及各种附件设计，为设备开发奠定了基础。气动系统作为设备的筋脉，为了满足预期的动作要求，对左、右主轴箱的动作过程进行了细致分析，给出了左、右主轴箱动作的气动原理图，同时对设备整体动作进行深入研究，绘制整体气动原理图。检测系统作为设备的感应神经，是完成零件检测的直接部分，为了达到检测目的，提出了检测系统要求，确定了检测系统方案，并给出了检测方法。

  最后，根据检测设备的结构和要求，对检测设备中典型零件的加工工艺以及整个设备的装配工艺进行了系统分析。明确了设备装配的工艺过程，给出了检测设备的装配方案。

通过对回转体零件在线检测设备的开发，分析了检测系统的要求，构建了检测设备的机械结构，完成了气动系统设计并给出系统的气动原理图，实现了回转体零件的在线检测。通过对其典型零件的加工工艺及装配工艺研究，证实了该设备可行性及能够满足的检测要求。

关键词：回转体零件；在线检测；机械系统设计；气动系统设计；检测系统设计

Abstract: As a typical and common construction, rotation part has been used widely in all kinds of equipment, and it has an very important role in the whole equipment. so, machining accuracy, measuring speed and economical efficiency of rotation part has been paid more and more attention. In order to meeting the measuring require of the rotation part, the test equipment on-line has been developed in this article, and the processing technic and assemble technic of the typical parts in the testing equipment have been researched in detail.

First of all, in the article, the current situation of the rotation part testing has been related, the structure characteristics of the rotation part has been analyzed, the construction and the working principle of the testing equipment on-line which is for the rotation part has been researched, according to the testing processing, efficiency and accuracy, the develop program of the test equipment has been fixed.

Secondly, the three aspects, which include mechanical system design(MSD), pneumatic system design(PSD) and detection system design(DSD), are rounded researched in the article. As the equipment agents, the mechanical system is the framework of the whole system, in order to the foundation of the equipment developing, the lathe bed, the left headstock, and the right headstock have been designed in the paper. As the skeleton, the pneumatic system design can satisfy the prospective action requires,so in the paper, the action of left and right headstock has been analysis meticulously, it's pneumatic elementary diagram has been shown. at the same time, the action of the whole equipment has been analysis and it's pneumatic elementary diagram has been shown. As the inductor, the testing system can test the part, so in order to testing the part, the demand of the testing system has been put, the method and the plan of the system have been fixed.

At last, according to the structure and require of the testing equipment, the processing technic of the typical part and the assemble technic of the whole equipment have been analysis methodically.The working courses of the headstock and the piston shaft have been discussed, the processing technics of the bearing cover and the sleeve part have been analysized, the technical process of the equipment assembling has been cleared, and the erection scheme of the testing equipment has been fixed.

PSD and the pneumatic elementary diagram of the system have been completed, and the testing on-line of the rotation part has been realized, by the development of the rotation testing equipment on-line, analysizing the require of the testing system, and making up the mechanical structure. By testing and verification, it is foune that the equipment was feasible and it can satisfy the testing requirements.

Key words: rotation part, testing on-line, mechanical system design(MSD), pneumatic system design(PSD), detection system design(DSD)

1 绪论

1.1 概述

回转体机械零件的在线检测设备主要用于回转体零件外圆尺寸的检测。

论文首先对目前回转体零件的检测现状进行了详细介绍。根据回转体零件检测设备的检测过程、检测效率及检测精度要求,选择并确定检测设备的开发方案。

其次,论文分别从检测设备的机械系统设计、气动系统设计及检测系统设计三个方面进行全面研究。

(1)机械系统设计分别从床身设计,左、右主轴箱设计以及各种附件设计几方面阐述设计的过程。其中定位夹紧装置的设计体现着定位部分的尺寸在一定范围内无需更换元件就可直接测量。大大减少调整时间、减少配件的设计及制造和缩减制造成本。其次,结构中"缸中缸"和"内斜涨"的设计,在一定程度上承担着逻辑动作,又保证了结构的紧凑,体现设计的巧妙与灵活。

(2)气动系统的设计满足了预期的动作要求。对左、右主轴箱的动作过程进行了细致分析,给出了左、右主轴箱动作的气动原理图,同时对设备整体动作进行深入研究,绘制整体气动原理图。

(3)检测系统的设计主要是完成了对检测元件的选择和检测方案的确定,并给出了检测方法。

最后,根据检测设备的结构和要求,对检测设备中典型零件的加工工艺以及整个设备的装配工艺进行了系统分析。讨论了4种典型零件的加工工艺流程。明确了设备装配的工艺过程,给出了检测设备的装配方案。

1.2 回转体零件检测现状分析

1.2.1 回转体零件的特点

回转体零件的主要工作表面为直线圆柱面或曲线圆柱面。回转体零件在日常生活中比较常见,例如车轮轮毂、电机转子、机床主轴等;还有一些不是在日常生活中常见,但是同样非常重要的,例如子弹、炮弹、火箭等。这些零件由于受一些关键参数和特种参数的要求,有些尺寸的精度至少要达到 0.01mm 左右。为了检测加工后的零件是否达到这样的精度,企业需要使用回转体零件的检测设备。

1.2.2 目前回转体零件的检测现状

现代工业的快速发展,要求对回转体零件进行精确、快速的测量,传统的测量方法难以同时满足测量精度和测量速度的要求。本课题研制的回转体零件测量系统采用接触和非接触相结合的测量方式,以满足回转体零件测量精度和速度的需求。通过本课题的研究,设计解决回转体零件在线自动检测,这样能够充分节省工作时间,进而提高工作效率,直接降低成本。

国内目前常采用的回转体零件的检测方法有手工检测法、边界图像检测法等。

回转体零件的手工检验法是目前一些大型国企常采用的方式,尤其在军工企业。这种检测方法成本较低,但是有其自身的缺点。国有军工企业的规模比较庞大,人员数量比较多,为了保证大家都有工作,传统检测方式是设有专门的检测机构负责检测。检测常用的工具为自制的专门检验的量具。检测时,每人检测一个尺寸,大家逐一进行检测。这种检测方式一方面难以保证尺寸的相对精度,另一方面检测工具多次与工件进行接触,直接对工件造成损伤。

回转体零件边界图像法检测,自动化程度高,但是其设备的成本也很高。这种设备的价格不是一般企业所能承受的,而且在标准体的设置环节也相对复杂。目前国外采用的是 TESA Scan 专门用于回转体零件的非接触测量,集多种光电测量系统功能于一身,如图 1.1 所示。廓投影仪或显微镜等系统,为其提供了对回转体零件更有效的替代传统检测的方法。可以测量回转体的形状和尺寸,直径从 0.3mm 到 80mm,长度可达到 500mm。TESA SCAN 非接触测量系统采用高分辨率 CCD 线性传感器。每个传感器被细分为数千个光敏感像素。当工件被投影时,作为感光尺能够探测到亚像素级的微小变化。

图 1.1　TESA Scan 非接触检测

当工件被平行光照射时,在倾斜 7.5 度(TESA Scan 80 为 10 度)的线性 CCD 传感器上产生投影,从投影中获得工件几何形状信息并进行精确分析。沿着轴向扫描得到工件轮廓,在产生二维投影的同时测量了直径和长度等。

1.2.3　设备研究方案的确定

基于目前国内企业的制造水平不断提高,对回转体零件的在线检测要求也逐步提高,但是目前的经济实力还没有达到国际水平,所以,一种价廉且自动化性能要求高的在线检测系统就是目前国内回转体零件检测市场的宠儿。

研究的目标是保证实现回转体零件在线检测的前提下,实现经济利益的最大化。目前国内销售的一台边界影像的投影仪可以测量回转体的形状和尺寸,直径从 0.3mm 到 130mm,长度可达到 800mm。这对回转体零件的尺寸限制比较大。据与专门从事此种设备生产的厂家进行沟通得知,若增加 100mm 的尺寸,价格大约相对增加 10 万左右。本课题要设计的在线检测系统要实现的是测量尺寸为直径从 0.3mm 到 200mm,长度可达到 1200mm,经济价值合理,测量性能合理的回转体在线检测设备。

在能源方面,目前机械行业常采用的能源方式,无外乎为电动、液压和气压为主。而在这些能源方式之中,气压的方式更为合理。所以,我们设计的动力源装置大都采用空气压缩机。

本课题的关键问题在于，被检测工件的定位夹紧，以及整台设备的加工和装配。采用的方案为回转体口部先定位，尾部在进行顶紧，然后再口部内深入夹紧斜涨机构，随后胀紧机构带动整个工件进行回转运动。随后进行在线测量。检测结束进行逐步的复原工作。最主要的技术难点在于口部整个动作，既要保证动作的到位，还要保证动作的顺序。这成为整个设备主要的技术难点。

1.3 检测设备设计要求

1.3.1 生产线内位置设计要求

本研究方案是工件的整体检测，检测的尺寸范围比较小，故安排在生产线上的位置为精加工结束，表面处理之前。生产流程图如图1.2所示。

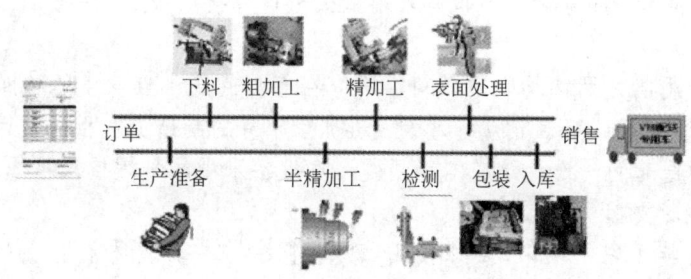

图1.2 生产流程图

1.3.2 时间设计要求

根据目前的加工状态和自动化生产线的传输速度得知，一般情况下工件的传输速度为每分钟2个左右，那就要求一个零件的检测过程需要在30秒内完成。

1.3.3 动作设计要求

研究内容包括零件的自动上料装置、自动定位装置、自动夹紧装置、自动检测装置及自动卸料装置。自动上料和卸料装置采取托盘式自动伸缩机构，此机构实现上料到位，卸料保证安全。在上料过程中保证零件不能受到磕碰。自动定位装置，主要实现的是一方面保证测量基准的准确性，另一方面实现工件轴线的定位性。此定位机构由于存在长期使用会产生磨损，所以，主要的定位部分要采用的是可更换和可调性，故在设计该元件的时候，工件的硬度要高，耐磨性大。自动夹紧装置主要是浮动块的斜楔式加紧方式，保证加紧的力量和定位的精度。

1.3.4 检测精度要求

根据回转体零件的流体设计和加工装配要求，一般情况下要求精度在0.01mm左右。为了满足这一设计要求，检测装置采用的是CCD方式采集信号，然后计算机根据采集结果判断数据是否在要求范围之内，若超出范围要进行自动报警，进行提示。

1.4 设计方案的选择

依据目前市场上检测设备的价格，确定采取自行设计硬件部分，选择现有的检测元件和检测程序来进行整体的制造。

硬件部分机械结构为了保证整体动作，旋转运动采取轴承设计；伸缩动作采用活塞杆设计；胀紧动作采用斜胀瓣设计；旋转的带动动作采用带轮设计。

整个动力源的选择考虑到气压与液压两种。液压需要配置油箱,这样又增加了整体的体积,而且在环保方面考虑性能也比气压差,根据工厂的现实状态,气压取材方便环保性能更优越。

2　设备的机械结构设计

2.1　床身设计

2.1.1　功能要求

设备的床身主要起支撑、定位、保障设备稳定的作用。由于床身的体积和质量要求都比较大,强度并不大,并且只有很少部位有加工要求,故通常情况下采用铸件。由于涉及到时间、性质和成本等具体问题,部分情况下也有采用钢板进行焊接而成的。焊接的箱体能够满足时间短、强度大的要求。

本设备由于采用的是两侧均有主轴箱,所以在重心问题上自身就能够保证平衡,就不需要床身来维持平衡。由于设备目前属于小批量生产,床身的制造成本相比较焊接式和铸造式相差不多。考虑到制造时间、设计及成本等问题,本设备采用的是焊接式箱体。

2.1.2　结构设计要求

床身的左侧安装了左主轴箱,要求使用燕尾槽限制左主轴箱体沿 X 轴的运动,至此左主轴箱体可以在 Y 轴方向上前后移动。当确定位置后,装配时在采用定位点限制 Y 轴方向的移动。

床身右侧根据设计要求需要安装右主轴箱体。由于测量的工件在长度上有部分的变化,故在床身上设计了一个沿 X 轴方向的单根方形导轨。方形导轨加工较燕尾槽简单,还可以有沿 Y 轴的微调。同时为了确定右主轴箱的具体位置也采取在安装调试时根据具体位置进行定位的方法。

2.2　左主轴箱的设计

2.2.1　左主轴箱整体功能要求

(1)左侧主轴箱主要是将工件辅助向右推进,并保证工件的中心与检测设备的轴线重合。

(2)工件到达定位基准后,左侧的夹紧部位同时还可以随着工件一同旋转。

(3)为保证装配要求,左主轴箱在 Y 轴方向上可以实现前后移动。

2.2.2　左主轴箱的结构设计

为了满足设计结构的功能要求,分别从以下几个方面来进行设计:

(1)左侧主轴箱为了实现将工件辅助向右推进与向左卸料的往复运动,设计采用活塞缸的工作来实现此项功能要求。

(2)为了保证工件的中心在检测的中心上,设计采用带有锥度的吸盘来实现。吸盘内设有锥度,当夹持不同尺寸的工件时,由于圆锥面的特殊性,就完全可以保证中线的位置。

(3)为了实现工件可以旋转,而此时吸盘完全和工件接触,那么就决定了在设计的时候,要实现动静结合的形式出现。设计时采用轴承就很直观地将这一问题解决。

(4)为了实现左主轴箱在 Y 轴方向上可以实现前后移动,同时具有很严格的精度要求,在设计上采用燕尾槽的结构,一方面实现结构要求,另一方面精度得以保证。

2.2.3 左主轴箱装配图纸

（1）左主轴箱体装配图，如图 2.1 所示。

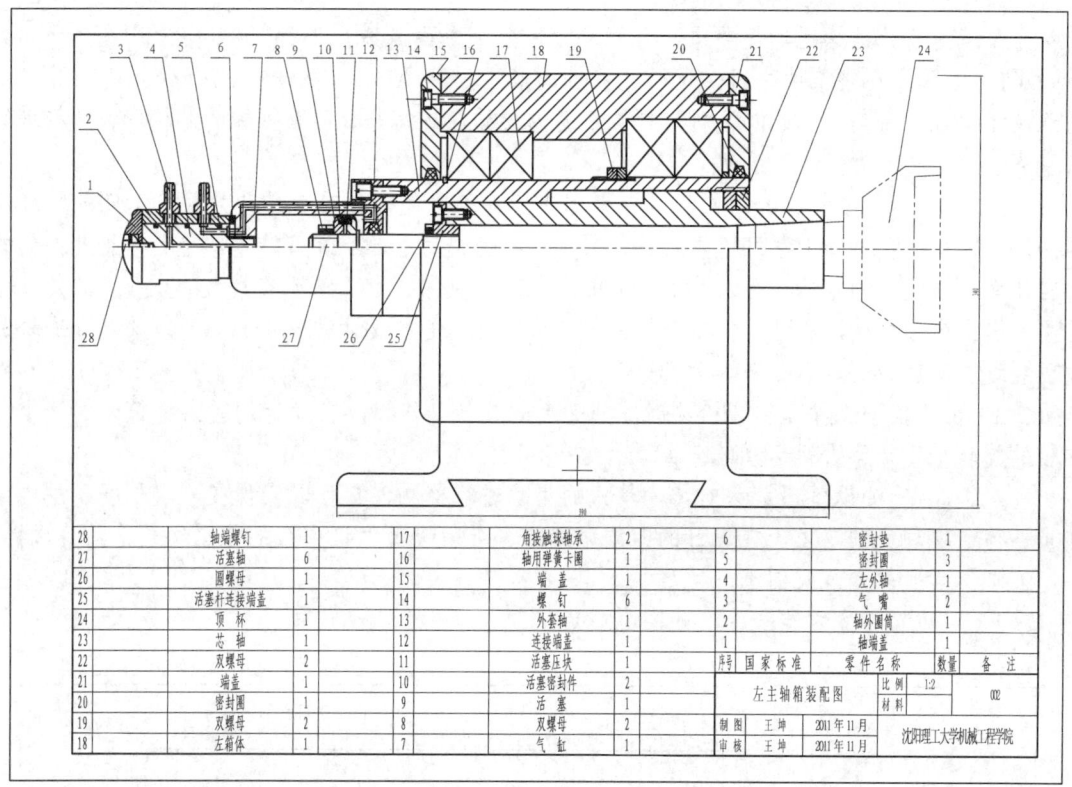

图 2.1　左主轴箱体装配图

（2）左主轴箱体实体装配各方位图，如图 2.2 所示。

图 2.2　左主轴箱体装配立体图

2.3　右主轴箱的设计

2.3.1　右主轴箱整体功能要求

（1）当左侧吸盘将工件推至右侧时，右侧主轴箱内能够实现定位被测工件。
（2）被测工件在被定位后，右侧主轴箱内有专门的夹紧机构，夹紧被测工件。
（3）定位夹紧工件后，右侧主轴箱内的主轴能够带动被测工件旋转，完成检测所需的必要运动。

（4）为了使设备具有一定的通用性，右主轴箱在X轴方向上可以调节距离，实现不同长度尺寸的测量。

2.3.2 右主轴箱的结构设计

为了满足设计结构的功能要求，分别从以下几个方面来进行设计：

（1）为了实现将工件进行定位，在主轴的最左侧，设计有定位板。该定位板材料较硬，保证尺寸的准确。但为了防止磨损对测量精度的影响，该板采取可以拆卸的结构，确保测量的精度。

（2）在设计夹紧装置的时候，既要考虑夹紧力的问题，还有就是此处测量工件的特殊性的问题。此处测量的尺寸为回转体表面的尺寸，这就决定了采取外夹的方式不行；此处测量的回转体幸好是空心的结构，所以采用内涨的方式进行夹紧。为了保障夹紧力的大小，此处设计采用斜楔式夹紧机构，采用斜胀瓣进行夹紧。此处设计是本设计的一个亮点。夹紧部分涨块的数目经过多次实验最后确定数量为4个。

（3）由于检测工件需要在检测时完成必要的旋转动作，故在设计的时候将箱体的静止与主轴的旋转采用轴承进行运动的分离。

（4）次台检测设备不是针对某一单一的尺寸进行检测，它可以实现在一定长度范围内的测量，为了实现此项要求，在设计的时候采用方形导轨设计保证中线的位置和长度的可调性。

2.3.3 右主轴箱装配图纸

（1）右主轴箱体内装配图，如图2.3所示。

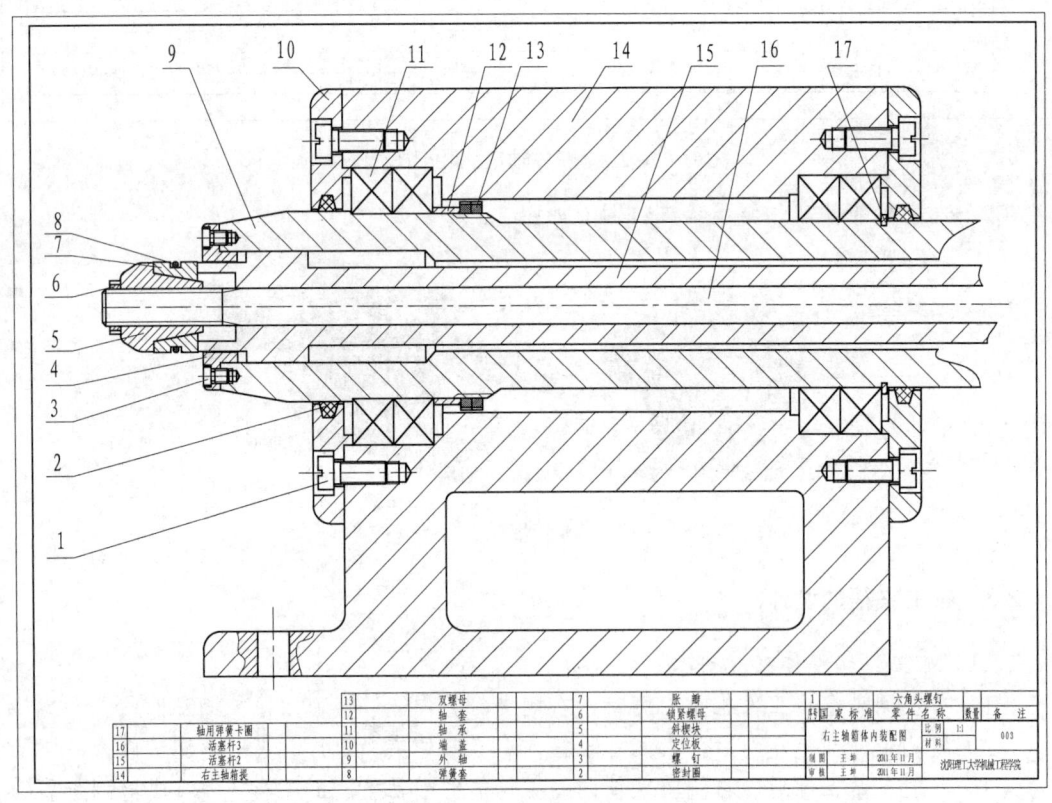

图2.3 右主轴箱体内装配图

（2）右主轴箱体外装配图，如图2.4所示。

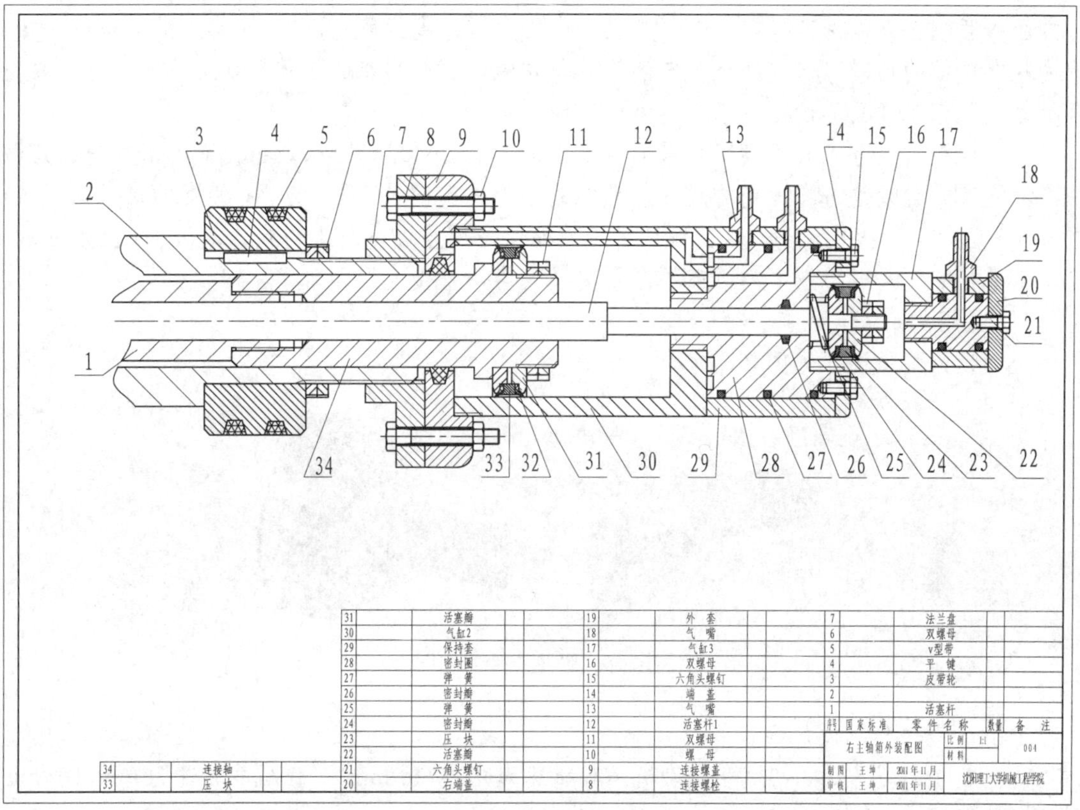

图2.4 右主轴箱体外装配图

（3）右主轴箱体实体装配各方位立体图，如图2.5所示。

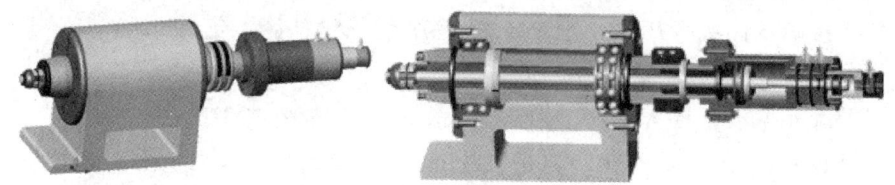

图2.5 右主轴箱体装配立体图

2.4 其他附件的设计

2.4.1 吸盘设计

吸盘在此主要是定位元件。由于设备的测量范围有一定的可调性，所以定位元件需要根据检测零件的具体尺寸选择适当的进行安装，就决定了吸盘具有一定的互换可调性。

1. 吸盘的功能要求

吸盘主要是定位元件，一方面需要和左主轴箱中的主轴配合，另一方面需要和被测工件接触。由于被测工件的尺寸具有一定的范围，所以吸盘的设计要适合一定的尺寸范围。

2. 吸盘设计要点

为了保证工件的中心与左主轴箱中的左主轴同轴，故在设计的时候采取锥度配合的设计。一方面锥度配合可以保证工件中心与左主轴中心的同轴度问题，另一方面锥度的配合在一定范围内具有自锁的功能，这就保证了工件能够与左主轴进行同步的旋转运动。不同尺寸的吸盘，只要保证尾部锥度面的设计要求，就可以实现互换。

在实现定位尺寸上，我们同样采取锥度面的形式进行设计。采取锥度面的形式进行定位，一方面能够实现吸盘与在一定的尺寸范围内的工件进行接触，另一方面，锥度的接触同样可以增加接触面积，加大接触力，这就保证了工件能够与吸盘进行同步的旋转运动。不同尺寸的工件，只要在一定尺寸范围之内，就不需要更换吸盘，直接使用即可。

3. 吸盘设计立体图

吸盘设计立体图，如图2.6所示。

图2.6 吸盘设计立体图

2.4.2 带轮传动设计

电动机工作功率为$P=3\text{kW}$，电动机满载转速为$n_m=960\text{r/min}$，工作机的转速为$n_w=110\text{r/min}$，最短工作年限8年，2班制，工作环境为有尘。

1. 确定设计功率

查表得工作情况系数$K_A=1.1$，则$P_d=K_AP=1.1\times3=3.3\text{kW}$。

2. 选择带的型号

V带型号根据设计功率P_d和小带轮转速n_1确定，选取A型带。

3. 确定带轮的基准直径d_{d1}和d_{d2}

V带带轮最小基准直径A型带$d_{d\min}=75\text{mm}$，选取小带轮基准直径：$d_{d1}=100\text{mm}$；因此，大带轮基准直径：$d_{d2}=i-d_{d1}=1.2\times100=120\text{mm}$，选取大带轮基准直径$d_{d2}=120\text{mm}$。

其传动比误差在选择范围之内，故可用。

4. 验算带的速度

由带的速度公式：

$$v=\frac{\pi d_{d1}n_1}{60\times1000}=\frac{3.14\times100\times960}{60\times1000}=5.024\text{m/s}$$

式中：n_1为电动机转速；d_{d1}为小带轮基准直径。即$v=5.024\text{m/s}<v_{\max}=25\text{m/s}$，符合要求。

5. 确定中心距a和V带基准长度L_d

根据$0.7\times(d_{d1}+d_{d2})\leqslant a_0\leqslant 2(d_{d1}+d_{d2})$初步确定中心距

$$0.7\times(120+100)=154\text{mm}，\quad a_0\leqslant 2\times(120+100)=440\text{mm}$$

要求工作平稳，选取中心距 $a_0 = 300\text{mm}$。

初算带的基准长度 L_d：

$$L_d' \approx 2a_0 + \frac{\pi}{2}(d_{d2} + d_{d1}) + \frac{(d_{d2} - d_{d1})^2}{4a_0} = 2\times 300 + \frac{3.14}{2}\times(120+100) + \frac{(120-100)^2}{4\times 300}$$
$$= 945.48\text{mm}$$

查表得普通带基准长度 L_d 及长度系数 K_L，确定带的基准长度 L_d=900mm。计算实际中心距 a：

$$a \approx a_0 + \frac{L_d - L_d'}{2} = 300 + \frac{900 - 945.48}{2} = 277.26\text{mm}$$

式中：L_d 为带的标准基准长度；L_d' 为带的初算基准长度；a_0 为初选中心距。

6. 计算小轮包角 α_1

小带轮包角：

$$\alpha_1 \approx 180° - \frac{d_{d2} - d_{d1}}{a}\times 57.3° = 180° - \frac{120-100}{277.26}\times 57.3° = 178°$$

7. 确定 V 带根数 z

根据 $z = \dfrac{P_d}{(P_0 + \Delta P_0)K_\alpha K_L}$ 确定带的根数。

式中：K_α 为包角修正系数，考虑包角 $\alpha = 180°$ 对传动能力的影响，查得 $K_\alpha = 0.96$；K_L 为带长修正系数，考虑带长不为特定带长时对使用寿命的影响，$K_L = 0.96$；P_0 为 V 带基本额定功率，单根 V 带所能传递的功率为 $P_0 = 0.96\text{kW}$；由式

$$\Delta P_0 = K_b n_L \left(1 - \frac{1}{K_i}\right) = 0.7725\times 10^{-3}\times 960\times\left(1 - \frac{1}{1.1202}\right) = 0.08\text{kW}$$

其中：K_b 为弯曲影响系数，$K_b = 0.7725\times 10^{-3}$；$K_i$ 为传动比系数，$K_i = 1.1202$；n_i 为小带轮转速，960r/min。

由式 $\quad z = \dfrac{P_d}{(P_0 + \Delta P_0)K_\alpha K_L} = \dfrac{3.3}{(0.96 + 0.08)\times 0.96\times 0.89} = 2.02$

所以，选取 V 带根数 $z=2$。

8. 确定初拉力 F_0

单根普通 V 带初拉力计算公式：

$$F_0 = 500\frac{P_d}{vz}\left(\frac{2.5 - K_\alpha}{K_\alpha}\right) + mv^2 = 500\times\frac{3.3}{5.024\times 2}\times\left(\frac{2.5 - 0.96}{0.96}\right) + 0.1\times 5.024^2 = 265\text{N}$$

式中：P_d 为设计功率；v 为 V 带速度；z 为带的根数；K_α 为包角修正系数；m 为普通 V 带每米长度质量，$m=0.1\text{kg/m}$。

9. 计算作用在轴上的压力 F_Q

压力 F_Q 等于松边和紧边拉力的向量和，如果不考虑带两边的拉力差，可以近似为按带两边所受初拉力的合力来计算。

$$F_Q = 2zF\cos\frac{\beta}{2} = 2zF_0\sin\frac{\alpha_1}{2} = 2\times 2\times 265\times\sin\frac{60°}{2} = 530\text{N}$$

式中：F_0 为初拉力；z 为带的根数；$α_1$ 为小轮包角。

2.4.3 带轮结构设计

带轮立体结构配图、整体装配外观图、整体设计装配外观图，如图 2.7～图 2.9 所示。

图 2.7 带轮立体结构配图

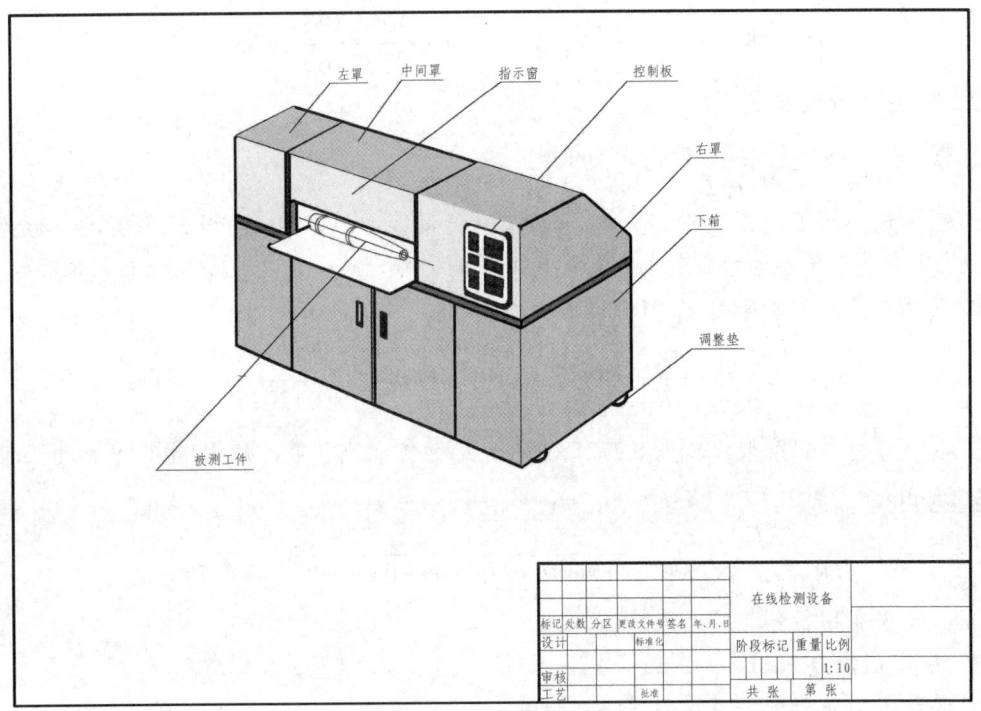

图 2.8 整体装配外观图

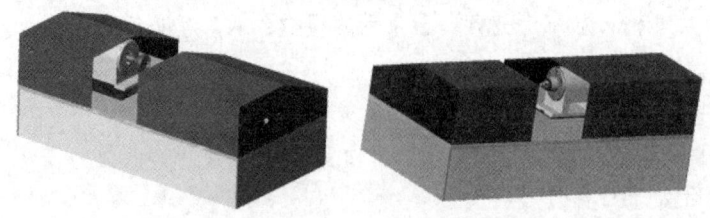

图 2.9 整体设计装配外观图

3 设备的气动系统设计

3.1 左主轴箱内动作设计

3.1.1 左主轴箱内实现的动作分析

左主轴箱部分主要实现的是活塞杆的移动,其动作顺序如图 3.1 所示。通过活塞杆的移动实现对工件的推动,进而达到限位与辅助夹紧的作用。在将工件夹紧后,活塞杆需要有一个停留,这个停留是夹紧状态的停留,在活塞杆最右侧,完成对工件的检测动作;当检测动作结束之后,活塞杆向左移动,放松工件;当活塞杆到达气缸最左侧的时候,活塞杆停止运动,已经检测的工件随托盘移动走,下一工件进入检测的待检区。

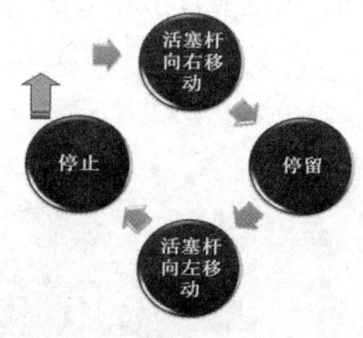

图 3.1 左主轴箱的动作顺序图

在整个动作过程中,停留的时间不能完全确定,就不能采用计时器之类的原件,只能采用传感器来实现。采集信号结束后,通过控制电磁阀的通断电来控制活塞杆的运动。

在左主轴箱内还应实现一个旋转动作,由于此项动作由右主轴带动工件旋转,而工件与左主轴端处的吸盘夹紧,所以将运动传递到左主轴箱内,故此,左主轴箱内的结构设计只要不妨碍旋转运动即可,不需额外增加旋转运动。

3.1.2 左主轴箱内气动原理图

左轴箱内气动回路如图 3.2 所示,当电磁阀 1 得电后,两位四通阀左位通,阀芯右移,气缸无杆腔进气,活塞杆前进,当活塞行程到达终点时,气压升高,打开安全阀 2 形成通路,保持活塞杆在左位不动,此位置即为夹紧状态;当电磁阀 1 断电,两位四通阀右位通,阀芯左移,气缸有杆腔进气,活塞杆缩回,此时即实现将工件放松动作,当活塞行程到达终点时,气压升高,打开安全阀 2 形成通路,保持活塞杆在右位不动,此位置即为等待下一工件状态。进而实现左主轴箱内的动作。

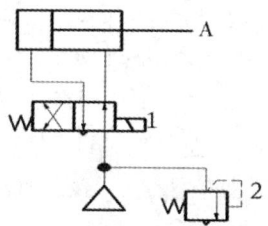

1—电磁阀;2—安全阀
图 3.2 左轴箱内气动回路

3.1.3 左主轴箱内气动元件

左主轴箱内气动元件名称、型号及原件参数如表 3.1 所示。

表 3.1 左主轴箱气动元件列表

序号	元件名称	元件型号	元件参数
1	两位四通电磁换向阀	DF4－8	通径 8；连接方式 M14×1.5；外型尺寸 L117 S50 H110；功率 20W
2	安全阀	NSR200-08	材质锌合金；连接形式螺纹；公称通径 8；流动方向单向
3	气缸	自制	
4	气嘴	325604	型号 PC；材质铜镀镍；规格 4-01；公称直径 4mm

3.2 右主轴箱内动作设计

3.2.1 右主轴箱内实现的动作分析

右主轴箱体内动作顺序如图 3.3 所示。

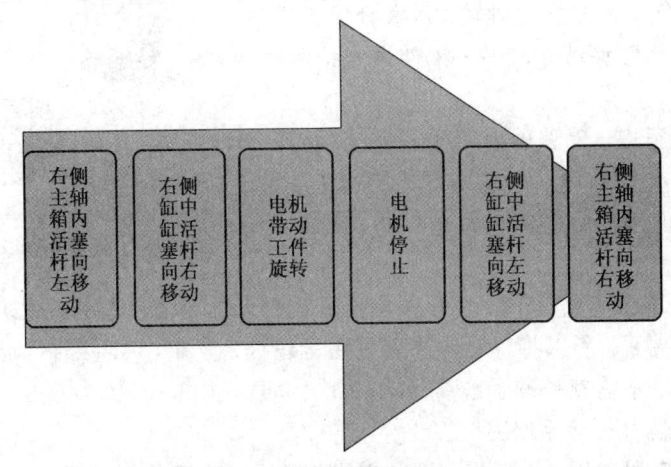

图 3.3 右主轴箱体内动作顺序图

右主轴箱内的动作中，电机的转动和停止均由传感器控制，不需要箱体内的结构控制。由于其动作在整体的动作范围内，而且运动将带动右主轴箱的部分元件进行运动，所以将此运动归纳到右主轴箱运动范围内。

3.2.2 右主轴箱内气动原理图

右主轴箱的气动回路如图 3.4 所示，当电磁阀 3 断电的时候，两位四通换向阀位于左侧工位，活塞杆 B 向左推进，实现将定位轴插入工件中，当压力继续增加，单向顺序阀 6 打开，活塞杆 C 向右推进，实现胀瓣夹紧动作，至此工件的定位夹紧工作完成；待到检测结束，电磁阀 3 得电，活塞杆 C 由于没有气压，在弹簧弹力的作用下活塞杆 C 向左移动，实现胀瓣退出的动作，胀紧动作消失，活塞杆 B 在压力增加到一定时单向顺序阀 5 打开，活塞杆 B 向右推进，实现动作定位轴撤出工件，至此检测过程的右侧内定位夹紧完全撤出，动作结束。

3.3 整体动作设计

3.3.1 整体动作分析

在检测的过程中，各部分动作必须协调配合，当一个位置出现问题则整台设备将处于不运行状态。在整个检测过程中，所有动作过程如图 3.5 所示。

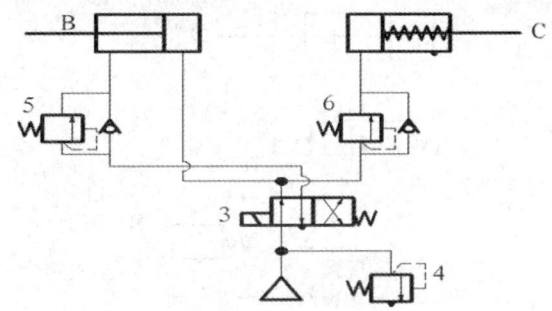

3—电磁阀；4—安全阀；5、6—单向顺序阀

图 3.4　右轴箱内气动回路

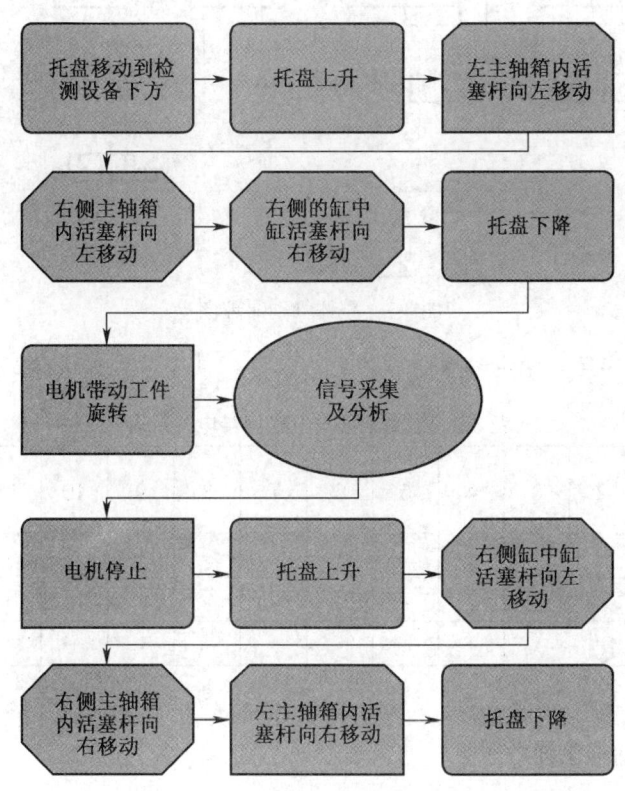

图 3.5　检测设备整体动作顺序

图中使用不同的颜色和轮廓来表示不同的动作，相同部分由同一主体完成。

3.3.2　整体气动原理图

在整个检测设备里，所有涉及的动作除了左右主轴箱内的运动之外，还包括一些辅助运动，例如托盘的运动。托盘在整个检测过程中主要是上料和下料的动作，进行模型分解的话就是单气缸的往返运动。具体原理如图 3.6 所示。

电磁阀 7 得电，活塞杆 D 外伸，托盘上升，到位后，安全阀 8 打开泄压；电磁阀 7 断电，活塞杆 D 内缩，托盘下降。整体气动原理图如图 3.7 所示。

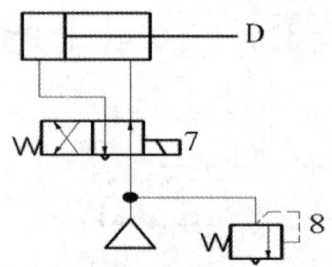

7—电磁阀；8—安全阀

图 3.6　托盘动作原理图

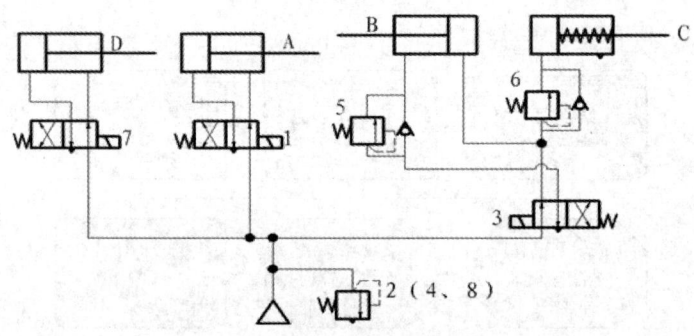

图 3.7　整体气动原理图

为了反映检测动作与各个电磁阀是否带电的关系，具体情况如表 3.2 所示。

表 3.2　检测动作与电磁阀带电关系表

电磁阀＼动作号	1	2	3	4	5	6	7	8	9	10	11	12	13	14
1	-	-	+	+	+	+	+	+	+	+	+	+	-	-
3	+	+	+	-	-	-	-	-	-	-	+	+	+	+
7	-	+	+	+	+	+	+	+	+	+	+	+	+	-

动作内容为：

（1）托盘移动到检测设备下方。

（2）托盘上升。

（3）左主轴箱内活塞杆向左移动。

（4）右侧主轴箱内活塞杆向左移动。

（5）右侧的缸中缸活塞杆向右移动。

（6）托盘下降。

（7）电机带动工件旋转。

（8）信号采集及分析。

（9）电机停止。

（10）托盘上升。

（11）右侧缸中缸活塞杆向左移动。

（12）右侧主轴箱内活塞杆向右移动。
（13）左主轴箱内活塞杆向右移动。
（14）托盘下降。

4　设备的检测系统设计

4.1　检测系统设计要求

整个检测系统主要包括信号的采集、信号分析和信号输出三个部分。

1. 信号采集

由选定的检测装置进行。在信号采集之前，需要设定标注数值，标准数值需要先由标准体确定，而测量范围由软件系统设定。

根据目前传感器的发展状态，我们选择 CCD 电荷耦合器。CCD 电荷耦合器是一种微型图像传感器，既有光电转换功能，又具有信号电荷的存储、转移和输出功能，它能将一幅空间域分布的光学图像转换成一列时间域分布的离散信号，它具有灵敏度高，光谱响应宽，动态范围大等特点。是目前主要采用的非接触检测主要传感器。

2. 信号分析

信号分析是将采集来的信号，通过检测程序来确定采集的信号是否在检测的范围之内，并作出对应的结论。

本台检测设备工作的基本原理是：将回转体在检测区域定位夹紧以后，旋转工件。通过 CCD 图像传感器把回转体待测部位直径方向的影像信息记录下来，然后再自动把图像信息数字化后送入计算机，在计算机中做实时图像处理，计算出待测部位在图像上的位置，并求出该位置的坐标，得到回转体的外形尺寸。然后计算机对所得的尺寸进行分析，判断是否在测量范围之内。

3. 信号输出

信号输出的样式只有两种，即合格与不合格。计算机将分析后的输出信号直接反映到检测设备的信号显示区。

4.2　检测系统方案的确定

4.2.1　检测方法的选择

与用机械或其他方法检测物体尺寸相比，利用光电方法检测物体尺寸有突出的优点，如非接触、响应快、分辨率高等。实现光电非接触测量常用的方法有投影法、激光扫描法、成像法等。

1. 投影法

利用投影法进行物体尺寸测量的原理结构如图 4.1 所示。

光源发出的光经过照明光学系统后成为平行光，将待测物体投影在光电探测器上，当待测物体尺寸变化时，光电探测器上的光强发生变化，光电探测器的输出也发生变化，根据探测器输出信号的大小，即可测定待测物体的尺寸。图 4.1（b）所示的为用两个光源及两个探测器构成的大尺寸轴体的检测系统。系统中采用的是直读法，因此，背景光的变化、光源光强的变化等因素的控制是检测精度的保证。

2. 激光扫描法

激光扫描法是利用激光束扫描被测物体，从而测出被测物体的尺寸。采用激光扫描法测量圆轴直径的原理如图 4.2 所示。

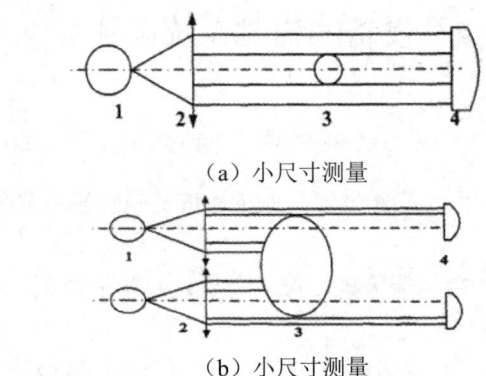

（a）小尺寸测量

（b）小尺寸测量

1—光源；2—照明光学系统；3—被测对象；4—光电探测器

图 4.1 投影法测量原理图

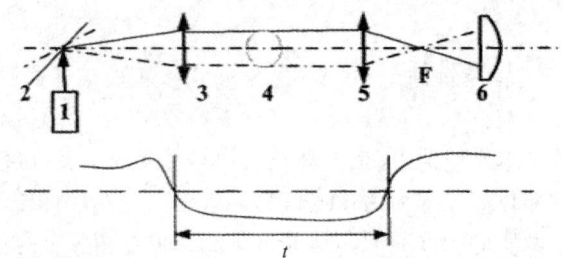

1—激光光源；2—可动反射镜；3—照明系统；4—被测对象；5—成像系统；6—光电接收器

图 4.2 激光扫描法测量原理示意图

图中 F 为物镜系统焦点，激光光束投射在可动反射镜上的投射点位于光学系统的主光轴上，并以此点作为可动反射镜的转动轴。当可动反射镜处于实线位置时，激光光束越过被测轴的上方，由透镜成像在探测器上；当反射镜按顺时针方向旋转时，光束被被测轴挡住，光电探测器上无光照；当反射镜转到虚线位置时，光线从被测轴下方通过，探测器上又接收到光信号。因此，当反射镜以恒定的速度连续转动时，从光电探测器输出的信号波形所示，根据整形后的脉冲宽度 t 及反射镜的转动速度 v，即可测得被测圆轴的直径 $d=vt$。

3. 成像法

成像法尺寸测量系统示意图如图 4.3 所示。

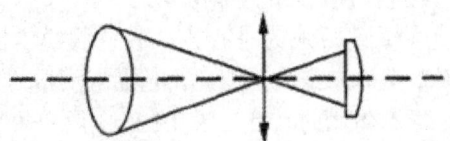

图 4.3 成像法测量原理图

成像法是利用光学系统直接将被测对象成像,并用图像型光电探测器接收,在光学系统的放大率一定的情况下,成像尺寸与光学系统的放大率的比值即是被测圆轴的尺寸。

本文所选方案测量回转体外径的范围为 0.3～200mm,所以本系统采用双 CCD 拼接的方法进行测量,通过 CCD 进行图像采集,然后把数据经 PCI 送入计算机进行处理,在数据采集前,两 CCD 之间的尺寸需要确定。

4.2.2 检测元件的选择

本课题的主要内容是对回转体外径进行快速测量的方法的研究。通过 CCD 传感器研究现状的分析和比较可知,线阵 CCD 传输速率快,像素点数多可保证纵向分辨力。根据课题的要求,选择 TCD2557D 型线阵 CCD 器件。它是一种高灵敏度、低暗电流、5340 像元的线阵 CCD 图像传感器。它的像敏单元尺寸为 7mm,像敏元阵列总长 37.38mm,该器件的内部信号预处理电路包含采样保持和输出预放大电路。

TCD2557D 的特性参数如下:

(1)像敏单元数目:5340 像元×3 排。
(2)像敏单元大小:7μm×7μm(相邻像元中心距为 7mm)。
(3)光敏区域:采用高灵敏度与暗流的 PN 二极管结合作为光敏单元。
(4)光电二极管之间的距离:28μm,4 排。
(5)计时器:二相(5v)。
(6)内部电路:包含采样保持电路,输出预放大电路。
(7)封装形式:22 脚 Cerdip 封装。
(8)滤色通道:红色、蓝色、绿色。

TCD2557D 的管脚分布图如图 4.4 所示,内部电路原理图如图 4.5 所示。

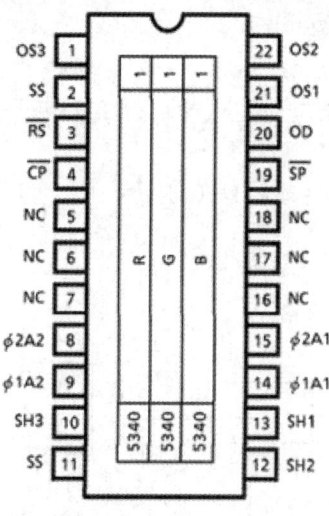

图 4.4 管脚分布图

从 CCD 的工作原理可知,要使其能正常工作,必须由外部提供适当的驱动信号和工作电压,这些驱动信号的波形、相位、升降沿时间、电平的高低等,对器件工作性能的好坏影响很大。CCD 器件需要有驱动电路来提供电荷转移所必需的时钟,以及输入输出结构所需的复位脉冲和各种电平,才能正常工作。

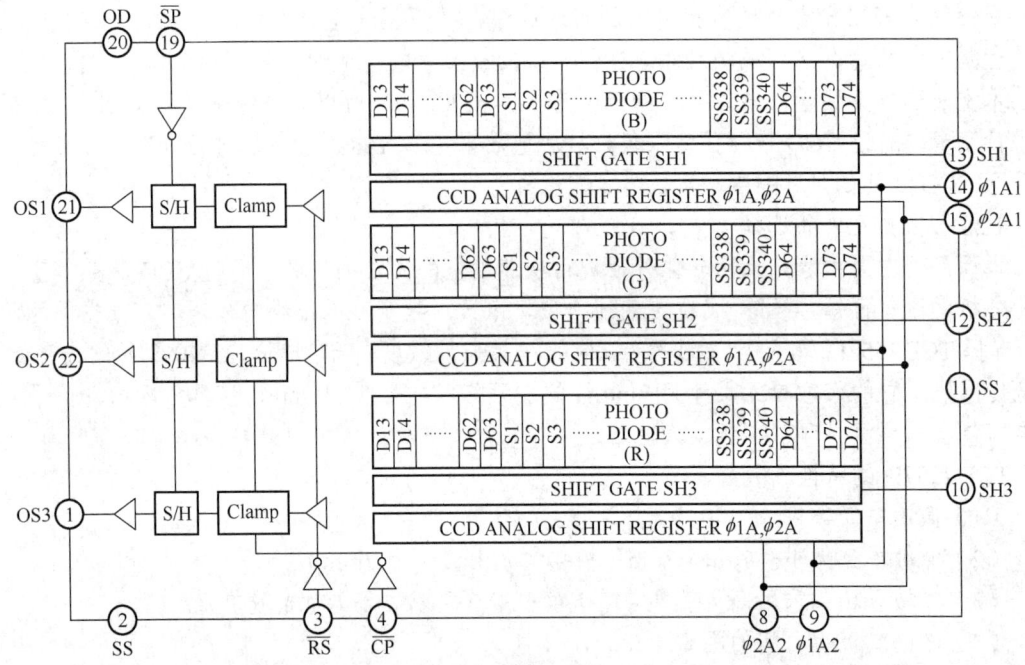

图 4.5 电路原理图

行同步脉冲 SH 的频率即测量的采样频率，采样频率的选择要遵守采样定理，并且要同时满足后续处理电路能够及时完成数据传输。驱动脉冲的作用是将信号电荷顺序左移，并经输出电路输出。TCD2557D 带有采样保持电路，故信号输出的不是一个个的脉冲，而是每个脉冲的幅值，因而不必另设采样保持电路。

4.2.3 线阵 CCD 驱动器主要特性

（1）驱动频率 4 档可调（手工）；

（2）积分时间 16 档可调，接口的电气标准为 TTL 电平；

（3）输出模拟信号电压为 SV；

（4）驱动器外壳提供标准镜头螺纹口（M42×1），可联接多种规格镜头，并提供固定支架接口；

（5）驱动器可工作于外同步工作方式。

驱动器功能如图 4.6 所示。

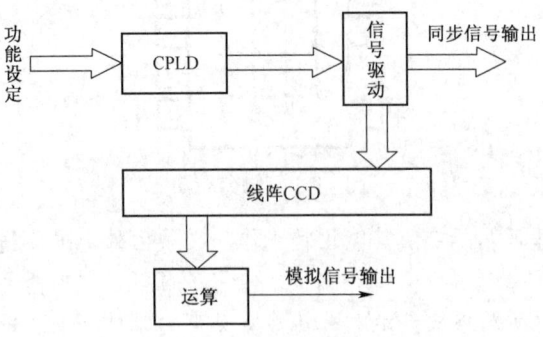

图 4.6 驱动器功能框图

5 检测设备典型零件的加工工艺

5.1 左主轴箱内主要零件的加工工艺

5.1.1 左主轴箱体加工

箱体的种类很多,其尺寸的大小和结构形式随其用途的不同也有很大的差异。一般来说,箱体类零件的主要结构特点是:有加工要求严、难度大的轴承支承孔;有一个或数个基准面及一些支承面;结构一般比较复杂,壁厚不均匀;有许多精度要求不高的紧固用孔。

在箱体类零件各加工表面中,通常平面的加工精度比较容易保证,而精度要求较高的支承孔的加工精度以及孔与孔之间、孔与平面之间的相互位置精度较难保证。所以在制定箱体类零件加工工艺过程时,应将如何保证孔的精度作为重点来考虑。

1. 精基准的选择

精基准的选择对保证箱体类零件的技术要求十分重要。在选择精基准时,首先要遵循"基准统一"原则,即使具有相互位置精度要求的加工表面的大部分工序,要尽可能用同一组基准定位。对车床主轴箱体,精基准选择具体有两种可行方案:

(1) 中小批生产时以箱体底面作为统一基准。由于底面是装配基面,这样就实现了定位基准、装配基准与设计基准重合,消除了基准不重合误差。

(2) 大批大量生产时,采用主轴箱顶面及两定位销孔作为统一基准。

2. 粗基准的选择

加工精基准时定位用的粗基准,应能保证重要加工表面(主轴支承孔)的加工余量均匀;应保证装入箱体中的轴、齿轮等零件与箱体内壁各表面间有足够的间隙;应保证加工后的外表面与不加工的内壁之间壁厚均匀以及定位、夹紧牢固可靠。

3. 工艺过程的拟定

(1) 箱体的时效处理。为了消除铸造内应力,防止加工后的变形,使加工精度保持长期稳定,箱体要进行时效处理。自然时效比人工时效好,目前仍用于精密机床铸件,一般都在毛坯铸造后立即时效。而粗加工之后,精加工前有一段存放时间,以消除加工内应力。

(2) 箱体加工的工艺原则。"先面后孔"的原则和"粗精分开,先粗后精"的原则。

基于以上原则,左主轴箱的加工方案确定过程如下:

1) 分析毛坯—零件综合图和零件图,确定加工方案。

根据左主轴箱体毛坯—零件图(如图 5.1 所示)和左主轴箱体零件图(如图 5.2 所示),对比分析,我们可知,在整个箱体加工的部位主要是中间一些同轴的孔和两个端面。这和大多数箱体中多轴孔的加工难度比较相对容易一些。但是这个箱体上在底部的平面及燕尾槽的加工精度将直接影响孔的精度,所以,根据"先基准后其他"的原则,我们需要先加工底面再加工孔。而孔的端面还有平面需要和轴承端盖相配合,虽然此处为通孔,在一定程度上并不影响孔的主要精度,但还是会影响孔的长度方向的尺寸,所以根据"先面后孔"的原则,我们还是先加工端面然后加工孔。

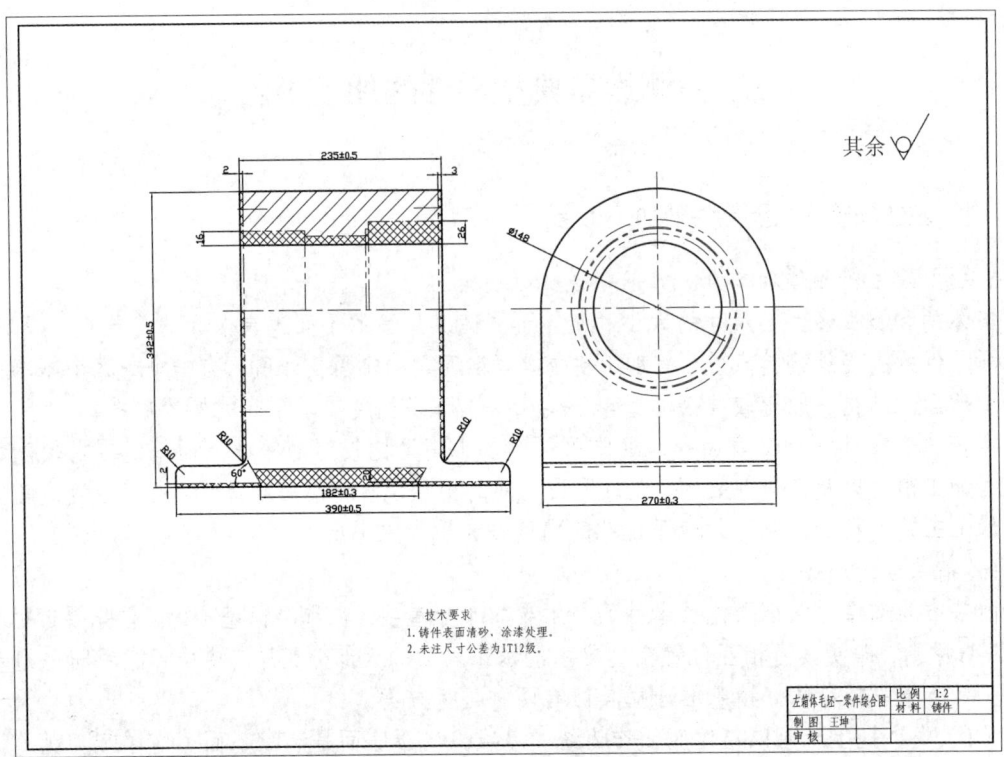

图 5.1 左主轴箱体毛坯—零件综合图

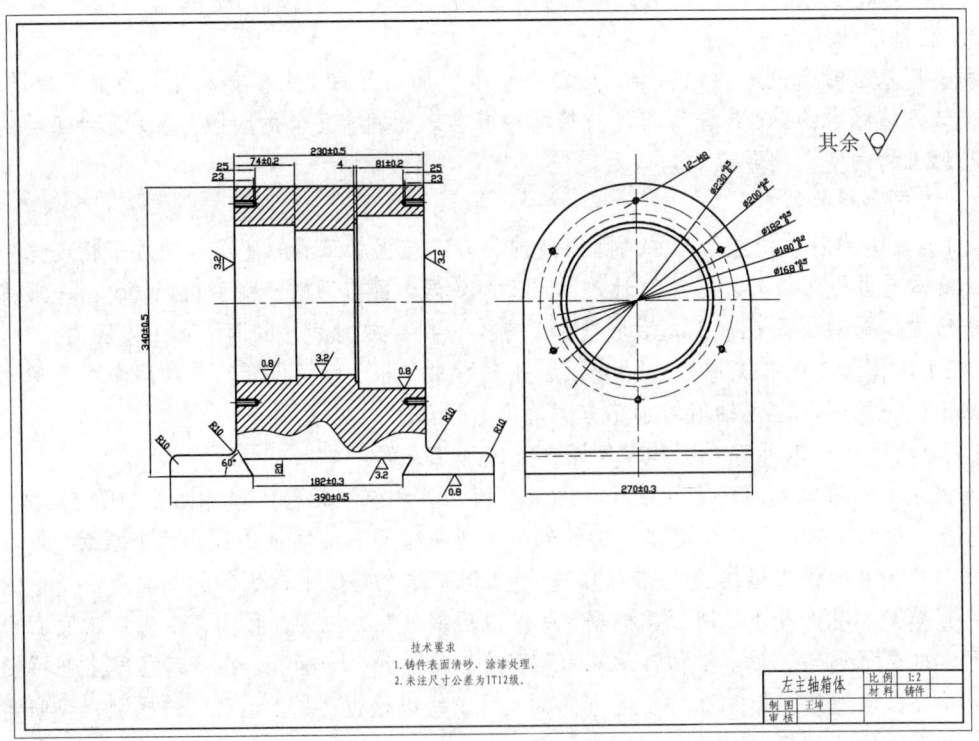

图 5.2 左主轴箱体零件图

2）根据零件图精度，确定加工过程。
- 尺寸精度分析。在零件图上最大的公差为 0.5，最小的为 0.2，所以部分加工要到精加工才能实现，而普通加工需要达到半精加工即可。
- 粗糙度分析。在零件图中显示，底平面和两个轴承座的孔表面精度需要达到 0.8，那就需要进行磨削；而端面、燕尾槽及工艺孔需要精度 3.2，半精镗和半精刨加工即可。

3）综合分析，确定工艺过程。

综合分析过程，确定具体加工流程，左箱体加工工艺流程卡如图 5.3 所示。

机械加工工艺过程卡片					产品型号	SK1170		零（部）件图号	SK1170-002	第 1 页	
					产品名称	回转体在线检测设备		零（部）件名称	左主轴箱体	共 1 页	
材料牌	铸铁	毛坯种类	铸件	毛坯外形尺寸	342×390×270	每台毛坯件数	1	每台件数	1	备注	
工序号	工序名称		工序内容		车间	工段	设备		工艺装备	工时定额	
										准终	单件
1	铸造	按照毛坯图铸造箱体			铸造车间	一	翻砂机		沙箱、型模		
2	时效	采用人工时效和自然时效相结合			空地	一	铁棒				
3	清砂、涂漆	箱体内外清砂，涂红色底漆、蓝色面漆			空地	二			毛刷、油刷、红色漆、蓝色漆		
4	刨底平面	刨削底平面，留余量 0.2mm；刨燕尾槽			刨削车间	一	单臂刨床		刨刀、压板、高度尺、角度样板		
5	磨底平面	磨削底平面至尺寸			磨削车间	一	平面磨床		砂轮、高度尺		
6	镗端面	镗两侧端面至尺寸			镗削车间	一	卧式镗铣床		盘形端铣刀、长度尺		
7	镗轴座孔	镗孔 φ179×74，φ168×71，φ182×4，φ199×81			镗削车间	一	卧式镗铣床		镗刀、游标卡尺		
8	磨轴承座孔	磨孔 φ180×74，φ200×81			磨削车间	二	卧式镗铣床		砂轮、内径千分尺		
9	钻螺纹孔	钻螺纹孔16-M8			钻削车间	一	摇臂钻床		钻头、丝锥		
10	全检	检验所有加工部位尺寸是否合格			检验车间	二			游标卡尺、内径千分尺		
借（通）件登记 描图											
描校											
旧底图总号											
底图总号											
签字											
日期						设计（日期）	审核（日期）	标准化（日期）	会 签		
						王 坤					
标记	处数	更改文件号签	字	日 期	标记	处数	更改文件号签	字	日 期		

图 5.3 左箱体加工工艺流程卡

5.1.2 活塞轴加工

轴类零件的主要加工表面是外圆表面，针对各种精度等级和表面粗糙度要求的外圆表面，按经济精度选择加工方法。

1. 轴类零件的技术要求

根据轴类零件的功用及其工作条件，主要技术要求如下。

（1）加工精度。

1）尺寸精度。轴类零件的尺寸精度主要指轴的直径尺寸精度和轴长尺寸精度。按使用要求主要轴颈尺寸精度通常为 IT6～IT9 级，精密的轴颈可达到 IT5 级。

2）几何精度。轴类零件一般都用两个轴颈支撑在轴承上，这两个轴颈称支撑轴颈，也是轴的装配基准。除了尺寸精度外，一般还对支撑轴颈的几何精度（圆度、圆柱度）提出要求。

3）相互位置精度。轴类零件中的配合轴颈（装配传动件的轴颈）相对于支撑轴颈间的同轴度是其相互位置精度的普遍要求。通常普通精度的轴，配合轴颈对支撑轴颈的径向跳动一般为 0.01～0.03mm，高精度轴为 0.001～0.005mm。

此外，相互位置精度还有内外圆柱面间的同轴度，轴向定位端面与轴心线的垂直度要求等。

（2）表面粗糙度。

根据机器精密程度的高低，运转速度的大小，轴类零件表面粗糙度要求也不同。一般情况下，支撑轴颈的表面粗糙度为 0.8～0.2，配合轴颈的表面粗糙度为 1.6～0.8。

2. 轴类零件的材料和毛坯

轴类零件材料的选取，主要根据轴的强度、刚度、耐磨性以及制造工艺性而决定的，力求经济合理。常用的轴类零件材料有 35、45、50 优质碳素钢，以 45 号应用最广泛。

3. 轴类零件的预加工

轴类零件的预加工是指加工的准备工序，即车削外圆之前的工艺。其包括校直、切断、切端面和钻中心孔和同一批毛坯两端中心孔的距离。

4. 轴类零件加工的主要工艺问题及分析

（1）分析左活塞杆毛坯—零件综合图（如图 5.4 所示）和零件图（如图 5.5 所示），确定加工方案。

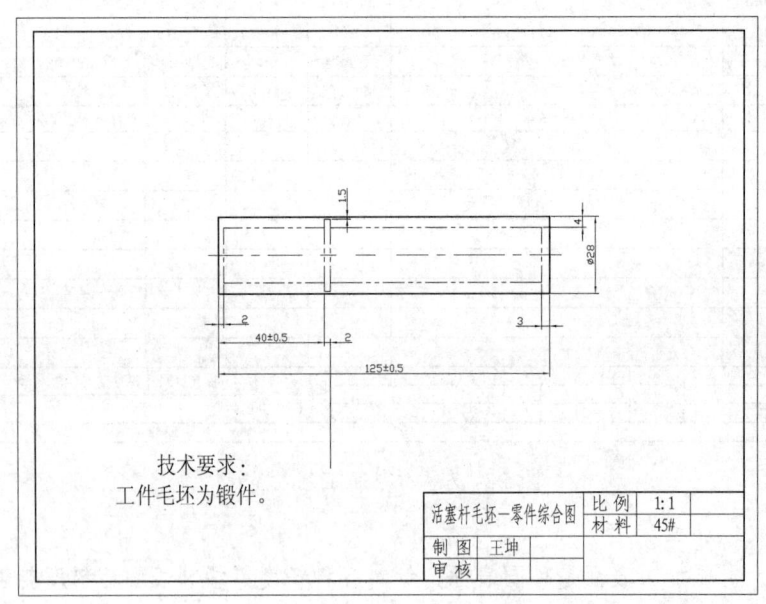

图 5.4　左活塞杆毛坯—零件综合图

根据毛坯—零件综合图和零件图对比可知，此零件的加工精度不高只要达到半精车即可。零件图上主要加工轮廓有外圆、端面、台阶和螺纹几部分，在这里螺纹是主要连接部分，还有一段光轴为主要配合面，这些都是主要面。按照"先基准后其他"的原则，要先加工这些部位。

在零件图上需要加工退刀槽，这个退刀槽主要是为加工螺纹进行退刀的，故退刀槽在螺纹加工之前完成。

（2）确定工艺过程。

经过分析，确定具体加工工艺过程，如图 5.6 所示为左活塞杆加工工艺流程卡。

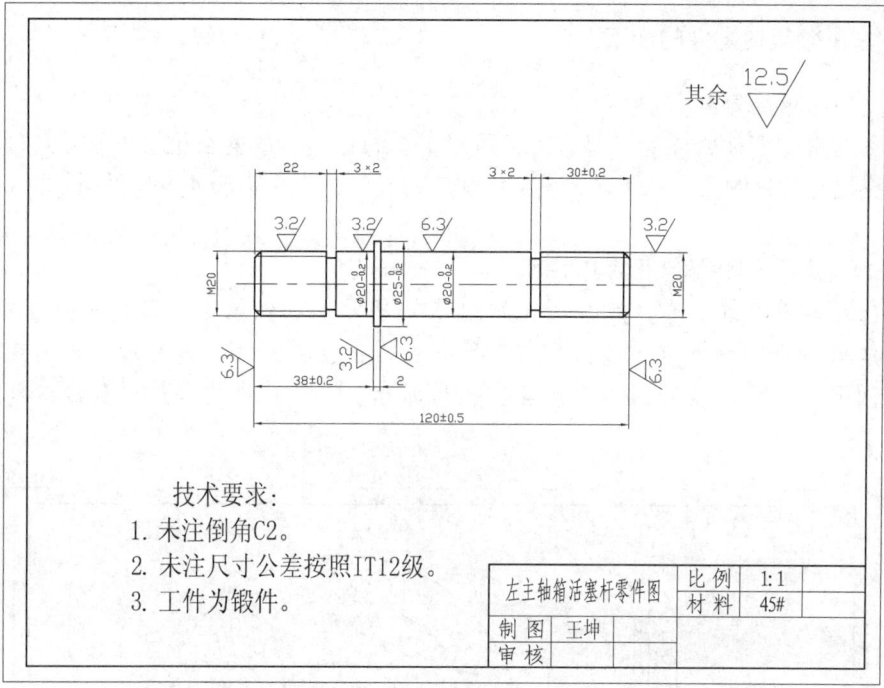

图 5.5 左活塞杆零件图

机械加工工艺过程卡片				产品型号	SK1170	零(部)件图号	SK1170-027	第 1 页	
				产品名称	回转体在线检测设备	零(部)件名称	左活塞杆	共 1 页	
材料牌号	45#	毛坯种类	锻件	毛坯外形尺寸	φ28×125	每毛坯件数	1	每台件数	1	备注
工序号	工序名称	工序内容		车间	工段	设备	工艺装备	工时定额	
								准终	单件
1	下料	按照材料体积下料V=76930立方毫米		下料车间	—	带锯机	游标卡尺		
2	锻造	锻造毛坯轴φ28×125		锻造车间	—	空气锻压机	空气锤		
3	粗车左端面及外圆	车左端面、打中心孔、车外圆φ25$_{-0.2}^{\ 0}$×40, φ21×38		车削车间	一	卧式车床	车刀、中心钻、外径千分尺		
4	半精车右端面及外圆	车右端面、打中心孔、车外圆φ20$_{-0.2}^{\ 0}$×80, φ20$_{-0.4}^{-0.2}$×32		车削车间	一	卧式车床	车刀、中心钻、外径千分尺		
5	车退刀槽	车退刀槽2处3×2		车削车间	一	卧式车床	车刀、游标卡尺		
6	半精车左外圆	车外圆φ20$_{-0.2}^{\ 0}$×38, φ20$_{-0.4}^{-0.2}$×24		车削车间	一	卧式车床	车刀、外径千分尺		
7	车左端倒角及螺纹	车倒角C2, 车螺纹M20		车削车间	二	卧式车床	车刀、外径千分尺		
8	车右端倒角及螺纹	车倒角C2, 车螺纹M20		车削车间	二	卧式车床	车刀、外径千分尺		
9	全检	检验所有加工部位尺寸是否合格		检验车间	—		游标卡尺、外径千分尺		

图 5.6 左活塞杆加工工艺流程卡

5.2 右主轴箱内零件的加工工艺

5.2.1 轴承端盖加工

端盖主要用于零件的外部,起密封、阻挡灰尘的作用。故其在机器中只是起辅助作用,对机器的稳定运行影响不是很大,其在具体加工的时候,精度要求也不是很高,加工起来也十分容易。

1. 分析毛坯—零件综合图和零件图

通过轴承端盖毛坯—零件综合图(如图 5.7 所示)和轴承端盖零件综合图(如图 5.8 所示)可知该端盖结构简单,形状普通,属一般的盘盖类零件。主要加工表面有右侧两个端面、中间孔、右侧配合外圆和连接螺栓孔几部分。这些精度均不是很高,最精的半精加工即可要求。

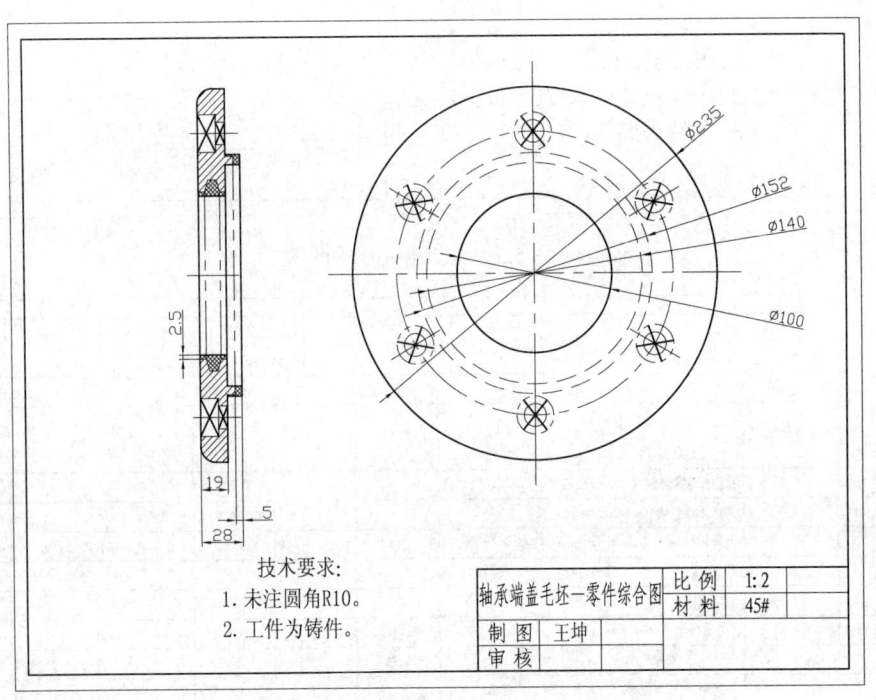

图 5.7 轴承端盖毛坯—零件综合图

2. 确定工艺过程

轴承端盖为铸件,在零件的整个表面中,其中右侧凸台的外圆需要和箱体配合,配合精度需要 6 级;中间的孔的部分,需要和轴配合,配合关系为间隙配合,为了避免灰尘等杂物进入到设备中,需要将端盖的中间和轴之间的缝隙使用密封圈将其密封;端盖的孔需要通过螺连接箱体配合,的台孔螺栓需要的是间隙配合,故精度需要到 8 级即可。

在加工工艺程的时候,为了其的,加工中间的孔,为了运时间,所在设计的时候,需要结进行。

过分析,确定具体加工工艺过程,轴承端盖加工工艺程如图5.9所示。

第 8 章 机制方向毕业设计实例及选题

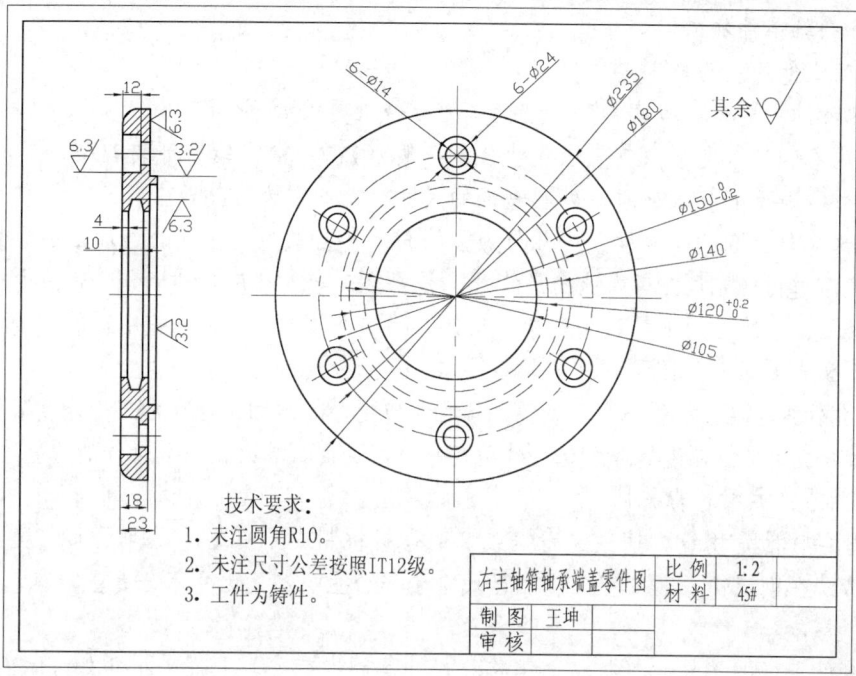

图 5.8 轴承端盖零件综合图

工序号	工序名称	工序内容	车间	工段	设备	工艺装备
1	下料	按照材料体积下料	下料车间	一	带锯机	游标卡尺
2	铸造	锻造毛坯轴φ235×28	铸造车间	一	翻砂机	方箱、木模
3	粗车内孔	车内通孔φ103	车削车间	一	卧式车床	车刀、游标卡尺
4	半精车右端面及外圆	车端面1、5、车外圆φ150×5	车削车间	一	卧式车床	车刀、游标卡尺
5	半精车内孔	车内孔φ105通孔，φ120×10	车削车间	一	卧式车床	车刀、游标卡尺
6	钻连接孔	钻6-φ14通孔、扩孔6-φ24×12	钻削车间	二	摇臂钻床	钻头、扩孔钻、游标卡尺
7	全检	检验所有加工部位尺寸是否合格	检验车间	一		游标卡尺、外径千分尺

产品型号 SK1170　零(部)件图号 SK1170-011　第1页
产品名称 回转体在线检测设备　零(部)件名称 右轴承端盖　共1页
材料牌号 45#　毛坯种类 铸件　毛坯外形尺寸 φ235×28　每台毛坯件数 1　每台件数 1

图 5.9 轴承端盖加工工艺流程卡

5.2.2 套轴零件加工

1. 套筒零件的主要技术要求

套筒零件的主要表面是内控和外圆。其主要技术要求如下：

（1）内孔的技术要求。其直径尺寸公差一般为 IT7，精密轴套可取 IT6。

（2）外圆表面的技术要求。外圆直径的尺寸公差通常为 IT6～IT7。

（3）内孔与外圆的同轴度。内孔与外圆的同轴度要求视其内孔的终加工是在装配前进行还是在装配后进行而不同。当内孔的最终加工是将套筒装入机座后进行时，套筒内外圆间的同轴度要求较低；若最终加工是在装配前进行时，则要求较高。对于一般用途的套筒，其外圆或孔的一方无配合要求时，则不标注同轴度要求。

（4）孔轴线与端面的垂直度。套筒的端面（包括凸端面）若在加工中承受轴向载荷，或虽不承受轴向载荷，但在装配或加工中作为定位基准面时，端面相对孔轴线的垂直度要求较高。

2. 套筒零件的材料与毛坯

套筒零件一般是用钢、铸铁、青铜或黄铜等材料制成。有些滑动轴承采用双金属结构，用离心铸造法在钢或铸铁套内壁上浇注巴氏合金等合金材料，既可节省贵重的有色金属，又能提高其使用寿命。

套筒零件毛坯的选择与其材料、结构和尺寸等因素有关。孔径较小（如 $D<20mm$）的套筒一般选择热轧或冷拉棒料，也可采用实心铸件。孔径较大时，常采用带孔的铸件、锻件以及无缝钢管。大量生产时，可采用冷挤压和粉末冶金等先进的毛坯制造工艺，既提高生产率又节约金属材料。

3. 套类零件加工工艺分析

套筒零件的外圆表面加工方法根据精度要求可选择车削和磨削。内孔表面的加工方法则比较复杂，要考虑其结构特点、孔径大小、长径比大小、加工精度和表面粗糙度以及生产规模等各因素，所采用的加工方法有：钻孔、扩孔、镗孔、铰孔、磨孔、拉孔、衍孔、研磨孔及表面滚压等。

套筒零件的加工工艺根据其功用、结构形状、材料热处理及尺寸大小的不同而异。

4. 套轴零件加工方案分析

（1）分析毛坯—零件综合图和零件图。

通过套轴毛坯—零件综合图（如图 5.10 所示）和套轴零件综合图（如图 5.11 所示）可知该套轴结构简单，形状普通，属一般的轴套类零件。主要加工表面有内外两个螺纹，中间通孔，和外圆台阶几部分。这些精度均不是很高，最精的要求半精加工即可。

（2）确定工艺过程。

整个零件是典型的回转体零件，我们采用车削加工。此轴主要是起连接作用，所以主要的配合部位在两个螺纹处。两个螺纹各自的精度可以间接控制配合的精度，但是两个螺纹的同轴度，则是控制传动前后回转精度的重要指标，所以在加工时，要采用统一的定位基准来保证前后螺纹的同轴度问题。

第 8 章　机制方向毕业设计实例及选题

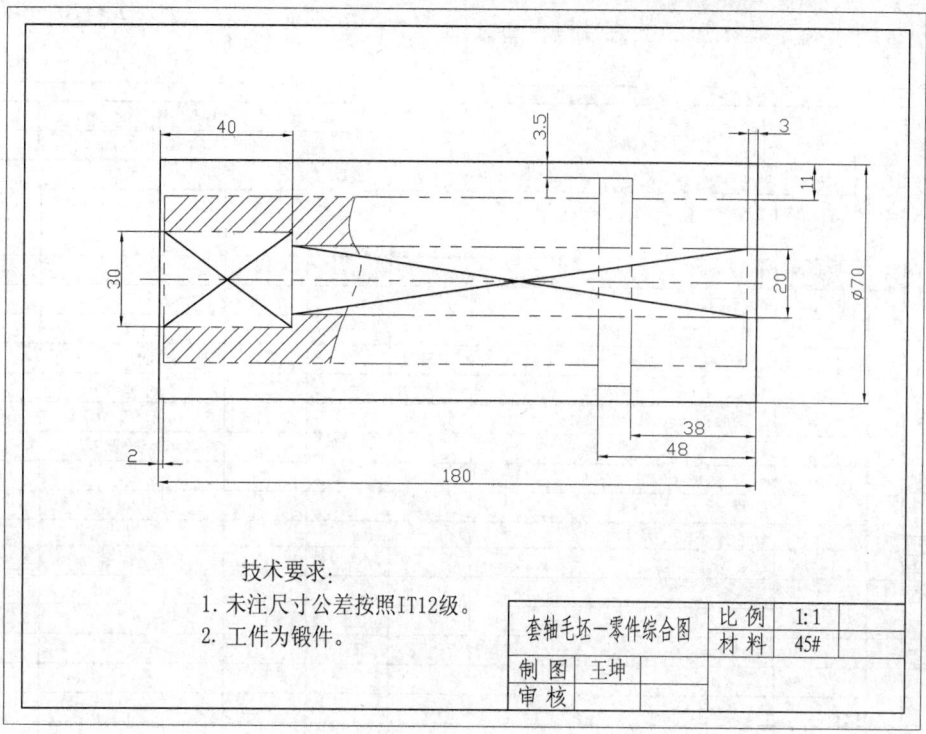

图 5.10　套轴毛坯—零件综合图

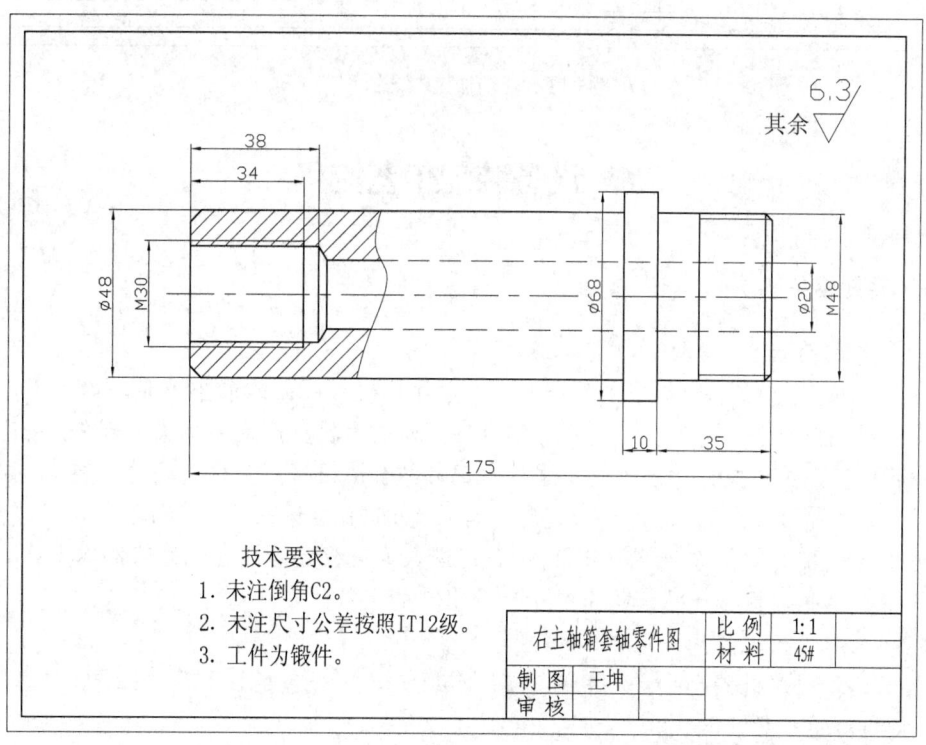

图 5.11　套轴零件图

经过分析,确定具体加工工艺过程,套轴加工工艺流程卡如图5.12所示。

机械加工工艺过程卡片			产品型号	SK1170	零(部)件图号	SK1170-019	第 1 页
			产品名称	回转体在线检测设备	零(部)件名称	右主轴箱套轴	共 1 页
材料牌	45#	毛坯种类	锻件	毛坯外形尺寸	φ70×180	每台毛坯件数	1	每台件数	1	备注	
工序	工序名称	工序内容	车间	工段	设备	工艺装备	工时定额 准终/单件
1	下料	按照材料体积下料	下料车间	—	带锯机	游标卡尺	
2	锻造	锻造毛坯轴φ70×180	锻造车间	—	空气锤	游标卡尺	
3	车右端面及外圆	车端面3, 车外圆φ68×10, φ49×35	车削车间	—	卧式车床	车刀、游标卡尺	
4	车右螺纹	车倒角, 车外螺纹M48×35	车削车间	—	卧式车床	车刀、游标卡尺、螺纹环规	
5	车左端面及外圆	车端面2, 车外圆φ48×130, 车倒角	车削车间	—	卧式车床	车刀、游标卡尺	
6	车内孔及螺纹	车内通孔φ20, φ30×38, M30×34	车削车间	—	卧式车床	车刀、游标卡尺、螺纹塞规	
7	全检	检验所有加工部位尺寸是否合格	检验车间	—		游标卡尺、螺纹环规、螺纹塞规	

图5.12 套轴加工工艺流程卡

6 设备装配工艺流程

6.1 装配相关知识

6.1.1 装配的概念

机械产品一般是由许多零件和部分组成,零件是机械产品的最小单元,如一个齿轮、一个螺钉等。部件是两个或两个以上的零件结合在一起成为机械产品中的某一部分。按产品技术要求,将若干零件结合成部件或若干个零件和部件结合成机械产品的过程称为装配。前者称为部件装配,后者称为总装配,部件进入装配是有层次的,直接进入产品总配装的配件成为组件;直接进入组件装配的部件称为第一分组件;直接进入第一级分组件装配的部件称为第二级分组件,以下部件类推,机械产品结构越复杂,分组件的级数越多。

6.1.2 装配工艺过程

装配工艺过程是机械产品生产中的重要工作之一,一般包括以下几项工作:

1. 装配前的准备工作

(1)熟悉产品装配图,相关工艺文件和技术要求,了解产品的结构组成、零件的作用及相互连接的形式。

（2）确定装配方法、顺序和准备所需要的各种装配工具。

（3）对装品零部件进行清洗。

（4）对某些个别零件进行刮削、平衡试验、密闭性试验等工作。

2. 装配工作

结构复杂的机械产品，其装配工作通常分为部件装配和总装配。

（1）部件装配。指产品在进入最终装配前的装配工作。凡是将两个以上零件组合在一起或将零件与组件结合在一起，成为一个装配单元的工作均称为部件装配。

（2）总装配。指将零件和部件组合成一台完整的机械产品的过程。

3. 调整、检验和试车工作

（1）调整工作。是指调节零件或部件的相互位置、配合间隙等，目的是使机构或机器工作协调。如轴承间隙或位置的调整、蜗轮轴向位置调整等。

（2）检验工作。是指按机械产品的技术要求对其装配精度进行检测。如车床主轴的端面圆跳动、径向圆跳动；主轴中心线与床身导轨的平行度。

（3）试车。是指试验机械产品运转工作情况，如振动、噪声、转速、功率、工作升温等。

4. 喷漆、涂油、装箱工作

6.1.3 装配工作的组织

在装配过程中，可根据产品结构的特点和生产批量大小的不同，采取不同的装配组织形式。

1. 固定式装配

固定装配是将零件和部件的全部装配工作安排在一固定的工作地上进行，装配过程中产品位置不变，装配所需的零部件都会记在工作地附近。

在单件和中小批生产中，对那些因重量和尺寸较大，装配时不便移动的重型机械，或机体刚性较差，装配时移动会影响装配精度的产品，均宜采用固定式装配的组织形式。

2. 移动式装配

移动式装配是将零件和部件置于装配线上，通过连续或间歇的移动使其顺次经过各装配工作地，以完成全部装配工作。采用移动式装配时，装配过程分得较细，每个工作地重复完成固定的工序，广泛采用专用的设备及工具，生产率很高，多用于大批生产。

6.1.4 装配精度的概念

装配精度是根据机械产品的使用功能等要求，由设计者确定的，是装配后必须达到的指标。它一般包括尺寸精度、相互位置精度、相对运动精度和接触精度。

6.1.5 保证装配精度的方法

机械产品的装配精度如果都由相关零件精度来保证，这时装配工作就不需要任何选配、修配和调整，因而只是简单的连接和组合。但是，在某些情况下，将因对相关零件部件的精度要求高，造成加工困难而提高产品的成本。因此，在实际生产中仍然要按经济加工精度的方法来保证零部件的公差要求使加工容易，这就需要在装配时采取一定的工艺措施。例如完全互换法、分组选配法、修配法、调节法等方法以保证装配精度。

6.1.6 制订装配工艺规程的步骤

1. 进行产品分析

（1）分析产品图样，掌握装配的技术要求及验收标准。

（2）对产品的结构进行尺寸分析和工艺分析。

(3) 研究产品分解成"装配单元"的方案，以便组织平行，流水作业。

2. 确定装配的组织形式

依据产品的结构特点及生产类型，确定采用固定式装配或移动式装配。

3. 拟订装配工艺过程

（1）确定装配工作的具体内容是根据产品的结构和装配精度的要求确定各装配工序的具体内容。

（2）当车间没有现成的设备及工、夹、量具时，还需提高设计任务书，设计工艺装备所需的技术参数、经验数据或经试验计算确定。

（3）确定装配顺序。各级装配单元装配时，先确定一个基准，然后根据具体情况安排其他单元陆续进入装配。

（4）确定工时定额及工人的技术等级。目前装配的工时定额都是根据实践经验估计。工人的技术等级不作严格规定，但必须安排有经验的技术熟练的工人在关键的装配岗位上操作，把好质量关。

4. 编号装配工艺文件

装配工艺规程中的装配工艺过程卡片和装配工序卡片的编写方法与机械加工的工艺过程卡和工序卡基本相同。在单件小批量生产中，一般只编写工艺过程卡，对关键工序才编写工序卡。在生产批量较大时，除了编写工艺过程卡外还需编写详细的工序卡及工艺守则。

6.2 检测设备的装配流程

6.2.1 左主轴箱装配方案

图 6.1 为各部分的装配流程图，其中每个方格中前面的数字为该部分装配图中零件的号数。

图中最粗的中线为装配总线，每一个方格表示一类零件，方格竖线在总线上的位置前后就代表了装配顺序的前后。带有总成的方格，表示的是先装配成一个个的总成，然后再将总成装配到设备上。

在装配左主轴箱的时候，必须先装配 12 处的零件，再装配 26 处的零件，这样才能保证 12 处的零件装配进去。因为活塞杆的结构左侧有台阶，12 号工件装不进去，所以只能从右侧装配。在 25 件和 23 件连接及 12 件和 13 件连接的时候，要先装配 25 件和 23 件的连接。因为它们虽然都是利用螺钉连接，所以都要有一定的工位才能完成，倘若先装配 12 件和 13 件的连接，那么 23 件、25 件、26 件及 27 件均需要旋转选入装配，这样的装配虽然可以实现，但是要保证安装到位就非常困难了，从装配的难易程度及精度保证的方面来看，还是选择 25 件和 23 件先装配。

在轴承安装的时候，要先安装右侧的轴承再安装左侧轴承。左侧轴承的轴向定位为轴用弹簧卡圈和箱体上的台阶，右侧内圈定位主要是双螺母和轴用弹簧卡圈，外圈使用的是箱体台阶和轴承端盖。安装时需要从右侧开始安装，先装入 19 件，然后装入轴承，再装入弹簧卡圈，最后再调整双螺母。这样才能保证定位准确。假设先转入左侧轴承，那么右侧的装配顺序只能是 19 件、35 件和 31 件了，但是这样装配以后，19 件与 35 件之间的位置根本就没有调整，就不能达到精度要求了。

经过多种条件要求，最合理的左主轴箱装配流程顺序如图 6.1 所示。

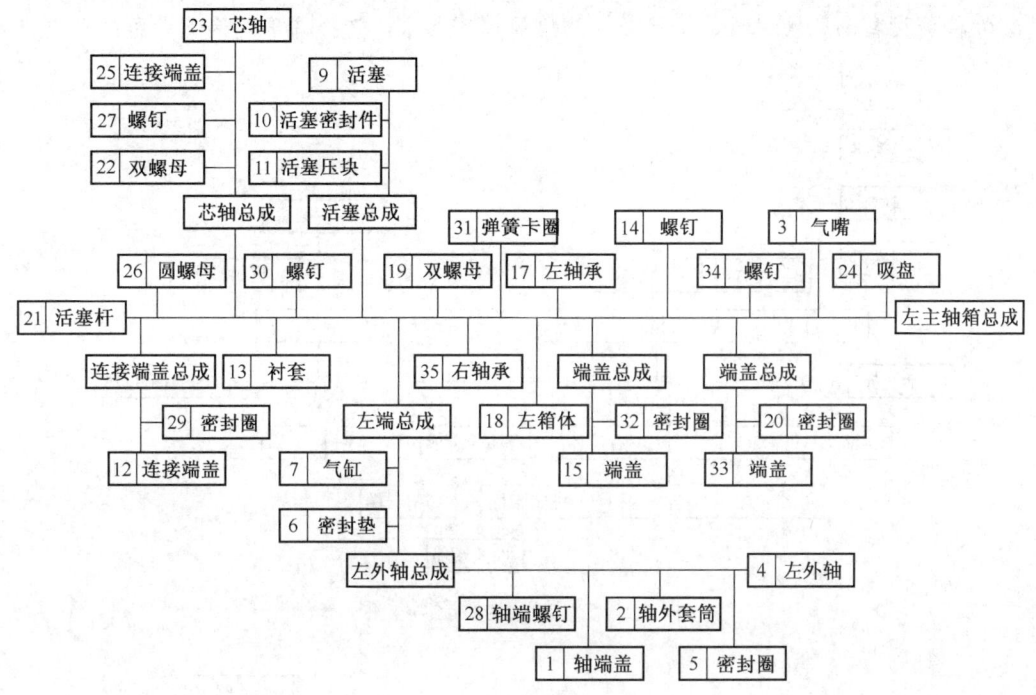

图 6.1 左主轴箱装配流程图

6.2.2 右主轴箱装配方案

右主轴箱的装配，由于零件比较繁多，本文将其分解成箱体内和箱体外两部分分别说明。

在箱体内外不同的装配图纸中，有三根轴贯穿在其中。由于编号是为了各自方便起见，没有将其编号对应。分别是箱体内的 16 件对应箱体外的 12 件；箱体内的 15 件对应箱体外的 1 件；箱体内的 9 件对应箱体外的 2 件。

在装配过程中，我们先装配的是主轴箱内，然后再装配箱外部分。在箱体内的装配时三个轴都已装配结束，在箱体外装配时已经包含在右主轴箱总成内。

箱体内装配时，值得注意的是先装配左侧轴承，其道理与右主轴箱内轴承的安装顺序的原因相似。

箱体外装配时，基本上按照从左至右，从内至外的顺序装配即可。需要注意的是在调整外套和保持套时注意孔口的位置，孔口需要与阀体上的口位置对应，此处还需安装气嘴。

具体的右主轴箱内、外装配流程如图 6.2 和图 6.3 所示。

结论

关于回转体零件直径的在线检测设备，为了达到检测精度 0.01mm 的要求，选择东芝的 TCD2557D 型线阵 CCD 器件作为主要检测元件；为了达到检测范围的要求，在设备的机械部分，采用的是结构简单、测量调整范围大、具有自己特色的结构；为了满足能源环保的要求，动力源方面，采用气压传动实现检测所需的具体动作；为了实现设备的合理制造和装配，设计了机构零件的加工工艺和设备装配的合理的流程方案。

本论文首先对目前回转体零件的检测现状进行了详细介绍，分析回转体零件的结构特点，了解回转体零件的检测过程与方法，探讨回转体零件在线检测设备的结构及工作原理，根据回转体零件检测设备的检测过程、检测效率及检测精度要求，选择并确定检测设备的开发方案。

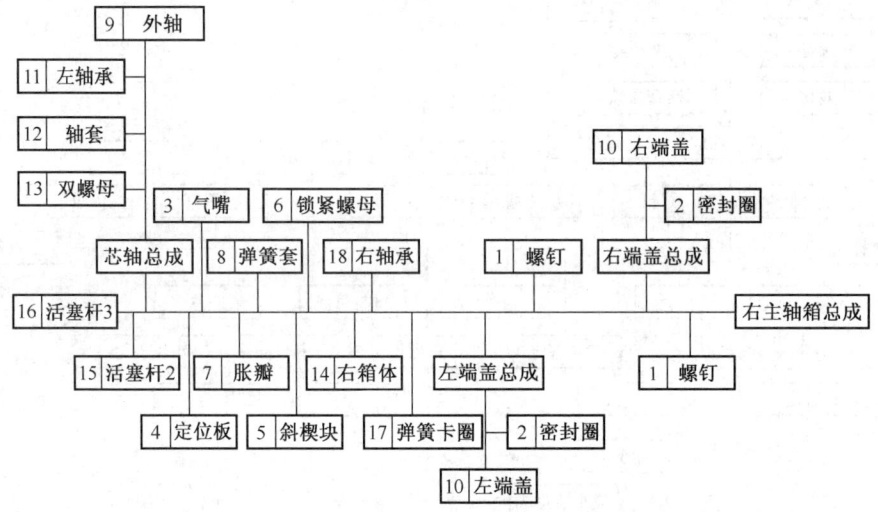

图 6.2　右主轴箱内装配流程图

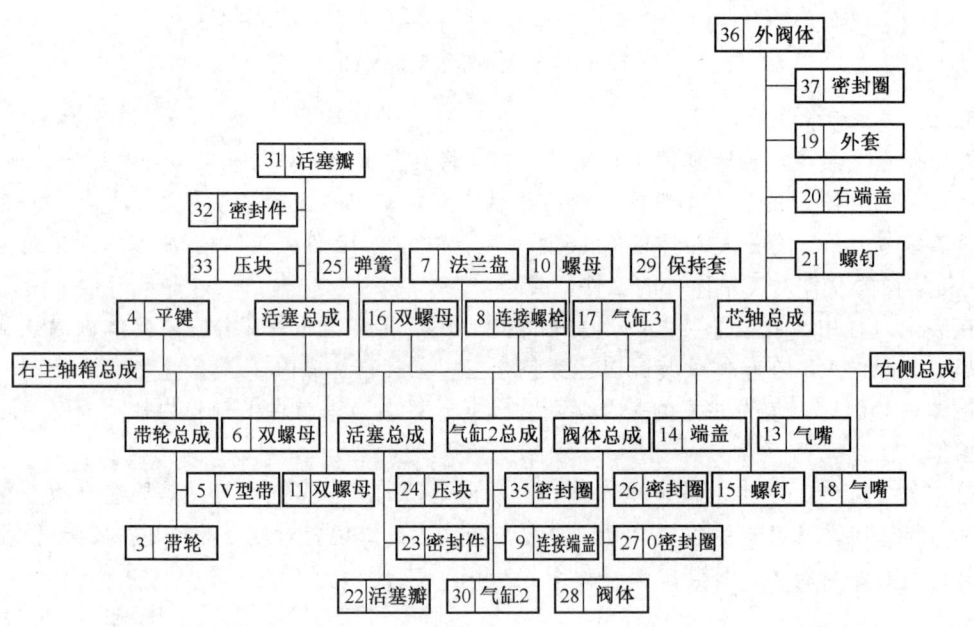

图 6.3　右主轴箱外装配流程图

其次，论文分别从检测设备的机械系统设计、气动系统设计及检测系统设计三个方面进行全面研究。

机械系统作为设备的承载主体，是整个系统的骨架，论文完成了床身设计、左主轴箱设计、右主轴箱设计以及各种附件设计，为设备开发奠定了基础。

气动系统作为设备的筋脉，为了满足预期的动作要求，对左、右主轴箱的动作过程进行了细致分析，给出了左、右主轴箱动作的气动原理图，同时对设备整体动作进行深入研究，绘制整体气动原理图。

检测系统作为设备的感应神经，是完成零件检测的直接部分，为了达到检测目的，提出了检测系统要求，确定了检测系统方案，并给出了检测方法。

最后，根据检测设备的结构和要求，对检测设备中典型零件的加工工艺以及整个设备的装配工艺进行了系统分析。讨论了主轴箱、活塞轴的加工过程，分析了轴承端盖、套轴零件的加工工艺。明确了设备装配的工艺过程，给出了检测设备的装配方案。

通过对回转体零件在线检测设备的开发，分析了检测系统的要求，构建了检测设备的机械结构，完成了气动系统设计并给出系统的气动原理图，实现了回转体零件的在线检测。通过对其典型零件的加工工艺及装配工艺研究，证实了该设备可行性及能够满足的检测要求。

本课题所完成的机械制造工艺和装配工艺流程完全是符合实际生产的过程。从经济方面考虑，制造设备的投资比采购的要节约很多。综合多方面的条件，本设备值得加工投产。

参考文献

[1] 雷良育，周晓军，潘明清. 基于机器视觉的轴承内外径尺寸检测系统[J]. 农业机械学报，2005，36（3）：131-134.

[2] 东芝CCD传感器TCD2557D说明书.

[3] 栾敏. 机械制造技术基础[M]. 北京：北京大学出版社，2009.

[4] 赵颖. 基于CCD的非接触法测量炮弹外径技术研究[D]. 长春：长春理工大学，2009.

[5] 杨帮文. 现代新潮传感器应用手册[M]. 北京：机械工业出版社，2006.

[6] 雷玉堂，王庆有等. 光电检测技术[M]. 北京：中国计量出版社，1997.

[7] 马芸艳. 基于CCD的钢球外观检测技术的研究[D]. 哈尔滨：哈尔滨工业大学，2006.

[8] 孙佳，张磊. 大直径工件的测量方法[J]. 东北大学学报. 2006，3：13-15.

[9] 张国玉，安志勇，李成志. 大尺寸直径非接触光电检测系统研究[J]. 仪器仪表学报，2006，27（1）：13-19.

[10] Tetsuro Ashida. Signal processing and automatic camera control for digital still cameras equipped with a new type CCD[J]. Proc. SPIE，2004，5301：42.

[11] 殷镇良等. 大直径轴盘类工件直径的测量方法及装置. 中国专利数据库，2002，8.

[12] 许裕华. 光电探测器件线性响应的快速测量[J]. 韶关大学学报（自然科学版）. 2000，21（4）：45-47.

[13] 黄文恺，基于线阵CCD的二维轮廓多尺寸图像检测技术的研究[D]. 广州：广东工业大学.

[14] 强锡富. 传感器[M]. 北京：机械工业出版社，2001.

[15] 高稚允，高岳. 光电检测技术. 北京：中国计量出版社，1995：12-45.

[16] 郭培源. 光电检测技术与应用. 第1版. 北京：航空航天大学出版社，2006：28-61.

[17] 安毓英，曾小东. 光学传感与测量. 北京：电子工业出版社，2001：77-102.

[18] 李宝安. 钢材直径非接触在线检测仪的研究[D]. 长春：长春光学精密机械学院，2000.

[19] 马潮. AVR单片机嵌入式系统原理与应用实践. 北京：北京航空航天大学出版社，2007.

[20] 张晓明，杨维，王军. 光栅数显装置在大直径测量中的应用. 沈阳工业大学学报，2002，14（3）：54-58.

[21] 陈白宁，王生力. 光栅传感器测量系统前通道配置与接口设计. 沈阳工业学院学报，1998.

[22] 王庆有. CCD 应用技术[M]. 天津：天津大学出版社，2000.

[23] 孙晓军. 线阵 CCD 在圆柱体表面检测系统中的应用[J]. 光学技术，2000，26（1）：29-31.

[24] Lrppino G A.Design of an 8192×8192 pixel CCD mosaic. Proc. SPIE，1994，2198: 810.

8.2.2 铝合金薄壁件高速铣削加工工艺与实验研究

1. 毕业设计任务书

毕业设计任务书格式见表 8-1。

2. 文献综述

文献综述格式见表 8-2。

3. 论文开题报告

论文开题报告格式见表 8-3。

4. 论文中期报告

论文中期报告格式见表 8-4。

5. 论文封皮

论文封皮示样图如图 8-3 所示。

```
                    ××××大学
                  毕 业 论 文（设 计）

        题      目：铝合金薄壁件高速铣削加工工艺与实验研究
        系      部：机械工程系
        专      业：机制专业
        班      级：××级×班
        学      号：×××××××
        姓      名：×××
        指导教师：×××
        完成日期：××××年××月××日
```

图 8-3 论文封皮示样图

6. 论文诚信声明和版权说明

论文诚信声明和版权说明如图 8-4 所示。

```
                毕业论文（设计）诚信声明书
    本人声明：我将提交的毕业论文（设计）《铝合金薄壁件高速铣削加工工艺与实验研究》是我在
指导教师指导下独立研究、写作的成果，论文中所引用他人的无论以何种方式发布的文字、研究成果，
均在论文中加以说明；有关教师、同学和其他人员对本文的写作、修订提出过并为我在论文中加以采
纳的意见、建议，均已在我的致谢辞中加以说明并深致谢意。
                    论文作者：×××         （签字）时间：    年   月   日
                    指导教师已阅            （签字）时间：    年   月   日
```

图 8-4 论文诚信声明和版权说明

毕业论文（设计）版权使用授权书

本毕业论文（设计）《铝合金薄壁件高速铣削加工工艺与实验研究》是本人在校期间所完成学业的组成部分，是在××××大学教师的指导下完成的，因此，本人特授权对××××大学可将本毕业论文（设计）的全部或部分内容编入有关书籍、数据库保存，可采用复制、印刷、网页制作等方式将论文文本和经过编辑、批注等处理的论文文本提供给读者查阅、参考，可向有关学术部门和国家有关教育主管部门呈送复印件和电子文档。本毕业论文（设计）无论做何种处理，必须尊重本人的著作权，署明本人姓名。

论文作者：×××　　　　　（签字）时间：　　年　月　日
指导教师已阅　　　　　　（签字）时间：　　年　月　日

图 8-4　论文诚信声明和版权说明（续图）

7. 论文正文

1　绪论

1.1　研究的背景及意义

一般认为，在壳体件、套筒件、环形件、盘形件、轴类件中，当零件壁厚与内径曲率半径（或轮廓尺寸）相比小于 1:20 时，称作为薄壁零件。由于薄壁零件具有重量轻、强度高、造型美观等突出特点，在工程上应用日益广泛，尤其是在航空航天工业中的广泛应用。

薄壁两件按照空间几何形态通常可分为以细长轴为代表的二维薄壁构件和以薄壁件为代表的三维薄壁零件。这一类零件的共同特点是受力形式复杂、刚度低，加工时极易引起误差变形或工件颤振，从而降低工件的加工精度。特别是当零件的形状和尺寸精度要求较高，对振动、切削力大小及波动、切削温度、装夹方式均十分敏感时，往往未加工到规定的尺寸，零件已经超出了精度要求。薄壁零件因其制造难度极大，而成为国际上公认的复杂制造工艺问题。

薄壁零件在现代工业技术中占有很重要的战略意义。因此国内外的学者专家都做了很深入的研究。欧美等制造业比较发达的国家针对薄壁件的结构特点，应用的技术有：

（1）从加工工艺系统的整体刚度考虑，提出充分利用零件的整体刚性变形控制方案。

（2）在机床方面，提出了平行双主轴联动精度控制方案。

（3）在装夹方面，提出了用低熔点合金填充或使用真空夹具精加工零件的方案。

（4）在切削用量方面，提出了变进给速度加工方法，通过工艺方法实验与计算机模拟仿真相结合，提高效率和可靠性。

（5）采用有限元仿真预测加工变形，再利用数控补偿技术进行适当的主动误差补偿，从而提高薄壁件的加工精度。

而在我国，由于缺少理论计算和相关的试验数据，这方面的研究还处于起步阶段，无论是振动加工技术还是高速切削技术都是处于摸索阶段，缺少必要的工艺技术数据，无法应用于实践。在实际生产加工中，大多采用低转速、小进给、多次空走刀等方法控制加工变形，应用手工检验。正因如此，为提高薄壁件加工过程中的加工效率，降低加工成本，本文以典型低刚度零件为研究对象，借助数学建模、理论分析、数值模拟与实验验证等手段进行研究与探讨。

1.2 薄壁零件的结构材料

一般壁厚小于 3mm 的薄壁零件因其具有重量轻、刚性好、比强度高等优点，被广泛应用于航空航天领域。高温耐蚀和轻质高强是航空产品对其结构材料的要求，铝合金因其具有塑性好、密度小、易加工、抗腐蚀性强、价格低廉等优点，一直被作为航空航天领域的典型结构材料。本课题也是以铝合金为薄壁零件研究的使用材料。

1.2.1 铝合金概述

铝合金是工业中应用最广泛的一类有色金属结构材料，纯铝的密度小、塑性高、易于加工，可制成各种型材、板材，抗腐蚀性好，但强度低。通过长期的生产实践和科学实验，在纯铝中加入一定元素形成的铝合金在保持纯铝质轻等优点的同时还能具有较高的强度，获得较高的"比强度"，胜过很多合金钢成为理想的结构材料，广泛应用于机械制造、航空工业等方面。

在航空工业领域中主要使用的是铝合金材料，飞机的机身、蒙皮、压气机等常以铝合金制造，以减轻自重。在国外，飞机的结构大多以 Al-Cu-Mg 和 Al-Cu-Mn 系合金、Al-Mg-Mn 系合金、Al-Zn-Mg-Cu 系合金等。而国内的飞机结构材料，应用最多的主要有 2A12（相当于 2024 系列）、LC9（相当于 7075 系列）等。

1.2.2 铝合金的加工工艺

铝合金按加工方法可以分为形变铝合金和铸造铝合金，按是否可通过热处理来提高机械性能，实现强化可分为可热处理强化型铝合金和不可热处理强化型铝合金。

各种飞机大多是以铝合金作为结构材料，飞机上的蒙皮、梁、肋、桁条、隔框和起落架都可以用铝合金制造。航空工业产品中的零部件主要是铸造铝合金直接加工而成或形变铝合金的半成品加工而成。再通过添加颗粒、纤维和晶须对以铝合金为基体的复合材料加以强化，同时也可降低成本。

1.2.3 铝合金的切削加工特性

（1）铝合金材料的塑性好、韧性好、粘附性强，切削过程中很容易粘附在刀刃上产生积屑瘤。

（2）铝合金零件一般刚性较差，在加工中容易产生变形。

（3）铝的线膨胀系数大，在切削过程中，热变形较大。

（4）铝合金材料的硬度偏低，在加工过程中，加工面容易划伤，很难达到表面粗糙度要求。

在本课题研究过程中，针对铝合金的这些特点，采取相应的措施来改善加工条件，提高加工质量和效率。

1.3 薄壁零件的特点

1.3.1 结构特点

薄壁零件一般由侧壁和腹板组成，具有结构复杂、体积较大、相对刚度低的特点。其不仅要满足产品设计性能要求，还要在保证强度和刚度的前提下结构重量要轻。不同的薄壁零件具有其自身不同的结构特点。

（1）整体腹板：主要由蒙皮、凸台、筋条等结构部分组成，正广泛地应用于现代飞机的薄壁零件，具有外形准确、比强度高、重量较轻、表面光滑等优点，既能简化协调关系，又减少了连接件的数量和装配工作量，但同时也存在尺寸大、刚性低、易变形等缺点。

（2）梁类零件：飞机的重要受力薄壁零件。随着飞机性能的日益提高，对梁的材料和机构也提出了更高的要求——质轻、强度高、刚度高、质量轻。从截面结构形状来看，梁类零件一般可分为工字型、U 字型以及复杂异形截面等。

（3）缘条、长桁类零件：一般都是作为机身和机翼纵向结构重要的受力薄壁零件。缘条类零件常用于大型飞机的机翼或尾翼，构成梁的装配件。长桁类零件的受力情况和形状结构要比缘条类零件简单些。为减少切削加工后的变形，缘条、长桁类零件一般采用挤压型材。且由于装配连接的需要，为减少协调误差，零件头部的大截面采用挤压型材，从而使缘条、长桁与接头形成一个整体，避免装配应力。

（4）框体类零件：是飞机机体横向结构的主要承力薄壁零件，也是形成和保持机身径向外形的主要结构件。框体结构主要由与机身理论外形成等距面的内形曲面、外形曲面、加强筋以及以框轴线为对称轴的双面有凹槽框格结构的腹板组成，即由侧壁和腹板组成，壁厚一般为 1.5~2mm。框的横截面形状有工字型和 U 字型，而同一框体内的腹板有等厚度和变厚度两种情况。

1.3.2 工艺特点

薄壁零件的结构特点，决定了其具有不同于其他类零件的工艺特点：

（1）薄壁零件由于结构复杂、外形尺寸大、壁厚较小等特点，在加工过程中极易发生变形，因此此类零件的变形控制和矫正工作是加工过程中的重要内容。

（2）薄壁零件的结构材料多为高强度铝合金，加工中关键的问题在于对加工变形的控制，使用常规的加工工艺无法保证零件的加工精度。

（3）薄壁零件在加工过程中由于截面小而外廓尺寸大，容易产生切削振动，降低零件的加工精度，影响零件的加工质量。

（4）薄壁零件要求具有较高的加工尺寸精度和协调精度，槽口、结合孔、缘条内套结合面等部分之间的位置精度要求较高，加工中必须符合协调依据，才能保证其使用要求。

1.4 薄壁零件的加工方法

随着航空航天工业的高速发展，各类薄壁零件已经越来越多地应用于各种机器与场合。由于薄壁零件的结构形状特殊性，在其加工过程中受工件材料等诸多因素的影响，会增大加工难度，降低其加工精度。因此，如何提高薄壁零件的加工精度和效率就成了当前机械加工领域内越来越被关注的话题。

1.4.1 常用加工方法

在低刚度薄壁件的加工过程中，引起变形的因素有很多，如加工过程中的受力变形、工件内部产生的残余应力变形、加工中工件装夹变形等，可见在薄壁件的加工中，变形是不可避免的。薄壁件的实际加工中，虽然工件的变形是必然存在的，但我们可以对变形进行控制，可以采取一些相应有效的措施，使变形量降到最小，达到我们要求的范围内。

采用小进给量、大切削速度的高速加工切削形式，可降低加工中工件受到的切削力，同时使大部分的切削热被高速飞离工件的切屑带走，进而降低工件温度，减小工件的热变形。在薄壁件的加工过程中，相对于普通数控加工，高速切削加工可省去半精加工、实效处理等其他环节的辅助时间，进而缩短了工件的加工周期，提高了生产效率。

根据文献的研究，在实际生产中可以采用以下方法来减小铝合金薄壁件在高速切削加工

中的变形:

1. 选择合适的刀具

为减小加工过程中刀具与工件之间的挤压量,应尽量选择刀尖圆弧半径较小的刀具;为减小加工过程中的切削力和工件的受热变形,应适当增大刀具前角;为减小在加工过程中刀具后刀面与已加工表面之间的摩擦,应适当增大刀具后角。

2. 选择适当的工装夹具

铝合金薄壁件具有刚性差、易变形的特点,在装夹工程中,即使受到教学的夹紧力都极大可能导致装夹工件的变形,因此,为减小工件的装夹变形,提高工艺系统的刚度,我们应选择适当的工装夹具,同时可采用辅助支撑等方法优化装夹方案。

3. 选择合理的切削参数

在切削用量三要素进给速度、背吃刀量、切削速度中,对工件变形影响最大影响因素是背吃刀量,影响最小的因素是切削速度,因此,在实际加工过程中,为减小工件变形和提高生产效率,可以采用提高切削速度,减小背吃刀量以及选用合适进给量的方法。这种高速切削方法尤其适合铝合金薄壁件的加工。

4. 选择合理的走刀路线

在高速加工过程中,选择合理的走刀路线能延长刀具寿命、提高切削加工效率、保证加工质量。在实际生产加工中,不同形状的零件、不同的加工要求应选择不同的走刀路线。为降低工件产生的变形量,保证加工质量的均匀性,在走刀路线的确定过程中应遵循几点原则:①大进给速度、小背吃刀量。②尽量保持连续切削。③尽量选择顺铣方式,特别是在精加工过程中。

5. 应变补偿

在薄壁件侧壁铣削过程中,为消除因切削力产生的单向延伸而形成的拱变形,可采用各侧壁同向铣削,使其产生同向拉伸以消除变形。

6. 采取热处理工艺

在精加工工序之前课采取通过调质等热处理工艺以消除工件因先前加工产生的内应力和残余应力,同时还可以提高工件的硬度和强度,进而保证工件的加工质量。

7. 合理选择冷却液

为降低工件的热变形,延长刀具的使用寿命,在加工过程中应合理适当地选用冷却润滑液,尤其是在薄壁件的高速切削加工过程中。

1.4.2 其他加工方法

在薄壁件的实际生产加工过程中,除了采用常规的数控机床加工和高速切削加工方法之外,还可以采用以下方法来实现薄壁件的加工。

(1) 使用特殊机床设备、特殊刀具进行加工。在日本,为控制薄壁件侧壁在加工过程中的变形,采用双主轴机床分别从侧壁两侧进行加工,从而抵消工件侧壁变形。此外,为避免加工中旋转铣刀损坏加工工件的已加工表面,提出了薄壁件侧壁加工优先选用刀杆较细的立铣刀。

(2) 特种加工方法加工。所谓特种加工方法是指利用电能、热能、声能、化学能、光能、电化学能以及特殊机械能对材料进行加工。例如电火花加工、电解加工、电子束加工、超声波加工、离子束加工都是能应用于薄壁件加工的特种加工。

(3) 化学铣削加工。当加工工件形状较为复杂、壁厚较小时,或加工工件材料韧性强、脆性大的场合时,可考虑优先选用化学铣削加工。

1.5 高速切削及其应用

1.5.1 高速切削的定义

高速切削（High Speed Cutting，HSC）理论是德国物理学家 Carl.J.Salomon 在 1931 年 4 月提出的，它是一个相对概念。由于使用加工方法和材料选取的不同，至今仍未对高速切削的切削速度范围作出确切的规定和定义。通常把切削速度、进给速度值是常规值 5～10 倍的切削方法称为高速切削。

一般情况下，高速切削的切削速度范围因加工材料的不同而不同，不同加工材料其切削速度范围如图 1.1 所示。

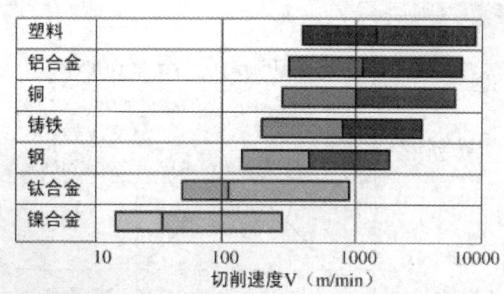

图 1.1 多种加工材料切削速度范围

高速切削的切削速度范围也随加工方法的不同而不同，不同加工方法高速切削速度范围，如表 1.1 所示。

表 1.1 多种加工方法高速切削速度范围表

加工方法	切削速度范围
车削	700～7000m/min
钻削	100～1000m/min
铣削	200～7000m/min
铰削	20～500m/min
拉削	30～75m/min
磨削	5000～10000m/min

Carl.J.Salomon 在提出高速切削理论时指出：在常规切削速度范围内，随着切削速度的提高会使切削温度升高，但当切削速度达到一定数值后，随着切削速度的提高，切削温度反而会降低，如图 1.2 所示。这一理论的提出，为人们展示了金属材料在低温、低能耗条件下加工的大好前景。

对每一种加工材料都存在不能切削区域 B——"死谷"。所谓"死谷"，是指每一种加工材料在切削加工过程中都有一个速度范围，在这个速度范围内，刀具无法承受过高的切削温度，而使加工不能正常进行的区域，如图 1.3 所示。通过对 Salomon 曲线的分析得出，如果能越过这个"死谷"，就能够实现与常规切削具有相同切削温度的高速切削，从而使生产率大大提高。

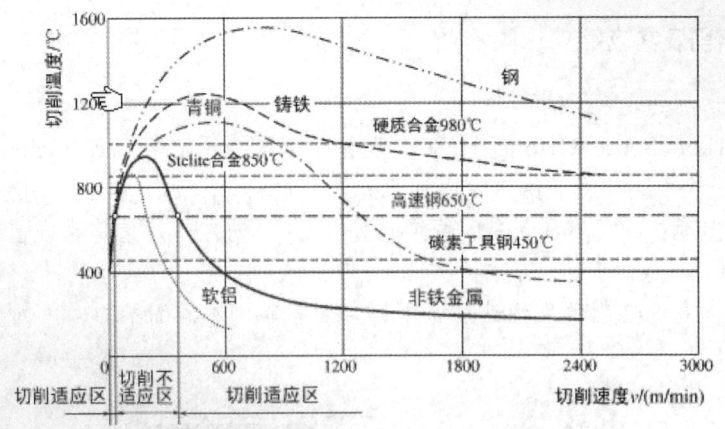

图 1.2　Salomon 切削温度与切削速度曲线

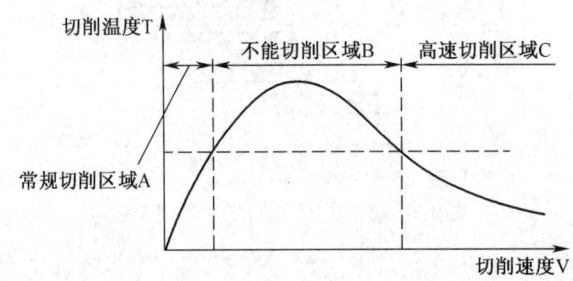

图 1.3　Salomon 曲线

1.5.2　高速切削技术的国内外发展概况

高速切削理念自提出以来，经历了数十年的理论研究和实验验证，到 90 年代以后，在世界发达国家已进入了现代化工业的应用阶段并飞速发展。随着机床技术和加工刀具等相关技术的高速发展，高速切削已成为一项高技术水平的先进制造技术，具有广阔的发展前景，未来也必定为制造业的发展带来新契机。

高速切削技术大致经历了理论探索、应用探索、初步应用、成熟运用和深入开发等几个阶段：

20 世纪 30 年代，德国物理学家 Salomon 提出了高速切削理论，他认为可以越过"死谷"区域，对工件进行高速切削。

50 年代后期，在世界范围内展开了有关高速切削理论的研究。研究发现高速切削过程中切屑的形成与常规加工中切屑的形成存在着本质上的不同。高速切削塑性材料时，随着切削速度的增大，剪切角增加，减小切屑与刀具的接触长度，有助于形成不连续切屑，进而提高工件表面质量。

70 年代进入了对高速切削加工应用的探索阶段。高速切削可大大提高生产效率，减少劳动时间；刀具材料在满足切削加工要求的同时要具有较好的导热性，因为刀具的磨损还取决于刀具材料本身导热性的强弱；高速切削加工中，切屑带走了 95%以上的切削热。基于很多新的探索结果，人们开始试图改装机床，着眼于机床主轴转速的提高。

80 年代进入了对高速切削加工的研究阶段。当达到一定的切削速度后，切削力随着切削速度的提高而降低；高速切削过程中，可利用剪切角方程估算切屑形成的剪切角；第一本研究高速切削技术的专著《高速切削技术手册》在美国出版。

90年代进入了对高速切削加工技术的深入研究、开发和运用阶段。舒尔兹教师的《高速切削》进一步充实和完善了高速切削理论和应用技术。各类数控车、铣床和加工中心也随着刀具、机床、高速切削技术的迅速发展而得到普遍推广，并逐年增加。

近几年来，高速切削加工技术得到了进一步的深入研究和实质性的发展。刀具材料和刀具参数的优化；机床振动特性分析及切削颤振的避免；进一步证实了大部分的切削热被快速飞离工件表面的切屑带走。

高速切削加工技术已成为现代工业发达归一化切削加工的主流。相继研制生产出多种高速高精的机床并广泛应用于航空航天、汽车工业等重要领域。

我国从80年代初开始了对高速切削加工技术的方法和理论的研究，并先后有东北大学、北京理工大学等多所高校对切削力、刀具磨损以及主轴系统等多种技术进行研究，中国制造的高速机床于1999年登台亮相。但与国外工业先进国家相比，我们对高速切削加工的研究和应用还处于初步阶段，在很多方面还需要进一步的研究和深入。

1.5.3 高速切削加工的关键技术

高速切削技术是新材料技术、控制技术、计算机技术和精密制造技术等诸多新技术综合运用发展的结果，主要包括以下五个方面的基本理论和关键技术：

（1）高速切削机理。

（2）高速切削刀具技术。

（3）高速切削机床技术。

（4）高速切削工艺技术。

（5）高速加工测试技术。

1.5.4 高速切削加工的特点

高速切削加工技术是在高速主轴系统、高性能数字控制系统、机床结构及材料、高效高精测试技术、快速进给系统、高速切削加工理论、刀具设计制造技术、高速切削加工工艺等很多相关的软硬件技术充分发展的基础上综合而成的。因此高速切削是一项综合技术，是诸多单元技术集成的复杂的系统工程。

高速切削由于切削速度的大大提高，切削机理也发生了很大的改变，和传统切削方法相比，高速切削在以下方面具有显著特点：

1. 提高生产效率，降低加工成本

切削速度和进给速度的大幅度提高，使加工中机动时间和辅助时间明显减少，从而缩短整体加工时间，提高了生产效率，降低了加工成本。

2. 切削力降低，提高加工质量和精度

高速切削采用高切削速度、小切削深度和宽度，在加工中切削力可降低30%以上，径向切削力的减小尤为突出。因此可大大降低工件在切削加工过程中的受力变形，提高加工精度。同时，由于高速切削的转速高，提高了机床的激振频率，超出了"机床—刀具—工件"工艺系统的固有频率，减小工艺系统的振动，提高加工过程的平稳度，从而提高工件的表面质量，实现高精度、低粗糙度加工。

3. 减小工件受热变形，延长刀具使用寿命

在高速加工过程中，95%以上的切削热被快速飞离工件表面的切屑带走，从而减少工件内部热量的积聚，使工件基本上保持冷却，减小热变形。因此，高速切削过程特别适合用于加工薄壁件等易产生变形零件。同时，刀具的磨损随着切削过程中温度的升高而增大，高速切削中，低切削温度将有效延长刀具的使用寿命。

4. 简化工艺流程，提高经济效益

由于高速切削加工能提高和保证工件的质量和精度，实际生产中可作为最后一道工序，省去半精加工工艺。同时，还可直接加工淬火后的材料，消除了放电加工工序的表面硬化问题，从而简化工序，缩短生产周期，提高经济效益。

当然，高速切削作为一项新技术，还存在一些缺点和不足：

（1）昂贵的机床、刀具和配套设备将增大固定资产投资。

（2）高速加工中，加速度大，主轴的启停、变速将加大对导轨、主轴轴承的磨损，增加维修费用。

（3）对操作人员提出了更高的要求。

（4）调试周期长，安全性要求高。

1.5.5 高速切削加工的应用领域

近年来，高速切削加工技术因其优质、高效的加工性能而成为当今制造业中应用广泛、发展迅速的一种新技术。在工业发达的国家，高速切削加工正广泛应用于各加工行业中。

1. 航空航天领域

航空航天工业是最早应用高速切削技术的行业。飞机上的一些零件在加工中经常需要在整体上去除大量技术以形成多筋薄壁零件，这种"整体制作法"正符合高速切削的特点。

2. 磨具制造领域

它是高速切削加工技术应用的又一重要领域。磨具加工过去一直采用机加工—电加工等几道工序的加工方式。因其效率低而一直影响着磨具制造业的发展。而高速切削具有切削力低、可加工淬硬磨具钢、加工精度高等优点而逐步代替了传统的加工方法。由于高速铣削可使工件表面达到 $Ra<0.4\mu m$，可省去磨削或抛光等工序，使磨具制造仅通过高速铣削就能完成，大大缩短了生产周期，提高了劳动效率。

3. 汽车制造领域

如汽车发动机的箱体、汽缸盖等汽车零部件的加工均采用高速切削加工技术。如发动机常用制造材料 Ni 基高温合金和 Ti 基合金因其硬度高、难加工，成为汽车零件制造中的难题。高速切削则大幅度提高效率，减小刀具磨损，提高加工质量。近年来，汽车行业的飞速发展，产品更新换代较快，因此汽车零部件的性能和参数也随着变化较频繁，高速切削以其独特的优势成为汽车制造业首选的加工方式。

1.6 本论文研究的主要内容

（1）对铝合金薄壁件高速铣削加工中表面质量和加工精度的影响因素进行分析，提出提高精度的具体措施和方法。

（2）建立改良的动态铣削力模型并进行校正试验，总结出不同切削参数对铣削力的影响。

（3）对典型铝合金薄壁件——叶轮进行有限元分析（模态分析和谐响应分析）。

（4）对典型铝合金薄壁件——叶轮进行铣削加工实验，总结出加工中刀具齿数、铣削宽度、主轴转速和每齿进给量等四个加工参数的具体选用原则。

1.7 本章小结

本章综合阐述了当前国内外环境下进行薄壁件高速铣削研究的背景和现实意义,并具体介绍了薄壁零件的材料选用和性能、结构和工艺特点、常规和特种加工方法等知识。同时还对高速切削的定义、发展、关键技术、特点和应用进行了具体说明,最后对本文的主要研究内容做了全面具体的总结和概括。

2 薄壁件加工变形与加工质量的分析

2.1 薄壁件加工中变形的分析与控制方法

2.1.1 薄壁件加工变形因素分析

薄壁件由于刚度低,去除材料率大,在加工过程中容易产生变形,对装夹工艺要求高,使加工质量难以保证。薄壁类零件在加工中引起变形的因素有很多,与工件的材料、零件的形状、设备的选用、刀具的选取、工艺方法的选择都有着直接的关系,归纳总结有以下几个方面。

1. 工件材料的影响

铝合金作为薄壁件最理想的结构材料,与其他金属材料相比,具有切削加工性好的特点。但由于铝合金导热系数高、弹性模量小、屈强比大、极易产生回弹现象,大型薄壁件尤为显著。因此,在相同载荷情况下,铝合金工件产生的变形要比钢铁材料的变形大,同时铝合金材料具有硬度小、塑性大和化学反应性高等性质,在其加工中极易产生积屑瘤,从而影响工件的表面质量和尺寸精度。

2. 毛坯初始残余应力的影响

由于温度及外力的作用,致使毛坯在制造过程中产生内部的不均匀变形,从而产生了残余应力。薄壁件加工中的变形与毛坯内部的初始残余应力有直接的关系,同时由于切削热和切削力的影响,使工件和刀具相接触处的材料产生不能回弹的塑性变形。这种永久性的变形一旦受到力的作用就会产生残余应力,而在加工过程中,一旦破坏了毛坯的残余应力,工件内部为达到新的平衡状态而使应力重新分布,从而造成了工件的变形。

3. 装夹方式的影响

所谓机床夹具是指在机床加工过程中对工件起定位和夹紧作用的装置。夹紧力是工件(尤其是薄壁件)在加工过程中一个重要的变形因素。在加工中,夹具对工件的夹、压而引起的变形直接影响着工件的表面精度,同时如果由于夹紧力的作用点选择不当而产生的附加应力,也将影响工件的加工精度。其次,由于夹紧力与切削力产生的耦合效应,也将引起工件残余应力的重新分布,造成工件变形。

4. 切削力和切削热的影响

切削力是影响薄壁件变形的一个重要因素。切削力会导致工件的回弹变形,产生不平度,当切削力达到工件材料的弹性极限会导致工件的挤压变形。在切削加工过程中,刀具与工件之间的摩擦所作的功,材料在克服弹性、塑性变形过程中所做的功绝大部分转化为加工中的切削热,从而导致工件各部分的温度差,使工件产生变形。

5. 加工路线的因素

金属材料在加工过程中由于受到机械力和切削热等因素产生的永久性变形一旦受到邻近部分金属材料的阻挡就势必产生残余应力,因此残余应力对工件变形的影响很大程度上取决于加工路线的选取。路径不同,产生的新的残余应力与原有残余应力的耦合顺序和耦合效果不同,将引起工件变形的不同。

除上述因素外,机床的刚度、切削参数、冷却散热等因素也将在一定程度上影响薄壁件的变形。

2.1.2 薄壁件加工变形特点

金属材料在高速加工中的变形主要有两种情形:一种是宏观上的弹性变形,另一种是基于切削机理研究中的变形。

金属材料在切削加工时,切削层因受到了刀具的挤压而产生塑性变形,又由于受到下层金属的作用,产生剪切滑移。在切削层未进入始滑移面前,产生弹性变形,进入始滑移面后,将产生塑性变形,即金属内部晶格发生相对滑移。随着滑移量的不断增大,变形增大,切应力也增大,当达到最大值时,滑移变形结束。

下图是薄壁件铣削加工中误差产生的典型实例,如图2.1所示。使用立铣刀加工薄壁件,加工表面为AB,应切除部分为ABCD,但在切削加工过程中,由于切削力等因素作用,使工件和刀具产生弹性变形,则使刀具仅切除A'BC'D'的材料,切削过后工件弹性恢复,致使CC'DD'的材料残留,使薄壁件壁厚由于让刀而残留材料造成加工误差。

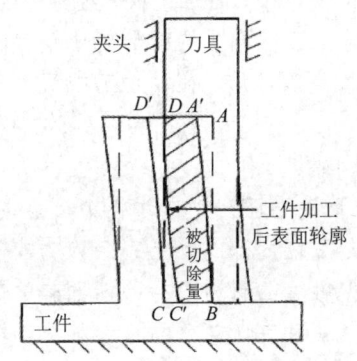

图2.1 薄壁件铣削加工让刀变形示意图

2.1.3 薄壁件加工变形的控制途径

1. 消除和均匀内化残余应力

薄壁件在加工中随着金属材料被切除,一方面会带来原有残余应力的释放,另一方面会在已加工表面产生新的残余应力,进而会影响工件的加工质量和精度。生产中,如能做到把毛坯残余应力降低或均匀化,则可极大程度降低工件的加工变形。目前,在生产实践中,为达到此目的,采用在原材料制作中采取化学成分控制、熔炼浇铸和挤压成型、固溶淬火和时效处理等方法。

此外,在消除铝合金毛坯初始应力时,还可采用以下方法:

(1) 深冷处理。

(2) 机械拉伸法。

(3) 模冷压法。

2. 优化刀具路径

薄壁件加工中，走刀路径的不同，残余应力将产生不同的作用效果。如果走刀路径选取得不合理，在高速加工中会出现由于切削载荷突变，给机床、工件和刀具带来冲击，严重时会使其受到损坏。在实际加工中，刀具路径的选取可遵循以下优化规则：

（1）采用螺旋或圆弧进刀方法，使刀具渐入零件，保证加工中不产生突变的切削力，减小刀具磨损，延长使用寿命。

（2）尽量采用顺铣，以便保证加工过程平稳、工件表面质量好、刀具磨损小、不产生过切等现象。

（3）要保证切削的连续平稳性，切削速度要连续，不要有大幅度的突变。

（4）选取小的轴向切深量，以减小切削力，降低切削热，保障排屑的通畅。

（5）保证切削方向的改变是平稳逐渐的，刀具轨迹应避免尖角，可采用圆弧或其他曲线来代替。

对于薄壁单框零件，可采用大切削深度和分步环切走刀的加工方法。充分利用未切削部分材料的刚性，有效减小加工变形量，保证加工质量，提高加工精度。

对于多型腔薄壁件，关键是确定型腔的加工顺序，以有效地控制变形。以框类薄壁件为例，在研究了顺序铣削、奇偶铣削和偶奇铣削三种加工顺序分别对零件的变形影响后，确定了加工中变形量最小的隔框加工顺序。在加工多框的飞机梁时采用外环铣的走刀路径、奇偶铣（优先加工奇数位的框，再加工偶数位的框）的加工顺序，把梁加工变形控制在最小。

3. 改进装夹方式

薄壁件加工中的变形问题一直被认为是薄壁件加工中的"瓶颈"问题，铝合金薄壁件加工尤为典型。装夹方式的正确与否很大程度上影响着工件的加工质量和精度。夹具是在加工中对工件起定位和夹紧作用的装置，而在影响薄壁件加工变形的诸多因素中，装夹应力引起的变形约占20%~60%。因此，在铝合金薄壁件高速加工中，夹具除了应满足夹紧和定位的基本要求外，还应考虑其刚性差、易变形等因素。

随着相关行业的不断发展，对薄壁件的需求量日益增大，大量的新型装夹方式也应运而生并得到实际运用，主要目的是提高刚度、减小变形，简称加固。主要的加固方法是利用填充对夹具和工件进行加固，填充加固材料如低熔点合金、磁流变液、石蜡等。这些材料在一定条件下可实现由固态到液态的转变，提高系统刚度，控制装夹过程中的变形。目前，在一些发达国家，正在使用电控永磁吸盘装夹，它在高速加工中具有相当重要的作用。

4. 选择合理的切削参数

高速加工中的切削三要素（切削速度、背吃刀量、每齿进给量）对被加工工件的质量和精度有着直接的影响。基于毛坯材料、工序安排、刀具使用、切削方式、机床性能等方面的参数优化，保证加工质量、提高加工精度，从而实现高效高精切削进给。

在高速切削加工中，随着切削速度的增大，切削力减小，切削温度升高，摩擦系数减小，但当切削速度 Vc>1500m/min 时，将会增加切削力，增大机床功率消耗。在薄壁件数控加工中，为解决易变形问题提出了基于四步（确定边界点、确定关键区域、修改切削参数、修改刀位文件）的进给量局部优化法。在切削参数选择时，应该尽量选取小的每齿进给量和切削深度，可以通过提高切削速度的方式提高进给速度。每齿进给量越小，工件表面残留高度越低，表面粗糙度值越低。所以在高速切削中，提高零件表面质量的一个有效途径是减小进给量，但也不宜过小，进给量过小，会增加刀具刃口圆弧半径对工件加工表面的挤压，增加冷硬程度和残余应力。

2.2 薄壁件高速切削加工中切削参数对表面质量的影响

机械加工中加工质量包括表面质量和加工精度。

2.2.1 表面质量的概述

表面质量是指表面粗糙度、波度以及表面层的物理机械性能。表面质量的好坏在不同程度上影响着零件的配合精度、耐磨性能和耐腐蚀性能等，它是评价其质量好坏的一个重要指标。表面粗糙度 Ra 是衡量零件表面质量的最重要的指标，是反映其表面微观几何形状误差的主要参数。表面粗糙度是指波长 L 与峰值 H 之比小于 50 时的微观几何形状误差。它的主要形成原因有：①刀具与工件表面之间产生的摩擦；②加工过程中刀具在工件已加工表面上留下的痕迹；③工艺系统在加工过程中产生的高频振动；④切屑飞离时的变形和撕裂。

表面粗糙度是评价工件已加工表面的最主要的指标参数。

2.2.2 降低工件表面粗糙度的途径

1. 切削用量和切削参数对表面粗糙度的影响

切削速度：在一定切削速度范围内，塑性材料容易产生积屑瘤和鳞刺，所以在加工中应避开这个速度范围，避免积屑瘤的形成。

切削深度：切削深度对工件表面粗糙度没有太大的影响，但过小的切削深度会使刀尖圆弧在工件已加工表面上形成附加的塑性变形，增大工件的表面粗糙度值。

进给量：减小进给量可减小工件已加工表面的残留面积高度，但是过小的进给量将使切屑层厚度减小，当切屑厚度小于刀尖圆弧半径时，会引起打滑，从而增大工件的表面粗糙度值。

2. 工件及刀具材料对表面粗糙度的影响

高速切削时，被加工工件材料硬度对表面粗糙度也有直接的影响。工件表面粗糙度值随着工件材料硬度的变化而变化。研究表明：工件材料硬度越高，表面粗糙度值越大。同时刀具材料也将影响工件表面粗糙度，一般来讲，刀具材料应与工件材料相匹配，它不仅影响切削加工的性能，同时也明显影响工件的表面粗糙度。

3. 工艺系统高频振动对表面粗糙度的影响

工艺系统的高频振动，使刀尖与工件的相对位置发生微幅振动，从而增大表面粗糙度值。

4. 切削液对表面粗糙度的影响

切削液在机械加工过程中具有冷却、润滑和清洗的作用，能有效降低切削温度和减轻前、后刀面与工件的摩擦，从而减小切削过程中的塑性变形并控制积屑瘤的产生，进而降低了工件的表面粗糙度值。

2.3 薄壁件加工中切削参数对加工精度的影响

2.3.1 加工精度概述

加工精度是指工件加工后的几何参数与理想几何参数的符合程度。此符合程度越高，代表加工精度越高。加工精度主要包括尺寸精度、位置精度和形状精度。

机械加工误差是衡量加工精度的重要指标，是指工件加工后的几何参数与理想几何参数之间存在的偏差。在整个机械加工工艺系统中，由于各组成部分自身存在误差，以及加工中还会受到切削力、切削热和振动等诸多因素的影响而产生加工误差，如图 2.2 所示。

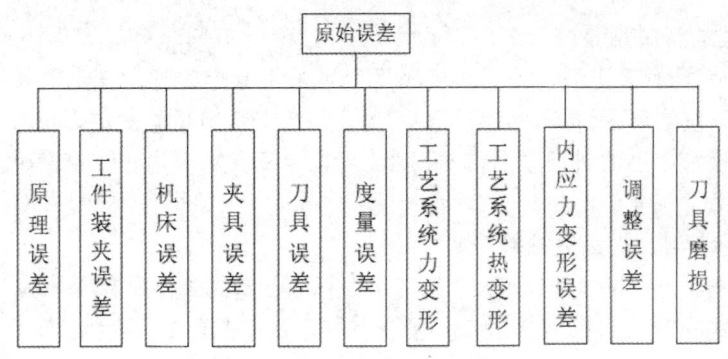

图 2.2 加工误差

2.3.2 影响薄壁件加工误差的因素

从误差角度分析，主要有以下几个方面：

1. 原理误差

采用近似工件轮廓的走刀路径而产生的误差。

2. 机床误差

主要是机床的制造与安装精度，以及机床在使用过程中对机床本身和工件带来的误差。

3. 受热变形产生的误差

工艺系统受热变形的热量主要来源于加工中机床和夹具产生的热量以及工件和刀具在切削中产生的切削热。

4. 受力变形产生的误差

加工过程中，工艺系统中各组成部分由于受到切削力、夹紧力等力的作用而产生的变形，从而破坏了刀具与工件之间相对位置和预定的运动规律，造成工件的加工误差。

5. 调整误差

指在整个切削过程（从切削开始到切削终止）中为保持刀具、工件和夹具之间准确的相对位置，而在调整机床、夹具、刀具过程中产生的误差。

6. 测量误差

指零件在加工前、加工中和加工后测量时产生的误差。

由此可见，加工误差的产生是多方面的，我们应该采取针对性的措施来减小加工误差，提高加工精度。

2.3.3 提高薄壁件加工精度的措施

1. 优化夹具设计

夹具的设计与选择应考虑到薄壁件壁薄刚性差的特点，应避免常规装夹中因受到切削力和热变形等因素产生的工件变形等情况发生。夹具的设计，在选材上应优先考虑弹性模量高或接触表面高的材料，可提高装夹系统的工艺刚度。在制造中，应提高工件与夹具之间的接触刚度，增大有效接触面积，达到提高刚度、减小变形的目的。此外，还可通过施加预载荷、减小或消除配合间隙等方法来有效提高装夹系统的刚度。

2. 提高薄壁件的刚度

提高薄壁件的刚度，将有效减小工件在加工中由静态切削力引起的位移，从而提高薄壁件的加工精度。

3. 选择合理的切削用量

为减小薄壁件的加工变形、提高加工精度，可采用减小工件所受到的切削力和切削热的方法。在相同的系统刚度条件下，为减小切削力，加工中切削用量的选择应采用较高的切削速度，但同时应尽量采用小的进给量和被吃刀量，尤其在薄壁件的精加工工序中，均采用低进给小切深，以提高加工精度。

4. 采用高速切削，提高激振频率

薄壁件加工中，为保持加工稳定性，应使激振频率 ω 远离工件固有频率 ω_0，采用高速加工，加大激振频率，使 $\omega > \omega_0$，以达到切削的最稳定状态，从而提高工件的加工精度和表面光洁度。

5. 使用超声振动切削技术

超声振动切削从微观上看是一种脉冲切削。在一个振动周期内，刀具的有效切削时间很短，大于80%的时间里刀具与工件完全分离。刀具、工件和切屑断续接触，这就使刀具所受到的摩擦力减小，产生的摩擦热降低。切削力显著下降，同时也避免了"让刀"现象，不产生积屑瘤。此技术广泛应用于航天、航空、军事等领域中各种难加工材料的切削加工。与传统切削加工相比，超声振动切削加工具有加工精度高、切削力小、加工过程稳定、工件变形小、使被加工零件"刚性化"，提高切削液冷却、润滑作用，提高刀具使用寿命等优点，是薄壁件精密加工的优选加工方法。

2.4 本章小结

本章对薄壁件高速铣削中加工变形的原因和特点进行了分析，进而提出了控制加工变形的方法和途径，以有效指导生产实践；对薄壁件加工表面质量和加工精度的影响因素进行了具体分析，并提出了减小加工误差、提高加工精度的具体方法和措施。

3 高速切削加工中铣削力模型的建立与仿真

铣削是指使用多刃刀具去除工件多余材料获得理想形状、尺寸、精度的一种高效率的机械加工方法。高速铣削被广泛地应用于航空、航天、汽车、军事等制造行业中。由于薄壁件具有壁薄、刚性差、易变形等特点，在高速加工中易由于切削力和金属表面层材料的弹性变形而产生"让刀"现象，引起工件变形，从而影响工件的加工精度。

切削力是加工过程中一个重要的物理量，它直接影响着工件的加工质量和加工精度，切削过程中的很多问题都与切削力有关。高速切削薄壁件时，切削速度和进给速度都很高，加工中稍微受到外界的干扰，都会引起切削力的变化，进而影响加工稳定性和加工精度。为了研究切削力对加工精度的影响，动态的切削力更应被考虑其中，因此，建模是研究切削过程动态性最有力的方法。建立一个动态的、准确的、可靠的切削力模型，对研究薄壁件的高速加工尤为重要。铣削力建模需要考虑到机床的性能和功用、刀具和工件的复杂几何特性以及加工中的切削参数，是一个复杂的过程。

3.1 切削力概述

3.1.1 切削力的来源

切削力的来源可以结合切屑的形成过程来分析。切屑是被切削的切削层经过剪切滑移面流经刀具的前刀面而形成的。在切屑的这一形成过程中，金属切削层存在三个变形区如图3.1所示，第一变形区中的剪切滑移变形；第二变形区的挤压和摩擦变形；第三变形区的挤压和摩擦变形。

所以，切削力的来源如图3.2所示，为作用在前刀面上的弹性、塑性变形抗力与摩擦力和作用在后刀面上的弹性、塑性变形抗力与摩擦力。

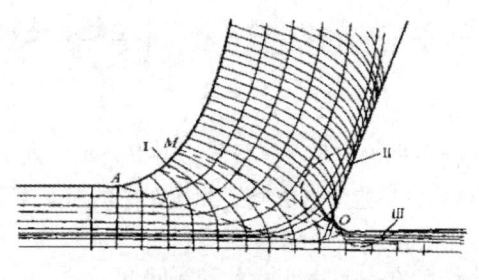

图3.1　金属切削层的三大变形区

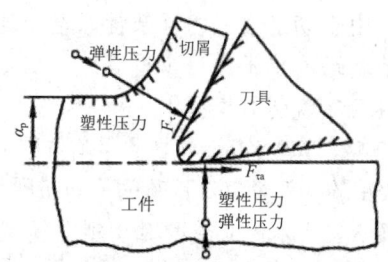

图3.2　切削力的来源

3.1.2　切削力的影响因素

影响切削力的因素是多方面的，其主要的影响因素有以下几个方面：

1. 工件材料

一般情况下，切削力随着工件强度和硬度的增加而增大。同一种材料经过不同的热处理也会影响切削力的大小。同时，工件材料加工硬化的倾向性大，也将使切削力增大。

2. 刀具材料

刀具材料也影响着切削力的大小。切削力随着刀具与被加工工件之间的摩擦力的变化而变化，而此摩擦力取决于刀具与工件间的摩擦系数。相同切削条件下，陶瓷材料的刀具切削力最小，硬质合金次之，而高速钢材料的刀具切削力最大。主要原因是陶瓷材料导热系数小，在高的切削温度下摩擦系数小，切削力小。

3. 切削用量

弹性、塑性变形抗力和摩擦力随着加工中的被吃刀量和每齿进给量的增大而增大，切削力也随之增大。一般情况下，当被吃刀量增加一倍时，切削力也约增加一倍；而当每齿进给量增加一倍时，切削力只增加70%~85%。

4. 刀具的几何参数

在刀具的所有几何参数中，前角对切削力的影响最为显著。一般情况下，当切削塑性材料时，应适当增大刀具前角，可减小材料的塑性变形，使沿前刀面的摩擦力降低，从而达到减小切削力的目的；当切削脆性材料时，刀具前角对切削力的影响不大，因为加工中的切削变形和加工硬化都很小。

5. 其他

切削加工中，切削液起到清洗、冷却、润滑的作用。切削液的润滑性能越好，降低切削力的能力越强，切削力越小。

刀具的磨损也影响着切削力的变化，后刀面的磨损可引起切削力的增大；前刀面的磨损，相当于工作前角的增大，可使切削力有所下降。

3.2 铣削力模型

3.2.1 铣削力模型的相关研究

铣削力引起的加工误差多源于刀具与工件的位移变化，对铣削力引起的加工误差的研究，需通过建模的方法来研究切削中的动态性的相关因素。铣削力的建模是一个复杂的过程，需要考虑刀具与工件的相关几何特性和加工中的切削参数。要想精确地预测切削力，建模是最重要的因素。由于切削过程的复杂性，至今还没有非常精准的切削力模型，加工误差还有待减小，预测的精度还有待于进一步提高。

1. Kline 铣削力模型

1982 年，W.A.Kline 建立了平均铣削力模型，此模型提出较早，其预测切削力分布的方法是：通过多次试验，测量每次试验的平均切削力，再用测得的实验数据去确定此模型中的特定常量。

如图 3.3 所示为立铣瞬时切削力模型示意图。切削力的大小受切削面积的直接影响，因此将总的切削面积分为图示的切削力单元，通过计算将所有切削面积内的切削力单位叠加，即可得出总的切削力。

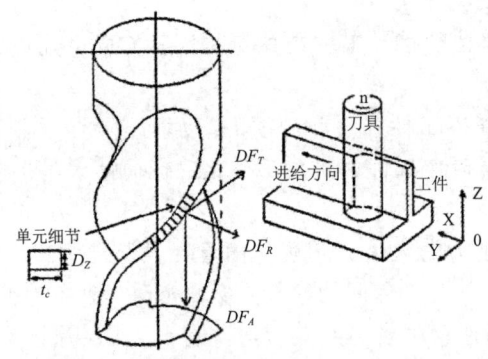

图 3.3 Kline 瞬时铣削力模型示意图

Kline 研究认为：单元切削力可分为 DF_R（径向切削力）和 DF_T（切向切削力），并建立如下关系式：

$$DF_T = K_T D_Z t_C \tag{3-1}$$

$$DF_R = K_R DF_T \tag{3-2}$$

$$K_T = c(t_c)^p \tag{3-3}$$

式中，DF_R 是单元径向切削力，DF_T 是单元切向切削力，t_c 为单元的厚度，D_Z 为单元的轴向宽度。K_T、K_P、c、p 是根据实验得出来的常量。通过公式 3-3 可知，K_T 是随着切削加工中的切削厚度的变化而变化的。为方便建模，在 t_c 很小的情况下，可以把 K_T 看成是平均单元厚度 t_c 的函数，在切削用量一定的情况下，K_T、K_R 可近似为定值。

西北工业大学的研究人员对该模型进行了改进，建立了切削常量和切削参数之间的多项式模型。近年来，有很多学者对 Kline 的平均铣削力模型进行不断改进，使模型的预测精度不断提高。未来，将会有更多的研究人员投入到切削力模型的改进与创新中，预测精度将有待于进一步提高。

2. Won-Soo Yun 铣削力模型

Won-Soo Yun 的瞬时铣削力模型可以计算瞬时三向力，建模的思路是将铣刀的切削面积离散成沿刀具轴线方向的微单元,通过计算每个齿上的微单元切削力之和得出铣刀的总切削力。如图3.4所示为立铣三维铣削力模型示意图。

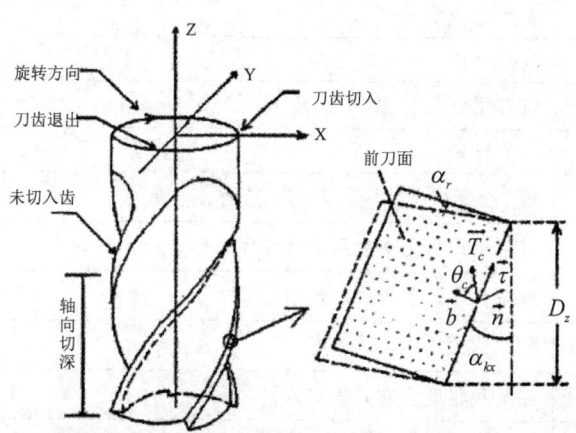

图3.4 Won-Soo Yun 瞬时三维铣削力模型示意图

Won-Soo Yun 在实验的基础上,分析了不同旋转角度位置的切削常量与平均切削厚度之间的关系。Won-Soo Yun 建立的铣削力模型,考虑了刀具前角的作用,该模型采用一组实验数据确定模型参数,具有实验次数少的优点,但同时此模型的准确度也受到了影响。

南京航空航天大学的研究人员,在 Won-Soo Yun 的模型基础上又进行了改进,不仅考虑了尺寸效应和刀具的圆角效应,还指出了侧板和腹板加工的差异,并提出了不同的切削区域分别建立切削力模型,以提高铣削力模型的预测精度,虽然研究有了进一步的改进,但是还有待于进一步地提高。

3.2.2 改良的动态铣削力模型

1. 经典圆周铣削力模型

在所有的铣削力模型中,由 Tlusty J.提出的模型是最基本的,他依据垂直铣削理论,并将切向铣削力和径向铣削力以微分的形式表示:

$$dF_t = K_s t(\varphi) dz \tag{3-4}$$

$$dF_r = c dF_t \tag{3-5}$$

其中,K_s 是未知的铣削力系数,$t(\varphi)$ 是在螺旋滞后角 φ 处刀齿的未变形切屑厚度,dz 是铣削宽度,c 是铣削力比率。Elbestawi M.A.、Ismail、Montgomery D.提出了他们来源于基本原理的铣削力模型。但是在这些铣削力模型中,未变形切屑厚度的尺寸影响和有效的前角的影响都没有被考虑。基于直角的和斜齿的铣削理论,本章提出了一个改良的动态铣削力模型,它包括了未变形切屑的尺寸影响、有效的前角和切屑流角度的影响。

2. 改良的动态铣削力模型(公式中参数含义如表3.1所示)

如图3.5所示,圆周铣削力的模型中,(a)图表示了铣刀螺旋齿的几何形状,(b)图为此模型中作用于铣刀刀齿上沿刀具轴线方向的铣削力,其中作用于前刀面的铣削力不受到未变形切屑厚度的影响,而切向铣削力 F_{ti} 和径向铣削力 F_{ri} 却受到未变形切屑厚度的影响,其关系式如下:

$$dF_{ti}(\varphi_i) = K_s t_i(\varphi_i) R \cot\beta d\varphi_i \tag{3-6}$$

$$dF_{ri}(\varphi_i) = c dF_{ti}(\varphi_i) \tag{3-7}$$

表 3.1　符号表

符号	含义
K_s	铣削力系数
R	铣刀半径
β	铣刀螺旋角
c	力的比率
φ_i	第 i 个螺旋齿处铣削刃上一点的方位角
$t_i(\varphi_i)$	刀具螺旋齿上未变形切屑厚度
u_0	每单位体积初始的总铣削能量
t_0	初始的未变形切屑厚度
α_{e0}	在某种程度上初始的有效前角
α_e	在某种程度上的有效前角
η_c	切屑流角
α_n	铣刀的标准前角
α_r	径向前角
ϑ	x 轴的凹槽顶端的瞬时旋转角度
ψ	在轴向铣削深度 b_a 之内一个齿的轴向接触角
Ω	径向接触角
φ	螺旋滞后角
m	刀具的齿数
ω	转轴的角速度
γ	两个齿切入过程之间的间隙角
β_s	机械加工面的铣削纹的倾角

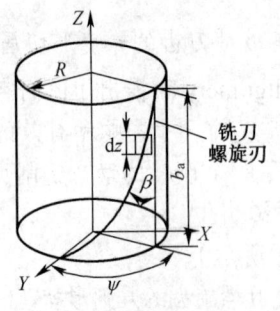

（a）铣刀螺旋齿几何形状

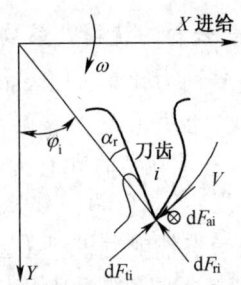

（b）分解的切向力和径向力

图 3.5　圆周铣削力模型

由于 K_s 受到未变形切屑厚度和有效前角的影响，给出：

$$K_s = u_0 \left(1 - \frac{\alpha_e - \alpha_{e0}}{100}\right)\left(\frac{t_0}{t_i(\varphi_i)}\right)^{0.2} \qquad (3\text{-}8)$$

式中有效前角 α_e

$$\sin\alpha_e = \sin\beta\sin\eta_c + \cos\eta_c\cos\beta\sin\alpha_n \qquad (3\text{-}9)$$

切屑流角 η_c

$$\tan\eta_c = \tan\beta\cos\alpha_n \qquad (3\text{-}10)$$

铣刀标准前角 α_n

$$\tan\alpha_n = \tan\alpha_r\cos\beta \qquad (3\text{-}11)$$

刀具未变形切屑厚度 $t_i(\varphi_i)$：

（1）顺铣，如图 3.6 所示。

$$t_i(\varphi_i) = \begin{cases} f_t\sin(\varphi_i) & if \quad 0 \leqslant \varphi_i \leqslant \Omega \\ 0 & else \end{cases} \qquad (3\text{-}12)$$

（2）逆铣，如图 3.7 所示。

$$t_i(\varphi_i) = \begin{cases} f_t\sin(-\varphi_i) & if \quad -\Omega \leqslant \varphi_i \leqslant 0 \\ 0 & else \end{cases} \qquad (3\text{-}13)$$

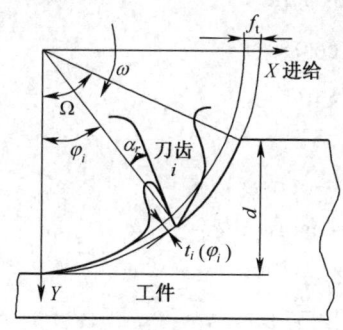

图 3.6 顺铣

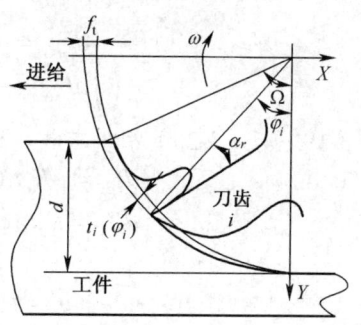

图 3.7 逆铣

式中：

$$\Omega = \arccos\left(1 - \frac{d}{R}\right) \qquad (3\text{-}14)$$

$$\varphi_i = \varphi + \theta + (i-1)\frac{2\pi}{m} \quad (1 \leqslant i \leqslant m,\ 0 \leqslant \varphi \leqslant \psi) \qquad (3\text{-}15)$$

$$\theta = -\omega t_{ime} \qquad (3\text{-}16)$$

$$\psi = \frac{b_a\tan\beta}{R} \qquad (3\text{-}17)$$

逆铣时各角度如图 3.8 所示，存在下列关系：

$$\tan\beta_s = \frac{f_t m}{2\pi R}\tan\beta \qquad (3\text{-}18)$$

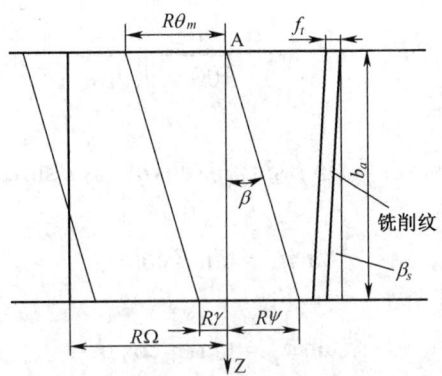

图 3.8 逆铣时的角度关系

图中：$\theta_m = 2\pi/m$，其中 m 为刀具齿数。

$\gamma = \theta_m - \psi$，为两齿切入过程之间的间隙角。

在求合力的过程中，将方程（3-6）和（3-7）向 Y 向（进给方向）和 X 向（法线方向）分解，得：

$$\begin{cases} dF_{tix} = -K_s t_i(\varphi_i) R \cot\beta \sin\varphi_i d\varphi \\ dF_{tiy} = K_s t_i(\varphi_i) R \cot\beta \cos\varphi_i d\varphi \end{cases} \quad (3\text{-}19)$$

$$\begin{cases} dF_{rix} = -cK_s t_i(\varphi_i) R \cot\beta \cos\varphi_i d\varphi \\ dF_{riy} = -cK_s t_i(\varphi_i) R \cot\beta \sin\varphi_i d\varphi \end{cases} \quad (3\text{-}20)$$

将（3-19）与（3-20）相加求和，得：

$$\begin{cases} dF_{ix} = -K_s t_i(\varphi_i) R \cot\beta (\sin\varphi_i + c\cos\varphi_i) d\varphi \\ dF_{iy} = K_s t_i(\varphi_i) R \cot\beta (\cos\varphi_i - c\sin\varphi_i) d\varphi \end{cases} \quad (3\text{-}21)$$

$$\diamondsuit\ u' = u_0 \left(1 - \frac{\alpha_e - \alpha_{e0}}{100}\right) \left(\frac{t_0}{f_t}\right)^{0.2} \quad (3\text{-}22)$$

将 u' 代入方程（3-18）中，得：

顺铣时：

$$\begin{cases} dF_{ix} = -u' f_t R \cot\beta (\sin^{1.8}\varphi_i + c\sin^{0.8}\varphi_i \cos\varphi_i) d\varphi_i \\ dF_{iy} = u' f_t R \cot\beta (\sin^{0.8}\varphi_i \cos\varphi_i - c\sin^{1.8}\varphi_i) d\varphi_i \end{cases}$$

$$(\varphi_i = \varphi - \omega t_{ime} + (i-1)\frac{2\pi}{m}, 0 \leq \varphi_i \leq \Omega) \quad (3\text{-}23)$$

逆铣时：

$$\begin{cases} dF_{ix} = -u' f_t R \cot\beta (\sin^{1.8}\xi_i - c\sin^{0.8}\xi_i \cos\xi_i) d\xi_i \\ dF_{iy} = u' f_t R \cot\beta (\sin^{0.8}\xi_i \cos\xi_i + c\sin^{1.8}\xi_i) d\xi_i \end{cases}$$

$$(\xi_i = -\varphi + \omega t_{ime} + (i-1)\frac{2\pi}{m}, 0 \leq \xi_i \leq \Omega) \quad (3\text{-}24)$$

由上可得作用在整个切削刃上铣削力为:

$$\begin{cases} F_{ix} = \int_{\varphi_s}^{\varphi_e} dF_{ix} d\varphi_i \\ F_{iy} = \int_{\varphi_s}^{\varphi_e} dF_{iy} d\varphi_i \end{cases} \text{or} \begin{cases} F_{ix} = \int_{\xi_s}^{\xi_e} dF_{ix} d\xi_i \\ F_{iy} = \int_{\xi_s}^{\xi_e} dF_{iy} d\xi_i \end{cases} \quad (3\text{-}25)$$

其中 $\varphi_s(\xi_s)$ 和 $\varphi_e(\xi_e)$ 为开始处和接触最后点。

顺铣时：$0 \leq \varphi \leq \psi$，$\varphi_i = \varphi - \omega t_{ime} + (i-1)\frac{2\pi}{m}$ 和 $0 \leq \varphi_i \leq \Omega$，

$$\varphi_s = \max\left(0, -\omega t_{ime} + (i-1)\frac{2\pi}{m}\right) \quad (3\text{-}26)$$

$$\varphi_e = \min\left(\Omega, \psi - \omega t_{ime} + (i-1)\frac{2\pi}{m}\right) \quad (3\text{-}27)$$

逆铣时：$\xi_i = -\varphi + \omega t_{ime} - (i-1)\frac{2\pi}{m}$ 和 $0 \leq \xi_i \leq \Omega$，

$$\xi_s = \max\left(0, -\psi + \omega t_{ime} - (i-1)\frac{2\pi}{m}\right) \quad (3\text{-}28)$$

$$\xi_e = \min\left(\Omega, \omega t_{ime} - (i-1)\frac{2\pi}{m}\right) \quad (3\text{-}29)$$

综上可得作用在第 i 个齿上的铣削力。

将 m 个螺旋槽上的铣削力加在一起，即可求出作用在整个铣刀上的铣削力：

$$\begin{cases} F_x = \sum_{i=1}^{m} F_{ix} \\ F_y = \sum_{i=1}^{m} F_{iy} \end{cases} \quad (3\text{-}30)$$

3.2.3 铣削力系数的预测

资料（见参与文献[56]）显示铝合金材料：

$$u_0 = 7.02 \times 10^8 \text{J/m}^3$$
$$\alpha_{e0} = 0°$$
$$t_0 = 0.25\text{mm}$$
$$c = 0.3^{[51]} \sim 0.5$$

其中的铣削力比例 c 主要与刀具的几何参数有关，取 $c=0.45$（待修定）。

3.3 铣削力的预测与仿真

如图 3.6 和图 3.7 所示，铣削力在 y 方向上的分力是引起刀具偏斜加工误差的主要因素，而在 x 方向的分力对此误差影响不大。在图 3.7 的逆铣加工中，只在每齿的加工过程中刀具偏斜使刀具在工件的加工表面上留下加工痕迹。本节将主要研究铣削力在 y 方向的分力 F_y。

此铣削力的仿真实验，采用直径为 20mm，带有 30°普通螺旋角的三齿和四齿高速钢材料的立铣刀，刀具转速 500r/min，恒定。选取仿真工件材料为铝合金。

如图 3.9 所示,对四齿铣刀顺铣加工时铣削力分布情况进行预测,进给速度(f_t)为 0.2mm/齿,轴向切深 6mm,径向切深 10mm。可知在铣刀切入过程中,只有一个齿参与切削,而 F_y 从每齿开始切入到刀具旋转 ψ 至切入结束时,由 606.8N 变为-36.02N,分析可知 F_y 较大的变化是影响工件已加工表面精度的主要因素。

如图 3.10 所示,对相同条件下三齿铣刀顺铣加工时铣削力分布情况进行预测。当 $\Omega < \theta_m - \psi$ 时,在前一齿切出和下一齿切入过程之间有一个间隙,可知 F_y 在每齿切入过程中,由 0 变化到-36.01N。可得此力的改变对工件已加工表面的精度影响较小。

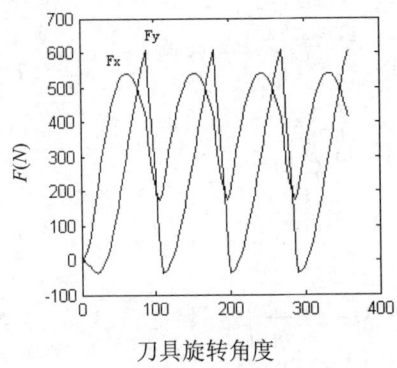

图 3.9 四齿铣刀顺铣时铣削力分布

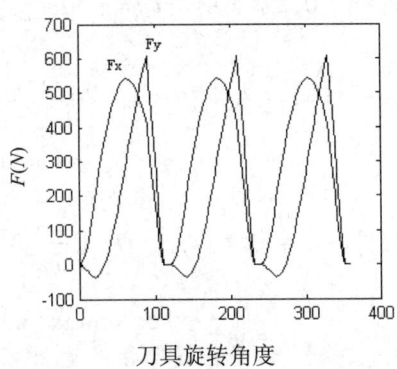

图 3.10 三齿铣刀顺铣时铣削力分布

分析比较上述结果可得:通过合理选取铣刀齿数可减小加工中因刀具偏斜造成的工件表面精度误差和形状误差。

如图 3.11 和 3.12 所示,显示了加工中轴向切深对预测铣削力 F_y 和 F_x 的影响。其中:a: b_a=20mm; b: b_a=15mm; c: b_a=10mm; d: b_a=5mm。

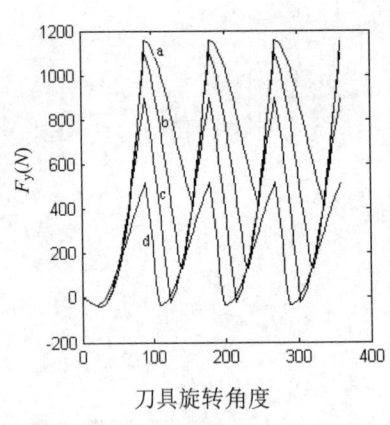

图 3.11 轴向切深对 F_y 的影响

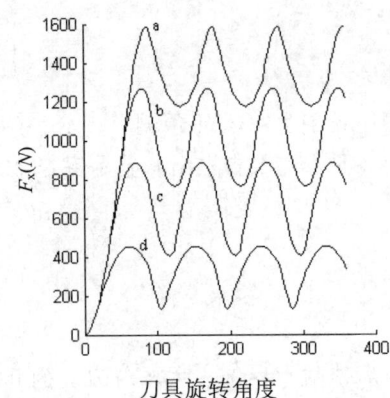

图 3.12 轴向切深对 F_x 的影响

分析比较上述结果可得:轴向切深对加工中铣削力 F_x、F_y 有显著的影响,主要影响铣削力的振幅。

如图 3.13 和图 3.14 所示,显示了加工中每齿进给量对预测铣削力 F_y 和 F_x 的影响。其中:a: f_t=0.2mm/齿, b: f_t=0.15mm/齿, c: f_t=0.1mm/齿, d: f_t=0.05mm/齿。

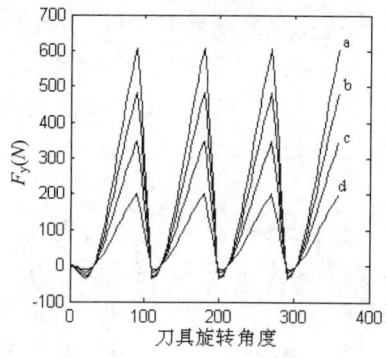 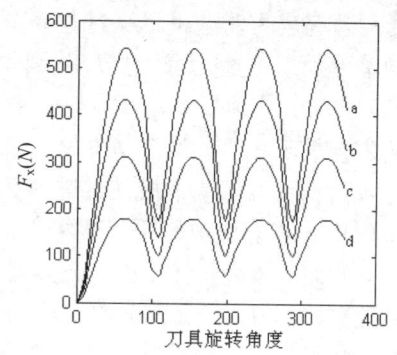

图 3.13　每齿进给量对 F_y 的影响　　　　图 3.14　每齿进给量对 F_x 的影响

分析比较上述结果可得：每齿进给量对铣削力 F_x、F_y 也有显著的影响，比较当 f_t =0.1mm/齿和 f_t =0.2mm/齿时，F_y 增加近一倍，分析可得是由于未变形切削厚度的尺寸影响。

如图 3.15 和图 3.16 所示，显示了加工中径向切削深度对预测铣削力 F_y 和 F_x 的影响。其中：a: d=8mm，b: d=6mm，c: d=4mm，d: d=2mm。

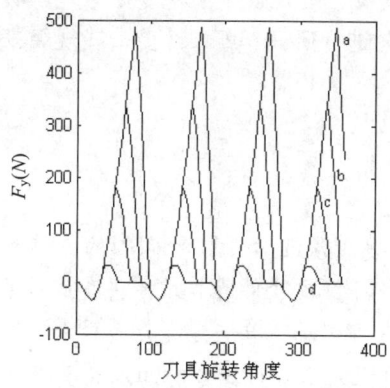 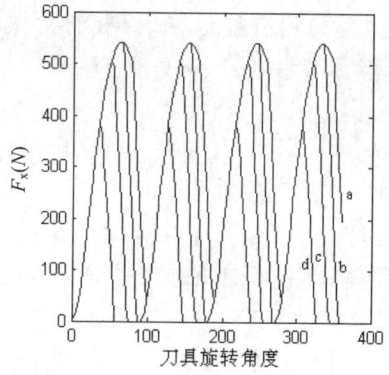

图 3.15　径向切削深度对 F_y 的影响　　　　图 3.16　径向切削深度对 F_x 的影响

分析比较上述结果可得：径向切削深度对铣削力 F_x、F_y 也有明显的影响，通过改变径向切削深度的数值将影响切削力 F_x、F_y 的分配。结果表明，合理选择加工中的径向切削深度，将有可能减小因刀具偏斜所产生的加工误差。

3.4　本章小结

本章对薄壁件高速铣削加工中切削力的来源和影响因素进行了具体阐述，同时在当前研究的基础上，综合考虑了未变形切屑尺寸和有效前角两因素，建立了改良的动态铣削力模型，并对新的切削力模型进行了仿真实验，总结出合理选择刀具齿数、切削深度和进给速度等加工参数可有效降低薄壁件加工误差的结论。

4　铝合金薄壁件高速铣削有限元分析

铣削加工是一个复杂的工艺过程，铣削薄壁零件时更为突出，对其加工过程中的变形和振动问题的研究较为复杂，涉及到力学、材料、切削、振动等众多学科的知识。铣削加工中振动是影响零件加工质量、加工精度以及机床效率的重要因素之一，同时也是影响机床自动化程度的主要问题之一。加工中，刀具与工件之间产生的相对振动，不仅直接影响零件的表面加工质量，还影响机床和刀具的使用寿命，情况严重时还将危及到操作者，使加工无法正常进行，因此研究人员正致力于减小振动或避免振动的研究。

在工程中，有关振动的问题通常由以下两种途径来解决：途径一是先进行假设，建立假设方程或方程组，然后简化此方程或方程组，带入初始条件和边界条件，将假设方程或方程组转化成可处理的问题，进而解出在简化状态下的方程的解；途径二是使用有限元分析法，此理论已基于计算机这一媒介发展成了一门独立的技术——数值模拟技术。目前在工程上常用的数值模拟方法主要有：有限元法、离散元法、边界元法和有限差分法，但就实用性和普及性来说，有限元法是首选。在使用有限元法进行分析时，首先将被研究的实体整体分割成许多小单元，然后对边界条件、附加载荷以及材料特征进行设定，对所得方程组进行求解，进而得出关于应力、位移、应变等结果，最后将结果以图形的形式在计算机上进行显示。

对薄壁件铣削加工变形规律的研究，需要获得许多的数据和资料，倘若这些数据都通过大量的试验获得，会存在试验周期长、试验成本高等情况。而有限元法将能很好地解决这些问题，因此本章选用有限元法对薄壁件的振动和变形情况进行研究，力求得出一些规律来指导以后的薄壁件加工和生产。

4.1 有限元法

4.1.1 有限元法简介

有限元法是求解数值方程的一种数值计算方法，是解决工程上实际问题的一种直接有效的方法。有限元技术有机结合了弹性力学、数值计算和计算机软件等技术。它最初用于固体力学的数值分析计算，在后人的努力下将此方法推广到热学、磁学和力学等众多领域，广泛应用于电磁场、温度场等场合的有关数值的计算。因此，有限元法在许多领域正发挥着非常重要的作用，解决了很多工程上的问题。

所谓有限元法就是将研究的实体对象分割成不同种类、大小的小区域称为有限元，根据不同区域的要求推导出每一个元素的作用力方程，并将整个系统的所有元素组合构成一个方程组，求得方程组的解。有限元法具有解题能力强、能精确模拟曲线和曲线边界的特点，同时网格划分方式的选择空间大，程序的编制简单。因此，有限元法成为工程上进行数值分析模拟的首选方法。

4.1.2 有限元法的基本思路

有限元法的基本思路：将连续的实体分割成有限个小单元，然后对其中的每个小单元提出一个近似解，再将所有单元按照一定方法组合成一个与原有系统近似的系统。通过对连续体进行离散，寻求满足控制方程边界条件的数值。

具体做法如下：首先将假想的连续实体离散成由各个节点联接的若干小单元，在每个小单元内部，用节点未知量通过差值函数表征各物理量，并使他们以积分的方式满足问题的控制方程，从而将每个小单元对物体整体的作用和影响转移到每个单元的各自节点上，再将每个小单元转化成一个整体，从而得到一组有关节点未知量的方程组，同时要求满足在整个区域内的连续条件和边界条件，求出方程组的解后，再通过相关公式利用插值函数的方法，求出物体内部所要求的物理量。

4.1.3 有限元法的核心思想

对研究对象进行离散化是有限元法分析工程问题的核心思想，换句话说就是将实际结构的假象实体研究对象分割成有限个小单元。实际结构的物理性能可通过对分割后有限个离散体进行组合分析，从而能够得出满足工程精度的近似的分析计算结果。通过有限元法，可以将工程上那些只通过理论分析而不能解决的复杂的实际工程问题解决了。有限元法的理论支撑就是微分方程与其变分原理的等价关系，也就是说，有限元法是对力学模型进行数字计算的近似求解方法，将被研究结构进行离散化，使用相关的力学的基本原理进行求解，如最小位能原理。有限元法就是将一个连续的求解区域按一定规定离散为一组有限的、按一定方式联接在一起的若干单元的组合图，由于离散的单元体本身可具有不同形状，又可按照不同的方式组合，因此，可将结合形状复杂的求解区域模型化。

4.1.4 有限元法的计算步骤

总体来说，有限元法的分析过程可分为以下几个阶段：

1. 几何模型的建立

ANSYS、ABAQUS 和 NASTRAN 是目前市场上分析能力较强的、运用较广泛的专业分析软件，但他们的造型功能一般，对于简单和一般复杂程度的几何模型可以通过这些软件来构建，对于那些稍微复杂的结合模型，通常需要选择用造型功能强大的 CAD 软件，并通过 CAD 软件与有限元软件的接口将几何模型导入到有限元软件进行有限元分析。

2. 研究结构的离散化

结构的离散化是将力学模型转化成离散模型，也就是将实际的结构分割成有限个在其各自节点处相互连接的小单元的集合体。根据结构本身的不同形状和不同受力情况，可将研究的结构离散为不同的单元类型，如：体单元、杆单元、板壳单元以及梁单元等常用的单元类型。

3. 单元属性和材料性质的定义

结合所研究结构的实际情况，确定离散单元的类型，所选的类型要能真实地描述机构的不同形状和不同受力情况，同时参考所要求的结构精度，衡量计算工作量的大小，合理选用线性元和高次元。在材料性质的定义过程中，必须对泊松比和杨氏模量进行定义；如果加载载荷为惯性载荷时，必须对与质量有关的参数（如密度）进行定义；如果加载加热载荷时，必须对膨胀系数进行定义，材料的特性可以是：①线性或非线性；②各向同向或各向异向；③随温度变化或不随温度变化。

4. 边界条件的定义

位移、载荷等边界条件的定义。在实体上加载（点、线、面）或在有限元模型上加载（单元、节点）。

5. 求解计算

有针对性地选取有限元软件进行分析、求解和计算。

6. 计算结果的检查

对结构进行离散后，再定义单元属性和材料性质以及边界条件后即可进行分析并求出结果，将所得的结果与改进之前的或所要求的结果做比较，确定所得结果是否满足要求。

4.2 ANSYS软件有限元分析

4.2.1 ANSYS软件简介

1970年，美国匹兹堡大学的John Swanson博士创建了ANSYS公司，如今已发展成为当前世界上CAE行业内最大的公司。ANSYS软件从70年代发展到今天，已成为目前市场上应用最广、功能最强、使用者最多的有限元分析软件。ANSYS软件融合了结构、流体、热学、声学等于一体的大型有限元分析软件，它能与CAD三位建模软件PRO/E、UG、CATIA、SolidWorks等接口进行数据的传输和共享。因此，ANSYS软件正广泛地应用于机械、化工、交通、生物、建筑、航空航天以及轻工业等行业和领域。

ANSYS有限元分析软件主要由三个模块组成：

1. 前处理模块

主要功用是建立一个完整、准确的有限元网格模型，它提供了一个功能强大的建模环境和100多种以上的有限元单元模型，操作者通过选定单元、选择材料、创建模型以及划分网格以获取完整、准确的有限元网格模型。

2. 分析求解模块

即对已建立好的模型进行在一定载荷和边界下的有限元分析计算，主要包括结构、磁场、流体、声场等的分析和计算，以及多物理场的耦合计算。

3. 后处理模块

主要用来分析处理分析求解模块所得的数据，主要包括两种数据：

（1）POST1：主要用于处理对应时间点上的总体结果。

（2）POST26：主要用于处理某一时间段上和某一频率范围内的在某一确定位置上的结果项的变化全过程。

与此同时，ANSYS软件还包括振动模态分析、谐响应分析、瞬时动态力学分析以及谱分析四种动力分析类型，主要用于工程上动力问题的求解。

4.2.2 薄壁件铣削加工变形ANSYS分析的流程

有限元分析是对加工中几何和工作载荷等物理现象的模拟，首先对研究对象进行建模和网格划分，通过求解整个求值区域内离散的有限个数值来近似模拟真实情况下的无限个未知量。

薄壁件的ANSYS铣削加工的变形分析主要从以下四个步骤进行：

1. 分析计划

分析计划对每个分析来说都具有十分重要的作用，但它却是分析中最容易被分析者忽略或遗漏的一个环节。有限元分析的目的和意义是通过对研究对象进行有限元分析来近似模拟在真实载荷作用下的物体结构行为，为分析计划提高此模拟的准确度，能进行更为精确的仿真，但系统模拟的最终精度主要取决于计划的标准，研究中所有因素都应该被考虑，同时也要明确这些因素对最终的结果是否有影响，此影响是应该被考虑还是应该被忽略。

2. 前处理过程

前处理过程共分为以下三个步骤：

（1）几何模型的建立和读入

目前有限元分析的实体模型主要有两种方式获取，一是利用ANSYS软件直接生成；二是利用其他CAD软件建立好的IGES、STEP等标准格式的实体模型通过ANSYS软件与其他CAD

软件的接口，将创建好的实体模型导入 ANSYS 软件，有时也需要对生成的模型进行简单处理。

（2）材料属性的定义

确定分析对象使用材料泊松比 λ、弹性模量 E 等属性参数，确定非线性材料的弹性模量—应变曲线以及一些特殊材料的密度，转动惯量和横截面积等参数。

（3）网格的划分及单元类型的确定

建模完成后进行网格划分，即把分析对象离散成有限个小单元。网格划分将直接影响到有限元求解分析的精度和速度。通常来讲，网格划分越细，求解精度越高，但求解的时间也随之增长。研究发现，当网格的划分细密度超过一定水平时，提高精度的幅度将显著下降，但分析耗费的时间却明显增加，因此，网格划分最重要的一点就是找到网格精密程度与分析耗费时间长短的最佳切合点。在用 ANSYS 有限元分析软件划分网格时，应遵循既要满足精度要求，又要减小时间消耗的原则。

3. 载荷的施加和求解

求解的过程共分为三个阶段：

（1）求解类型及设置选项。

（2）力、位移等约束的施加。

（3）求解。

ANSYS 软件提供了稀疏矩阵求解器和波前求解器两个直接求解器，也提供了 JCG、PCG、ICCG 三个迭代求解器。

4. 使用后处理器查看结果

分为两步：（1）查看软件分析结果。
　　　　　（2）检验结果。

4.2.3 ANSYS 振动模态分析

模态是所有机械结构所固有的一种振动特性，任何一个模态都具有其固定的模态振型、固有频率以及阻尼比。模态分析是用来研究和确定结构动力学特性的技术和方法。对固有频率等模态参数进行计算或试验分析的过程称为模态分析过程。如果此模态参数是通过有限元的方法计算的，称为计算模态分析；如果是通过试验分析、采集、处理的方法获得的，则称为试验模态分析。

模态分析技术产生于 20 世纪 60 年代，至今已有 50 年的历史了，特别是近十余年来，此技术得到了飞速的发展，吸收了有限元法、动力学法、数理统计法、数据处理法等相关知识，并结合了 CAE 技术，形成了一套独立的理论。对模态分析经典的定义是：将线性系统振动微分方程组中的物理坐标转换成模态坐标，使方程组解耦，成为一组以模态坐标和模态参数描述的独立方程，以便求出系统的模态参数。目前这一技术已被广泛应用于机械、建筑、航天、土木等实际工程中对于振动问题的研究中。

模态分析中常采用的方法是有限元分析法，本文采用 CAE 工程分析软件对所研究的薄壁零件进行三维模型有限元模态分析。使用 ANSYS 软件可以使我们明确每种金属结构的激振力和振动类型的关系，从而有效控制激振频率，避免产生共振，同时还可以进行动态特征计算，并为其他动力响应计算打好基础。

在本文薄壁件铣削加工的研究中，对整个加工工艺系统而言，主要考虑工作台、夹具、工件三者构成的工艺系统，但就强度和刚度而言，工作台和夹具比工件大得多，换句话说，工作台和夹具的固有频率要比工件高得多,所以加工中工件更容易产生振动或者是共振而影响薄壁件的加工精度。因此,本课题研究忽略工作台和夹具两者的振动,而将二者对薄壁件的作用进行简化后施加在工件上,将加载后的薄壁件独立出来进行模态分析,具体过程如下:

1. 几何模型的建立

本文以典型的薄壁件结构叶轮为研究对象,叶轮高17mm,叶片壁厚2mm,分析中为避免重复定位误差、提高精度,试验采用在一块铝合金毛坯材料上加工出全部叶片的加工方式。

本试验的实体模型使用PRO/E软件创建,通过软件间接口导入ANSYS软件中,实体模型如图4.1所示。

图4.1 叶轮实体模型图

2. 材料属性的定义

本试验材料选用铝合金2024—T351,为可进行热处理强化的铝合金种类,属铝—铜—镁系铝合金。该铝合金强度高、切削性能好,适合做机械零部件。但此铝合金材料也存在可焊接性差、耐腐蚀性差等缺点,因此,如果此类铝合金零部件置于腐蚀性环境中工作时,需要对其进行防腐处理。

铝合金2024—T351的力学性能参数如表4.1所示。

表4.1 铝合金2024—T351的力学性能参数表

屈服应力$\delta_{0.2}$	抗拉强度δ_b	密度ρ	弹性模量E	伸长率δ	泊松比μ
395MPa	495MPa	2770kg/m³	72.4GPa	13%	0.33

本试验研究的内容为铝合金薄壁件铣削加工中弹性变形对加工误差的影响,而忽略铝合金材料的塑性变形。

3. 网格的划分

ANSYS软件的单元库中包含有一百多种单元类型,操作者可根据不同的工作场合、分析精度、分析维数等具体情况,创建合适的单元类型。在本试验中,9个上部的薄壁块和下部均采用Brick 8node45六面体八节点的单元类型,而上部的薄壁块采用Volume Sweep的有限元网格划分方式,下部采用Volume Free的网格划分方式。

如图4.1所示的有限元模型中,上部薄壁的厚度为2mm,由于网格划分的密度与分析的精度有直接关系,因此,为保证此实验结果的准确度,网格划分时应保证上部薄壁件的网格密度，具体网格划分如图4.2所示。

图4.2　薄壁件网格划分图

4. 约束的添加

根据具体装夹受力情况添加约束，对自由度进行约束。

5. 求解

振型反映的是在该频率上的振动传递情况，而不是振动的实际数值。

本试验具体模态分析结果如表4.2所示。

表4.2　叶轮模态分析结果

子步	固有频率（Hz）	子步	固有频率（Hz）
1	3270.7	11	16813
2	3275.9	12	16974
3	5194.6	13	17128
4	6138.9	14	18391
5	6749.8	15	18453
6	6751.6	16	19101
7	12889	17	19373
8	13685	18	19514
9	16652	19	19968
10	16787	20	20339

如图4.3～图4.8所示为叶轮1、2、3、4、5、6阶变形图。

4.2.4　ANSYS谐响应分析

结构或部件在持续的周期载荷的作用下会产生周期性的响应，简称谐响应。谐响应分析是用来确定工程中线性结构在随时间按正弦规律变化的载荷下的稳态响应，以此得出结构在各种频率下的变化，总结出变化规律，从而使加工避开振动频率，克服共振等有害现象，提高加工精度，同时在一些场合还可以利用，达到目的。谐响应分析属于一种线性分析技术，塑形和间隙单元在谐响应分析中被忽略，但仍可应用于存在有预应力的结构进行分析。

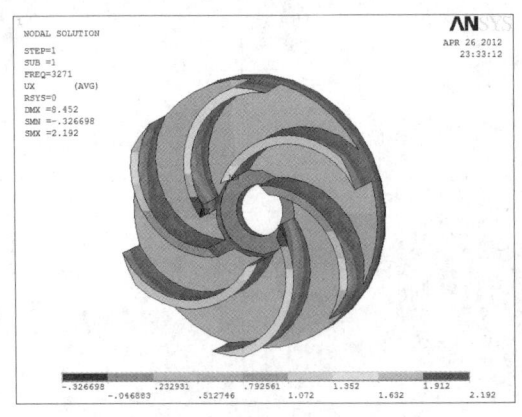

图 4.3　叶轮一阶变形图

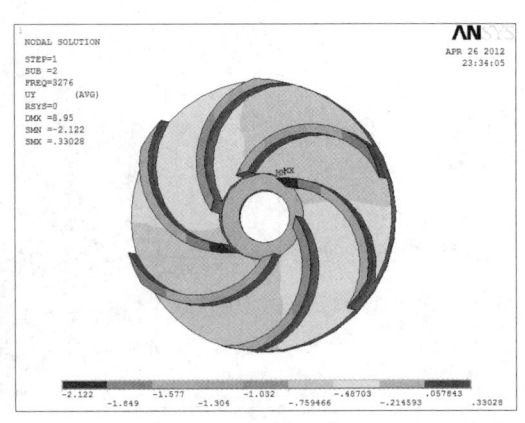

图 4.4　叶轮二阶变形图

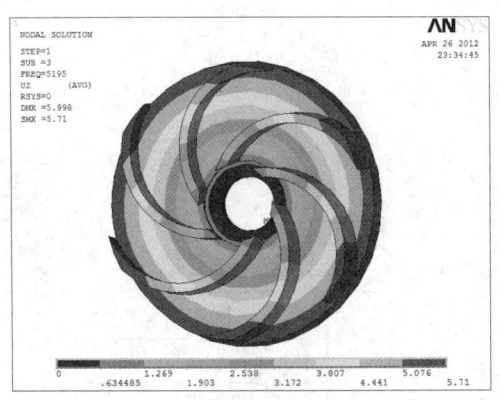

图 4.5　叶轮三阶变形图

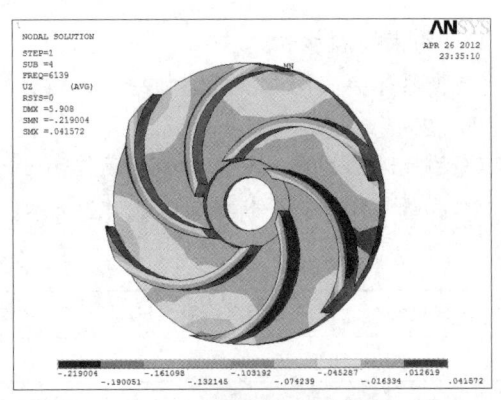

图 4.6　叶轮四阶变形图

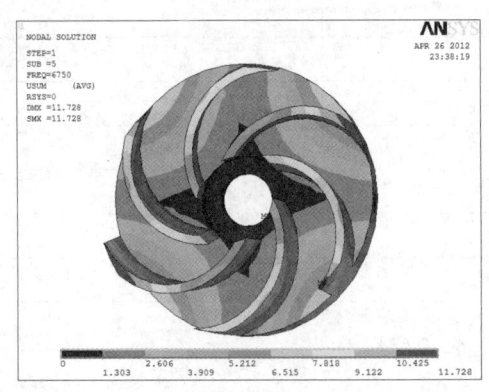

图 4.7　叶轮五阶变形图

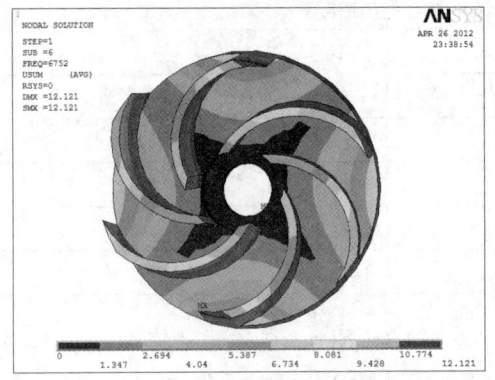

图 4.8　叶轮六阶变形图

在 ANSYS 软件中，谐响应分析主要有三种：完全法（Full）、缩减法（Reduced）、模态叠加法（Mode Superposition）。

这三种方法各有利弊，但使用这三种方法都不能用来分析瞬时效应，不能存在非线性特征。同时使用这些方法进行谐波响应分析时,都有一个共同的限制:即要求对研究对象所施加的体载荷必须具有相同的频率,且要求随时间的变化呈正弦规律变化。但诸如以上局限也可以通过以下方法来解决:将简谐体载荷转化为时间体载荷函数。

使用 ANSYS 软件对所研究的薄壁件进行谐响应分析,可以使我们明确振动对其加工变形和加工精度的影响,使加工可以避开受迫振动较大的频率范围,从而可有效地指导薄壁件加工。

如图 4.9 和 4.10 所示,2000Hz~22000Hz 节点为 3219 的 X、Y 向谐响应分析曲线。

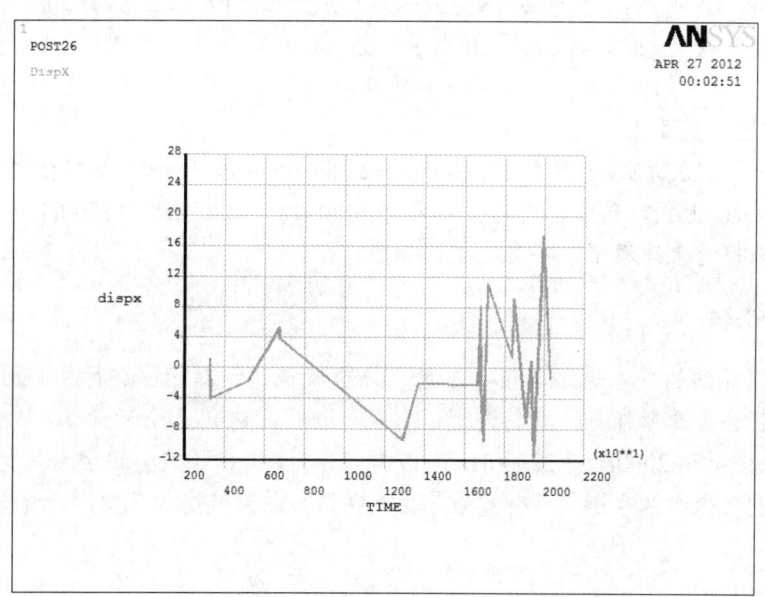

图 4.9　2000Hz~22000Hz 谐响应分析曲线(X)

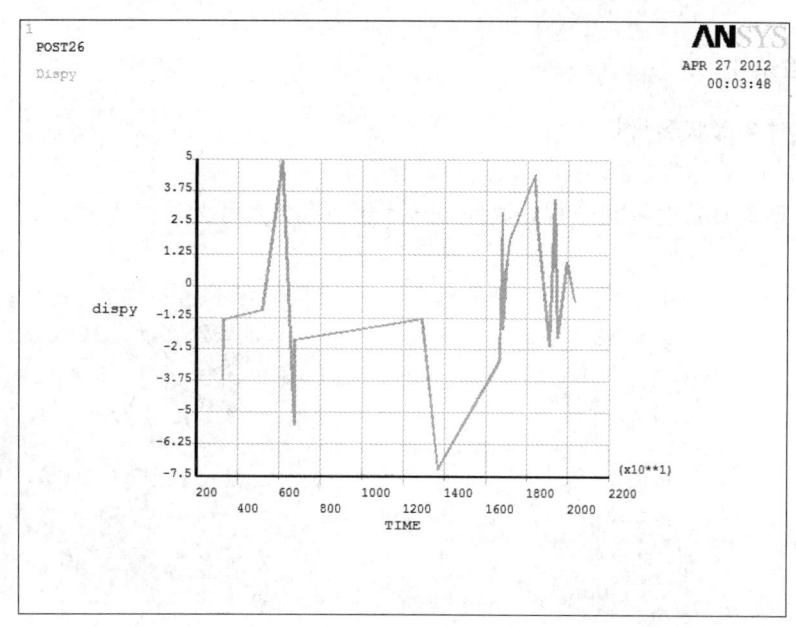

图 4.10　2000Hz~22000Hz 谐响应分析曲线(Y)

4.2.5 对结果的分析

1. 由前 20 阶模态分析结果

如表 4.2 所示，1 阶、2 阶变化较小，3 阶变化较大，4~6 阶比较接近，7 阶变化比较明显，7、8 阶比较接近，9 阶变化也较大，9~12 阶比较接近，13~20 阶逐渐增大，但变化不是特别明显，19、20 阶达到最大值。

2. 结合变形体

如图 4.3~图 4.8 所示，3 阶（3275.9~5194.6）、7 阶（6751.6~12889）、9 阶（13685~16652）等三阶变化幅度比较大，同时，变形最大的部位发生在每个叶片的两端，因此，在实际加工中，应尽量避开 3、7、9 阶的固有频率，就可以有效地减小因共振产生的加工变形，提高加工精度。

3. 从谐响应分析曲线

如图 4.9~图 4.10 所示，当频率在 2000Hz~22000Hz 之间变化时，X 向在频率为 17000Hz、19500Hz、20000Hz 时振动较大，Y 向在频率为 6000 Hz、13800Hz、18500Hz 时振动较大，当加载的载荷频率接近上述频率，将会产生谐响应。

4.3 本章小结

本章对有限元法的基本思路、核心思想、分析流程和计算步骤进行了全面具体的说明，并选取了典型铝合金薄壁件——叶轮进行了有限元分析，建立了几何模型、进行了网格划分、做了 20 阶模态分析和 2000Hz~22000Hz 的谐响应分析，得出了典型铝合金薄壁件的模态变形规律和产生谐响应振动频率图，可有效指导生产实践，做到减小加工变形、避免共振产生，提高加工精度。

5 铝合金薄壁件高速铣削加工实验

5.1 实验条件

5.1.1 试件的形状和材料

1. 试件的形状

试件为第四章进行有限元分析的试件——叶轮，具体尺寸如图 5.1 所示，试件模型如图 5.2 所示。

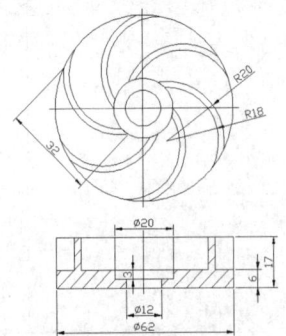

图 5.1 叶轮的几何尺寸图

图 5.2 叶轮的模型图

2. 试件的材料

试件的材料为铝合金 2024—T351，该材料的化学成分如表 5.1 所示。

表 5.1 铝合金 2024—T351 的化学成分表

硅 Si	铁 Fe	铜 Cu	锰 Mn	镁 Mg	铬 Cr	锌 Zn	钛 Ti	其他	铝
23.2	0.5	3.8～4.9	0.3～0.9	1.2～1.8	0.25	0.15	0.05	0.15	余量

该材料的力学性能如表 5.2 所示。

表 5.2 铝合金 2024—T351 的力学性能表

屈服应力 $\delta_{0.2}$	抗拉强度 δ_b	密度 ρ	弹性模量 E	伸长率 δ	泊松比 μ
395MPa	495MPa	2770kg/m³	72.4GPa	13%	0.33

5.1.2 试验所用设备

1. 实验用机床

根据生产现场实际情况，本实验选用沈阳机床集团生产的 TH5650 立式加工中心，如图 5.3 所示，其主要的性能参数如表 5.3 所示。

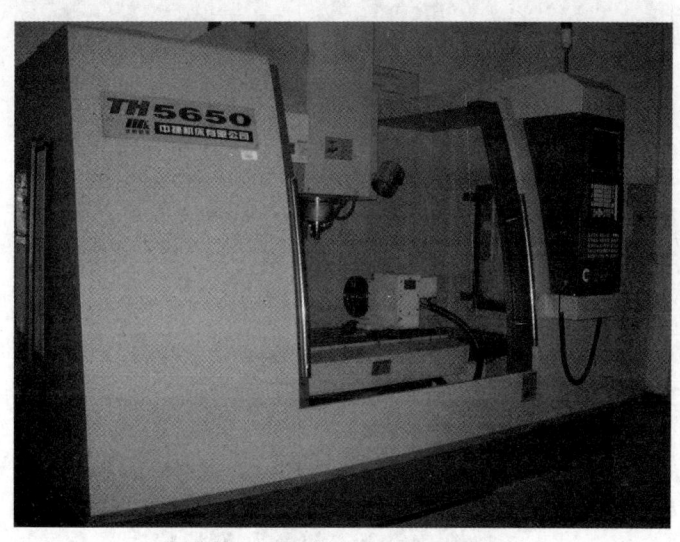

图 5.3 TH5650 立式加工中心

表 5.3 TH5650 立式加工中心主要性能参数

主要性能参数	
主轴功率	连续 11kW，最大功率 30min 15kW
主轴转速	50～6000r/min
主轴扭矩	70Nm；最大扭矩 30min 90Nm
加工尺寸范围	850 × 500 × 630mm（X × Y × Z）
快速进给速度	24m/min（X、Y 轴），15m/min（Z 轴）
主轴锥孔规格	BT-40

续表

主要性能参数	
X，Y，Z 轴定位精度	0.012mm
X，Y，Z 轴重复定位精度	0.008mm
工作台最大载重	650kg
刀库容量	16 把

2. 实验用刀具

本实验采用 φ6 的两齿、三齿、四齿高速钢铣刀，如图 5.4 所示。

图 5.4　实验用两齿、三齿、四齿高速钢铣刀

3. 实验用测力仪和应变放大系统

本实验所用测力仪如图 5.5 所示，具体技术参数如表 5.4 所示。

图 5.5　实验用测力仪

本实验所用的应变放大系统如图 5.6 所示，具体技术参数如表 5.5 所示。

表 5.4 实验用测力仪技术参数表

型号	SDC－C4M
测量范围	F_x、F_y：0～1500N；Mz：0～1500Ncm；F_z：0～3000N
分辨率	F_x、F_y：2.5N；Mz：15Ncm；F_z：5.0N
固有频率	F_x、F_y：≈3.0；Mz：≈3.0；F_z：≈5.0
分力干扰	≤±2%

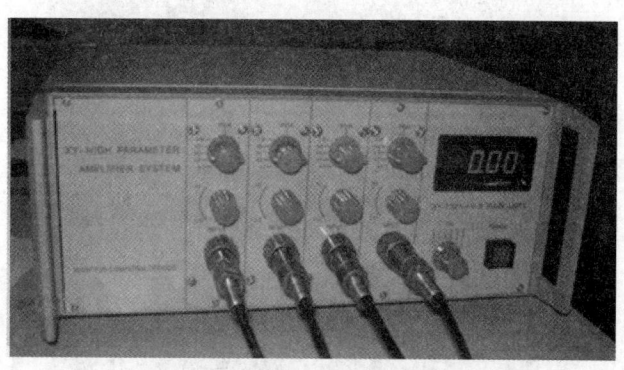

图 5.6 实验用应变放大系统

表 5.5 实验用应变放大系统具体技术参数表

产品名称	4通道、高增益、低噪声、全桥应变放大系统		
产品型号	XY－FS21－4A		
主要参数	A = 5000～8000 倍	激励桥压 5.0V	噪声 $0.3\mu V_{p-p}$
	带宽 DC～2.5kHz	通道数量 4CH	适用 60Ω～5kΩ
	线性误差±0.1%	CMRR≥126db	内偏置 1MΩ
	功耗 220V/15W	LED 显示±10V	程控系数 1/2/4/8/16

4. 实验用其他测量工具

本实验还将使用到千分尺（如图 5.7 所示）、粗糙度仪（如图 5.8 所示）、电感测微仪（如图 5.9 所示）等测量工具。

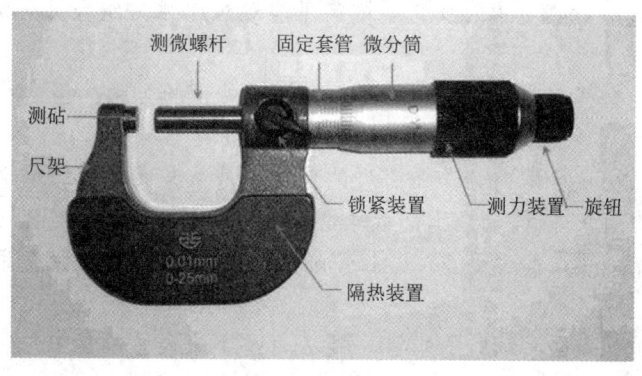

图 5.7 实验用千分尺

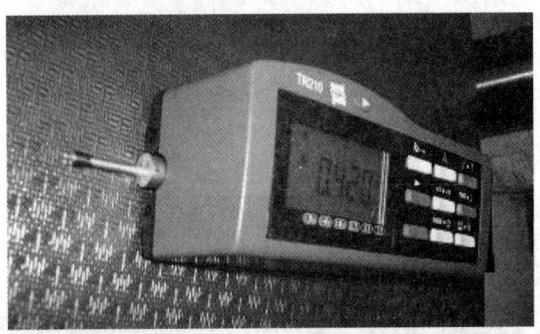

图 5.8　实验用粗糙度仪

图 5.9　实验用电感测微仪

5.1.3　实验的理论基础

1. 实验原理

本实验采用正交试验法对 9 件相同薄壁件进行加工,测量各试件加工后的尺寸、位置精度和粗糙度等加工质量技术指标。通过对所得数据的对比和分析,得出各加工因素对加工性能指标的影响和影响作用的大小,找到各加工因素的最佳组合,达到最佳加工效果。

2. 正交试验法

在大量的科学实验研究中,经常需要对多个因素对同一产品的影响进行分析和总结。假设在一项研究中需要考察 S 个因素,根据实际需要分别选取了 q_1, q_2, …, q_s 个水平,则全部的水平共有 $N=q_1 q_2 \cdots q_s$ 个。

当 S 和 q_1, q_2, …, q_s 都不是很大时,则有可能对 N 个水平组合做同样次数的试验,称为全面试验。

单因素轮换法是指将一个多因素化成多个单因素的试验方法,但这种方法通常不利于找到各参数的最佳组合。

因此,在使用正交试验法时,一个合理的想法就是从全面试验的水平组合中,选择一部分具有代表性的试验点来进行试验。正交试验设计是指从全面试验中选出一部分有代表性的点进行试验,但这些点必须具备"整齐""均匀"的特点。正交试验设计是用于多因素试验的一种方法,具有较高的效率。

正交表是用于排列多因素试验的表格,用 $L_n(q^m)$ 来表示,其中:L—正交表,n—试验总数,q—试验因素的水平数,m—因素个数(表的列数)。

5.2 改良的铣削力模型的校正实验

5.2.1 铣削力测量系统的构建

本实验的铣削力测量系统如图 5.10 所示，由通用测力仪、电荷放大器、数据采集卡和计算机组成。

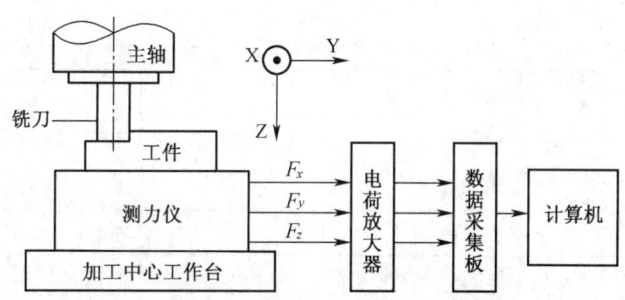

图 5.10　铣削力测量系统构成图

具体过程是通过测力仪将获取的 X、Y、Z 向的铣削力信号转换成电信号，此信号通过电荷放大器进行放大，输送给数据采集卡，最后由计算机进行数据处理得到 X、Y、Z 向的铣削力的具体数值。

实验中，由于受到联接位置的限制，致使工作坐标系原点与测力仪坐标系原点并不重合而是成一定偏角，具体位置关系如图 5.11 所示。

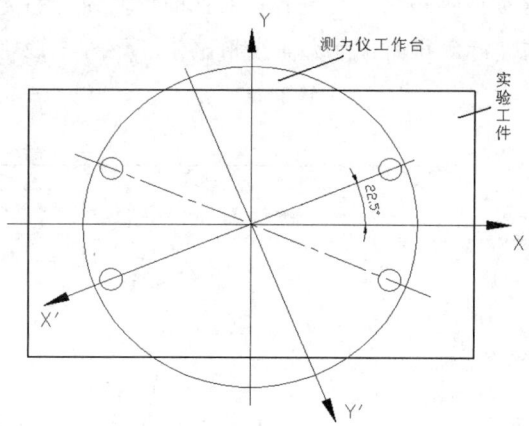

图 5.11　工件坐标系与测力仪坐标系位置关系图

由此可得，沿工件坐标系 X、Y、Z 向的铣削力 F_x、F_y、F_z 与实际测得的电压信号存在如下关系（其中 V 为测力仪测得的实际电压值）：

$$\begin{cases} F_x = F_y' \sin\alpha - F_x' \cos\alpha \\ F_y = -F_x' \sin\alpha - F_y' \cos\alpha \\ F_z = F_z' \end{cases} \quad \text{其中：} \begin{cases} F_x' = K_x V_x \\ F_y' = K_y V_y \\ F_z' = K_z V_z \end{cases} \tag{5.1}$$

式中，测力仪的标定系数 K_x、K_y、K_z 如表 5.6 所示。

表5.6　测力仪的标定系数表

标定系数	K_x（N/V）	K_y（N/V）	K_z（N/V）
标定值	35.34049	34.81148	180.0137

5.2.2　改良的动态铣削力模型的校正

此校正实验是在制作叶轮薄壁件的粗加工阶段进行的，具体加工参数如表5.7所示。

表5.7　叶轮粗加工参数表

刀具	齿数 Z	二齿
	螺旋角 β	30°
	前角 α_r	12°
	直径 ϕ	6mm
铣削用量	轴向切深 b_a	11mm
	径向切深 d	4mm
	主轴转速 n	5000r/min
	每齿进给量 f_z	0.2mm/齿

根据 Shaw 所提出的假设条件：
$$u_0 = 7.02 \times 10^8 \text{J/m}^3, \quad \alpha_{e0} = 0°, \quad t_0 = 0.25\text{mm}, \quad c = 0.45$$

通过将此假定条件下得出的铣削力曲线与实际铣削加工中测得的铣削力进行对比，发现二者形状大致相同，但存在振幅不同，经过有针对性的调整为 $u_0 = 6.937 \times 10^8 \text{J/m}^3$，$c = 0.293$，再将所得的铣削力曲线与实际测得的铣削力曲线相比较，如图5.12所示，它们的形状和振幅等很一致。

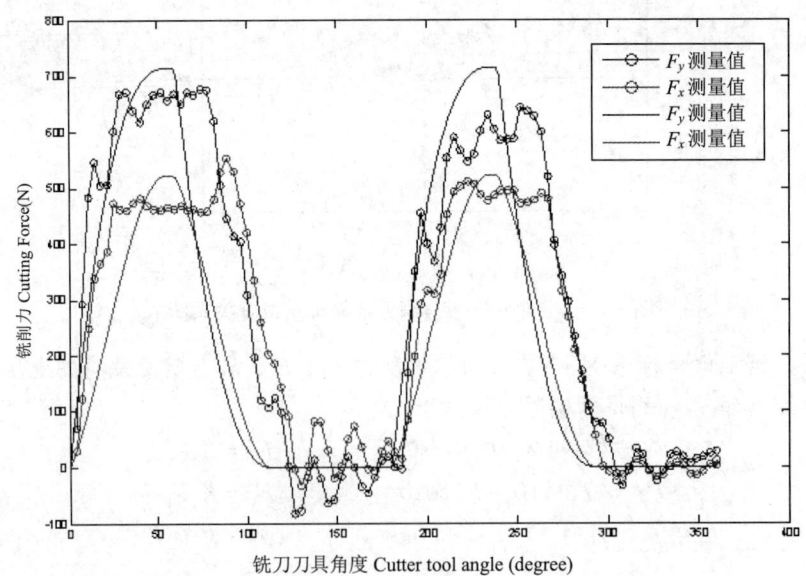

图5.12　校正后铣削力与实际铣削力对比图

5.3 典型铝合金薄壁件高速铣削加工实验

5.3.1 实验方案设计

1. 正交试验因素的选择

薄壁件铣削加工中,影响加工精度的因素有很多,本实验中,选择相同半径和螺旋角的刀具加工同一薄壁件,因此刀具半径、螺旋角以及零件待加工表面曲率半径等单个因素对薄壁件的影响不必考虑,同时加工中为提高加工表面精度,选择相同铣削深度一次铣削完成,因此铣削深度对加工精度的影响也不必考虑。综上,我们主要考察的有铣刀齿数、主轴转速、铣削宽度和每齿进给量等四个正交试验因素。

2. 正交试验水平的选择

结合实际的生产加工环境和条件,此正交试验水平的选择涵盖了粗、半精、精加工等全部工序,选择合理且具有代表性。

(1) 铣刀齿数:分别选择两齿、三齿、四齿铣刀。
(2) 主轴转速:分别选择 5000r/min、6000r/min、7000r/min。
(3) 铣削宽度:分别选择 2mm、3mm、4mm。
(4) 每齿进给量:分别选择 0.05mm/z、0.12mm/z、0.2mm/z。

3. 正交表 $L_9(3^4)$

综上,本实验为四因素三水平正交试验,因素水平表如表 5.8 所示。

表 5.8 正交试验因素水平表

因素水平	z	d (mm)	n (r/min)	f_z (mm/z)	b_a (mm)
1	2	2	5000	0.05	
2	3	3	6000	0.12	11
3	4	4	7000	0.2	

正交表 $L_9(3^4)$ 如表 5.9 所示。

表 5.9 正交表 $L_9(3^4)$

试验号	列号			
	1	2	3	4
1	1	1	1	1
2	1	2	2	2
3	1	3	3	3
4	2	1	2	3
5	2	2	3	1
6	2	3	1	2
7	3	1	3	2
8	3	2	1	3
9	3	3	2	1

5.3.2 实验过程与结果分析

1. 实验过程

进行正交试验的九组试件如图 5.13 所示。

图 5.13 九组试件

叶轮加工过程如图 5.14~图 5.20 所示。

图 5.14 加工过程 1

图 5.15 加工过程 2

图 5.16 加工过程 3

图 5.17 加工过程 4

图 5.18 加工过程 5

图 5.19 加工过程 6

图 5.20 精加工后的试件

2. 典型铝合金薄壁件正交试验表 $L_9(3^4)$ 如表 5.10 所示。

表 5.10 典型铝合金薄壁件正交试验表 $L_9(3^4)$

	A z（mm） 1	B d 2	C n（r/min） 3	D f_z（mm/z） 4
1	1（2）	1（2）	1（5000）	1（0.05）
2	1（2）	2（3）	2（6000）	2（0.12）
3	1（2）	3（4）	3（7000）	3（0.20）
4	2（3）	1（2）	2（6000）	3（0.20）
5	2（3）	2（3）	3（7000）	1（0.05）
6	2（3）	3（4）	1（5000）	2（0.12）
7	3（4）	1（2）	3（7000）	2（0.12）
8	3（4）	2（3）	1（5000）	3（0.20）
9	3（4）	3（4）	2（6000）	1（0.05）

3. 实验结果分析

（1）壁厚的影响因素分析。

精加工后试件的壁厚测量时使用电感测微仪和千分尺来实现。

电感测微仪是由主体、侧头和测量装置构成的，用来对微小尺寸变化进行测量的一种测量仪器，可用于零件内外径、壁厚、直线度、平面度等因素的测量，因具有精度高、测量稳定、操作简单等特点被广泛应用于国防、航空、精密制造业等行业中。本实验用电感测微仪的主要技术参数如表 5.11 所示。

表 5.11 实验用电感测微仪主要技术参数表

主要技术参数				
测量范围（μm）	0～±10	0～±30	0～±100	0～±300
示值误差（μm）	0.05	0.1	0.5	1.0

叶轮叶片上选取点处的壁厚测量数据如表 5.12 所示。

表 5.12 选取点处的壁厚测量数据表

实验号	壁厚测量结果						
	1	2	3	4	5	6	7
1	2.022	2.059	2.097	2.080	2.072	2.068	2.060
2	2.040	2.082	2.110	2.148	2.120	2.132	2.132
3	2.044	2.086	2.132	2.200	2.283	2.283	2.264
4	1.988	2.016	2.073	2.067	2.062	2.058	2.074
5	2.003	2.027	2.049	2.078	2.068	2.062	2.083
6	2.034	2.037	2.070	2.109	2.160	2.188	2.206
7	2.008	2.015	2.049	2.320	2.032	2.027	2.052
8	2.129	2.089	2.099	2.147	2.143	2.134	2.150
9	2.089	2.074	2.058	2.041	2.061	2.074	2.084

由此数据表生成的叶轮精加工变形图如图 5.21 所示。

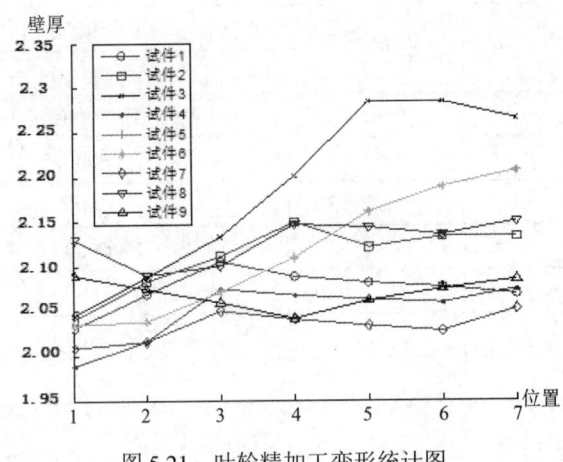

图 5.21 叶轮精加工变形统计图

观察表 5.12 和图 5.21 可知：叶片下端壁厚大于上端壁厚，且整体壁厚误差大多为整，除极少数点误差值为负。分析其原因为薄壁件在高速加工中由于铣削力引起让刀变形产生的让刀误差。此让刀变形是引起本实验薄壁件加工变形的主要因素，因此为减小变形量、提高加工精度，可采用尽量减小刀具伸长量的方法。

各铣削参数对叶轮壁厚的影响计算结果如表 5.13 所示，影响曲线图如图 5.22 所示。

表 5.13　各铣削参数对叶轮壁厚的影响计算结果表

	1	2	3	4
Ⅰ	6.359	6.185	6.307	6.187
Ⅱ	6.216	6.289	6.226	6.296
Ⅲ	6.269	6.369	6.310	6.360
K_1	2.120	2.062	2.102	2.062
K_2	2.072	2.096	2.075	2.009
K_3	3.089	2.123	2.103	2.120
R	0.142	0.184	0.083	0.172

由上表可知：R 值 $R_2(0.184) > R_4(0.172) > R_1(0.142) > R_3(0.083)$，因此可得，各铣削因素对壁厚的影响主次顺序依次为：铣削宽度 d → 每齿进给量 f_z → 刀具齿数 z → 主轴转速 n。

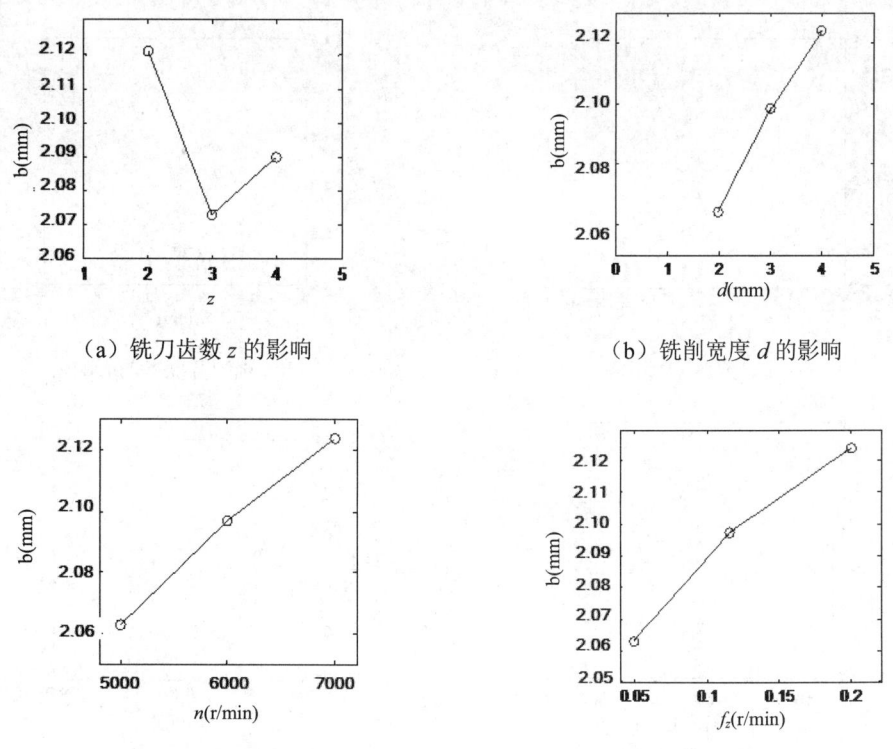

（a）铣刀齿数 z 的影响　　　　　　（b）铣削宽度 d 的影响

（c）主轴转速 n 的影响　　　　　　（d）每齿进给量 f_z 的影响

图 5.22　各铣削参数对叶轮薄厚的影响曲线图

综上可得，叶轮在加工中要获得较高的尺寸精度，最佳参数组合为：铣刀齿数 z=3、铣削宽度 d=2mm、主轴转速 n=5000r/min、每齿进给量 f_z=0.05mm/z。

（2）表面粗糙度的影响因素分析。

本实验的表面粗糙度值是采用如图 5.8 所示的粗糙度仪检测获得的，每个试件任选 6 个位置进行粗糙度值检测，并对所得数据求取表面粗糙度平均值。各表面粗糙度影响因素计算结果见表 5.14，影响曲线如图 5.23 所示。

表 5.14　各表面粗糙度影响因素计算结果表

	1	2	3	4
Ⅰ	0.848	1.610	1.854	3.384
Ⅱ	1.659	1.677	4.132	1.102
Ⅲ	4.637	3.795	1.096	2.596
K_1	0.282	0.536	0.617	1.127
K_2	0.532	0.558	1.377	0.368
K_3	1.544	1.264	0.365	0.865
R	3.694	2.196	3.185	2.391

由上表可知：R 值 $R_1(3.694) > R_3(3.185) > R_4(2.391) > R_2(2.196)$，因此可得，各铣削因素对壁厚的影响主次顺序依次为：刀具齿数 z→主轴转速 n→每齿进给量 f_z→铣削宽度 d。

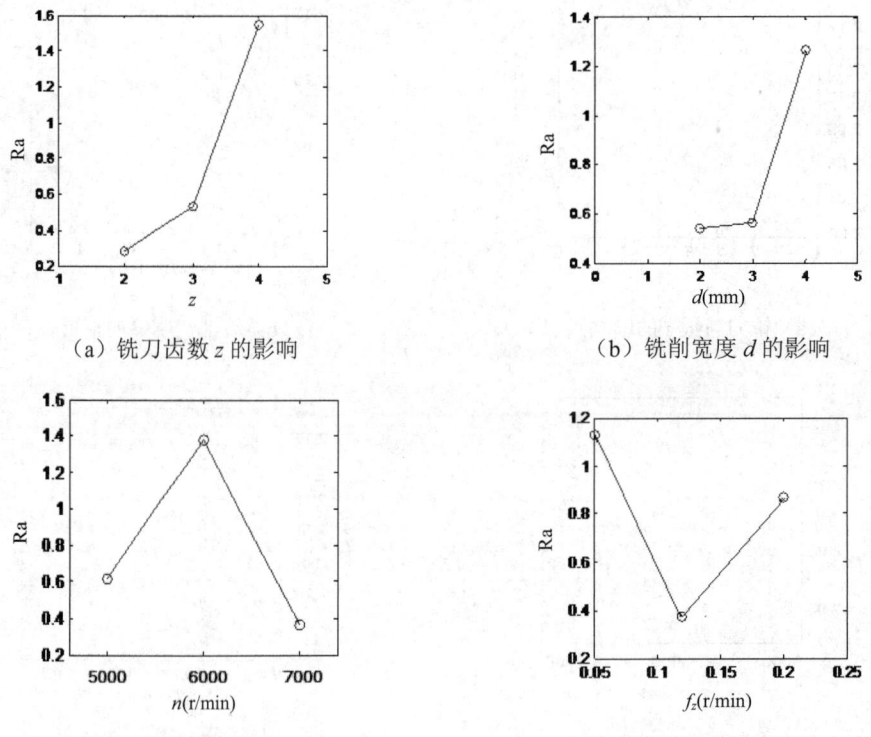

(a) 铣刀齿数 z 的影响　　　　(b) 铣削宽度 d 的影响

(c) 主轴转速 n 的影响　　　　(d) 每齿进给量 f_z 的影响

图 5.23　各铣削参数对叶轮表面粗糙度的影响曲线图

综上可得，叶轮在加工中要获得较高的表面粗糙度，最佳参数组合为：铣刀齿数 $z=2$、铣削宽度 $d=2$mm、主轴转速 $n=7000$r/min、每齿进给量 $f_z=0.12$mm/z。

（3）铣削力的影响因素分析。

铣削力是通过如图 5.5 所示的测力仪测得的，对各铣削力的计算结果统计如表 5.15 所示，影响曲线表图如图 5.24 所示。

表 5.15 铣削力计算结果统计表

	1	2	3	4
I	1250	430	1059	487
II	906	867	782	926
III	900	1560	867	1430
K_1	416.67	143.33	353	162.33
K_2	301	289	260.7	308.67
K_3	300	520	289	443.6
R	337	1269	264	1058

由上表可知：R 值 $R_2(1269) > R_4(1058) > R_1(337) > R_3(264)$，因此可得，各铣削因素对壁厚的影响主次顺序依次为：铣削宽度 d → 每齿进给量 f_z → 刀具齿数 z → 主轴转速 n。

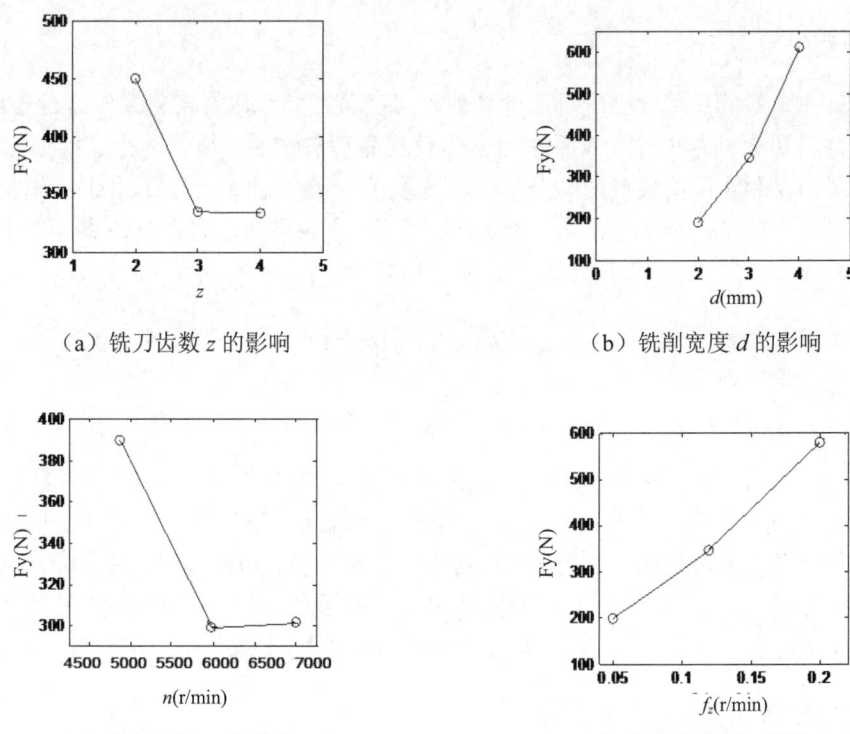

（a）铣刀齿数 z 的影响　　　　　　　（b）铣削宽度 d 的影响

（c）主轴转速 n 的影响　　　　　　　（d）每齿进给量 f_z 的影响

图 5.24 各铣削参数对切削力的影响曲线图

综上可得，叶轮在加工中要降低切削力，最佳参数组合为：铣刀齿数 $z=4$、铣削宽度 $d=2$mm、主轴转速 $n=6000$r/min、每齿进给量 $f_z=0.05$mm/z。

5.3.3 切削参数选用原则

1. 铣刀齿数 z 的选择

从正交试验和实际加工情况来看，粗加工中适宜选用两齿铣刀，可提高加工效率；精加工中适宜选用多齿铣刀，有利于提高薄壁件的表面质量和加工精度。

2. 铣削宽度 b 的选择

从正交试验和实际加工情况来看，粗加工中适宜选用大的铣削宽度值，可提高加工效率；精加工中适宜选用较小的铣削宽度值，有利于提高薄壁件的表面质量和加工精度。

3. 主轴转速 n 的选择

本文在第 1 章中介绍了高速铣削的诸多优点，但在本实验的进行中，由于受到现场加工环境和个人能力的制约，并未实现真正意义上的高速加工，但从正交试验和实际加工情况来看，粗、精加工中都应尽可能地提高主轴转速，以提高加工效率和加工精度。

4. 每齿进给量 f_z 的选择

每齿进给量 f_z 选择的恰当与否，对加工质量和加工精度的影响尤为显著，大体趋势是随着每齿进给量的降低，将逐渐提高加工质量和加工精度，但此变化规律是在一定的范围之内的。当其值过小时（$f_z<0.05mm/z$），会造成刀具产生犁耕现象反而增大铣削力致使工件发生变形，严重影响薄壁件的加工质量和加工精度。因此，每齿进给量 f_z 的选择应综合工件和刀具的材料和其他切削加工参数等因素进行选择，达到理想的加工效果。

5.4 本章小结

本章在第 4 章的研究基础上进行了叶轮的加工实验，对具体的实验条件进行了图文说明；构建了铣削力测量系统，并对第 3 章中建立的改良的动态铣削力模型进行了校正（u_0 和 c），最终达到了预测值和实际值较好的吻合效果；选取了 9 组试件进行了 $L_9(3^4)$ 正交试验，分析总结出了铝合金薄壁件加工中刀具齿数、铣削宽度、主轴转速和每齿进给量等四个加工参数的具体选用原则。

6 结论与展望

6.1 结论

薄壁件因具有重量轻、强度高、造型美观等突出特点，在工程上应用日益广泛，但当零件的形状和尺寸精度要求较高，对振动、切削力大小及波动、切削温度、装夹方式均十分敏感时，其制造难度极大，成为国际上公认的复杂制造工艺问题。本文以典型铝合金薄壁件为研究对象，借助数学建模、理论分析、数值模拟与实验验证等手段进行研究与探讨，具体工作总结如下：

1. 建立了改良的动态铣削力模型

在当前研究的基础上，综合考虑了未变形切屑尺寸和有效前角两因素，建立了改良的动态铣削力模型，，并对新的切削力模型进行了仿真实验，总结出合理选择刀具齿数、切削深度和进给速度等加工参数可有效降低薄壁件加工误差的结论。

2. 对典型铝合金薄壁件进行了 ANSYS 有限元分析

选取了典型铝合金薄壁件——叶轮进行了有限元分析，建立了几何模型、进行了网格划分、做了 20 阶模态分析和 2000Hz～22000Hz 的谐响应分析，得出了典型铝合金薄壁件的模态变形规律和产生谐响应振动频率图，可有效指导生产实践，做到减小加工变形、避免共振产生，提高加工精度。

3. 进行了典型铝合金薄壁件高速铣削加工实验

选取了 9 组典型铝合金薄壁件试件进行了 $L_9(3^4)$ 正交试验，分析总结出了铝合金薄壁件加工中刀具齿数、铣削宽度、主轴转速和每齿进给量等四个加工参数的具体选用原则。

6.2 展望

本文针对铝合金薄壁件高速铣削加工中的有关变形、精度、切削力等诸多问题进行了具体、详实的说明和阐述，在一定程度上取得了一些成果，但薄壁件加工还存在很多现实的问题和困难，由于客观原因和个人能力的制约，文中还存在一些相关方面的研究有待在未来的研究中有所完善和提高，主要有以下几点：

（1）薄壁件加工过程中，残余应力是引起其变形的重要因素之一，但本文中只对残余应力进行了简要的概括和说明，并没有对残余应力在薄壁件加工中的具体的影响进行分析，在未来的研究中还有待改进。

（2）建立的改良的动态铣削力模型还有待进一步的全面和完善，对铣削力的预测精度还有待进一步提高。

（3）薄壁件高速铣削加工实验中，实验数据的采集和处理的精度还有待进一步提高，加工中切削温度、加工工艺的安排、颤振等因素对加工质量的影响也不容忽视。

参考文献

[1] 刘学杰. 薄壁零件加工的切削力模型分析与试验研究[D]. 南京: 航空航天大学, 2008.

[2] 沈耿. 薄壁件切削加工控制变形的工艺措施[J]. 工艺与工艺装备, 现代制造工程, 2003（4）: 50.

[3] 张永强. 高速切削雷达结构件的工艺研究[D]. 南京: 南京航空航天大学, 2001.

[4] 杨少兵. 三连波导高速铣削工艺优化[D]. 上海: 同济大学, 2004.

[5] 姚荣庆. 薄壁零件的加工方法[J]. 机床与液压, 2007, 8: 251-252.

[6] Kline W A, Devor R E, Lindberg J R. The prediction of cutting forces in end milling with application to cornering cuts [J]. International Journal of Machine Tool Design and research, 1982, 22（1）: 7-22.

[7] 李发致. 模具先进制造技术. 北京: 机械工业出版社, 2003.

[8] 张伯霖. 高速切削技术及应用. 北京: 机械工业出版社, 2003.

[9] 艾兴. 高速切削加工技术. 北京: 国防工业出版社, 2003.

[10] 曹洪达. 高速切削的应用[J]. 机械工业师, 2000, 3: 11-12.

[11] 艾兴等. 高速切削综合技术. 航空制造技术, 2002（3）: 20-23.

[12] 张伯霖. 高速切削加工技术在美国的最新发展. 制造技术与机床, 1994（4）: 5-6, 34.

[13] 张伯霖, 谢影明. 超高速切削的原理与应用. 中国机械工程, 1995, 6（1）: 14-17.

[14] 韩荣弟, 王扬, 张文生等. 现代机械加工新技术. 北京: 电子工业出版社, 2003.

[15] 刁成顺, 王印凯等. FT8 大型薄壁环形的加工. 航空制造工程, 1996（6）: 10-12.

[16] 孙杰. 航空整体结构件数控加工变形校正理论和方法研究[D]. 浙江大学, 2004.

[17] Tsai Jer-Shyong, Chung-Li Liao. Finite-element modeling of static surface errors in the peripheral milling of thin-walled workpieces[J]. Journal of Mater.Proc.Tech.1999（94）: 235-246.

[18] 周泽华. 金属切削原理[M]. 第二版. 上海: 上海科学技术出版社, 1993: 76-88.

[19] 刘淼. 一种加工薄壁零件的铣削工艺[J], 技术集市, 2003, 2: 91.

[20] 黄绍良. 控制薄壁舱体残余应力的方法. 宇航材料工艺, 1994（5）: 52-53.

[21] 付敏. 高速铣削铝合金加工技术的研究[D]. 哈尔滨: 哈尔滨理工大学, 2004.

[22] 黄志刚. 航空整体结构件铣削加工变形的有限元模拟理论及方法研究[D]. 浙江: 浙江大学, 2003.

[23] 董辉跃. 航空整体结构件加工过程的数值仿真[D]. 杭州: 浙江大学, 2004.

[24] 王炎. 飞机整体结构件数控加工技术应用中的问题与对策. 航空制造工程, 1998(4): 28-30.

[25] Shreyes B L, Melkote. Improved workpiece location accuracy through fixture layout optimization[J]. International Journal of Machine Tools &Manufacture, 1999（39）: 871-883.

[26] 李尚政, 刘宏. 弱刚度件加固装夹技术. 工程物理研究院科技年报, 2003(1): 181-182.

[27] 郭魂, 左敦稳. 拉伸装夹对航空框类零件加工变形影响的有限元分析. 南京航空航天大学学报, 2005, 37（11）增刊: 72-76.

[28] 肖璐, 王凡. 用于薄壁件加工的磁流变夹具. 新技术新工艺, 2007（1）: 26-27.

[29] 李黎. 电控永磁装夹系统: 高速切削——现代制造技术的选择. 世界制造技术与装备市场, 2004（1）: 26-38.

[30] Jerard R B, Fussell B K. Toolpath federate optimization: A case study. Proceedings of the 2000 NSF Design and Manufacturing System Conference. 2000: 3-6.

[31] 魏丽, 郑联语. 改进薄壁零件数控加工质量的进给量局部优化方法. 航空精密制造技术, 2001, 37（4）: 10-14.

[32] 张兴全. iTNC530数控系统的高速加工性能. 航空制造技术, 2006（4）: 108-109.

[33] 华楚生. 机械制造技术基础[M]. 重庆: 重庆大学出版社, 2000.

[34] 王素玉, 赵军等. 高速切削表面粗糙度理论研究综述[J]. 专题论坛, 2004, 10: 3-5.

[35] 陈建满. 高速铣削表面形貌的仿真与实验研究[D]. 南京航空航天大学, 2002, 3: 38-40.

[36] 王先逵, 机械制造工艺学[M]. 北京: 清华大学出版社, 1989.

[37] 孔金星. 低刚度薄壁零件的精密加工[J]. 中国物理工程研究院机械制造工艺研究所, 2003: 20-22.

[38] 任家平. 影响高速加工的几个主要因素[J]. 高速加工专题综述, 2003, 9: 14-17.

[39] 罗跃. 难加工材料薄壁零件的振动切削技术研究[D]. 四川大学, 2004.

[40] Yawei Li, Steven Y Liang. Cutting force analysis in transient state milling processes. Advanced Manufacturing Technology, 1999, 15: 785-790.

[41] S Smith, J Tlusty. An overview of modeling and simulation of the milling process. Transactions of the ASME: Journal of Engineering for Industry 113, 1991: 169-175.

[42] W A Kline, R E Dever, R Lindberg.The prediction of cutting forces in end milling with application to cornering cuts[J]. International Journal of Machine Tool Design and research, 1982, 22（1）: 7-22.

[43] 敖志强, 吴建军等. 一种航空铝合金铣削力模型的实验研究. 机床与液压, 2006, 12: 5-8.

[44] 敖志强. 航空薄壁件铣削加工变形分析与实验研究[D]. 西安: 西北工业大学, 2006.

[45] Won-Soo Yun. Accurate 3-D Cutting force prediction using cutting condition independent coefficients in end milling [J]. International Journal of Machine Tools & Manufacture, 2001（41）: 463-478.

[46] 武凯, 何宁等. 基于薄壁件变形分析的铣削加工瞬态力学模型研究. 应用科学学报, 2005, 23（6）: 631-634.

[47] R.I.King（Ed.）, Handbook of high-speed machining technology. Chapman and Hall, New York.1985.

[48] Tlusty J. Dynamics of high-speed milling. Transactions of the ASME: Journal of Engineering for Industry, 1986, 5（108）: 59-67.

[49] Elbestawi M A, Ismail F, Du R, Ullagaddi B C. Modelling machining dynamics including damping in the tool-workpiece interface. Transactions of the ASME: Journal of Engineering for Industry, 1994, 11（116）: 435-439.

[50] Ismail F, Elbestawi M A, Du R, Urbasik K. Generation of milled surfaces including tool dynamics and wear. Transactions of the ASME: Journal of Engineering for Industry, 1993, 8（115）: 245-252.

[51] Kolarits F M, Devries W R. A mechanistic dynamic model of end milling for process controller simiulation. Transactions of the ASME: Journal of Engineering for Industry, 1991, 5（113）: 176-183.

[52] Montgomery D, Altintas Y. Mechanism of cutting force and surface generation in dynamic milling. Transactions of the ASME: Journal of Engineering for Industry, 1991, 5（113）: 160-168.

[53] Shaw M C. Metal Cutting Principles. Clarendon Press, Oxford, 1984: 15-18.

[54] 李人宪. 有限元法基础[M]. 北京: 国防工业出版社, 2004.

[55] 张洪信. 有限元基础理论与 ANSYS 应用[M]. 北京: 机械工业出版社, 2006, 02: 2-5.

[56] 朱伯芳. 有限单元法原理与应用[M]. 北京: 中国水利水电出版, 2000: 123-156.

[57] 张洪武. 有限元分析与 CAE 技术基础[M]. 北京: 清华大学出版社, 2004: 12-25.

[58] 蒋晨. 基于有限元技术的板材加工机械优化设计与分析[D]. 南京: 东南大学, 2005.

[59] 江见鲸, 何放龙, 何益斌等. 有限元法及其应用[M]. 北京: 机械工业出版社, 2006.

[60] 傅永华. 有限元分析基础[M]. 武汉: 武汉大学出版社, 2003.

[61] 傅志方. 振动模态分析与参数辨识[M]. 第 4 版. 北京: 机械工业出版社, 2004.

[62] 张学良, 王家营. 基于 ANSYS 的桥式起重机主梁模态分析[J]. 起重运输机械, 2007, 11: 21-25.

[63] 邵蕴秋. ANSYS 8.0 有限元分析实例导航[M]. 北京：中国铁道出版社，2004，4: 22-36.

[64] 商跃进. 有限元原理与 ANSYS 应用指南[M]. 北京：清华大学出版社，2005.

[65] 李黎明. ANSYS 有限元分析实用教程[M]. 北京：清华大学出版社，2005，01: 56-93.

[66] 樊智敏，孙维光. 差速搅拌捏合机搅拌轴螺棱的谐响应分析[J]. 青岛科技大学机电工程学院，2007，10.

[67] 《正交试验法》编写组. 正交试验法[M]. 北京：国防工业出版社，1976，12: 20-90.

致谢

首先感谢机械学院对我的培养和教育。

从本论文的课题选取、过程研究到论文撰写过程中都得到了老师的精心指导，您渊博的学识、严谨的态度、正直的为人都让我受益匪浅，终身难忘。正因为有了您的帮助和鼓励，才使我的论文研究工作顺利结束，在此，向老师表示深深的敬意和衷心的感谢。

最后，向所有关心、帮助过我的老师、同学、同事、朋友表示深深的感谢。

8.3 机制方向的各类选题

本小节介绍了一些机制方向常见的、有代表性的毕业设计选题，并对其一一进行解析。

8.3.1 机械设计与制造方向

选题研究领域：典型复杂零件机制工艺的设计
选题类型：设计
选题完成形式：论文+设计图纸
选题参加人数：个人独立完成或者 2 人
选题知识准备：机械设计与制造的相关知识；机械原理的设计及机械零件的工艺编制。
选题设计大纲举例——《支座零件工艺的设计》

第 1 章 概述
 1.1 机械制造工艺概述
 1.2 设计的目的和意义
 1.3 题目简述
  1.3.1 要解决的关键问题
  1.3.2 解决问题的思路
第 2 章 零件毛坯制造方法的确定
 2.1 零件的工艺分析
 2.2 毛坯制造方法的确定
第 3 章 零件材料的选择及对结构的要求
 3.1 零件材料的选择
 3.2 零件结构的要求
第 4 章 制造工艺方案的确定

第 5 章 工艺装备设计
　　5.1 刀具的设计
　　5.2 夹具的设计
　　5.3 量具的设计
　　5.4 其他辅具的设计
相似选题扩展：
（1）CA6140 变速箱主轴工艺设计
（2）CA6140 变速箱箱体工艺设计
（3）CA6140 变速箱拨叉工艺设计
（4）CA6140 变速箱支架工艺设计

8.3.2 创新设计方向

选题研究领域： 基于特定动作的设备的结构设计
选题类型： 设计
选题完成形式： 论文+设计图纸
选题参加人数： 个人独立完成或者 2 人
选题知识准备： 机械设计与制造的相关知识；机械原理的设计、机械零件的加工制造及装配。

选题设计大纲举例——《生活小巧工具的设计——菠萝削皮器的设计》
第 1 章 选题的意义
　　1.1 目前的现状分析
　　1.2 选题的依据
第 2 章 功能分析
　　2.1 固定部分
　　2.2 动作部分
　　2.3 支撑部分
　　2.4 外观部分
第 3 章 结构设计
　　3.1 固定部分
　　3.2 动作部分
　　3.3 支撑部分
　　3.4 外观部分
第 4 章 实验数据
　　4.1 动作干涉实验
　　4.2 结构干涉实验
第 5 章 改进措施
　　5.1 结构改进措施
　　5.2 动作改进措施
第 6 章 设计图纸

6.1 装配图
6.2 零件图
6.3 工艺文件

相似选题扩展：
（1）自动翻转跳跃玩具设计
（2）自动上卸料机械手结构设计
（3）自动监测结构设计

第 9 章　数控方向毕业设计实例及选题

本章概要

- 数控方向概述；
- 数控方向毕业设计实例分析；
- 数控方向的各类选题。

9.1　数控方向概述

1. 数控专业概述

本专业领域方向面向迅猛发展的现代工业制造，培养德、智、体、美全面发展，具有与本专业领域方向相适应的文化水平与素质、良好的职业道德和创新精神，掌握本专业领域方向的技术知识，具备相应实践技能以及较强的实际工作能力，熟练进行机电加工设备的操作和维护的生产第一线技术应用型专门人才。

2. 毕业生能力培养目标

本专业毕业生应当具备以下知识和技能。

（1）具有计算机基本操作能力；

（2）具有本专业必需的机械、材料、电工和电子、液压技术等基本知识；

（3）具有读图和制图基本知识，能够识读一般装配图、绘制简单零件图和进行零件测量；

（4）具有数控技术专业毕业生应有的一般零件加工工艺分析、加工程序编制和加工能力；

（5）掌握数控机床常规的维护保养能力，掌握数控机床常见的故障诊断和检测、维修能力；

（6）达到数控机床操作中级职业技能等级。

3. 毕业设计相关主干课程

数控方向毕业设计涉及学生在校期间必修和选修的一些专业课，这些课程内容支撑着整个毕业设计过程。相关专业课一般包括：机械制图、工程力学、公差与互换性、数控机床基本操作、数控车床编程与操作、数控铣床编程与操作、数控铣床加工自动编程技术、数控车床故障诊断与维护、数控铣床故障诊断与维护等课程。

（1）机械制图。

机械制图是机械类专业学生必修的专业基础课，是一门既有系统理论又有较强的实践性的技术基础课。本课程的目的主要是学习正投影法的基本原理及其应用，培养学生绘制和阅读机械图样的基本能力；培养学生图解简单空间几何问题的能力，培养学生对三维形状与相关位置的空间逻辑能力和形象思维能力；培养学生使用 CAD 的初步能力。同时有目的地培养学生自学能力、分析问题和解决问题的能力，以及认真负责的工作态度和严谨细致的工作作风。

（2）工程力学。

工程力学是研究物体机械运动的一般规律和工程构件的强度、刚度及稳定性等计算原理的一门学科。它是一门理论性较强的技术基础课，在整个教学过程中起着承上启下的作用。通

过本课程的学习,可以开发学生的智力,培养学生敏锐的观察能力、丰富的想象能力、科学的思维能力,并为后续专业课程的学习和解决工程实际问题提供基本理论和方法。

(3) 公差与互换性。

公差与互换性是机械类专业一门实践性很强的技术基础课,该课程将实现互换性生产的标准化领域与计量学领域的有关知识结合在一起,涉及机械电子产品的设计、制造、质量控制和生产组织管理等诸多方面,是机械类专业技术人才必须具备的基础知识与基本能力。本课程使学生熟悉机械精度设计的基本概念、基本步骤、基本原则和一般方法;掌握基本几何量线性尺寸、角度尺寸、形状和位置精度的基本概念及有关国标的基本内容,形位精度和尺寸精度间的关系;具备初步设计几何量精度的能力;了解常用测量器具的工作原理、调整和使用;具备对机械零件的一般几何量作技术测量的初步能力。

(4) 数控机床基本操作。

数控机床基本操作是数控设备应用与维护专业的核心课程。本课程主要讲述数控加工程序编制过程中有关工艺处理及各种常用功能指令。另外,在课程中还介绍常用数控机床及控制系统的操作方法。通过本课程的学习使学生能掌握数控车床、数控铣床编程与操作的基本方法。

(5) 数控车床编程与操作。

数控车床编程与操作是数控设备应用与维护专业的主要专业课之一,要讲授数控加工编程技术,内容涉及零件工艺分析、数值计算、基本的编程功能指令,要求学生掌握数控车床的程序手工编制方法,掌握手工编程要领的基础上,了解自动编程的基本概念、方法、特点及适用范围,了解数控编程技术的发展趋势。同时,了解数控车床的组成原理与结构,为学生正确使用数控机床,编制合理的数控加工程序起到积极的辅助作用。本课程的特点是知识的综合性与技术实践性,因此,本门课程要求能够理论联系实际,通过实践教学环节和理论有机结合,使学生真正理解课程学习内容,培养学生分析和解决生产实际问题的能力,掌握数控加工编程与数控机床操作的技术技能。

(6) 数控铣床编程与操作。

数控铣床编程与操作是数控设备应用与维护专业的一门专业课。其研究的主要内容是:数控机床编程与操作基础、零件轮廓的铣削加工、子程序的编程与外形轮廓铣削加工、固定循环编程与孔加工、坐标变换编程综合训练等内容,同时将这些加工方法与加工工艺分析结合起来,培养学生分析和解决生产实际问题的能力。

(7) 数控铣床加工自动编程技术。

数控铣床加工自动编程技术:是数控设备应用与维护专业重要的专业能力提升课程。通过本课程的学习使学生掌握一种典型的 CAD 软件的使用方法、典型零件的三维造型,完成中等复杂程度零件的三维造型,取得国内外一种较权威机构的认证证书。使学生获得机械 CAM 技术的基本理论和基础知识;熟练掌握一种常用 CAM 软件的应用方法,具备获得数控编程工艺员职业技能等级证书的能力。

9.2 数控方向毕业设计实例

1. 毕业设计任务书

毕业设计任务书如表 9-1 所示。

表 9-1 ××××大学毕业论文（设计）任务书

姓 名	×××	学 号	××××××××	系 别	机械系
专 业	数控专业	年级班级	××级×班	指导教师	×××
论文题目	基于 UG 叶片泵的建模及数控加工					
任务和目标	毕业设计（论文）的任务和目标： 　　本毕业设计主要完成叶片泵的测绘到建模及数控加工的设计，并撰写题目为《叶片泵的建模及数控加工》的论文。根据本设计题目依据叶片泵实物，进行测绘，最后加工叶片泵其中一个零件。论文撰写必须符合学院所规定的标准。 设计需要符合设计要求，主要设计部分包括： 　　（1）对零件进行测绘、画草图； 　　（2）三维实体造型、装配； 　　（3）生成爆炸图、生成部分零件图纸； 　　（4）任选零件进行加工、制作数控加工刀具卡、制作数控加工工序卡、制作加工工艺卡片； 　　（5）对所选零件自动编程生成刀具轨迹，生成 G 代码文件； 　　（6）撰写毕业论文、修改完善毕业论文； 　　（7）完成毕业论文、打印论文、PPT 制作、准备答辩。					
基本要求	论文撰写应在指导教师指导下独立完成，并以马克思主义理论为指导，符合党和国家的有关方针、政策；论文应做到中心突出，层次清楚，结构合理；必须观点正确，论据充分，条理清楚，文字通顺；并能进行深入分析，见解独到。同时论文文字数不得少于 8000 字，还要有 300 字左右的论文摘要，关键词 3～5 个（按词条外延层次，由高至低顺序排列）。最后附上参考文献目录和致谢辞。					
研究所需条件	1. 具备足够的专业基础知识 　　（1）识图绘图的能力 　　（2）数控编程、加工等专业知识 　　（3）计算机绘图工具的使用 2. 具备搜集资料的网络、图书馆等资源和条件					
任务进度安排	序号	主要任务			起止时间	
	1	任务书下达、毕业设计正式开始			2014.3.1～2014.3.10	
	2	完成文献综述、开题报告			2014.3.11～2014.3.31	
	3	完成需求分析			2014.4.1～2014.4.10	
	4	完成论文二稿			2014.4.11～2014.5.30	
	5	上交论文成稿及设计图纸等			2014.5.31～2014.6.15	
	6	论文答辩			2014.6.16～2014.6.20	
指导教师签字			日期	年	月	日
系部领导签章			日期	年	月	日

2. 文献综述

文献综述如表 9-2 所示。

表 9-2 ××××大学毕业论文（设计）文献综述

姓　　名	×××	学号	××××××××	系别	机械系
专　　业	数控专业	年级班级	××级×班	指导教师	×××
论文题目	基于UG叶片泵建模及数控加工					

查阅的 主要文献	[1] 成大先. 机械设计手册——铸造工艺[M]. 北京：化学工业出版社，2012. [2] 张云杰. UG NX 4.0中文版基础教程[M]. 北京：清华大学出版社，2007. [3] 廖璘志等. UG NX 8数控编程基本功特训[M]. 北京：电子工业出版社，2012. [4] 周玮. UG NX 5.0应用与实例教程[M]. 北京：人民邮电出版社，2009. [5] 劳动和社会保障部教材办公室组织编写. 数控车床Fanuc系统编程与操作[M]. 中国劳动社会保障出版社，2007. [6] 姜厚文. UG NX 6固定轴与多轴铣培训教程[M]. 北京：清华大学出版社，2010. [7] 曹瑜强. 铸造工艺及设备[M]. 北京：机械工业出版社，2009. [8] 王志平. 数控加工编程与操作[M]. 北京：高等教育出版社，2005. [9] 杨胜群. UG NX 4数控加工实用教程[M]. 北京：清华大学出版社，2007. [10] 唐志涛. 虚拟数控加工过程仿真技术[J]. 机械制造与自动化，2005（03）：21-22. [11] 朱立达. 虚拟数控技术在铣削加工过程中的研究[J]. 机械制造，2007（03）1-5.
文献综述	一、前言 1. UG技术发展历史 　　UG NX是Unigraphics Solutions公司推出的集CAD/CAM/CAE于一体的三维参数化设计软件，在汽车、交通、航空航天、日用消费品、通用机械及电子工业等工程设计领域得到了大规模的应用。UG NX5是NX系列的最新版本，在原有基础上做了大量的改进。 　　UG EDS公司的UG NX是一个产品工程解决方案，它为用户的产品设计及加工过程提供了数字化造型和验证手段。UG设计图UG NX针对用户的虚拟产品设计和工艺设计的要求，提供了经过实践验证的解决方案。UG NX为设计师和工程师提供了一个产品开发的崭新模式，它不仅对几何的操纵，更重要的是团队将能够根据工程需求进行产品开发。UG NX能够有效地捕捉、利用和共享数字化工程完整过程中的知识，事实证明为企业带来了战略性的收益。 　　Unigraphics CAD/CAE/CAM系统提供了一个基于过程的产品设计环境，使得产品开发从设计到加工真正实现了数据的无缝集成，从而优化了企业的产品与制造。UG面向过程驱动的技术是虚拟产品开发的关键技术。在面向过程驱动技术的环境中，用户的全部产品及精确的数据模型能够在产品开发的各个环节保持相关，从而有效地实现了并行工程。UG不仅有强大的实体造型、曲面造型、虚拟装配和产生工程图的设计功能，而且在设计过程中可以进行有限元分析、机构运动分析、动力学分析和仿真模拟，提高了设计的精确性和可靠性。同时，可用建立的三维模型直接生成数控代码，用于产品的加工，其处理程序支持多种类型的数控机床。另外，它所提供的二次开发语言UG/OPEN GRIP、UG/OPEN API简单易学，实现功能多，便于用户开发专用的CAD系统。 　　在这场技术革命中，逐步掌握CAD/CAM软件的使用，并用于模具的数字化设计与制造是其中的关键。我国模具工业发展前景非常广阔。国内外模具及模具加工设备厂商普遍看好中国市场。随着对模具设计质量与制造要求的不断提高，以及CAD/CAM技术在模具制造业中的大规模推广应用，急需大批熟悉CAD/CAM技术应用的模具设计与制造的技术人才。这是企业最为宝贵的财富，也是企业走向世界、提高产品竞争力最根本的基础。而目前这方面的专业人才非常缺乏。

续表

(1) 国外软件。Unigraphics（UG）、SolidEdge、AutoCAD、MDT、SolidWorks、Cimatron、PRO/E、I-DEAS。

(2) 国内软件　高华 CAD、CAXA 电子图板、CAXA-ME 制造工程师、GS-CAD98、金银花系统和开目 CAD。

2. 我国 CAD/CAM 技术及产品发展的未来之路

经过多年的推广，CAD 技术已经广泛地应用在机械、电子、航天、化工、建筑等行业。应用 CAD 技术提高了企业的设计效率、优化设计方案、减轻技术人员的劳动强度、缩短设计周期、加强设计的标准化等作用。近年来，我国 CAD 技术的开发和应用取得了长足的发展，除对许多国外软件进行了汉化和二次开发以外，还诞生了不少具有自主版权的 CAD 系统，如高华 CAD、开目 CAD 等，由于这些软件价格便宜，符合本国国情和标准，所以受到了广泛的欢迎，赢得了越来越大的市场份额。

但是，我国 CAD/CAM 软件不管是从产品开发水平还是从商品化、市场化程度都与发达国家有不小的差距。由于国外 CAD/CAM 软件出现得较早，开发和应用的时间也较长，所以它们发展比较成熟，现在基本上已经占领了国际市场。这些国外软件公司利用其技术和资金的优势，开始大力向我国市场进军，目前，国外一些优秀软件，如 UG、SolidWorks、Pro/Engineer、CATIA 等，已经占领了一部分国内市场。所以，我国 CAD/CAM 软件前景不容乐观。但是，我们也应该看清自己的优势，比如了解本国市场、提供技术支持方便、价格便宜等。在这些前提下，我们不仅要紧跟时代潮流，跟踪国际最新动态，遵守各种国际规范，在国际国内形成自己独特的优势，更要立足国内，结合国情，面向国内经济建设的需要，开发出有自己特色，符合中国人习惯的 CAD/CAM 软件。

计算机技术日新月异，硬件更新速度很快。在这短短的四十几年中，计算机分别经历了大型机、小型机、工作站、微机时代，每个新时代都出现了新的流行的 CAD/CAM 软件。在工作站时代，UG、Pro/Engineer 是工作站平台三维 CAD/CAM 软件的佼佼者，而在当今微机时代，SolidWorks 在 Windows NT 平台的三维 CAD/CAM 软件中处于领先地位。由于国外在 UNIX 工作站平台上开发 CAD/CAM 软件已有一定的时间和投入，我国软件在这方面比美国等发达国家落后许多。但是在微机平台上开发 CAD/CAM 软件是一个全新的领域，我国与国外起点差不多，都是使用 Visual C++，OpenGL 等工具进行软件开发，在这基础上开发出先进的、符合本国用户习惯的 CAD/CAM 软件还是有可能的。

CAD/CAM 技术可以应用在许多领域，机械制造是最早也是最广泛应用 CAD/CAM 技术的领域。随着 CAD/CAM 技术的发展，建筑、电子、化工的领域也开始应用该技术，在这些新的应用领域中，国外软件的优势并不明显。所以，我国 CAD/CAM 软件在这些方面还是可以与发达国家竞争的，并且随着 CAD/CAM 技术应用的深入，越来越多的领域将会使用该技术，所以，如果能够紧跟时代潮流，不断应用于新的领域，那么国产 CAD/CAM 软件还是很有前途的。

总之，我们还有很长的路要走，但是要时刻记住，开发 CAD/CAM 软件的最终目的是应用 CAD/CAM 技术，提高企业的设计和制造水平，所以，CAD/CAM 软件不仅要水平高，有自己的特色，更要能够市场化，从市场中收回投入，从而能够根据用户的需求不断地更新发展软件。

二、数控机床发展历史

随着科学技术的发展和竞争的激烈，一种适合于产品更新换代快、品种多、质量和生产率高、成本低的自动化生产设备的应用已迫在眉睫。而数控机床则能适应这种要求，满足目前的生产需求。

1948 年，美国帕森斯公司在研制加工直升飞机叶片轮廓检验用样板的机床时，首先提出了应用电子计算机控制机床来加工样板曲线的设想。后来受美国空军委托，帕森斯公司与麻省理工学院伺服机构研究所合作进行研制工作。1952 年试制成功第一台三坐标立式数控铣床。后来，又经过改进并开展自动编程技术的研究，于 1955 年进入实用阶段，这对于加工复杂曲面和促进美国飞机制造业的发展起了重要作用。

续表

1958 年我国开始研制数控机床，1975 年又研制出第一台加工中心。目前，在数控技术领域，我国同先进国家之间还存在不小的差距，但这种差距正在缩小。数控技术的应用也从机床控制拓展到其他控制设备，如：数控电火花线切割机床、数控测量机和工业机器人等。1946 年诞生了世界上第一台电子计算机，它为人类进入信息社会奠定了基础。六年后，即在 1952 年，计算机技术应用到了机床上，在美国诞生了第一台数控机床。从此，传统机床产生了质的变化。近半个世纪以来，数控机床经历了两个阶段和六代的发展。

1. 数控（NC）阶段（1952～1970 年）

早期计算机的运算速度低，这对当时的科学计算和数据处理影响还不大，但不能适应机床实时控制的要求。人们不得不采用数字逻辑电路制成一台机床专用计算机作为数控系统，被称为硬件连接数控（Hard-Wired NC），简称为数控（NC）。随着元器件的发展，这个阶段历经了三代，即 1952 年第一代——电子管；1959 年第二代——晶体管；1965 年第三代——小规模集成电路。

2. 计算机数控（CNC）阶段（1970～现在）

直到 1970 年，通用小型计算机业已出现并成批生产，其运算速度比五六十年代有了大幅度的提高，这比逻辑电路专用计算机成本低、可靠性高。于是将它移植过来作为数控系统的核心部件，从此进入了计算机数控（CNC）阶段。1971 年，美国 Intel 公司在世界上第一次将计算机的两个最核心的部件——运算器和控制器，采用大规模集成电路技术集成在一块芯片上，称之为微处理器（Micro-Processor）。1974 年，微处理器被应用于数控系统。这是因为小型计算机功能太强，控制一台机床能力有多余，但不及采用微处理器经济合理，而且当时的小型计算机可靠性也不理想。虽然早期的微处理器速度和功能都还不够高，但可以通过多处理器结构来解决。因为微处理器是通用计算机的核心部件，故仍称为计算机数控。到了 1990 年，PC 机（个人计算机，国内习称微机）的性能已发展到很高的阶段。数控系统从此进入了基于 PC 的阶段。

总之，计算机数控阶段也经历了三代，即 1970 年第四代——小型计算机；1974 年第五代——微处理器；1990 年第六代——基于 PC（国外称为 PC-Based）。

3. 数控机床发展总趋势

数控机床正朝着"数""精""极""自""集""网""智""绿"方向发展。"数"是发展的核心，"精"是发展的关键，"极"是发展的焦点，"自"是发展的条件，"集"是发展的方法，"网"是发展的道路，"智"是发展的前景，"绿"是发展的必然。

三、叶片泵概述

1. 叶片泵结构

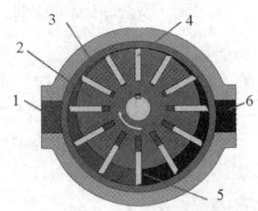

1—压油口；2—转子；3—定子；4—叶片；5—配油管端盖；6—吸油口

2. 单作用叶片泵工作原理

单作用叶片泵由转子、定子、叶片、配油盘和端盖等部件所组成。定子的内表面是圆柱形孔。转子和定子之间存在着偏心。叶片在转子的槽内可灵活滑动，在转子转动时的离心力以及通入叶片根部压力油的作用下，叶片顶部贴紧在定子内表面上，于是两相邻叶片、配油盘、定子和转子间便形成了一个个密封的工作腔。当转子按逆时针方向旋转时，图右侧的叶片向外伸出，密封工作腔容积逐渐增大，产生真空，于是通过吸油口和配油盘上窗口将油吸入。而在图的左侧，叶片往里缩进，密封腔的容积逐渐缩小，密封腔中的油液经

续表

	配油盘另一窗口和压油口被压出而输出到系统中去。这种泵在转子转一转过程中，吸油压油各一次，故称单作用泵。转子受到径向液压不平衡作用力，故又称非平衡式泵，其轴承负载较大。改变定子和转子间的偏心量，便可改变泵的排量，故这种泵都是变量泵。 **四、设计思路** 　　主要设计部分包括： 1．对零件进行测绘画草图 2．叶片泵三维实体造型、装配 　　左泵体（端盖）测绘、建模 　　左配流盘测绘、建模 　　定子测绘、建模 　　转子测绘、建模 　　叶片测绘、建模 　　右配流盘测绘、建模 　　右泵体（端盖）测绘、建模 　　叶片泵装配 3．叶片泵爆炸图、生成图纸 4．任选叶片泵零件进行加工、制作数控加工刀具卡、制作数控加工工序卡、制作加工工艺卡片 5．对零件进行数控仿真模拟加工 **五、结束语** 　　本设计完成了叶片泵的建模与叶片泵盖板的数控加工，达到了预期目标，对左泵体的测绘与建模、左配流盘测绘与建模、定子测绘与建模、转子测绘与建模、叶片测绘与建模、右配流盘测绘与建模、右泵体测绘与建模、叶片泵装配、叶片泵爆炸图与图纸的生成、对叶片泵盖板加工工艺方案的设计、加工参数的确定、盖板加工自动编程，盖板加工G代码的生成。基本具备了利用数控专业知识解决工作实际问题的能力，进一步培养了综合分析问题和解决问题的能力。 　　经过几个月的努力，终于完成了这次毕业设计。从开始对知识掌握不是十分扎实，经过这段时间的学习和设计，现在具备了一定测绘建模与数控自动编程加工的水平，完成了叶片泵建模与数控加工的内容。 　　在做毕业设计期间，我充分地意识到了要想实现一个优秀的设计还需要更多研究与斟酌，重要的是要学会自学，老师只是起到一个辅佐的作用，通过自己的力量去学习新的知识才是更重要的。
备注	
指导教师意见	指导教师签字： 　　　　年　　月　　日

3. 论文开题报告

论文开题报告如表 9-3 所示。

表 9-3　××××大学毕业论文（设计）开题报告

姓　　名	×××	学　号	××××××××	系　别	机械系
专　　业	数控专业	年级班级	××级×班	指导教师	×××
论文题目	基于 UG 叶片泵建模与数控加工					
选题依据与意义	一、学术价值、应用价值 　　国内也在研究计算机仿真技术对数控切削过程和干涉现象进行的仿真计算，即利用计算机图形显示系统把加工过程中的典型零件模型、加工轨迹、刀具外形一起显示出来，模拟刀具切削毛坯的整个过程。它可以在计算机上利用三维图形技术对数控加工进行模拟，可快速、安全、有效地对机床数控代码的正确性进行准确的评估，并且可以根据仿真的结果对程序进行修改，避免了反复试切的过程，降低了材料的消耗和生产成本，提高了生产效率。 　　UG CAD/CAM 系统具有丰富的数控加工编程能力，是目前市场上数控加工编程能力最强的 CAD/CAM 集成系统之一。利用 UG 强大的加工功能，完成复杂零件及曲面类零件产品的加工以及创新产品模具的加工。操作者可随时、随意修改零件源程序；随时停止或开始处理过程；随时打印零件加工程序单或某一项中间结果；随时给出 NC 机床代码，输入机床加工产品。 二、UG 数控加工国内外研究现状分析 　　本世纪 70 年代以来，世界市场由过去传统的相对稳定逐步演变成为动态的特征，由过去的局部竞争演变成全球范围内的竞争。随着信息技术的迅速发展，为了适应迅速变化的市场需求，提高竞争力，现代的制造企业将计算机信息技术应用于制造业，进行传统的改造。伴随着航空工业、汽车工业和轻工业消费品生产等的高速增长，复杂形状的零部件越来越多，精度要求也越来越高，传统的加工设备和制造方法已经满足不了这种多样化、柔性化与复杂形状零部件的高效高质量加工要求。近几十年来，数控加工技术作为机械加工现代化的重要基础与关键技术，在解决复杂、精密、单件小批零件加工上体现出了很大的优势，并且得到了迅速的发展和广泛应用。 　　数控技术、计算机辅助设计与制造技术的迅速发展正在使传统的机械设计与制造方式发生根本性变化。特别是现代 CNC 机床的普及和应用，人为地缩短了产品的制造周期，提高了产品的加工质量和生产率，增加了生产的柔性，并有利于实现对各种复杂精密零件的自动化加工和工厂、车间的计算机管理，使车间设备总数减少、节省人力、改善劳动条件，加快产品的开发和更新换代，提高企业对市场的适应能力并提高企业效益。数控技术已经是衡量一个国家机械制造工业水平的重要标志之一，更是体现一个机械制造企业技术水平的重要标志，同时，数控加工技术也成为发展军事工业的重要战略技术，因为许多先进武器装备中的关键零部件，都必须通过高性能数控机床来加工完成，西方各国对我国在高档数控机床与加工技术方面进行封锁和限制。尽管我国航空、能源、交通等行业也从西方引进了一批五坐标机床等高档数控设备，但其利用受到国外的监控和限制，不准用于军事用途的零部件加工，因此数控加工技术对于我国国防现代化建设也具有非常重要的作用。					
研究内容	第 1 章　前言 第 2 章　叶片泵典型零件三维建模 　　2.1　叶片泵泵体内部件的 UG 建模 　　2.2　叶片泵箱体外部件的 UG 建模 第 3 章　叶片泵的装配与爆炸图					

续表

	3.1 叶片泵装配 3.2 叶片泵的装配 3.3 叶片泵爆炸图 第4章 叶片泵盖板的自动编程加工 4.1 叶片泵的盖板分析 4.2 盖板加工 4.3 生成数控铣床的代码程序 结论 参考文献 致谢
研究方案	一、本课题研究的目标 　　本课题的任务是完成基于UG叶片泵建模与数控加工，根据本设计题目零件结构特点与测绘，完成零件建模，通过数控铣削完成零件的加工。 二、本课题研究的内容 　　本设计内容包括了对左泵体的测绘与建模、左配流盘测绘与建模、定子测绘与建模、转子测绘与建模、叶片测绘与建模、右配流盘测绘与建模、右泵体测绘与建模、叶片泵装配、叶片泵爆炸图与图纸的生成，对叶片泵盖板加工工艺方案的设计、加工参数的确定、盖板加工自动编程、盖板加工G代码的生成。 三、本课题研究要解决的问题 （一）建模与加工 　　（1）先对零件进行测绘，通过UG CAD模块实现零件的一一建模； 　　（2）然后利用UG CAM的加工模块，对叶片泵盖板进行模型和毛坯的参数设定，生成刀具轨迹； 　　（3）重点解决UG的CAM模块中的后处理模块生成可被机床直接执行的NC数控代码（G代码）。 （二）实践问题 　　在实际生产中，要设计出合理的工件加工工艺是需要在实践过程中不断积累经验的。因此对于每一个设计参数我们都要考虑到实际生产的合理性，从而使设计出的工艺不但可行而且能生产出高质量高成品率的工件。 四、本课题的研究方法 　　本题目的研究方法，是运用数控编程与加工技术中的相关编程知识与工艺知识，根据零件几何形状、尺寸要求、加工工艺要求进行分析；运用数控铣床自动编程加工技术知识对零件进行自动编程，通过设置相关参数完成自动编程的规划，通过后处理完成零件的G代码生成，修改后生成机床效验可接受的G代码程序；运用机械零件相关知识、UG NX的CAD模块知识，完成对叶片泵的测绘与建模，完成叶片泵的装配、爆炸及工程图的生成。 五、技术路线 （一）研究步骤 　　1．2014年3月10日～2014年3月31日，需求分析，收集资料。 　　2．2014年4月01日～2014年4月31日，进行叶片泵测绘、建模与装配。 　　3．2014年4月31日～2014年5月15日，叶片泵零件自动编程加工仿真。 　　4．2014年5月16日～2014年5月30日，完成论文二稿。

研究方案	（二）关键技术
	（1）利用 UG 的 CAD 模块建立三维实体模型及装配，对被加工零件及毛坯进行参数设置，生成刀具轨迹对刀具轨迹优化；
	（2）利用 UG 的 CAM 模块中的后处理模块生成可被机床直接执行的 NC 数控代码（G 代码）。
	六、可行性分析
	1．技术可行性分析
	  运用数控编程与加工技术、数控铣床自动编程加工技术（UG）等数控专业相关知识、UG NX 强大的建模与加工模块以及毕业设计指导老师的指导能够完成叶片泵的测绘建模与加工。
	2．结构可行性分析
	  叶片泵结构由左泵体、左配流盘、定子、转子、叶片及右配流盘等零件组成：
	  （1）定子（内腔型线）：两段长半径圆弧、两段短半径圆弧、四段过渡曲线。
	  （2）转子：有若干叶槽，内有叶片。旋转时，叶片受离心力及液压力作用下，外顶定子内壁，并在槽内往复滑动。
	  （3）配油盘：在定子和转子两侧，盘上有两对吸、排口，在定子、转子、叶片和配油盘之间形成若干个工作空间。
	实物叶片泵直观、拆卸方便，测量实际尺寸易操作，因此采用将零件一一拆卸后，进行测量。三维绘制零件后，进行装配，不易产生干涉。
	七、预期成果
	  完成基于 UG 叶片泵的建模及数控加工毕业论文，根据本设计题目通过对每一零件进行测绘，完成装配，最后对泵盖进行数控加工。

写作进度安排	1．2014 年 3 月 10 日～2014 年 3 月 31 日，完成文献综述及开题报告。 2．2014 年 3 月 11 日～2014 年 4 月 10 日，对零件完成测绘，三维建模、装配等。 3．2014 年 4 月 11 日～2014 年 5 月 30 日，完成论文二稿或中期检查。 4．2014 年 6 月 11 日～2014 年 6 月 15 日，上交论文成稿及设计图纸。 5．2014 年 6 月 01 日～2014 年 6 月 10 日，完成泵盖数控加工等。
指导教师意见	指导教师签字： 年 月 日
系学术委员会意见	主任签章： 年 月 日

4．论文中期报告

论文中期报告如表 9-4 所示。

表 9-4　××××毕业论文中期检查报告

学生名字	×××	学号	××××××××	指导老师	×××
论文题目	基于 UG 叶片泵的建模及数控加工					
论文中期 完成情况	一、前期工作简述 　　论文的前期工作主要完成了任务书、文献综述和开题报告的撰写，确定总体测绘与建模方案，并对各环节进行总体设计。 二、解决的问题及解决办法 1. 叶片泵零件测绘与三维建模 　　本次设计测绘零件较多，尤其定子弧线较复杂，开始测绘有点摸不着头脑，后来经过指导老师的点播以及查阅相关的资料，已经基本上能够预期完成测绘与建模。 2. 叶片泵装配 　　此部分中装配后检测零件间是否产生干涉是关键部分，经过导师的辅导，以及在网上搜索一定量的资料和相关书籍，对此部分设计有了一定的掌握。 三、尚存在的问题及解决方案 　　质量保证问题：为保证叶片泵结构和尺寸的准确性，除了合理的测绘数据调整，还要保证模型装配的准确性，因此要进行装配的干涉检验，以确保测绘零件建模的准确性。 四、后期工作安排 2014 年 6 月 01 日～2014 年 6 月 10 日，完成加工内容，撰写论文。 2014 年 6 月 11 日～2014 年 6 月 15 日，上交论文成稿。				
完成情况 评价	1. 按计划完成，完成情况优（　） 2. 按计划完成，完成情况良（　） 3. 基本按计划完成，完成情况合格（　） 4. 完成情况不合格（　） 补充说明： 　　指导教师签名：　　　　　　　　　　　　　　　　年　　月　　日				

5. 论文封皮

论文封皮示样图如图 9-1 所示。

```
                    ××××大学
                毕  业  论  文（设  计）


          题    目：基于 UG 叶片泵建模与数控加工
          系    部：机械工程系
          专    业：数控专业
          班    级：××级×班
          学    号：××××××××
          姓    名：×××
          指导教师：×××
          完成日期：××××年××月××日
```

图 9-1　论文封皮示样图

6. 论文诚信声明和版权说明

论文诚信声明和版权说明如图 9-2 所示。

毕业论文（设计）诚信声明书

本人声明：我将提交的毕业论文（设计）《基于 UG 叶片泵建模与数控加工》是我在指导教师指导下独立研究、写作的成果，论文中所引用他人的无论以何种方式发布的文字、研究成果，均在论文中加以说明；有关教师、同学和其他人员对本文的写作、修订提出过并为我在论文中加以采纳的意见、建议，均已在我的致谢辞中加以说明并深致谢意。

论文作者：×××	（签字）时间：	年 月 日
指导教师已阅	（签字）时间：	年 月 日

毕业论文（设计）版权使用授权书

本毕业论文（设计）《基于 UG 叶片泵建模与数控加工》是本人在校期间所完成学业的组成部分，是在××××大学教师的指导下完成的，因此，本人特授权对××××大学可将本毕业论文（设计）的全部或部分内容编入有关书籍、数据库保存，可采用复制、印刷、网页制作等方式将论文文本和经过编辑、批注等处理的论文文本提供给读者查阅、参考，可向有关学术部门和国家有关教育主管部门呈送复印件和电子文档。本毕业论文（设计）无论做何种处理，必须尊重本人的著作权，署明本人姓名。

论文作者：×××	（签字）时间：	年 月 日
指导教师已阅	（签字）时间：	年 月 日

图 9-2　论文诚信声明和版权说明

7. 论文正文

基于 UG 叶片泵建模与数控加工

摘要：本次毕业设计课题为变量叶片泵的三维建模及数控加工，主要是根据变量泵各实际零件尺寸及形状，通过测绘及观察配合关系，分析其工作原理后，运用 UG NX 三维建模软件对其进行实体建模。在整个设计过程中，需充分理解变量泵的运动原理，了解其排量和流量的计算形式。清楚变量泵的特点，对各零件的尺寸要精确测量，避免装配时尺寸不当。首先，需要对变量泵实体进行拆卸，在拆卸过程中需记住各配合关系；其次，对拆下的零件进行测量，记下其实际尺寸，并运用三维建模软件进行绘制；然后，将各个零件按照配合关系装配起来，形成装配体，做出实体动画，仿真其装配过程；最后，对叶片泵单个零件泵盖进行数控仿真加工。单作用变量泵的特点主要是它可以通过改变转子和定子的偏心距来调节泵的流量，使液压系统在工作进给时能量利用合理，效率高，油的温升小。

关键词：UG NX；叶片泵；测绘；建模；装配；加工

Abstract: The 3D modeling and NC machining of the graduation design topic for the variable vane pump, is mainly based on the variable pump parts of the actual size and shape, by mapping and observation with relations, analyzes its working principle, use the entity modeling of the 3D modeling software UG NX on it. In the whole process of design, the movement principle should fully understand the variable pump, understand the capacity and flow calculation.

Clear characteristics of variable pump, the parts of the size to accurately measure, avoid improper assembly dimensions. First of all, the need for removal of the variable pump entity, in the demolition process need to remember the matching relation.

Secondly, to measure the removed parts, note the actual size, and rendering using 3D modeling software; then, each part according to fit together, forming the assembly; made animation, simulation of the assembly process, finally, the individual parts of the vane pump cover NC machining simulation. Characteristics of single variable pump is mainly eccentric it by changing the rotor and stator pitch to adjust the pump flow, so that the hydraulic system in feed energy utilization, high efficiency, small rise and oil temperature.

Keywords：UG NX；vane pump；surveying and mapping；modeling assembly；NC machining

1 前言

本世纪 70 年代以来，世界市场由过去传统的相对稳定逐步演变成为动态的特征，由过去的局部竞争演变成全球范围内的竞争。随着信息技术的迅速发展，为了适应变化迅速的市场需求，提高竞争力，现代的制造企业将计算机信息技术应用于制造业，进行传统的改造。伴随着航空工业、汽车工业和轻工业消费品生产等的高速增长，复杂形状的零部件越来越多，精度要求也越来越高，传统的加工设备和制造方法已经满足不了这种多样化、柔性化与复杂形状零部件的高效高质量加工要求。近几十年来，数控加工技术作为机械加工现代化的重要基础与关键技术，在解决复杂、精密、单件小批零件加工上体现出了很大的优势，并且得到了迅速的发展和广泛应用。

数控技术、计算机辅助设计与制造技术的迅速发展正在使传统的机械设计与制造方式发生根本性变化。特别是现代 CNC 机床的普及和应用，人为地缩短了产品的制造周期，提高了产品的加工质量和生产率，增加了生产的柔性，并有利于实现对各种复杂精密零件的自动化加工和工厂、车间的计算机管理，使车间设备总数减少、节省人力、改善劳动条件，加快产品的开发和更新换代，提高企业对市场的适应能力并提高企业效益。数控技术已经是衡量一个国家机械制造工业水平的重要标志之一，更是体现一个机械制造企业技术水平的重要标志，同时，数控加工技术也成为发展军事工业的重要战略技术，因为许多先进武器装备中的关键零部件，都必须通过高性能数控机床来加工完成，西方各国对我国在高档数控机床与加工技术方面进行封锁和限制。尽管我国航空、能源、交通等行业也从西方引进了一批五坐标机床等高档数控设备，但其利用受到国外的监控和限制，不准用于军事用途的零部件加工，因此数控加工技术对于我国国防现代化建设也具有非常重要的作用。

2 叶片泵典型零件三维建模

2.1 叶片泵泵体内部件的 UG 建模

2.1.1 花键轴的建模

零件实体如图 2.1 所示。该零件表面有圆柱面，中间有圆形的凹槽，最上面有个长方形的键,中下端有个过渡花键。

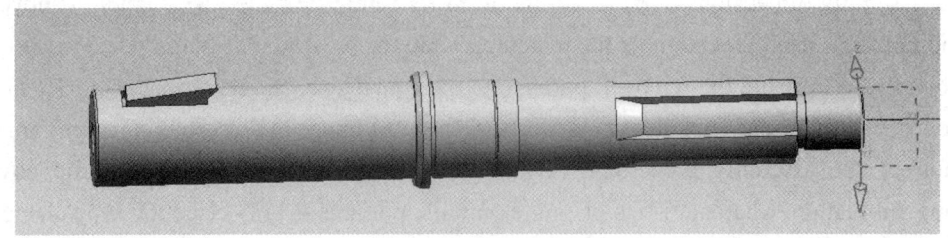

图 2.1 轴零件图

(1)花键轴的草图绘画及生成。

进入草图状态,选择适当的基本平面 X-Y 当作主体草图,进行约束,如图 2.2 所示;退出草图,进行回转,如图 2.3 所示。

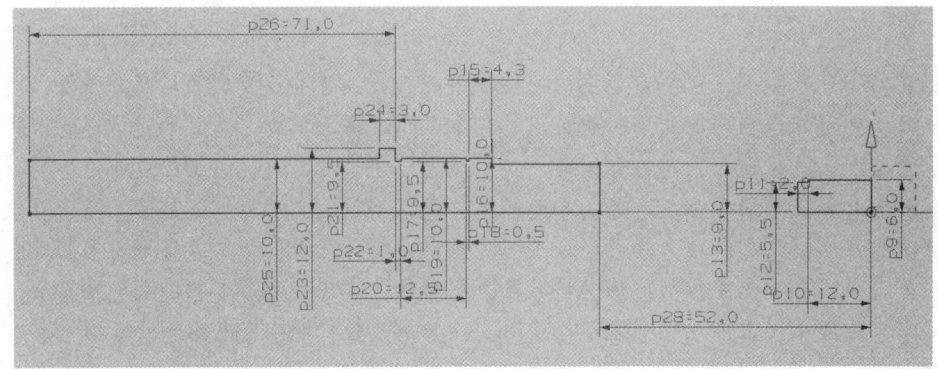

图 2.2 主体草图

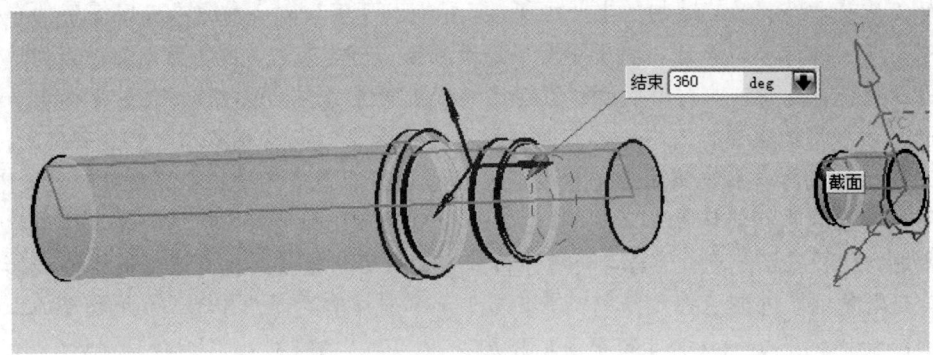

图 2.3 回转

(2)选择 Y-Z 平面做花键草图,然后进行拉伸命令,如图 2.4 所示。

(3)花键斜槽的制作。首先在花键的尾部创建一个圆柱,然后对圆柱进行拔模,如图 2.5 所示。

(4)其余特征生成、孔的定位、定位销的拉伸,最后生成实体,如图 2.6 所示。

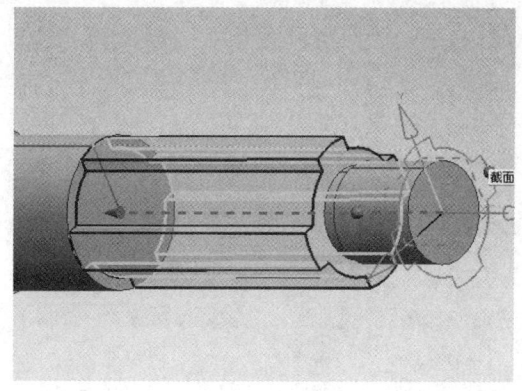

图 2.4 拉伸

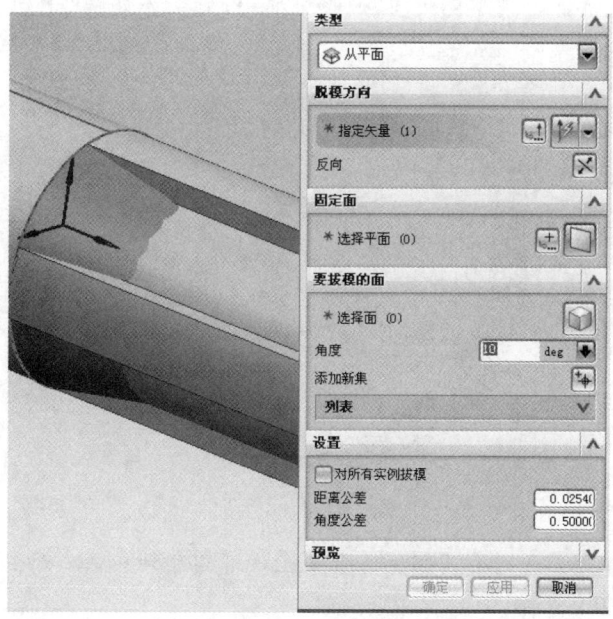

图 2.5 拔模

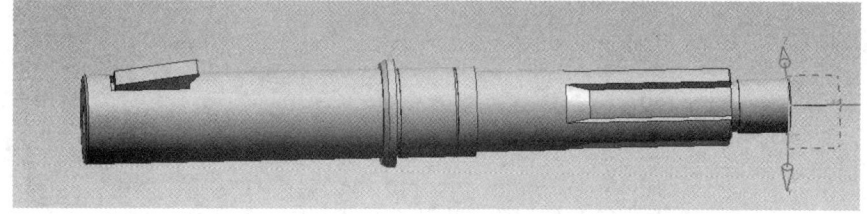

图 2.6 花键轴完成图

2.1.2 右配流盘的建模

在建模右配流盘时，出现流道锥形通凹槽。生成实体的时候比较麻烦，在绘制时要主意选择构造平面，在平面上画出草图，通过曲面命令进行实体的生成，然后修剪得到。

操作步骤如下。

（1）在 X-Y 平面创建草图，画出整体图形，并且进行约束，如图 2.7 所示。

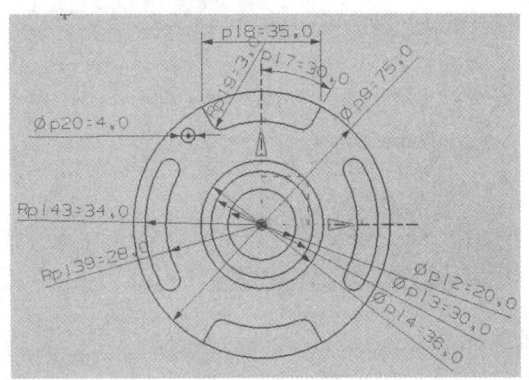

图 2.7　草图

（2）退回到建模界面，对草体进行拉伸命令，得到实体如图 2.8 所示。

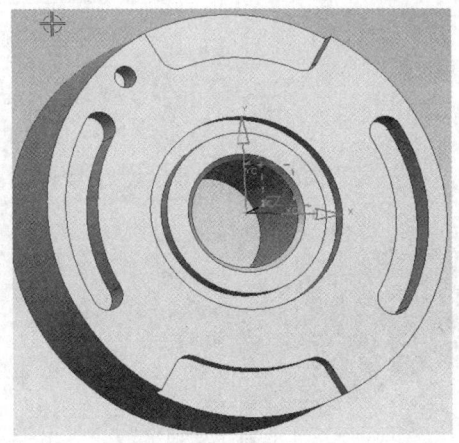

图 2.8　右配流盘

（3）进入草图 X-Y，在中心槽画出圆孔草图，通过旋转命令，得到 4 个相等的圆孔，并且相切于凹槽，如图 2.9 所示。

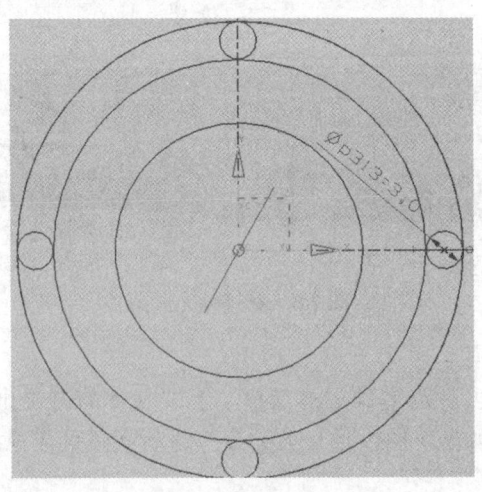

图 2.9　圆孔草图

(4)拉伸草图圆孔,布尔求差,如图 2.10 所示。

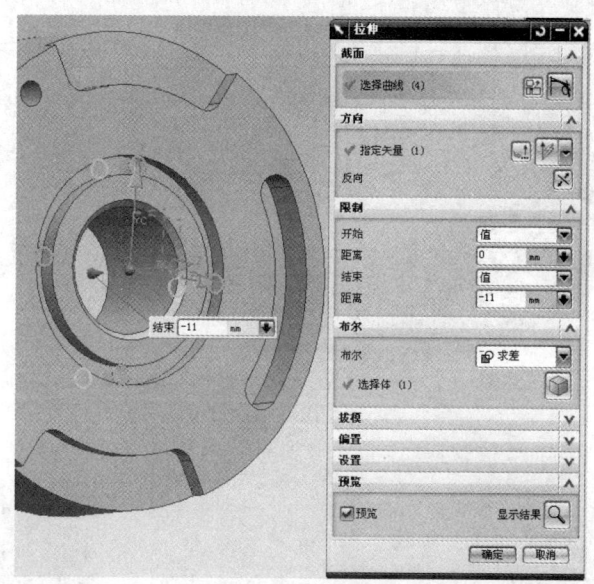

图 2.10 求差

(5)在 X-Z 坐标系绘制草图,做后视图的凹体。画草图时严格遵循尺寸要求,得到草图如图 2.11 所示。

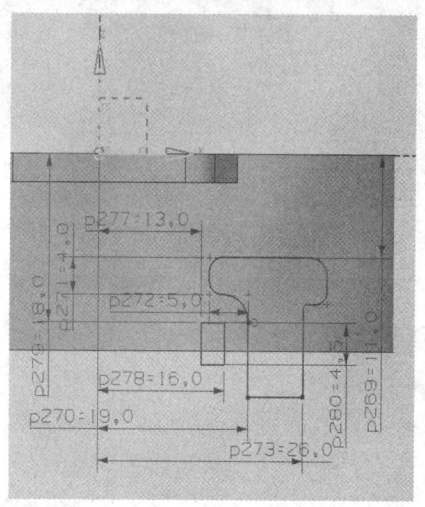

图 2.11 草图

(6)退出草图,进入旋转命令,布尔求差,得到图形如图 2.12 所示。

(7)锥形铜凹槽草图的创建,首选创建基准平面,与 X-Y 基准面距离为 4,画草图。生成曲线可以通过偏移命令得到。再创建基准平面绘制草图,与 X-Y 基准面距离为 7,画草图。生成的曲线同样可以通过偏移曲线命令。最后连接草图如图 2.13 所示。

(8)通过曲线命令,把所得的曲线生成片体,然后通过缝合命令将片体缝在一起生成实体,布尔求差即可得到,如图 2.14 所示。

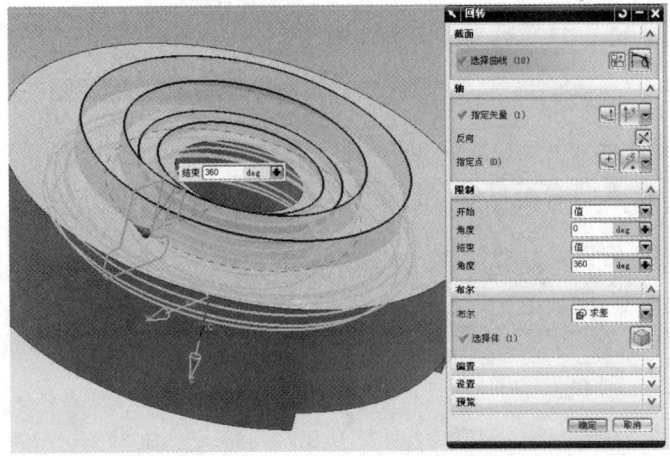

图 2.12 求差

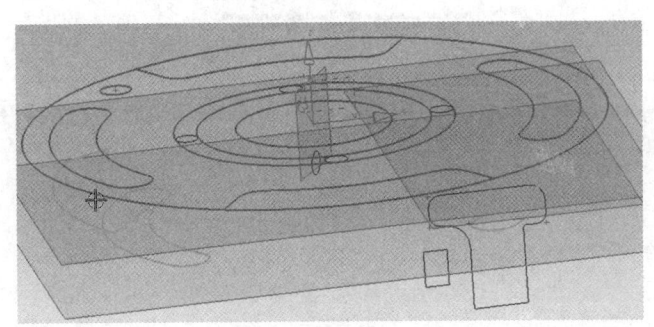

图 2.13 草图

图 2.14 求差

（9）右配流盘完成图，如图 2.15 所示。

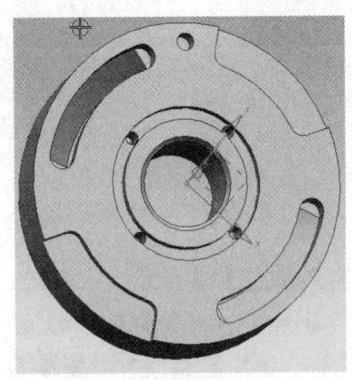

（a）正面图形

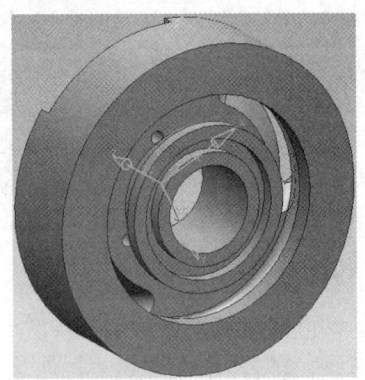

（b）后面图形

图 2.15 右配流盘完成图

2.2 叶片泵箱体外部件的 UG 建模

建模步骤如下。

（1）在 X-Y 平面内绘制主箱体的草图，如图 2.16 所示。

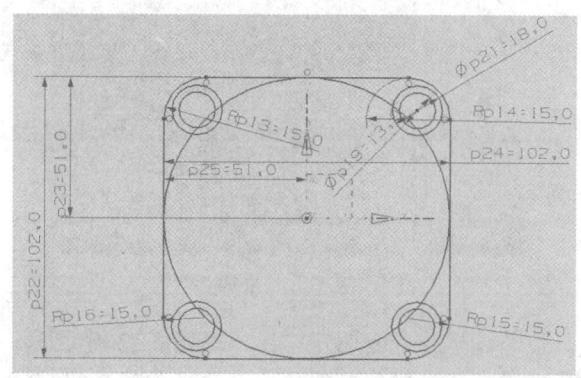

图 2.16 主箱体草图

（2）拉伸草图，生成实体，如图 2.17 所示。

（3）通过 X-Y 平面的曲线，生成片体，然后做修剪体命令删除多余部分，如图 2.18 所示。

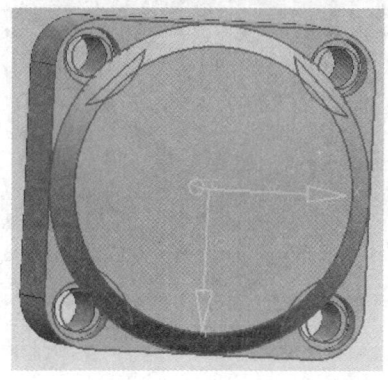

图 2.17 拉伸

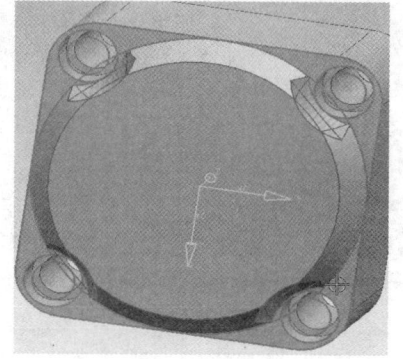

图 2.18 修剪

（4）做腔体内空门，选择坐标系平面 X-Z 绘制草图，如图 2.19 所示。

（5）拉伸草图，布尔求差，如图 2.20 所示。

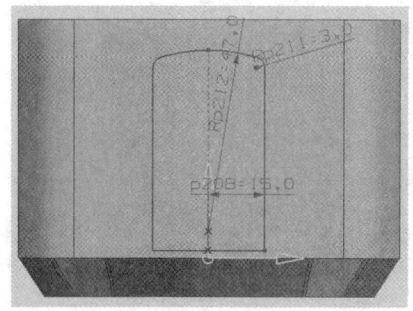

图 2.19 草图

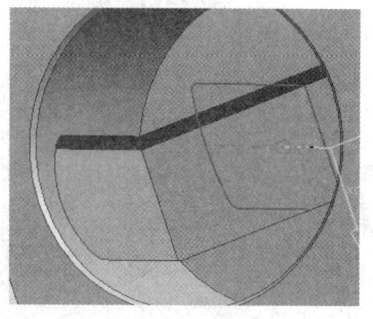

图 2.20 求差

（6）选出与门同一个平面，在箱体外部选择平面，然后创建平面制作草图，如图 2.21 所示。

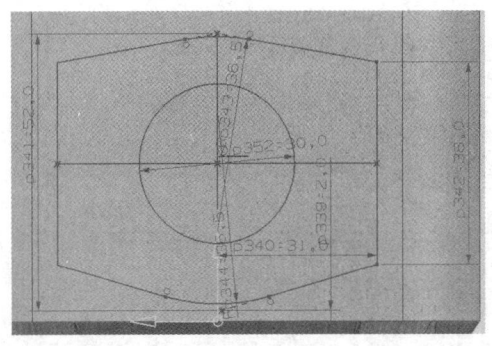

图 2.21 草图

（7）拉伸草图，并且通过螺纹命令制作螺纹，如图 2.22 所示。

（8）利用边倒圆和边倒角命令修饰箱体的直角边，如图 2.23 所示。

图 2.22 拉伸

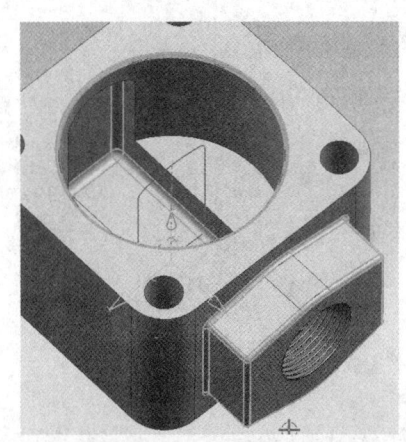

图 2.23 右泵体

（9）右泵体完成图，如图 2.24 所示。

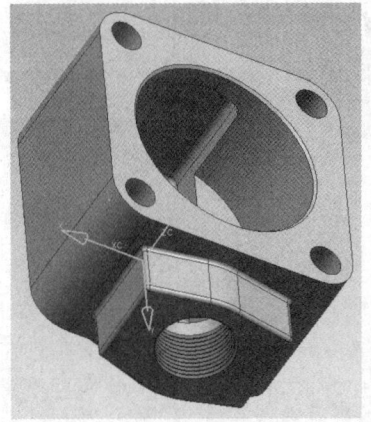
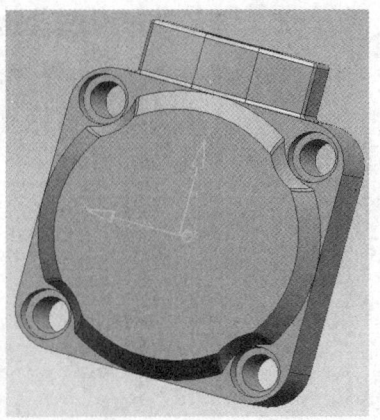

图 2.24 右泵体完成图

3 叶片泵的装配与爆炸图

3.1 叶片泵转子装配

首先进入装配界面选择主要部件，作为基准部件；然后通过添加部件命令，添加装配部件；最后通过装配约束进行装配。

叶片泵转子的装配，详细装配过程如下。

（1）选择转子作为基准部件，然后添加组件（叶片）如图 3.1 所示。点击应用命令进入装配约束。

（2）对叶片进行装配约束，如图 3.2 所示。

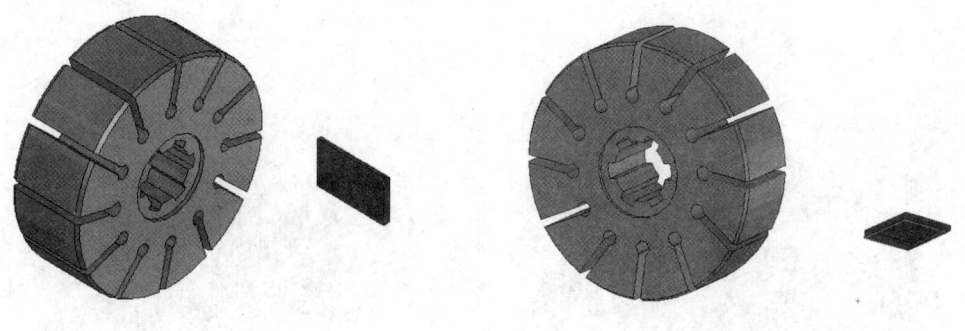

图 3.1　添加叶片　　　　　　　　图 3.2　约束

（3）装配生成如图 3.3 所示。

（4）通过装配中创建阵列命令对叶片进行圆周阵列，生成转子装配图如图 3.4 所示。

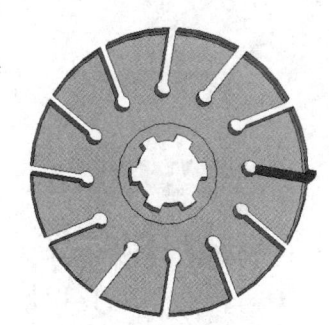　　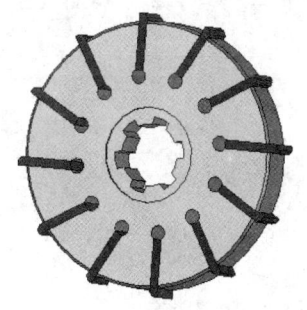

图 3.3　装配生成　　　　　　　　图 3.4　转子装配图

3.2 叶片泵的装配

选择正确的基准件是完成装配的重要任务之一，在 UG6.0 软件装配的过程中，正确运用装配约束，才能完好地进行装配。装配步骤如下：

（1）进入装配界面，选择左泵体作为基准部件，添加部件配流盘，如图 3.5 所示。通过中心线对齐命令装配左泵体与配流盘，如图 3.6 所示。

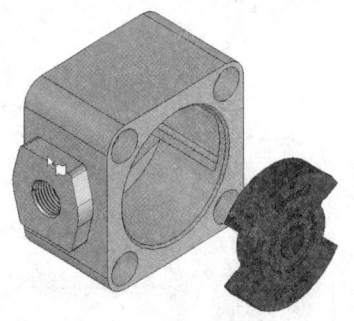
图 3.5　添加配流盘

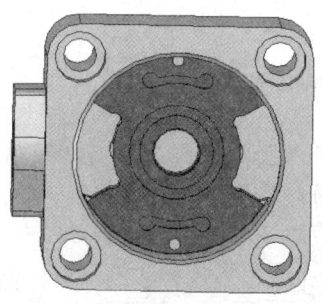
图 3.6　装配配流盘

（2）添加部件定子，如图 3.7 所示。通过接触对齐命令约束定子与左箱体的位置，如图 3.8 所示。

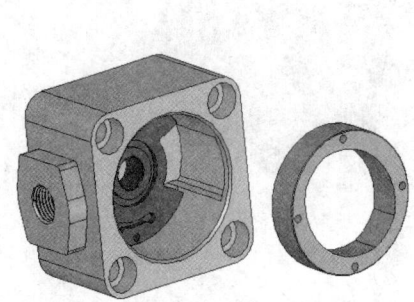
图 3.7　添加定子

图 3.8　装配定子

（3）添加部件转子，如图 3.9 所示。利用中心线对齐命令约束转子与左配流盘的位置，如图 3.10 所示。

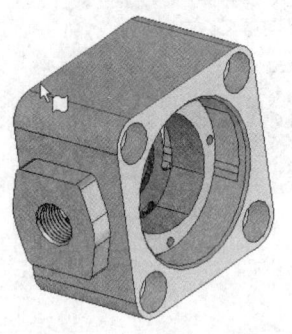
图 3.9　添加转子

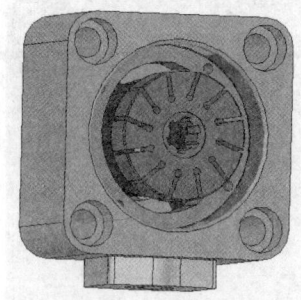
图 3.10　装配转子

（4）添加部件右配流盘，并与左泵体中心线对齐配合，如图 3.11 所示。右配流盘与左配流盘的结构和形状相似，在装配时，约束的命令也相近。首先利用接触对齐命令约束左配流盘与转子的位置，如图 3.12 所示。

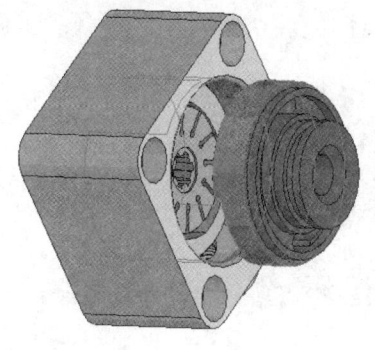 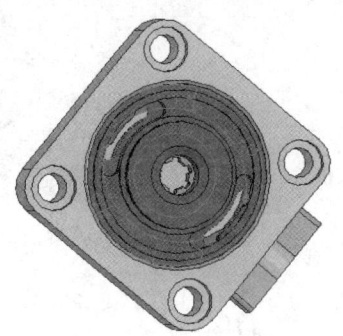

图 3.11　右配流盘　　　　　　　图 3.12　装配右配流盘

（5）添加部件花键轴，如图 3.13 所示。
装配花键轴与其他零件接触对齐，如图 3.14 所示。

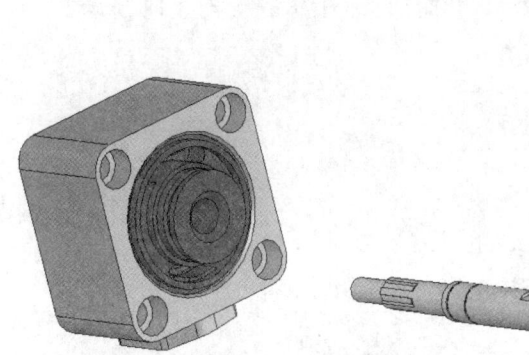 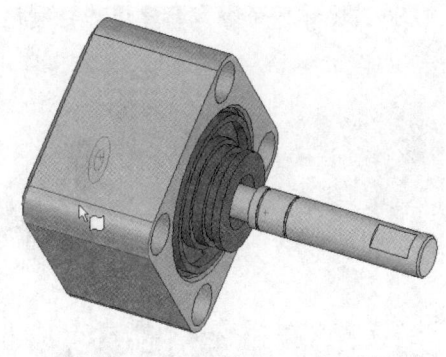

图 3.13　添加花键轴　　　　　　图 3.14　装配花键轴

（6）添加部件右泵体，并接触对齐，如图 3.15 所示。利用接触对齐配合右泵体和其他零件的关系，如图 3.16 所示。

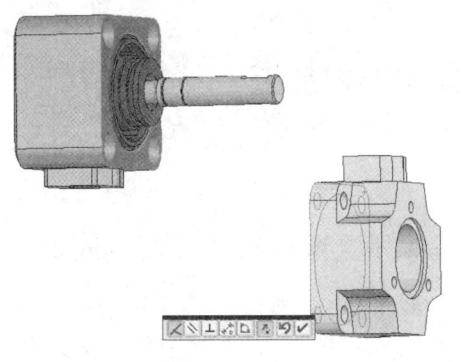 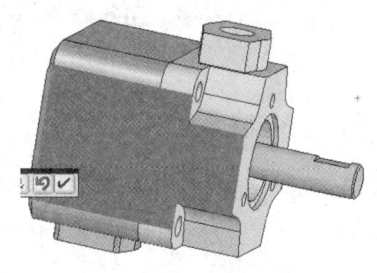

图 3.15　添加右泵体　　　　　　图 3.16　装配右泵体

（7）添加最后部件右盖板，利用接触配合命令完成叶片泵泵盖的装配，整个叶片泵装配完成，如图 3.17 所示。

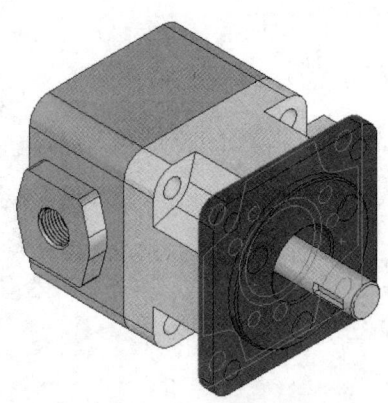

图 3.17　叶片泵装配完成图

3.3　叶片泵爆炸图

进入爆炸图命令,新建爆炸,利用手动爆炸将叶片泵的部件爆炸,如图 3.18 所示。

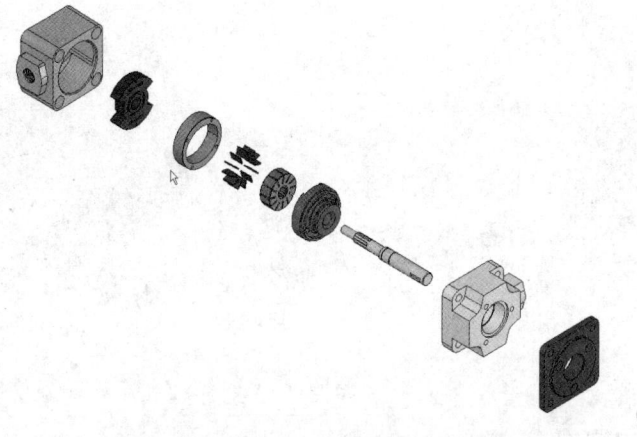

图 3.18　整体爆炸图

4　叶片泵盖板的自动编程加工

4.1　叶片泵的盖板分析

盖板有 4 个 $\phi 11mm$ 的均布通孔、3 个沉头 $\phi 14mm$、沉头深 8mm、孔直径 9mm 的沉头孔,一个 $\phi 40mm$ 的通孔。盖板图纸如图 4.1 所示。

4.2　盖板加工

(1) 根据盖板形状,加工时选择铣床加工。进入 UG 加工界面,选择加工模式,如图 4.2 所示。

第 9 章　数控方向毕业设计实例及选题

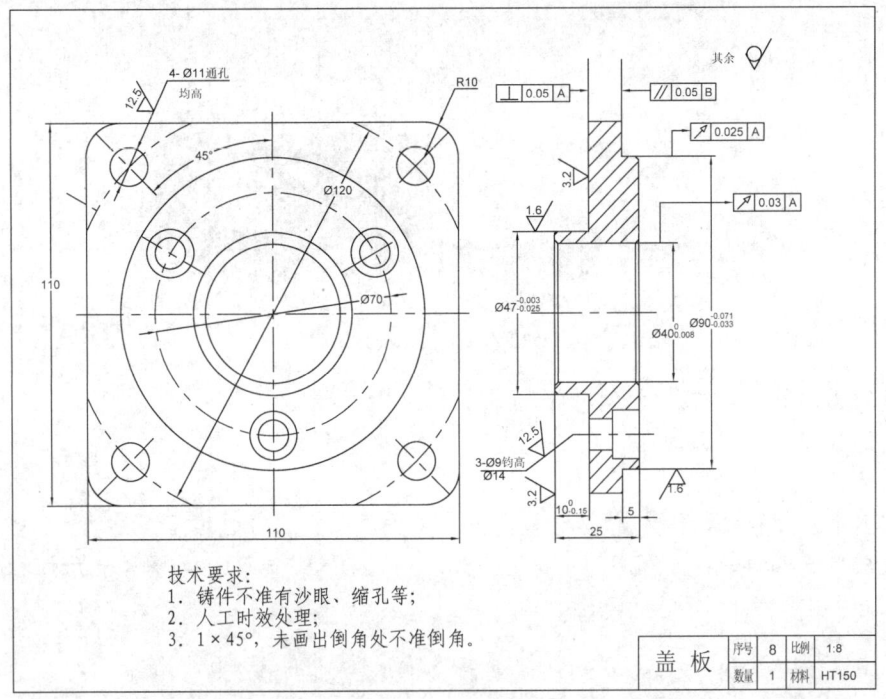

图 4.1　盖板图纸

（2）粗、精加工的刀具选择。

盖板表面粗/精加工，选择刀具直径为 8mm 的平底立铣刀，如图 4.3 所示。

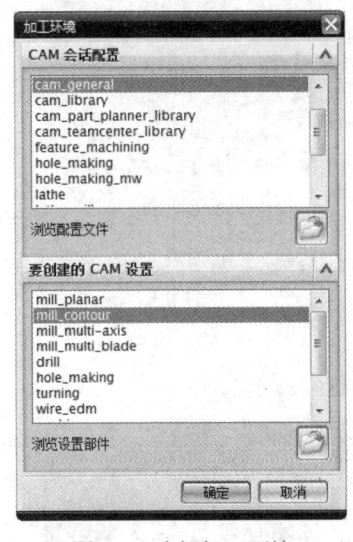

图 4.2　选择加工环境

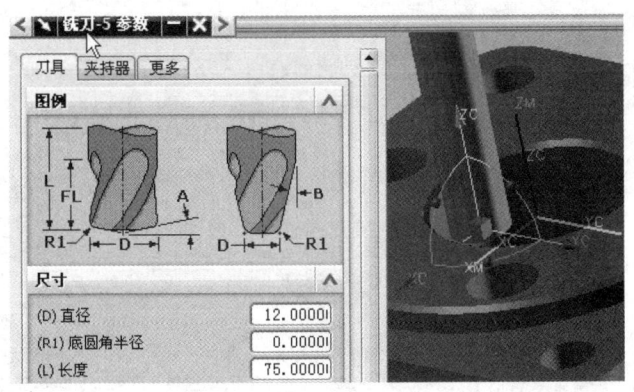

图 4.3　选择刀具

（3）UG 创建加工过程如下：

1）创建几何体，选择毛坯、指定部件，如图 4.4 所示。
2）进入创建操作，选择型腔铣，CAVITY_MILL；
3）选择加工方法，粗加工；

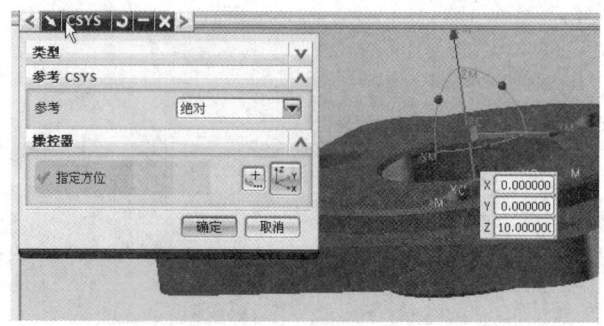

图 4.4 创建几何体

4）选择给定的刀具和几何体；
5）切削模式——跟随部件；
6）最大距离深度 2；
7）进入非切削移动，传递/快速，设置安全平面，防止抬刀时撞刀；
8）生成加工刀路轨迹（粗/精），如图 4.5 所示；2D 动态显示，如图 4.6 所示。

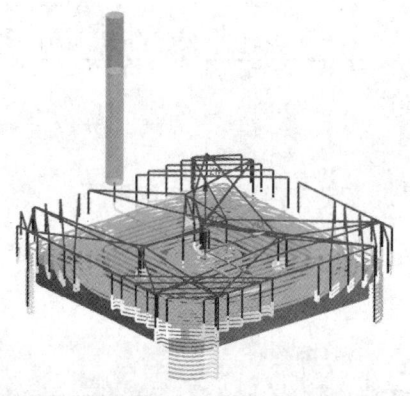

图 4.5 粗加工刀路轨迹

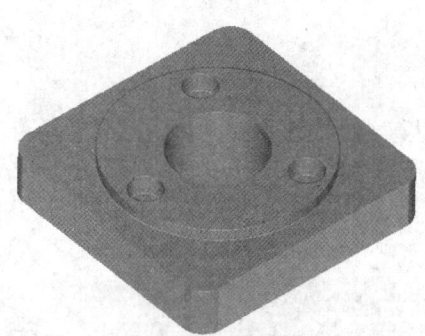

图 4.6 粗加工完成图

9）盖板精加工，选择平面铣，PLANAR_MILL；精加工刀路轨迹如图 4.7 所示，精加工完成图如图 4.8 所示。

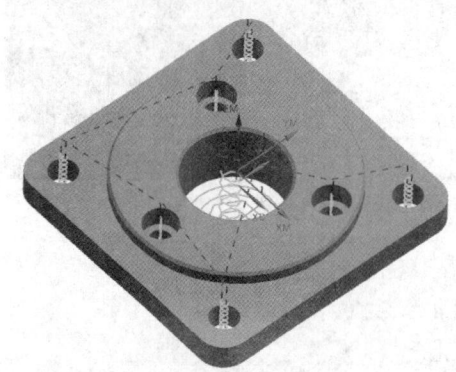

图 4.7 精加工刀路轨迹

图 4.8 精加工完成图

10）加工工件另一面，选择型腔铣，CAVITY_MILL，生成刀具轨迹如图4.9所示；2D动态完成工件加工，如图4.10所示。

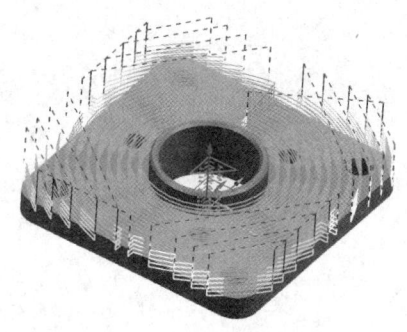

图4.9 刀具轨迹图

图4.10 加工完成图

4.3 生成数控铣床的代码程序

盖板的数控加工工艺卡如表4.1所示。

表4.1 数控加工工艺卡片

	机械加工工艺卡		产品名称		图 号	1
			零件名称	盖板	共 1 页	第 1 页
毛坯种类	方 钢	材料牌号	45 钢		毛坯尺寸	110*110*24
序号	工种	工步	工序内容		设备	工具
						夹具	刀具
1	下料		110*110*24		铣床	虎钳	Φ8 铣刀
2	铣床		虎钳装卡毛坯，可切削高度10				
3		1	铣3个直径φ9mm、深8mm的孔与铣一个φ40mm的通孔				
4		2	铣3个直径φ9mm通孔与铣一个φ40mm的通孔；同时，铣4个φ11mm均布通孔				
5		3	反向装卡，铣外轮廓				

1. 加工后处理部分程序

%0001
%
N0010 G40 G17 G90 G70
N0020 G91 G28 Z0.0
N0030 T02 M06
N0040 G0 G90 X-2.4684 Y0.0 S2000 M03
N0050 G43 Z.4331 F300
N0060 Z.0787
N0070 G1 Z-.0394 F9.8 M08
N0080 X-2.1692
N0090 Y2.1661

N0100 G2 X-2.1661 Y2.1692 I.0037 J-.0006
N0110 G1 X2.1661
N0120 G2 X2.1692 Y2.1661 I-.0006 J-.0037
N0130 G1 Y-2.1661
N0140 G2 X2.1661 Y-2.1692 I-.0037 J.0006
N0150 G1 X-2.1661
N0160 G2 X-2.1692 Y-2.1661 I.0006 J.0037
N0170 G1 Y0.0
N0180 X-2.0117
N0190 Y2.0117
N0200 X2.0117
N0210 Y-2.0117
N0220 X-2.0117
N0230 Y0.0
N0240 X-1.8542
N0250 Y1.8542
N0260 X1.8542

--- --- --- --- --- ---
--- --- --- --- ---
--- --- --- --- --- ---

N4400 G2 X-1.8854 Y2.311 I.5393 J-.1137
N4410 G1 X-1.7313 Y2.3435
N4420 Y2.4803
N4430 Z-.9055
N4440 G0 Z.4331
N4450 M30
%

2. 加工后处理部分程序
%
N0010 G40 G17 G90 G70
N0020 G91 G28 Z0.0
N0030 T02 M06
N0040 G0 G90 X1.7238 Y1.6766 S2000 M03
N0050 G43 Z.3543 F300
N0060 Z.0787
N0070 G3 X1.7238 Y1.6766 Z-.0114 I-.0535 J-.0017 K.0143 F9.8
N0080 X1.7238 Y1.6766 Z-.1015 I-.0535 J-.0017 K.0143
N0090 X1.7238 Y1.6766 Z-.1917 I-.0535 J-.0017 K.0143
N0100 X1.7238 Y1.6766 Z-.2818 I-.0535 J-.0017 K.0143
N0110 X1.7238 Y1.6766 Z-.372 I-.0535 J-.0017 K.0143
N0120 X1.7238 Y1.6766 Z-.4621 I-.0535 J-.0017 K.0143
N0130 X1.7238 Y1.6766 Z-.5523 I-.0535 J-.0017 K.0143
N0140 X1.7238 Y1.6766 Z-.6424 I-.0535 J-.0017 K.0143
N0150 X1.7238 Y1.6766 Z-.7326 I-.0535 J-.0017 K.0143
N0160 X1.7238 Y1.6766 Z-.8227 I-.0535 J-.0017 K.0143
N0170 X1.7238 Y1.6766 Z-.9128 I-.0535 J-.0017 K.0143
N0180 X1.7238 Y1.6766 Z-1.003 I-.0535 J-.0017 K.0143
N0190 X1.6757 Y1.7282 Z-1.0236 I-.0535 J-.0017 K.0143

N0200 G1 X1.6703 Y1.7287 M08
N0210 G3 X1.6221 Y1.6376 I.0001 J-.0584
N0220 X1.724 Y1.6479 I.0482 J.0325
N0230 X1.6703 Y1.7287 I-.0538 J.0225
N0240 G1 X1.6624 Y1.6503
N0250 Z-.9055
N0260 G0 Z.3543
N0270 X1.1833 Y.6978
N0280 Z.0787

--- --- --- --- --- ---
--- --- --- --- --- ---
--- --- --- --- --- ---

N3000 G1 X-1.6703 Y1.7287
N3010 G3 X-1.7185 Y1.6376 I.0001 J-.0584
N3020 X-1.6166 Y1.6479 I.0482 J.0325
N3030 X-1.6703 Y1.7287 I-.0538 J.0225
N3040 G1 X-1.6782 Y1.6503
N3050 Z-.9055
N3060 G0 Z.3543
N3070 M30
%

3. 加工后处理部分程序
%
N0010 G40 G17 G90 G70
N0020 G91 G28 Z0.0
N0030 T02 M06
N0040 G0 G90 X2.3252 Y1.606 S2000 M03
N0050 G43 Z-1.4173 F300
N0060 Z-1.063
N0070 G1 Z-.9449 F9.8 M08
N0080 X2.1667 Y1.7971
N0090 G3 X1.7974 Y2.1664 I-2.1667 J-1.7971
N0100 G1 X1.6061 Y2.3252
N0110 Z-1.063
N0120 G0 Z-1.4173
N0130 X2.3252 Y1.3153
N0140 Z-1.063
N0150 G1 Z-.9449
N0160 X2.1677 Y1.5373
N0170 G3 X1.5373 Y2.1677 I-2.1677 J-1.5373
N0180 G1 X1.3153 Y2.3252
N0190 Z-1.063
N0200 G0 Z-1.4173
N0210 X2.3252 Y.9713
N0220 Z-1.063
N0230 G1 Z-.9449
N0240 X2.1677 Y1.2454
N0250 G3 X1.2454 Y2.1677 I-2.1677 J-1.2454
N0260 G1 X.9713 Y2.3252
N0270 Z-1.063

N0280 G0 Z-1.4173
N0290 X2.3252 Y.5036
N0300 Z-1.063
N0310 G1 Z-.9449
N0320 X2.1677 Y.888
N0330 G3 X.888 Y2.1677 I-2.1677 J-.888
N0340 G1 X.5036 Y2.3252
N0350 Z-1.063
N0360 G0 Z-1.4173
N0370 X2.3252 Y.1186
N0380 Z-1.063
N0390 G1 Z-.9449
N0400 X2.1875
--- --- --- --- ---
--- --- --- --- ---
--- --- --- --- ---
N9000 G3 I-1.5428 J.1956
N9010 G1 X1.3865 Y-.1758
N9020 G3 I-1.3865 J.1758
N9030 G1 X1.2303 Y-.156
N9040 G3 I-1.2303 J.156
N9050 G1 X1.0741 Y-.1362
N9060 G3 I-1.0741 J.1362
N9070 G1 X1.2303 Y-.156
N9080 Z-.748
N9090 G0 Z-1.4173
N9100 M30
%

结论

本设计的设计题目是基于 UG 叶片泵的建模及数控加工，运用到《CAD/CAM 数控铣床自动编程加工技术》中的相关知识，结合大量其他叶片泵与数控加工类资料、手册等，在李明辉老师的精心指导下，终于完成设计任务。

通过这次毕业设计的磨练发现机械设计知识博大精深，自己在设计方面需要加强的知识和经验还有很多，我们可敬可亲的老师们将我们领入了这个行业的大门里，自己需要走的求学之路还很长很长，在以后的实际工作中，我一定踏实工作，虚心学习，以积累更多知识和经验。

参考文献

[1] 成大先. 机械设计手册——铸造工艺[M]. 北京：化学工业出版社，2012.
[2] 张云杰. UG NX 4.0 中文版基础教程[M]. 北京：清华大学出版社，2007.
[3] 廖璘志等. UG NX 8 数控编程基本功特训[M]. 北京：电子工业出版社，2012.
[4] 周玮. UG NX 5.0 应用与实例教程[M]. 北京：人民邮电出版社，2009
[5] 劳动和社会保障部教材办公室组织编写. 数控车床 Fanuc 系统编程与操作[M]. 中国劳动社会保障出版社，2007.
[6] 姜厚文. UG NX 6 固定轴与多轴铣培训教程[M]. 北京：清华大学出版社，2010.

[7] 曹瑜强. 铸造工艺及设备[M]. 北京：机械工业出版社，2009.
[8] 王志平. 数控加工编程与操作[M]. 北京：高等教育出版社，2005.
[9] 杨胜群. UG NX 4 数控加工实用教程[M]. 北京：清华大学出版社，2007.
[10] 唐志涛. 虚拟数控加工过程仿真技术[J]. 机械制造与自动化，2005（03）：21-22.
[11] 朱立达. 虚拟数控技术在铣削加工过程中的研究[J]. 机械制造，2007（03）：1-5.

致谢

非常感谢陪伴我走过大学四年的各位老师，感谢您在学习、生活及工作上给予的亲切关怀和谆谆教诲，老师们严谨的治学作风、高尚的道德风尚和兢兢业业的工作态度一直鼓励、鞭策着我的成长，令我终生难忘。特别感谢本人的指导老师×××老师，在此次论文撰写过程中，对我的细心指导和关心，向您致以诚挚的谢意。纸上得来终觉浅，绝知此事要躬行，作此设计是我认识到要认真地做好一件事不是那么的容易，也为我以后的工作奠定了基础和经验。感谢各位同学给我的支持、鼓励、帮助，谢谢你们的鼎立支持和配合，使我得以顺利完成论文的设计。最后，祝愿老师们身体健康，工作愉快；同学们事业有成，前途无限；同时祝愿母校蒸蒸日上，再创辉煌！

9.3　数控方向的各类选题

本小节介绍了一些成型方向常见的、有代表性的毕业设计选题，并对其一一进行解析。

9.3.1　数控加工

选题研究领域：三维零件建模及仿真加工
选题类型：设计
选题完成形式：论文+G 代码
选题参加人数：个人独立完成或者 2 人
选题知识准备：

数控车床主要以加工轴类工件为主，包括车外圆、端面、内孔、各种成型面、锥面、螺纹、槽、切断、钻孔、铰孔、盘螺纹等，使用的刀具相对比较简单，刃磨方便，造价也低，所以成本也低，而且数控车削大部分使用硬质合金刀具，切削速度高，效率高；加工内容广泛灵活，经济，效率高；数控铣主要加工各种内外表面、成型面、空间曲面、孔及孔系的加工等。

数控仿真是应用计算机技术对数控加工操作过程进行模拟仿真的一门新技术。该技术面向实际生产过程的机床仿真操作，加工过程三维动态的逼真再现，能对数控加工建立感性认识，可以反复动手进行数控加工操作，还能对加工的工件进行精确测量、智能测量等的仿真操作。我们可以通过仿真软件对零件进行模拟加工，从而达到熟练各种数控机床的操作面板，而且通过仿真软件还能实现对加工程序的校正和加工工艺的优化，最终达到简化程序，减少加工错误，提高加工效率。

选择此类题目，知识准备包括：识图，零件结构及工艺分析，数控车铣编程与加工，CAD/CAM 数控自动编程加工等。

选题设计大纲举例——《基于 UG 的齿轮油泵三维设计及仿真加工》

第 1 章 概述
  1.1 数控加工概述
  1.2 设计的目的和意义
  1.3 题目简述
    1.3.1 要解决的关键问题
    1.3.2 解决问题的思路

第 2 章 零件毛坯制造方法的确定
  2.1 零件的工艺分析
  2.2 毛坯制造方法的确定

第 3 章 齿轮泵三维建模与装配
  3.1 齿轮泵零件建模
  3.2 齿轮泵装配

第 4 章 齿轮泵零件加工
  4.1 加工零件工艺分析
  4.2 工艺过程设计
  4.3 选择机床、工艺装备等
  4.4 加工工序卡片与刀具卡片制定
  4.5 加工代码生成
  4.6 加工仿真

相似选题扩展:
(1) 基于 UG 的一级圆柱齿轮减速器设计及仿真加工
(2) 基于 UG 的二级圆柱齿轮减速器设计及仿真加工
(3) 基于 UG 的虎钳设计及仿真加工
(4) 基于 UG 的千斤顶设计及仿真加工
(5) 基于 UG 的机械手臂设计及仿真加工

9.3.2 数控机床加工

选题研究领域: 基于 VNUC 数控机床仿真加工
选题类型: 仿真加工
选题完成形式: 论文+仿真结果
选题参加人数: 个人独立完成或者 2 人
选题知识准备:
    数控车床、车削中心,是一种高精度、高效率的自动化机床。配备多工位刀塔或动力刀塔,机床就具有广泛的加工工艺性能,可加工直线圆柱、斜线圆柱、圆弧和各种螺纹、槽、蜗杆等复杂工件,具有直线插补、圆弧插补等各种补偿功能,并在复杂零件的批量生产中发挥了良好的经济效果。

选题设计大纲举例——《新型产品设计与典型零件数控加工》

第 1 章 概述

1.1 数控加工概述
1.2 设计的目的和意义
1.3 题目简述
　　1.3.1 要解决的关键问题
　　1.3.2 解决问题的思路
第2章 产品的三维实体造型
2.1 零件的结构分析
2.2 零件的三维实体造型
2.3 产品渲染
第3章 VNUC 4.0 数控车床仿真加工
3.1 车零件图纸分析
3.2 车零件加工工艺分析
　　3.2.1 车加工工艺卡片制定
　　3.2.2 车加工刀具卡片制定
3.3 车零件程序制定
3.4 车零件仿真加工
第4章 VNUC 4.0 数控铣床仿真加工
4.1 铣零件图纸分析
4.2 铣零件加工工艺分析
　　4.2.1 铣加工工艺卡片制定
　　4.2.2 铣加工刀具卡片制定
4.3 铣零件程序制定
4.4 铣零件仿真加工

相似选题扩展：
（1）手机外壳造型设计与仿真加工
（2）数控车床零件加工
（3）数控铣床及加工中心产品加工
（4）车削零件的数控加工工艺编制
（5）饮水机产品设计与数控加工
（6）新型冰箱设计与数控加工
（7）腕表式手机设计与数控加工
（8）新型水壶设计与数控加工
（9）新型音像设计与数控加工

第 10 章　模具方向毕业设计实例及选题

本章概要

- 模具方向概述；
- 模具方向毕业设计实例分析；
- 模具方向的各类选题。

10.1　模具方向概述

1. 模具专业概述

模具工业是基础工业，模具在航空、电子、电机电器、汽车、仪器仪表、轻工等各个领域中得到了广泛的应用，素有"工业之母"的称谓。发达国家总结其发展经验认为"模具工业是进入富裕社会的源动力"。由此可见，模具工业在发展国民经济，振兴支柱产业中占有重要的地位。

本专业培养适应社会主义现代化建设需要的德、智、体、美全面发展的，具有冲压模具和塑料模具的设计和制造能力，并特别具有计算机辅助设计能力的高等技术应用型专门人才。突出职业技能型、应用型人才的培养特色，提高实践教学与理论教学的比例，强化基础技能训练，重点学习先进的 AutoCAD、Pro/E、UG NX 等现代设计软件及数控编程技术。本专业毕业生能在家电、机械、汽车、电子、塑料等行业的生产第一线从事模具钳工、模具修理技师、机械制图技术员、产品设计员、工艺造型设计员，各种模具设计、模具制造及新技术的应用和管理等工作。能运用 Pro/E、UG NX、AutoCAD 等先进软件进行制品设计和模具设计及数控编程加工制造。

2. 毕业生能力培养目标

培养掌握现代模具设计、制造的基本理论和基础知识，具备冷冲模、塑料模等模具设计能力，使用模具加工设备能力，编制并实施模具制造工艺能力，数控机床操作和编程能力的高级实用型技术人才。

毕业生应具备的能力：

- 具有模具工艺设计、工艺实施、技术管理能力；
- 具有模具数控加工编程能力；
- 具有注塑模具、冲压模具设计与制造能力；
- 具有一定钳工操作能力、模具修配能力；
- 具有良好的计算机基础应用能力和利用计算机进行辅助设计制造及管理能力；
- 具有熟练运用 CAD/CAM 软件进行模具造型设计和加工的能力；
- 具有良好的语言表达、文字表达、人际交往能力。

3. 毕业设计相关主干课程

模具设计与制造专业的主干课程：机械制图及公差、机械设计、冷冲模工艺及模具设计、塑料成型工艺及模具设计、模具制造工艺、模具 CAD/CAM 技术、数控机床及编程技术等。

（1）机械制图。

机械制图是机械类专业学生必修的专业基础课，是一门既有系统理论又有较强实践性的技术基础课。本课程的目的主要是学习正投影法的基本原理及其应用，培养学生绘制和阅读机械图样的基本能力；培养学生图解简单空间几何问题的能力；培养学生对三维形状与相关位置的空间逻辑能力和形象思维能力；培养学生使用 CAD 的初步能力。同时有目的地培养学生自学能力、分析问题和解决问题的能力，以及认真负责的工作态度和严谨细致的工作作风。

（2）公差与互换性。

公差与互换性是机械类专业一门实践性很强的技术基础课，该课程将实现互换性生产的标准化领域与计量学领域的有关知识结合在一起，涉及机械电子产品的设计、制造、质量控制和生产组织管理等诸多方面，是机械类专业技术人才必须具备的基础知识与基本能力。本课程使学生熟悉机械精度设计的基本概念、基本步骤、基本原则和一般方法；掌握基本几何量线性尺寸、角度尺寸、形状和位置精度的基本概念及有关国标的基本内容，形位精度和尺寸精度间的关系；具备初步设计几何量精度的能力；了解常用测量器具的工作原理、调整和使用；具备对机械零件的一般几何量作技术测量的初步能力。灌

（3）机械设计。

机械设计是一门用以培养学生机械设计能力的技术基础课，本课程主要研究内容：阐述常用机构的工作原理、运动特性及设计方法；阐述常用零部件的工作原理、结构特点及设计方法；介绍机械系统的设计思路和设计方法。通过本课程的教学，应使学生达到下列基本要求：

熟悉常用机构的工作原理、组成及其特点，掌握通用机构的分析和设计的基本方法；熟悉通用机械零件的工作原理、结构及特点，掌握通用机械零件的选用和设计的基本方法；具有对进行机构分析、设计、使用技术资料进行零件计算、制图的能力；具有综合运用所学知识和实践的技能，设计简单机械和简单传动装置的能力；具有通过实验和观察去识别常用机构组成、工作特性和通用机械零件结构特点的能力。

（4）冷冲模工艺及模具设计。

通过本课程学习，使学生掌握冲压件的结构工艺性及设计、冲压模具设计、冲压工艺设计、冲裁工艺、精密冲裁、弯曲、拉伸及其他成形工艺设计、汽车覆盖件冲压工艺设计、冲模分类、特点、用途、单工序模设计、复合模设计、连续模设计、精冲模设计、覆盖件模具设计、硬质合金冲模设计等知识，掌握冲压模具标准化，冲模术语及冲模技术条件，冲模标准零件，相关国家、国际标准等。

（5）塑料成型工艺及模具设计。

塑料成型工艺及模具设计课程是核心专业课程之一，主要讲授塑料模具的设计流程和模具结构、塑料的特性和成型原理、掌握模具的合模和开模动作、塑料件模具结构设计等。通过本课程的学习，掌握塑料的基本概念、热塑料的成形加工性能、热塑料制品设计的基本原则、注射成型模具的基本结构及分类、注射成型模具零部件的设计、浇注系统设计等知识，能够完成塑料模具的设计任务以及维护等。

（6）模具制造工艺。

本课程是模具设计与制造专业的一门主干专业课程，也是一门实践性很强的课程。主要内容包括：冲压工序与冲模分类、冲压设备简介；冲裁模设计、弯曲模设计、拉深模设计及成形模设计；塑料的基本知识、塑件设计；注射模、压注模及压注模设计要点；模具的机械加工、电火花加工；冲模的装配与调整。课程任务：使学生具备中等专门技术人才和高素质劳动者所必须的模具制造工艺的基本知识和技能；具备处理模具制造中一般工艺技术问题的能力；掌握冷冲压模具和塑料模具零件的加工工艺过程的编制及模具装配的工艺方法，解决一般性技术难题；掌握模具制造的新技术、新工艺，了解模具制造技术的发展方向。

（7）模具 CAD/CAM 技术。

CAD/CAM 是实现信息处理高度一体化、提高设计制造质量和生产率最佳方法的新技术。通过本课程的学习，使学生能够初步掌握利用计算机来完成多品种模具产品的设计与制造的能力。主要内容：CAD/CAM 的总体结构、硬件系统、软件系统；机械产品造型设计 CAD、计算机辅助制造（CAM）和成组技术（GT）；计算机辅助工艺过程设计（CAPP）技术；模具设计 CAD 等关键技术。

（8）数控编程与加工。

本课程使学生了解数控编程方法，熟悉数控编程指令，能够对需要编程的机械零件进行必要的工艺分析和轨迹计算，完成零件加工的手工编程和机床操作及加工工作。了解 CAD/CAM 基本概念，并对现代加工技术有一个概貌性的了解。重点内容：零件的数控加工工艺、手工编程、自动编程以及图形编程的原理和实践。通过课程讲解、实验实训等实践环节，使学生掌握数控车床、数控铣床、加工中心以及数控电火花线切割加工机床的零件加工编程技术等，使学生能熟练正确地编制中等复杂程度零件的加工工艺和加工程序。

实训环节：数控车床编程和加工操作实训；数控铣床及加工中心编程和加工操作实训；电火花、线切割机床的操作、编程实训。

10.2　模具方向毕业设计实例

1. 毕业设计任务书

毕业设计任务书如表 10-1 所示。

表 10-1　××××大学毕业论文（设计）任务书

姓　　名	×××	学　　号	××××××××	系　　别	机械系
专　　业	模具设计与制造	年级班级	××级×班	指导教师	×××
设计题目	垫片的冷冲压模具设计					
任务和目标	1. 了解典型冲裁模的结构特点及设计要点，进行左右翼子板支架冲裁模设计。 2. 完成冲裁模具中的上模板零件机械加工工艺规程的制定，生成工艺文件。 3. 完成冲裁模三维零件、装配图，同时绘制冲裁模具的二维工程图。 4. 采用合适的数控加工方法，完成凹模零件数控加工自动编程并生成 G 代码。 5. 完成毕业综合能力考核说明书、PPT 演示文件，在绘图机和打印机上输出相应的工程图及相关文件。					

续表

基本要求	说明书重点要对工艺方案进行论证和分析，充分表达在制订过程中考虑各种问题的出发点和最后选择的依据以及有关的计算和说明。 具体应有以下几部分内容：目录、设计任务书、零件的工艺性分析、工艺方案的制订、模具结构形式的选择、必要的工艺计算、选择与确定模具的主要零部件的结构与尺寸、校核模具闭合高度及设备的有关参数、制订工艺卡片、附参考书和参考资料目录等。		
研究所需条件	1．具备足够的专业基础知识 　（1）识图绘图的能力 　（2）冷冲压模具设计等专业知识 　（3）计算机辅助设计能力 2．具备搜集资料的网络、图书馆等资源和条件		
任务进度安排	序号	主要任务	起止时间
	1	零件的工艺分析	2014.3.1～2014.3.5
	2	确定冲裁工艺方案	2014.3.6～2014.3.10
	3	确定模具总体结构方案	2014.3.11～2014.4.1
	4	工艺设计计算	2014.4.2～2014.4.15
	5	设计选用零件、部件及模具图	2014.4.16～2014.5.10
	6	压力机的校核	2014.5.11～2014.5.15
	7	模具主要零件加工工艺规程的编制	2014.5.16～2014.5.25
	8	编写设计计算说明书	2014.5.26～2014.6.10
	9	论文答辩	2014.6.11～2014.6.20
指导教师签字		日期	年　月　日
系部领导签章		日期	年　月　日

2．文献综述

文献综述如表 10-2 所示。

表 10-2　××××大学毕业论文（设计）文献综述

姓　　名	×××	学号	××××××××	系别	机械系
专　　业	模具设计与制造	年级班级	××级×班	指导教师	×××
论文题目	垫片的冷冲压模具设计				
查阅的 主要文献	[1] 曾霞文，徐政坤．冷冲压工艺及模具设计．长沙：中南大学出版社，2006． [2] 王芳．冷冲压模具设计指导．北京：机械工业出版社，1999． [3] 付宏生．冷冲压成形工艺与模具设计制造．北京：化学工业出版社，2005． [4] 肖景容，姜奎华．冲压工艺学．北京：机械工业出版社，1999． [5] 徐茂功，桂定一．公差配合与技术测量．北京：机械工业出版社，2000． [6] 王孝培．冲压手册（修订本）．北京：机械工业出版社，1988． [7] 催忠圻．金属学与热处理．北京：机械工业出版社，2000． [8] 谭海林，陈勇．模具制造工艺学．长沙：中南大学出版社，2006． [9] 廖念钊，莫雨松等．互换性与技术测量．北京：中国计量出版社，2000． [10] 张定华．工程力学．北京：高等教育出版社，2000． [11] 梁耀能．工程材料及加工工程．北京：机械工业出版社，2001．				

续表

文献综述	**一、前言** 模具应用领域的不断扩大，已应用领域对模具提出了更多和更高的要求，使模具工业发展速度快于其他制造业的发展速度已成为普遍规律，目前世界模具市场供不应求，近几年，市场总量一直在 600~650 亿美元之间，而我国模具出口尚不到 8%，同时随着经济全球化发展趋势日趋明显，模具制造业逐渐向我国转移以及跨国集团到我国进行模具采购趋向日趋明显，外资和民营资本继续看好我国模具行业，我国模具行业机遇大于挑战，未来国际模具市场前景广阔，我国模具仍有较大发展空间。 **二、国内模具行业发展现状** 当前，我国面临发达国家的技术优势和发展中国家价格优势的双重压力。工业发达国家模具企业凭借其技术优势和实力，在中高档模具方面具有竞争优势，随着他们逐步进入我国，对我国的模具工业形成了巨大挑战；印度、泰国及东欧一些国家，近年来模具工业发展也很快，而且其模具的价格也具有很强的竞争优势，我国模具行业的成本和价格优势会逐步削弱并最终消失。罗百辉指出，中国模具企业必须在技术、管理和人才培训方面下功夫，积极引进国外先进的模具制造技术，提升高端模具产品开发能力，调整模具产品结构，不断提高我国模具产品的国际竞争力。 **三、模具行业发展趋势分析** 1. 模具市场全球化，模具生产周期进一步缩短 模具市场全球化是当今模具工业最主要的特征之一，模具的购买者和生产商遍布全世界，模具工业的全球化发展使生产工艺简单、精度低的模具加工企业向技术相对落后、生产率较低的国家迁移，发达国家的模具生产企业则定位在生产高水准的模具上，模具生产企业必须面对全球化的市场竞争，同时模具生产厂家不得不千方百计地加快生产进度，努力简化和废除不必要的生产工序，模具的生产周期将进一步缩短。 2. 模具 CAD/CAM 向集成化、智能化和网络化发展 软件的功能模块越来越齐全，同时各功能模块采用同一数据模型，实现信息的综合管理与共享，支持模具设计、制造、装配、检验、测试及生产管理的全过程。有的系列化软件包括了曲面/实体几何造型、复杂形体工程制图、工业设计高级渲染、模具设计专家系统、复杂形体 CAM、艺术造型及雕刻自动编程系统、逆向工程系统及复杂形体在线测量系统等；模具设计、分析、制造的三维化、无纸化使新一代模具软件以立体的、直观的感觉来设计模具，所采用的三维数字化模型能方便地用于产品结构的 CAE 分析、模具可制造性评价和数控加工、成形过程模拟及信息的管理与共享；同时，随着竞争、合作、生产和管理等方面的全球化、国际化，以及计算机软硬件技术的迅速发展，使得在模具行业应用虚拟设计、敏捷制造技术既有必要，也有可能。 3. 模具技术向高速加工、硬铣削和复合加工方向发展 随着模具向精密化和大型化方向发展，加工精度超过 1μm 的超精加工技术和集电、化学、超声波、激光等技术综合在一起的复合加工在今后的模具制造中将有广阔的前景。高速加工使工件获得光滑表面，节省加工时间，典型的步进距仅有 0.0254mm，而尖点只有 0.001mm 高，经过高速加工的工件表面大多数都非常光洁，无需钳工的进一步加工。目前，机加工工具制造商都热衷于生产为高速加工而专门设计的加工中心，在美国采用高速加工技术以减少或省去钳工工序是一种效益相当可观的措施，这种技术在欧洲和日本也颇受欢迎。另外，用充分硬化的材料加工模具的型腔是模具加工业发展的另一个重要趋势。高主轴转速及小的刀具半径所进行的轻度切削形成了足够的转矩，可以用来加工硬度高达 64HRC 的金属材料，由于不需要再进行热处理，常规热处理后的回火以及抵消由热处理引起的几何变形所进行的磨削加工也都不需要了，该技术在日本倍受青睐，如今在美国也受到了广泛的关注并正向欧洲传播。 随着各种新技术的迅速发展，国外已出现了模具自动加工系统，该系统由多台机床合理组合，配有随行定位夹具或定位盘，有完整的机具、刀具数控库和数控柔性同步系统，具有实时质量监测控制系统。

	四、设计思路
	1. 零件的工艺分析
	2. 确定冲裁工艺方案
	3. 确定模具总体结构方案
	4. 模具结构设计
	5. 模具零部件设计
	6. 工艺设计计算
	7. 设计选用零件、部件，绘制模具总装草图
	8. 模架及其他零件的选用
	9. 冲压设备的选择
	10. 紧固件的选用
	11. 压力机的校核
	12. 模具主要零件加工工艺规程的编制
	五、结束语
	经过一段时间的论文设计，至此已基本完成了任务书所规定的任务。本设计涉及的课程很多，涉及到机械制图、冷冲压工艺及模具设计、模具制造工艺学、金属学与热处理、成型设备、CAD 绘图等相关课程的知识。在校期间我还进行了金工实习和两次课程设计。这些课程的学习，以及课程设计的演练都为这次毕业设计做了很好的准备。基础课和专业课，它们为我的设计做了前提，是我设计的理论基础和知识基点；金工实习让我深入而清楚地看到了在实际生产中机械产品的结构和工作运转情况；而两次课程设计则是和这次毕业设计最接近、最有相似之处的，它们为我这次设计的顺利进行起到了很好的铺垫作用。
	毕业设计也是我们从大学毕业生走向未来工程师重要的一步。从最初的选题，开题到计算、绘图直到完成设计。其间，查找资料、老师指导、与同学交流、反复修改图纸，每一个过程都是对自己能力的一次检验和充实。
	毕业设计收获很多，比如学会了查找相关资料、相关标准，分析数据，提高了自己的绘图能力，懂得了许多经验公式的获得是前人不懈努力的结果。但是毕业设计也暴露出自己专业基础的很多不足之处。比如缺乏综合应用专业知识的能力，对材料的不了解等。这次实践是对自己大学三年所学的一次大检阅，使我明白自己知识还很浅薄，虽然马上要毕业了，但是自己的求学之路还很长，以后更应该在工作中学习，努力使自己成为一个对社会有所贡献的人。
	也许，我的学生生涯从此就会结束，但是学习的道路却还将持续下去，毕竟"学无止境"。通过这次设计，我懂得了"凡事必亲躬"，唯有自己亲自去做的事，才懂得其过程的艰辛。未来的人生路途中难免会遇到各种各样的困难和挫折，也正是这次设计让我有了迎接新挑战、战胜困难的勇气。
备注	
指导教师意见	指导教师签字： 　　　　　年　　月　　日

3. 论文开题报告

论文开题报告如表 10-3 所示。

表 10-3　××××大学毕业论文（设计）开题报告

姓　　名	×××	学　号	××××××××	系　别	机械系
专　　业	模具设计与制造	年级班级	××级×班	指导教师	×××
论文题目			垫片的冷冲压模具设计		

选题依据与意义	**一、学术价值、应用价值** 　　模具是制造业的重要工艺基础，模具设计与制造专业是当今现代制造技术领域最具潜力、发展最为迅猛的高新技术专业，在近几年内，中国将是世界上最大的模具市场之一，培养复合型的模具设计与制造人才是时代发展的需求。 　　模具即工业生产上用以注塑、吹塑、挤出、压铸或锻压成型、冶炼、冲压、拉伸等方法得到所需产品的各种模子和工具。简而言之，模具是用来成型物品的工具，这种工具有各种零件构成，不同的模具由不同的零件构成。它主要通过所成型材料物理状态的改变来实现物品外形的加工。 　　目前，电子、汽车、电机、电器、仪器、仪表、家电、通讯和军工等产品中，60%～80%的零部件都要依靠模具成型。用模具成型的制件所表现出来的高精度、高复杂性、高一致性、高生产率和低消耗，是其他加工制造方法所无法比拟的。模具在很大程度上决定着产品的质量、效益和开发能力。 **二、模具行业国内外研究现状分析** 　　我国模具行业日趋大型化，而且精度将越来越高。10年前，精密模具的精度一般为5μm，现在已达2～3μm。不久，1μm精度的模具将上市。随着零件微型化及精度要求的提高，有些模具的加工精度公差就要求在1μm以下，这就要求发展超精加工。 　　专家认为，我国模具行业要进一步发展多功能复合模具，一套多功能模具除了冲压成型零件外，还担负叠压、攻丝、铆接和锁紧等组装任务。通过这种多功能的模具生产出来的不再是成批零件，而是成批的组件，如触头与支座的组件、各种微小电机、电器及仪表的铁芯组件等。多色和多材质塑料成形模具也将有较快发展。这种模具缩短了产品的生产周期，今后在不同领域将得到发展和应用。 　　随着热流道技术的日渐推广应用，热流道模具在塑料模具中的比重将逐步提高。采用热流道技术的模具可提高制件的生产率和质量，并能大幅度节约制件的原材料，这项技术的应用在国外发展很快，已十分普遍。国内热流道模具也已经生产，有些企业已达30%左右，但总的来看，比例太低，亟待发展。随着塑料成型工艺的不断改进与发展，气辅模具及适应高压注射成型工艺的模具将随之发展。 　　有关专家认为，模具标准件的应用将日渐广泛，模具标准化及模具标准件的应用能极大地影响模具制造周期。使用模具标准件不但能缩短模具制造周期，而且能提高模具质量和降低模具制造成本。同时，快速经济模具的前景十分广阔。由于人们要求模具的生产周期越短越好，因此开发快速经济模具越来越引起人们的重视。例如研制各种超塑性材料来制作模具；用环氧、聚酯或在其中填充金属、玻璃等增强物制作简易模具。这类模具制造工艺简单，精度易控制，收缩率较小，价格便宜，寿命较高。还可用水泥塑料制作汽车覆盖件模具。中、低熔点合金模具，喷涂成型模具，电铸模，精铸模，层叠模，陶瓷吸塑模及光造型和使用热硬化橡胶快速制造低成本模具等快速经济模具将进一步发展。快换模架、快换冲头等也将日益发展。另外采用计算机控制和机械手操作的快速换模装置、快速试模装置技术也会得到发展和提高。
研究内容	1　前言 2　零件的工艺分析 　2.1　结构与尺寸 　2.2　精度 　2.3　材料

续表

	3 确定冲裁工艺方案
	4 确定模具总体结构方案
	4.1 模具类型
	4.2 操作与定位方式
	4.3 卸料与出件方式
	4.4 模架类型及精度
	4.5 凸模设计
	5 工艺设计计算
	5.1 排样设计与计算
	5.2 计算冲压力与压力中心，初选压力机
	5.3 计算凸、凹模刃口尺寸及公差
	6 设计选用零件、部件，绘制模具总装草图
	6.1 凹模设计
	6.2 凸模设计
	6.2.1 凸模的结构形式与固定方法
	6.2.2 凸模长度计算
	6.2.3 凸模的强度与刚度校核
	6.2.4 凸模材料和技术条件
	6.3 凸凹模的设计
	6.3.1 凸凹模的结构形式与固定方法
	6.3.2 校核凸凹模的强度
	6.3.3 凸凹模尺寸的确定
	6.3.4 凸凹模材料和技术条件
	6.4 定位零件
	6.5 卸料与出件装置
	6.6 模架及其他零件的选用
	6.6.1 模柄
	6.6.2 模座
	6.6.3 垫板
	6.6.4 冲压设备的选择
	6.6.5 紧固件的选用
	7 压力机的校核
	7.1 公称压力
	7.2 滑块行程
	7.3 行程次数
	7.4 工作台面的尺寸
	7.5 滑块模柄孔尺寸
	7.6 闭合高度
	8 模具主要零件加工工艺规程的编制
	8.1 冲压模具制造技术要求
	8.2 总装工艺
	8.3 主要零、部件加工工艺

续表

	8.3.1 垫板的加工工艺 8.3.2 凸模固定板的加工工艺 8.3.3 冲孔凸模的加工工艺 8.3.4 卸料板加工工艺 8.3.5 落料凹模加工工艺 8.3.6 凸凹模的加工工艺 8.3.7 凸凹模固定板的加工工艺
研究方案	一、本课题研究的目标 本设计为一垫板的冷冲压模具设计，根据设计零件的尺寸、材料、批量生产等要求，进行模具整体设计、重要零部件设计，及重要零部件加工工艺路线的制定。 二、本课题研究的内容 首先分析零件的工艺性，确定冲裁工艺方案及模具结构方案，然后通过工艺设计计算，确定排样和裁板，计算冲压力和压力中心，初选压力机，计算凸、凹模刃口尺寸和公差，最后设计选用零部件，对压力机进行校核，绘制模具总装草图，以及对模具主要零件的加工工艺规程进行编制。其中在结构设计中，主要对凸模、凹模、凸凹模、定位零件、卸料与出件装置、模架、冲压设备、紧固件等进行了设计，对于部分零部件选用的是标准件，就没深入设计，并且在结构设计的同时，对部分零部件进行了加工工艺分析，最终才完成这篇毕业设计。 三、本课题研究要解决的问题 （一）模具结构的选择 根据零件的冲裁工艺方案，采用复合冲裁模。复合模的主要结构特点是存在有双重作用的结构零件——凸凹模，凸凹模装在下模称为倒装式复合模。采用倒装式复合模省去了顶出装置，结构简单，便于操作，因此采用倒装式复合冲裁模。 （二）实践问题 在实际生产中，要设计出合理模具需要在实践过程中不断积累经验。因此对于每一个设计参数我们都要考虑到实际生产的合理性，从而设计出尺寸精度高、表面质量好、模具成本低的高品质模具。 四、本课题的研究方法 本题目的研究方法，是运用所学冷冲压模具设计与制造的理论知识，对垫板零件图进行工艺分析，确定模具设计方案，根据模具生产的特点，设计出定位方式，将多方面因素综合在一起，对模具总体结构进行设计，并对重要工作零件进行设计并制定其加工方法与加工工艺路线。
研究方案	五、技术路线 （一）研究步骤 1. 2014 年 3 月 1 日～2014 年 3 月 5 日，收集资料，零件的工艺分析。 2. 204 年 3 月 6 日～2014 年 3 月 10 日，确定冲裁工艺方案。 3. 2014 年 3 月 11 日～2014 年 4 月 1 日，确定模具总体结构方案。 4. 2014 年 4 月 2 日～2014 年 4 月 15 日，工艺设计计算。 5. 2014 年 4 月 16 日～2014 年 5 月 10 日，设计选用零件、部件及模具图。 6. 2014 年 5 月 11 日～2014 年 5 月 15 日，压力机的校核。 7. 2014 年 5 月 16 日～2014 年 5 月 25 日，模具主要零件加工工艺规程的编制。 8. 2014 年 5 月 26 日～2014 年 6 月 10 日，完成论文。 （二）关键技术 结构与尺寸：该零件结构简单，形状对称。

续表

	硬钢材料被自由凸模冲圆形孔，查《冷冲压工艺及模具设计》表可知该工件冲孔的最小尺寸为1.3t，该工件的孔径为：Φ6>1.3t=1.3×2=2.6。 由于该冲裁件的冲孔边缘与工件的外形的边缘不平行，故最小孔边距不应小于材料厚度t，该工件的空边距(20)>t=2，(10)>t=2，均适宜于冲裁加工。 **六、可行性分析** 1．冲裁可行性分析 08F，属于碳素结构钢，查《冷冲压工艺及模具设计》表可知抗剪强度 τ=260MPa，断后伸长率=32%。此材料具有良好的塑性和较高的弹性，其冲裁加工性能好。 根据以上分析，该零件的工艺性较好，可以进行冲裁加工。 2．结构可行性分析 该零件包括落料、冲孔两个基本工序，可以采用以下几种工艺方案： （a）先落料，再冲孔，采用单工序模生产； （b）采用落料——冲孔复合冲压，采用复合模生产； （c）用冲孔——落料连续冲压，采用级进模生产。 方案（a）模具结构简单，但需要两道工序，两套模具才能完成零件的加工，生产效率低，难以满足零件大批量生产的要求。由于零件结构简单，为了提高生产效率，主要采用复合冲裁或级进冲裁方式。采用复合冲裁时，冲出的零件精度和平直度好，生产效率高，操作方便，通过设计合理的模具结构和排样方案可以达到较好的零件质量。 根据以上分析，该零件采用复合冲裁工艺方案。复合模的主要结构特点是存在有双重作用的结构零件——凸凹模，凸凹模装在下模称为倒装式复合模。采用倒装式复合模省去了顶出装置，结构简单，便于操作，因此采用倒装式复合冲裁模。 3．定位方式可行性分析 虽然零件的生产批量较大，但合理安排生产，可用手工送料方式能够达到批量要求，且能降低模具成本，因此采用手工送料方式。考虑到零件尺寸大小，材料厚度，为了便于操作和保证零件的精度，宜采用导料板导向，固定挡料销挡料，并与导正销配合使用以保证送料位置的准确性，进而保证零件精度。为了保证首件冲裁的正确定距，采用始用挡料销，采用始用挡料销的目的是为了提高材料利用率。 **七、预期成果** 完成垫板的模具整体设计，重要零部件设计及主要工作零件的加工方法及工艺路线的制定。
写作进度安排	1．2014年3月1日～2014年3月10日，完成文献综述及开题报告。 2．2014年3月11日～2014年4月1日，确定冲裁工艺方案及模具总体结构方案。 3．2014年4月2日～2014年5月25日，完成模具所以零部件设计及加工工艺路线。 4．2014年5月26日～2014年6月10日，完成论文二稿。 5．2014年6月11日～2014年6月15日，上交论文成稿及设计图纸。
指导教师意见	指导教师签字： 年　　　月　　　日
系学术委员会意见	主任签章： 年　　　月　　　日

4. 论文中期报告

论文中期报告如表 10-4 所示。

表 10-4 ××××毕业论文中期检查报告

学生名字	×××	学号	××××××××	指导老师	×××
论文题目			垫片的冷冲压模具设计		
论文中期 完成情况	一、前期工作简述 　　论文的前期工作主要完成了任务书、文献综述和开题报告的撰写，确定总体工艺方案，并对各环节进行总体设计。 二、解决的问题及解决办法 　1. 模具定位方式的确定 　　根据零件的结构特点及考虑到生产效率，模具定位方式选择有点纠结，后来向指导教师请教，也查阅了不少图纸，最后确定方案。 　2. 凸凹的加工方案的制定 　　由于凸凹模是模具结构中重要的零部件，它的精度直接决定着制件的精度，所以在选择加工方法的时候很重要。经过指导教师的讲解，最后选择了最适合这套模具凸凹模的加工方法。 三、尚存在的问题及解决方案 　　顶出问题：为了让模具能够实现自动化生产，在模具工作中工件及被冲裁下来的废料如何从模具中顺利顶出尤为重要，这是后期设计中比较重要的任务。所以继续向指导教师请教，多查阅资料，来解决这个问题。 四、后期工作安排 2014 年 6 月 01 日～2014 年 6 月 10 日，完成设计，撰写论文。 2014 年 6 月 11 日～2014 年 6 月 15 日，上交论文成稿。				
完成情况 评价	1. 按计划完成，完成情况优（ ） 2. 按计划完成，完成情况良（ ） 3. 基本按计划完成，完成情况合格（ ） 4. 完成情况不合格（ ） 补充说明： 　　　　指导教师签名：　　　　　　　　　　　　　　　　年　　月　　日				

5. 论文封皮

论文封皮示样图如图 10-1 所示。

××××大学

毕　业　论　文（设　计）

题　　目：垫板冲压模具设计
系　　部：机械工程系
专　　业：模具设计与制造
班　　级：××级×班
学　　号：××××××××
姓　　名：×××
指导教师：×××
完成日期：××××年××月××日

图 10-1　论文封皮示样图

6. 论文诚信声明和版权说明

论文诚信声明和版权说明如图 10-2 所示。

毕业论文（设计）诚信声明书

本人声明：我将提交的毕业论文（设计）《垫板冲压模具设计》是我在指导教师指导下独立研究、写作的成果，论文中所引用他人的无论以何种方式发布的文字、研究成果，均在论文中加以说明；有关教师、同学和其他人员对本文的写作、修订提出过并为我在论文中加以采纳的意见、建议，均已在我的致谢辞中加以说明并深致谢意。

       论文作者：××× （签字）时间： 年 月 日
       指导教师已阅   （签字）时间： 年 月 日

毕业论文（设计）版权使用授权书

本毕业论文（设计）《垫板冲压模具设计》是本人在校期间所完成学业的组成部分，是在×××大学教师的指导下完成的，因此，本人特授权对××××大学可将本毕业论文（设计）的全部或部分内容编入有关书籍、数据库保存，可采用复制、印刷、网页制作等方式将论文文本和经过编辑、批注等处理的论文文本提供给读者查阅、参考，可向有关学术部门和国家有关教育主管部门呈送复印件和电子文档。本毕业论文（设计）无论做何种处理，必须尊重本人的著作权，署明本人姓名。

       论文作者：××× （签字）时间： 年 月 日
       指导教师已阅   （签字）时间： 年 月 日

图 10-2 论文诚信声明和版权说明

7. 论文正文

垫板冲压模具设计

摘要：本设计为垫板的冷冲压模具设计，根据设计零件的尺寸、材料、批量生产等要求，首先分析零件的工艺性，确定冲裁工艺方案及模具结构方案；然后通过工艺设计计算，确定排样和裁板，计算冲压力和压力中心，初选压力机，计算凸、凹模刃口尺寸和公差；最后设计选用零、部件，对压力机进行校核，绘制模具总装草图，以及对模具主要零件的加工工艺规程进行编制。其中在结构设计中，主要对凸模、凹模、凸凹模、定位零件、卸料与出件装置、模架、冲压设备、紧固件等进行了设计，对于部分零部件选用的是标准件，就没深入设计，并且在结构设计的同时，对部分零部件进行了加工工艺分析，最终才完成这篇毕业设计。

关键词：模具；冲裁件；凸模；凹模；凸凹模

Abstract：This design is a plate of cold stamping die design,according to the design requirement of the parts size,materials,production.First of all,analysis the manufacturability of the part to determine the blanking process scheme and die structure of the program.secondly,Through the process of design and calculation to determine the layout and the cutting board,calculate the impact force and pressure center,select the press machine preliminary and calculate the size of the convex, concave mold part and tolerance.Finally,we should design the selected component,check the press machine,draw the mold assembly drawing,formulate the processing procedure of main mold parts.The structural design is mainly about the convex mold part, the concave mold part,the concavo-convex mold,the positioning parts,the unloading and unloading device,the mold,the stamping equipment,the fasteners,etc.In this paper,We have no further design the component which selected the standard parts.At the same time of structure design,we also analyzed the processing technology of parts.

Key words: mold; stamping parts; convex mold part; concave mold part; concavo-convex mold

1 前言

冲压是利用安装在冲压设备（主要是压力机）上的模具对材料施加压力，使其产生分离或塑性变形，从而获得所需零件（俗称冲压或冲压件）的一种压力加工方法。冲压通常是在常温下对材料进行变形加工，且主要采用板料来加工成所需零件，所以也叫冷冲压或板料冲压。冲压是材料压力加工或塑性加工的主要方法之一，隶属于材料成型工程。

冲压所使用的模具称为冲压模具，简称冲模。冲模是将材料（金属或非金属）批量加工成所需冲件的专用工具。冲模在冲压中至关重要，没有符合要求的冲模，批量冲压生产就难以进行；没有先进的冲模，先进的冲压工艺就无法实现。冲压工艺与模具、冲压设备和冲压材料构成冲压加工的三要素，只有它们相互结合才能得出冲压件。与机械加工及塑性加工的其他方法相比，冲压加工无论在技术方面还是经济方面都具有许多独特的优点。主要表现如下。

（1）冲压加工的生产效率高，且操作方便，易于实现机械化与自动化。

（2）冲压时由于模具保证了冲压件的尺寸与形状精度，且一般不破坏冲压件的表面质量，而模具的寿命一般较长，所以冲压的质量稳定，互换性好，具有"一模一样"的特征。

（3）冲压可加工出尺寸范围较大、形状较复杂的零件，如小到钟表的秒表，大到汽车纵梁、覆盖件等，加上冲压时材料的冷变形硬化效应，冲压的强度和刚度均较高。

（4）冲压一般没有切屑碎料生成，材料的消耗较少，且不需其他加热设备，因而是一种省料、节能的加工方法，冲压件的成本较低。

由于冲压加工的零件种类繁多，各类零件的形状、尺寸和精度要求又各不相同，因而生产中采用的冲压工艺方法也是多种多样的。概括起来，可分为分离工序和成形工序两大类；分离工序是指使坯料沿一定的轮廓线分离而获得一定形状、尺寸和断面质量的冲压（俗称冲裁件）的工序；成形工序是指使坯料在不破裂的条件下产生塑性变形而获得一定形状和尺寸的冲压件的工序。

上述两类工序，按基本变形方式不同又可分为冲裁、弯曲、拉深和成形四种基本工序，每种基本工序还包含有多种单一工序。

在实际生产中，当冲压件的生产批量较大、尺寸较少而公差要求较小时，若用分散的单一工序来冲压是不经济甚至难于达到要求的。这时在工艺上多采用集中的方案，即把两种或两种以上的单一工序集中在一副模具内完成，称为组合的方法不同，又可将其分为复合、级进和复合—级进三种组合方式。

复合冲压——在压力机的一次工作行程中，在模具的同一工位上同时完成两种或两种以上不同单一工序的一种组合方法式。

级进冲压——在压力机上的一次工作行程中，按照一定的顺序在同一模具的不同工位上完成两种或两种以上不同单一工序的一种组合方式。

复合—级进——在一副冲模上包含复合和级进两种方式的组合工序。

冲模的结构类型也很多。通常按工序性质可分为冲裁模、弯曲模、拉深模和成形模等；按工序的组合方式可分为单工序模、复合模和级进模等。但不论何种类型的冲模，都可看成是由上模和下模两部分。

上模被固定在压力机工作台或垫板上，是冲模的固定部分。工作时，坯料在下模面上通过定位零件定位，压力机滑块带动上模下压，在模具工作零件（即凸模、凹模）的作用下坯料便产生分离或塑性变形，从而获得所需形状与尺寸的冲件。上模回升时，模具的卸料与出件装置将冲件或废料从凸、凹模上卸下或推、顶出来，以便进行下一次冲压循环。

此设计针对所给的零件进行了一套冷冲压模具的设计，其中设计内容为分析零件的冲裁工艺性（材料、工件结构形状、尺寸精度），拟定零件的冲压工艺方案及模具结构，排样，裁板，计算冲压工序压力，选用压力机及确定压力中心，计算凸凹模刃口尺寸，主要零、部件的结构设计和加工工艺编制，压力机的校核。

如图 1.1 所示零件图为垫板。

生产批量：大批量；

材料：08F，$t=2mm$；

设计该零件的冲压工艺与模具。

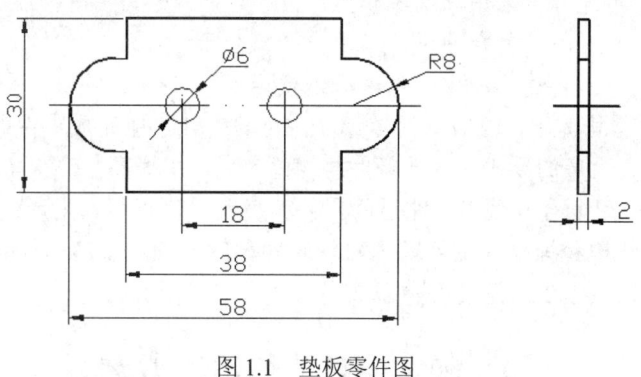

图 1.1 垫板零件图

2 零件的工艺分析

2.1 结构与尺寸

该零件结构简单，形状对称。

硬钢材料被自由凸模冲圆形孔，查《冷冲压工艺及模具设计》表可知该工件冲孔的最小尺寸为 $1.3t$，该工件的孔径为：$\Phi 6 > 1.3t = 1.3 \times 2 = 2.6$。

由 该冲裁件的冲孔 与工件的 形的 不行，最小孔 不小 材料 度t，该工件的 (20)>t=2，(10)>t=2， 冲裁加工。

2.2 精度

零件内、外形尺寸均未标注公差，属自由尺寸，可按IT14级确定工件尺寸的公差，经查表得，各尺寸公差分别为：

零件外形：$58_{-0.74}^{0}$，$38_{-0.62}^{0}$，$30_{-0.52}^{0}$，$16_{-0.43}^{0}$，$8_{-0.36}^{0}$；

零件内形：$6_{0}^{+0.30}$；

孔心距：18 ± 0.215。

利用普通冲裁方式可以达到零件图样要求。

2.3 材料

08F，属于碳素结构钢，查表可知抗剪强度τ=260MPa，断后伸长率=32%。此材料具有良好的塑性和较高的弹性，其冲裁加工性能好。

根据以上分析，该零件的工艺性较好，可以进行冲裁加工。

3 确定冲裁工艺方案

该零件包括落料、冲孔两个基本工序，可以采用以下几种工艺方案：
（1）先落料，再冲孔，采用单工序模生产；
（2）采用落料——冲孔复合冲压，采用复合模生产；
（3）用冲孔——落料连续冲压，采用级进模生产。

方案（a）模具结构简单，但需要两道工序，两套模具才能完成零件的加工，生产效率低，难以满足零件大批量生产的要求。由于零件结构简单，为了提高生产效率，主要采用复合冲裁或级进冲裁方式。采用复合冲裁时，冲出的零件精度和平直度好，生产效率高，操作方便，通过设计合理的模具结构和排样方案可以达到较好的零件质量。

根据以上分析，该零件采用复合冲裁工艺方案。

4 确定模具总体结构方案

4.1 模具类型

根据零件的冲裁工艺方案，采用复合冲裁模。复合模的主要结构特点是存在有双重作用的结构零件——凸凹模，凸凹模装在下模称为倒装式复合模。采用倒装式复合模省去了顶出装置，结构简单，便于操作，因此采用倒装式复合冲裁模。

4.2 操作与定位方式

虽然零件的生产批量较大，但合理安排生产，可用手工送料方式能够达到批量要求，且能降低模具成本，因此采用手工送料方式。考虑到零件尺寸大小，材料厚度，为了便于操作和保证零件的精度，宜采用导料板导向，固定挡料销挡料，并与导正销配合使用以保证送料位置的准确性,进而保证零件精度。为了保证首件冲裁的正确定距,采用始用挡料销,采用始用挡料销的目的是为了提高材料利用率。

4.3 卸料与出件方式

采用弹性卸料的方式卸料,弹性卸料装配依靠橡皮的弹力来卸料,卸料力不大,但冲压时可兼起压料作用,可以保证冲裁件表面的平面度。为了方便操作,提高零件生产率,冲件和废料采用由凸模直接从凹模洞口推下的下出件方式。

4.4 模架类型及精度

考虑到送料与操作的方便性,模架采用后侧式导柱的模架,用导柱导套导向。由于零件精度要求不是很高,但冲裁间隙较小,因此采用 I 级模架精度。

4.5 凸模设计

凸模的结构形式与固定方法:落料凸模刃口部分为非圆形,为便于凸模与固定板的加工,可设计成固定台阶式,中间台阶和凸模固定板以 H7/m6 过渡配合,凸模顶端的最大台阶是用其台肩挡住凸模,在卸料时不至于凸模固定板中拉出。并将安装部分设计成便于加工的长圆形,通过接方式与凸模固定板固定。

5 工艺设计计算

5.1 排样设计与计算

零件外形近似矩形,轮廓尺寸为 58×30。考虑操作方便并为了保证零件精度,采用直排有废料排样,如图5.1所示。

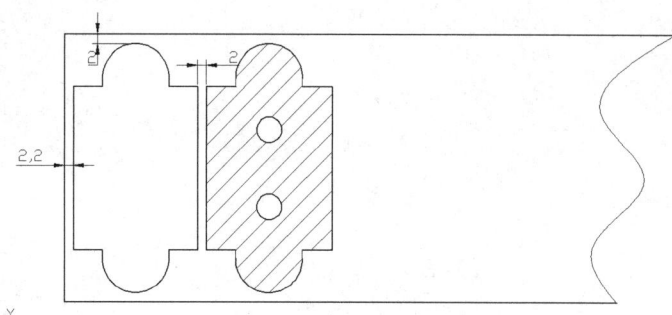

图5.1 直排有废料排样

查表可知,工件的搭边值 a=2,沿边的搭边值 a_1=2.2。级进模送料步距为 S=30+2=32mm。
经计算:
$B_{-\Delta}^{0}=(D_{max}+2a_1)_{-\Delta}^{0}$ 查表得: Δ=0.6
$B=(58+2×2.2)_{-0.6}^{0}=62.4_{-0.6}^{0}$ mm

由零件图近似算得一个零件的面积为 1354.8mm^2，一个进距内的坯料面积 $B \times S = 62.4 \times 32 = 1996.8\text{mm}^2$。因此一个进距内的材料利用率为：
$$\eta = (A/BS) \times 100\% = 67.8\%$$

选用板料规格为 $710 \times 2000 \times 2$。

采用横裁时，剪切条料尺寸为 62.4。一块板可裁的条料为 32，每间条可冲零件个数 22 个零件。则一块板材的材料利用率为：
$$\eta = (n \times A_0 / A) \times 100\%$$
$$\eta = (22 \times 32 \times 1354.8 / 710 \times 2000) \times 100\% = 67.2\%$$

采用纵裁时，剪切条料尺寸为 62.4。一块板可裁的条料为 11，每条可冲零件个数 62 个零件，则一块板材的材料利用率为：
$$\eta = (n \times A_0 / A) \times 100\%$$
$$\eta = (11 \times 62 \times 1354.8 / 710 \times 2000) \times 100\% = 59.2\%$$

根据以上分析，横裁时比纵裁时的板材的材料利用率高，因此采用横裁。

5.2 计算冲压力与压力中心，初选压力机

冲裁力：根据零件图可算得一个零件外周边长度：
$$L_1 = 16\pi + 8 + 28 + 38 \times 2$$
$$= 162.27$$

内周边长度之和：
$$L = 2\pi \times 3 = 18.84\text{mm}$$

查表可知：$\tau = 260\text{MPa}$；

查表可知：$K_x = 0.05$，$K_T = 0.055$。

落料力：
$$F_落 = KL_1 t T$$
$$= 1.3 \times 162.27 \times 2 \times 260$$
$$= 109.69\text{kN}$$

冲孔力：
$$F_孔 = KL_2 t T$$
$$= 1.3 \times 6\pi \times 2 \times 260$$
$$= 12.74\text{kN}$$

卸料力：
$$Fx = K_x F_落$$
$$= 0.05 \times 109.69$$
$$= 5.48\text{kN}$$

推件力：

根据材料厚度取凹模刃口直壁高度 $h = 6$，

故：
$$n = h/t = 3$$
$$F_T = nKtF_孔$$
$$= 3 \times 0.055 \times 25.47$$

$$=4.20\text{kN}$$

总冲压力:

$$F_E = F_落 + F_孔 + F_x + F_T$$

则

$$F_E = 109.69 + 12.74 + 5.48 + 4.20$$
$$= 132.11\text{kN}$$

应选取的压力机公称压力为 25t。

因此可初选压力机型号为 J23-25。

当模具结构及尺寸确定之后,可对压力机的闭合高度,模具安装尺寸进行校核,从而最终确定压力机的规格。

确定压力中心:画出凹模刃口,建立如图 5.2 所示的坐标系。

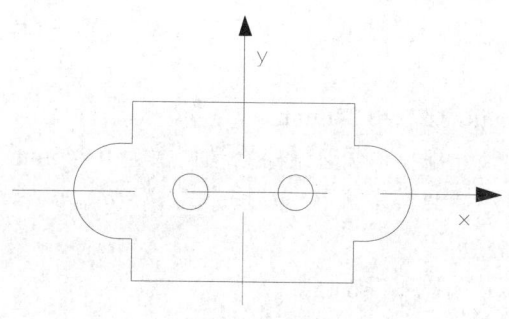

图 5.2 建立坐标系

由图可知,该形状关于 X 轴上下对称,关于 Y 轴左右对称,则压力中心为该图形的几何中心,即坐标原点 O,该点坐标为(0,0)。

5.3 计算凸、凹模刃口尺寸及公差

由于模具间隙较小,故凸、凹模采用配作加工为宜,由于凸、凹模之间存在着间隙,使落下的料或冲出的孔都带有锥度。落料件的尺寸接近于凹模刃口尺寸,而冲孔件的尺寸接近于凸模刃口尺寸。固计算凸模与凹模刃口尺寸时,应按落料与冲孔两种情况分别进行。由此,在确定模具刃口尺寸及其制造公差时,需遵循以下原则:

(1)落料时以凹模尺寸为基准,即先确定凹模刃口尺寸;考虑到凹模刃口尺寸在使用过程中因磨损而增大,固落料件的基本尺寸应取工件尺寸公差范围较小尺寸,而落料凸模的基本尺寸则按凹模基本尺寸减最小初始间隙。

(2)冲孔时以凸模尺寸为基准,即先确定凸模刃口尺寸,考虑到凸模尺寸在使用过程中因磨损而减小,固冲孔件的基本尺寸应取工件尺寸公差范围内的较大尺寸,而冲孔凹模的基本尺寸则按凸模基本尺寸加最小初始间隙。

(3)凸模与凹模的制造公差,根据工件的要求而定,一般取比工件精度高 2~3 级的精度,考虑到凹模比凸模的加工稍难,凹模比凸模低一级。

1)落料凹模刃口尺寸,按磨损情况分类计算。

2)凹模磨损后增大的尺寸,按公式:$D_A = (D_{max} - X\Delta)$ 计算,取 $\delta_A = \Delta/4$,制件精度为 IT14 级,故 $X=0.5$。

$58_{-0.74}^{0}$：$D_{A1}=(58-0.5\times 0.74)_{0}^{+0.185}=57.63_{0}^{+0.185}$ mm

$38_{-0.62}^{0}$：$D_{A2}=(38-0.5\times 0.62)_{0}^{+0.155}=37.69_{0}^{+0.155}$ mm

$30_{-0.52}^{0}$：$D_{A3}=(30-0.5\times 0.52)_{0}^{+0.13}=29.74_{0}^{+0.13}$ mm

$16_{-0.43}^{0}$：$D_{A4}=(16-0.5\times 0.43)_{0}^{+0.1075}=15.785_{0}^{+0.1075}$ mm

$8_{-0.36}^{0}$：$D_{A5}=(8-0.5\times 0.36)_{0}^{+0.09}=7.18_{0}^{+0.09}$ mm

3）凹模磨损后不变的尺寸，按《冷冲压工艺及模具设计》公式：$C_A=(C_{min}+X\triangle)\pm 0.5\delta_A$ 计算，取 $\delta_A=\triangle/4$，制件精度为 IT14 级，故 $X=0.5$。

18 ± 0.215：$C_{d1}=(17.785+0.5\times 0.43)\pm 0.43/8=18\pm 0.05375$mm

冲裁间隙影响冲裁件质量，在正常冲裁情况下，间隙对冲裁力的影响并不大，但间隙对卸力、推件力的影响却较大。间隙是影响模具寿命的主要因素。间隙的大小则直接影响到摩擦的大小，在满足冲裁件质量的前提下，间隙一般取偏大值，这样可以降低冲裁力和提高模具寿命。

查表可知 $Z_{max}=0.360$mm，$Z_{min}=0.246$mm。

相应凸模按凹模实际尺寸配作，保证最小合理间隙为 0.246mm。

冲孔凸模刃口尺寸。冲孔凸模为圆形，可按公式 $d_T=(d_{min}+x\triangle)_{-\delta_T}^{0}$ 计算，取 $\delta_T=\triangle/4$，制件精度为 IT14 级，故 $X=0.5$。

$12_{0}^{+0.30}$：$d_{T1}=(6+0.5\times 0.30)_{-0.075}^{0}=6.15_{-0.075}^{0}$

6 设计选用零件、部件，绘制模具总装草图

6.1 凹模设计

凹模的结构形式和固定方法：凹模采用矩形板状结构和通过用螺钉、销钉固定在凹模固定板内，其螺钉与销钉与凹模孔壁间距不能太小否则会影响模具强度和寿命。

凹模刃口的结构形式：因冲件的批量较大，考虑凹模有磨损和保证冲件的质量，凹模刃口采用直刃壁结构，刃壁高度取 6mm，漏料部分沿刃口轮廓单边扩大 0.5mm。

凹模轮廓尺寸的确定：

查表得：$K=0.28$；

查表得：$s_2=36$；

凹模厚度 $H=ks=0.28\times 58=16.24$mm

$$B=s+(2.5\sim 4.0)H$$
$$=58+(2.5\sim 4.0)\times 16.24$$
$$=98.6\sim 122.96\text{mm}$$
$$L=s_1+2s_2$$
$$=30+2\times 36$$
$$=102\text{mm}$$

根据算得的凹模轮廓尺寸，选取与计算值相接近的标准凹模板轮廓尺寸为 $L \times B \times H$=125×125×28.5mm。

凹模材料和技术要求：凹模的材料选用T10A；工件部分淬硬至HRC58～62；外轮廓棱角要倒钝，如图6.1所示。

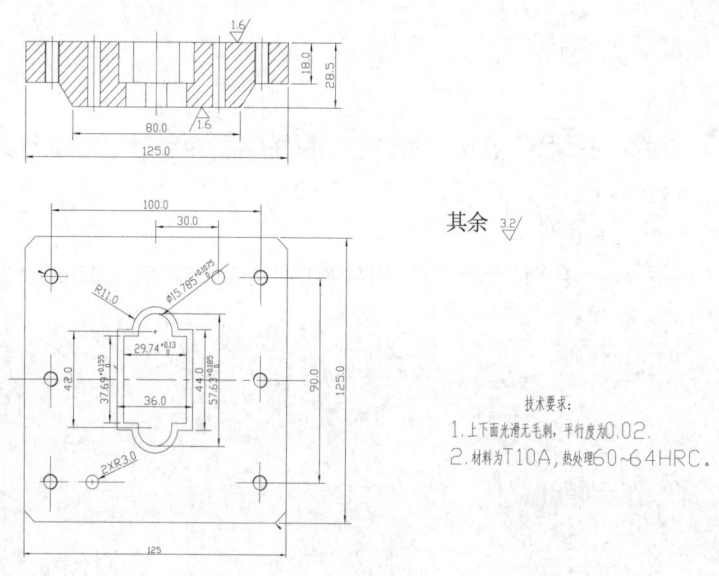

图 6.1　落料凹模

6.2　凸模设计

6.2.1　凸模的结构形式与固定方法

冲孔部分的凸模刃口尺寸为圆形，为了便于凸模和固定板的加工，将冲孔凸模设计成台阶式。

为了保证强度、刚度及便于加工与装配，圆形凸模常做成圆滑过渡的阶梯形，小端圆柱部分是具有锋利刃口的工作部分，中间圆柱部分是安装部分，它与固定板按H7/m6配合，尾部台肩是为了保证卸料时凸模不致被拉出，圆形凸模采用台肩式固定。

6.2.2　凸模长度计算

凸模的长度是依据模具结构而定的。

采用弹性卸料时，凸模长度按公式 $L=h_1+h_2+h_3$ 计算，

式中：L—凸模长度（mm）；

h_1—凸模固定板厚度（mm）；

h_2—卸料板厚度（mm）；

h_3—卸料弹性元件被预压后的厚度。

L=22mm+10mm+18.5mm

　=50.5mm

6.2.3　凸模的强度与刚度校核

一般情况下，凸模强度与刚度足够，由于凸模的截面尺寸较为积适中，估计强度足够，

只需对刚度进行校核。

对冲孔凸模进行刚度校核：

凸模的最大自由长度不超过下式：

有导向的凸模 $L_{max} \leqslant 1200\sqrt{\dfrac{I_{min}}{F2}}$，其中对于圆形凸模 $I_{min}=\prod d^4/64$

则 $L_{max} \leqslant 1200\sqrt{\dfrac{\pi \times 12^4/64}{1.3 \times 12\pi \times 2 \times 260}} = 24.00\text{mm}$

由此可知：冲孔部分凸模工作长度不能超过 24.00mm，根据冲孔标准中的凸模长度系列，选取凸模的长度为 50.5。

6.2.4 凸模材料和技术条件

凸模材料采用碳素工具钢 T10A，凸模工作端（即刃口）淬硬至 HRC 56～60，凸模尾端淬火后，硬度为 HRC 43～48 为宜，如图 6.2 所示。

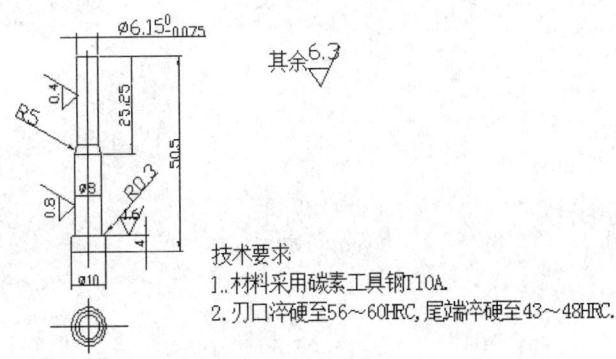

图 6.2 冲孔凸模

6.3 凸凹模的设计

6.3.1 凸凹模的结构形式与固定方法

凸凹模的结构简图如图 6.3 所示。

凸凹模与凸凹模固定板的采用 H7/m6 配合。

6.3.2 校核凸凹模的强度

冲孔 与工 不 行，凸凹模的最 不 于材料 度 $t=2$mm，最 为 5mm， 合 度 。

6.3.3 凸凹模尺寸的确定

凸凹模的 刃口 凹模 配作 最 为 $Z_{min}=0.246$mm，形刃口凸模 配 最 为 $Z_{min}=0.246$mm。

6.3.4 凸凹模材料和技术条件

凸凹模材料采用碳素工具钢 T10A，淬硬至 56～60HRC。

6.4 定位零件

定 的作用 料 工 模具 对凸 凹模有 的 。

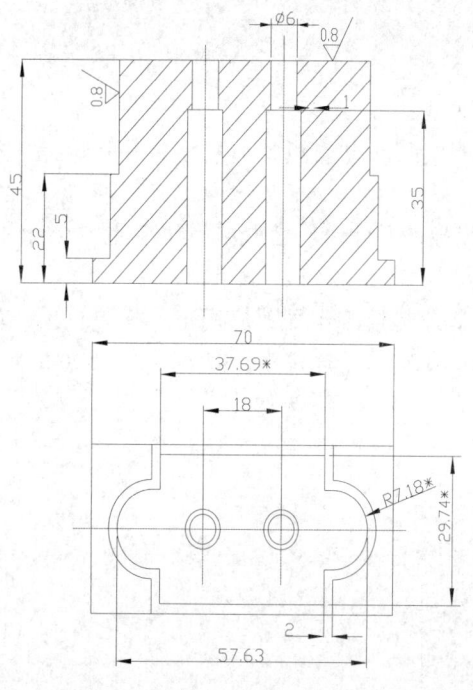
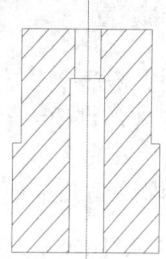

图 6.3 凸凹模

选用固定挡料销一个。挡料销的作用是挡住条料搭边或冲件轮廓以限定条料送进的距离，固定挡料销固定在位于下模的凸凹模上，规格为 GB/T7694.10-94，材料 45 号钢，硬度为 43～48HRC。

选用导料销两个。导料销的作用是保证条料沿正确的方向送进，位于条料的后侧（条料从右向左送进）尺寸规格为 6×2，如图 6.4 所示。

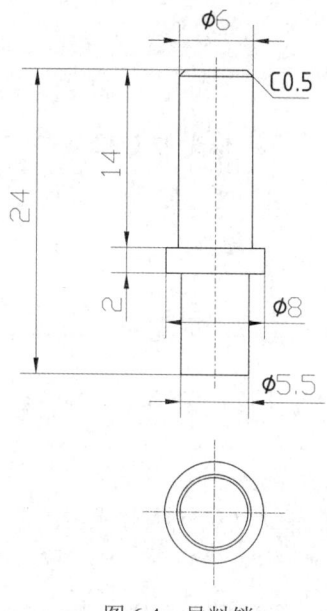

图 6.4 导料销

6.5 卸料与出件装置

出件方式是采用凸模直接顶出的下出料方式。

由于卸料采用弹性卸料的方式，弹性卸料装置由卸料板、卸料螺钉和弹性元件组成。

（1）卸料板。

弹性卸料板的平面尺寸等于或稍大于凹模板的尺寸，厚度取凹模厚度的 0.6~0.8 倍，$t>$1mm 时，单边间隙为 0.15mm。

为了便于可靠卸料，在模具开启状态时，卸料板工作平面应高出凸模刃口尺寸端面 0.3~0.5，卸料板的尺寸规格为：125mm×125mm×10mm，材料为：45#钢，如图 6.5 所示。

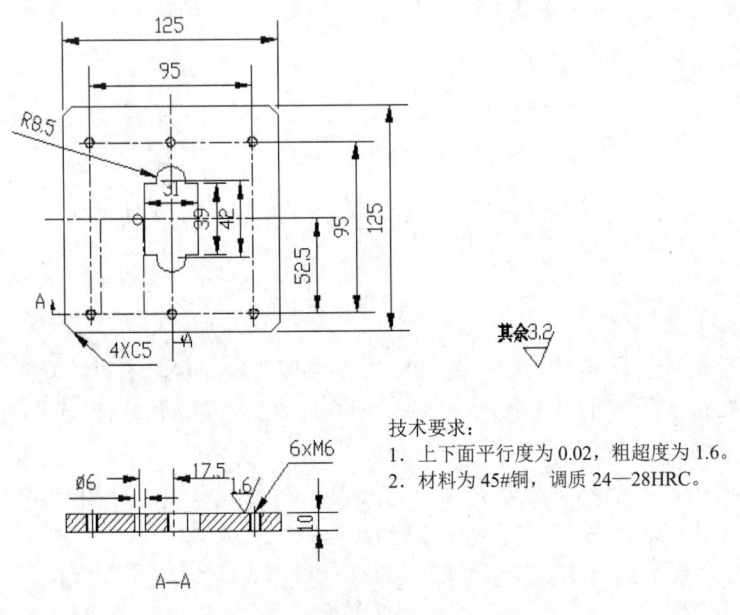

图 6.5 卸料板

（2）卸料螺钉。

卸料螺钉采用标准的阶梯形螺钉，根据卸料板的尺寸选择 4 个卸料螺钉，规格为 JB/T7650.5-94，如图 6.6 所示。

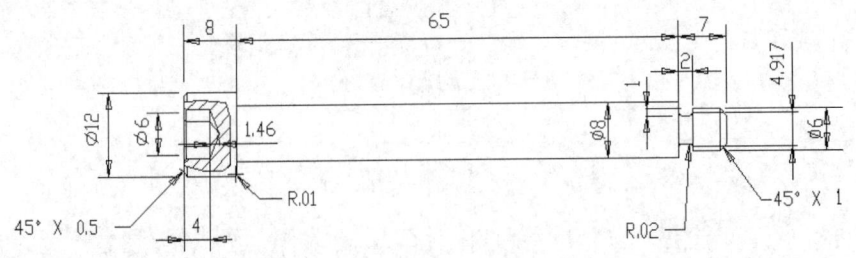

图 6.6 卸料螺钉

（3）卸料装置。

由于橡皮允许承受的负荷较大，安装调整方便，因此选用橡皮作为弹性元件。卸料橡皮

的选择原则：为了保证卸料正常工作，应使橡皮工作时的弹力大于或等于卸料力 F_X

$$F_{XY}=AP \geqslant F_X=5.48\text{kN}$$

式中：F_{XY}——橡皮工作时的弹力，A——橡皮的横截面积，P——与橡橡皮压缩量有关的单位压力，一般预压时压缩量为 10%～15%。取 $P=0.6\text{MPa}$，求得 $A=91.3\text{cm}^2$，求得橡皮尺寸规格为 $35 \times 26 \times 24$。

根据工件材料厚度为 2mm，冲裁时凸模进如凹模的深度为 1mm，模具维修时刃磨留量为 2mm，开启时卸料板高于凸模 1mm，则求得总工作行程：$h_{工件}=6\text{mm}$。

使用橡皮时，不应使最大压缩量超过橡皮自由高度的 35%～45%，否则橡皮的自由高度应为：

$$H=h/(0.25\sim 0.30)$$
$$=6/(0.25\sim 0.30)$$
$$=20\sim 24\text{mm}$$

模具组装时的预压缩量为：

$$H_{预}=(10\%\sim 15\%)H$$
$$=2.4\sim 3.6\text{mm}$$

取 $H_{预}=3\text{mm}$。

由此可知：安装橡皮高度尺寸为 21mm，式中的 H 为所需的工作行程。
由上式所得的高度，还在按下式进行校核：

$$0.5 \leqslant H/B \leqslant 1.5$$

如果 H/D 超过 1.5，应把橡皮分成若干段，并在橡皮之间垫上钢圈。
求得橡皮尺寸规格为 $35 \times 26 \times 24$。

6.6 模架及其他零件的选用

6.6.1 模柄

模柄的作用是把上模固定在压力机滑块上，同时使模具中心通过滑块的压力中心，模柄的直径与长度与压力机滑块一致，模柄的尺寸规格选用凸 模柄，用 3～4 个螺钉固定在上模座上，如图 6.7 所示。

6.6.2 模座

标准模座根据模架类型及凹模同界尺寸选用。
上模座：125mm × 125mm × 35mm；
下模座：125mm × 125mm × 45mm。
模座材料采用灰口铸铁，它具有较好的吸震性，采用牌号为 HT200。

6.6.3 垫板

垫板的作用是承受并扩散凸模或凹模传递的压力，以防止模座被挤压损伤。
是否使用板，可按下式校核：

$$P = F_2^1 / A$$

式中：P——凸模头部端面对模座的单位面积压力；F_2^1——凸模承受的总压力；A——凸模头部端面与承受面积。

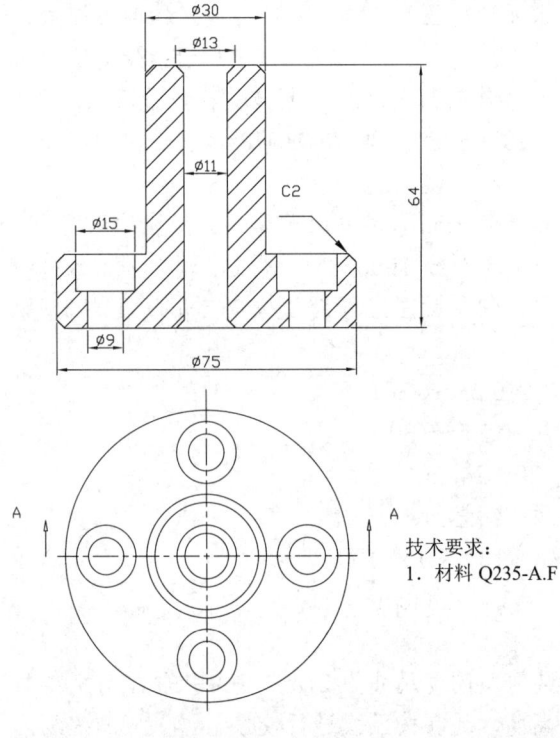

图 6.7 模柄

由于计算的 P 值大于模座材料的许应压力,因此在工作零件与模座之间加垫板。垫板用 45 号钢制造,淬火硬度为 HRC43~48,其尺寸规格为:
125mm × 125mm × 10mm。
上下面须磨平,保证平行,如图 6.8 所示。

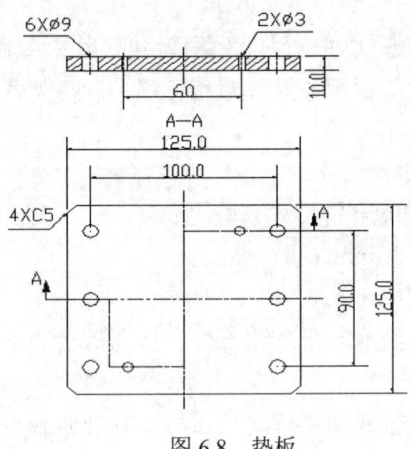

图 6.8 垫板

模架选用后侧导柱标准模架:
上模座:$L \times B \times H = 125\text{mm} \times 125\text{mm} \times 35\text{mm}$;
下模座:$L \times B \times H = 125\text{mm} \times 125\text{mm} \times 45\text{mm}$;
导柱:$D \times L = \Phi 22\text{mm} \times 150\text{mm}$;

导套：d×L×D=Φ35mm × 85mm × Φ38mm；
模架的闭合高度：160～190mm；
垫板厚度：10mm；
凸模固定板厚度：22mm；
上模底板厚：35mm；
凹模厚度：28.5mm；
橡皮厚：24mm；
卸料板厚度：10mm；
凸凹模固定板厚度：45mm；
下模底板厚：45mm；
模具的闭合厚度：Hd=35+10+22+28.5+2+1+45+45 =188.5mm。

6.6.4 冲压设备的选择

选用开式双柱可倾压力机 J23-25。
公称压力：25t；
滑块行程：65mm；
最大闭合高度：270mm；
滑块中心线至床身距离：200mm；
工作台尺寸：370mm × 560mm；
垫板厚度：50mm；
模柄孔尺寸：Φ40mm × 60mm。

6.6.5 紧固件的选用

上模螺钉：螺钉起联接紧固作用，上模上6个，45钢，尺寸为M8×70 下模螺钉：6个，45钢，尺寸为M6×55。销钉起定位作用，同时也承受一定的偏移力，上模3个，45钢，尺寸为Φ6×60。

7 压力机的校核

7.1 公称压力

根据公称压力的选取压力机型号为J23-25，它的压力为25t>15.79t，所以压力得以校核。

7.2 滑块行程

滑块行程应保证坯料能顺利地放入模具和冲压能顺利地从模具中取出。这里只是材料的厚度 t=2mm，卸料板的厚度 H=10mm，及凸模冲入凹模的最大深度为 2mm，即 S_1=2+10+2 =14mm<S=65mm，所以得以校核。

7.3 行程次数

行程次数为105次/min。因为生产批量为中批量，又是手工送料，不能太快，因此得以校核。

7.4 工作台面的尺寸

根据下模座 $L×B$=125mm×125mm,且每边留出 60～100mm,即 $L_1×B_1$=325mm×325mm,而压力机的工作台面 $L_2×B_2$=560mm×370mm,冲压件和废料从下模漏出,漏料尺寸小于 58mm×30mm,而压力机的孔尺寸为 250×250,故符合要求,得以校核。

7.5 滑块模柄孔尺寸

滑块上模柄孔的直径为 40mm,模柄孔深度为 60mm,而所选的模柄夹持部分直径为 30mm,长度为 48mm,故符合要求,得以校核。

7.6 闭合高度

由压力机型号知 H_{max}=270mm,M=80,H_1=70

$$H_{min}=H_{max}-M= 270-80=190$$

(M 为闭合高度调节量/mm,H_1 为垫板厚度/mm)

由公式得:$(H_{max}-H_1)-5≥H≥(H_{min}-H_1)+10$,得:

$$(270-70)-5≥188.5≥(190-70)+10$$

即 195≥188.5≥130,所以所选压力机合适,即压力机得以校核。

8 模具主要零件加工工艺规程的编制

8.1 冲压模具制造技术要求

模具精度是影响冲压件精度的重要因素之一,为了保证模具精度,制造时应达到以下技术要求:

(1)组成冲压模具的所有零件,在材料加工精度和热处理质量等方面均应符合相应图样的要求。

(2)组成模架的零件应达到规定的加工要求,装配成套的模架应活动自如,并达到规定的平行度和垂直度要求。

(3)模具的功能必须达到设计要求。

(4)为了鉴别冲压件的质量,装配好的模具必须在生产条件下试模,并根据试模存在的问题进行修整,直至试出合格的冲压件为止。

8.2 总装工艺

总装图如图 8.1 所示。
加工工艺路线:
(1)备料。
(2)把导柱安装在下模座上。
(3)把凸凹模放在下模座上面,按中心线装上凸凹模固定板,用螺钉把凸凹模固定在下模座上。

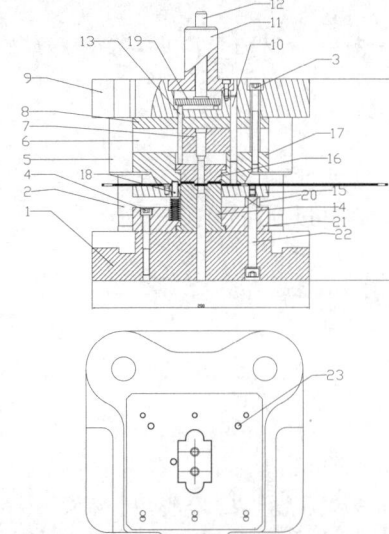

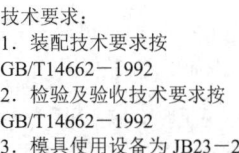

技术要求：
1．装配技术要求按 GB/T14662－1992
2．检验及验收技术要求按 GB/T14662－1992
3．模具使用设备为 JB23－25

1—下模座；2—导柱；3—内六角螺钉Φ8×70；4—内六角螺钉Φ8×60；5—导套；6—凸模固定板；7—冲孔凸模；8—垫板；9—上模座；10—销钉；11—模柄；12—打料杆；13—连接推杆；14—凸凹模；15—卸料板；16—推件块；17—凹模；18—活动挡料销；19—推板；20—弹性橡胶；21—凸凹模固定板；22—卸料螺钉；23—导料销

图 8.1 总装图

（4）通过卸料螺钉把橡皮和卸料板固定好，在卸料板上装好导料销和挡料销。

（5）把导套安装在上模座上。

（6）把 4 个冲孔凸模通过凸模固定板和垫板一起固定到上模座上，连同凹模一起用螺钉和销钉紧固。

（7）把模柄装在上模座上，用螺钉紧固，装上打杆。

（8）把组装好的上模座和下模座通过导柱导套组装起来，中间装上 2mm 厚的材料。

（9）试模。

（10）调整到合格。

（11）入库。

8.3 加工要求

（1）模具配合加工零件在允许间隙内加工，落料凸凹模，冲孔凸模与固定板配合后，底部磨平。

（2）图样中未注明公差的一般尺寸其极限偏差按 14 级精度加工，未注粗糙度的按 Ra6.3μm 处理。

（3）模具中各垫板两承压面的平行度公差按 GB1184 为 5 级。

（4）模具中安装镙钉（镙栓）之螺纹孔及其通孔的位置公差不大于 2mm，或相应各孔配作。

（5）模具、模架及其零件的工件表面，不应有碰伤、凹痕、裂纹、毛刺、锈蚀等缺陷。

（6）经热处理后的零件，硬度应均匀，不允许有脱碳、软点、氧化斑点及裂纹等缺陷。

热处理后应清除氧化皮、脏物油污。

（7）配通用模架模具，装配后两侧面应进行同时磨削加工，以保证模具能顺利装入模架。

8.4 主要零、部件加工工艺

8.4.1 垫板的加工工艺

（1）备料（外购标准模块 125mm×125mm×10mm）。
（2）按图纸要求画线。
（3）在钻铣床上加工。
（4）检验。
（5）入库。

8.4.2 凸模固定板的加工工艺

（1）备料（外购标准模块 125mm×125mm×20mm）。
（2）按图纸要求画线。
（3）在钻铣床上加工四个Φ8的凸模孔和两个Φ6的销钉孔和六个Φ9的螺钉通孔。
（4）在电火花慢走丝加工落料凸模孔。
（5）检验。
（6）入库。

8.4.3 冲孔凸模的加工工艺

（1）备料。
（2）锻造成直径为 14mm×55mm 的胚料。
（3）在数控车床上加工零件按图纸要求。
（4）按图纸要求热处理。
（5）检验。
（6）入库。

8.4.4 卸料板加工工艺

（1）备料（外购标准模块 125mm×125mm×10mm）。
（2）按图纸要求画线。
（3）在钻铣床上加工六个 M6 的螺钉通孔和一个Φ6的挡料销孔，和两个Φ8的导料销及一个通过冲裁零件的孔。
（4）在铣床上加工剩余的部分。
（5）检验。
（6）入库。

8.4.5 落料凹模加工工艺

（1）备料（外购标准模块 125mm×125mm×28.5mm）。
（2）按图纸要求画线。
（3）在钻铣床上加工两个Φ6的销钉孔和六个 M6 的螺纹孔。
（4）攻 M6 的螺纹孔。
（5）用电火花加工工作刃口。
（6）按图纸要求做热处理。

（7）检验。

（8）入库。

8.4.6 凸凹模的加工工艺

（1）备料。

（2）锻造成 75mm×75mm×45mm 的胚料。

（3）按图纸要求画线。

（4）在钻铣床上加工四个Φ4 和Φ6 组成的阶梯孔。

（5）用电火花加工工作刃口。

（6）按图纸要求做热处理。

（7）检验。

（8）入库。

8.4.7 凸凹模固定板的加工工艺

（1）备料（外购标准模块 125mm×125mm×22mm）。

（2）按图纸要求画线。

（3）在钻铣床上加工 1 个Φ10.6×12 的盲孔和四个 M6.6 的螺纹孔。

（4）攻 M6.6 的螺纹孔。

（5）用电火花加工工作刃口。

（6）按图纸要求做热处理。

（7）检验。

（8）入库。

致谢

经过一段时间的论文设计，至此已基本完成了任务书所规定的任务。本设计涉及的课程很多，涉及到机械制图、冷冲压工艺及模具设计、模具制造工艺学、金属学与热处理、成型设备、CAD 绘图等相关课程的知识。在校期间我还进行了金工实习和两次课程设计。这些课程的学习，以及课程设计的演练都为这次毕业设计做了很好的准备。基础课和专业课，它们为我的设计做了前提，它们是我设计的理论基础和知识基点；金工实习让我深入而清楚地看到了在实际生产中机械产品的结构和工作运转情况；而两次课程设计则是和这次毕业设计最接近、最有相似之处的，它们为我这次设计的顺利进行起到了很好的铺垫作用。

毕业设计也是我们从大学毕业生走向未来工程师重要的一步。从最初的选题，开题到计算、绘图直到完成设计。其间，查找资料、老师指导、与同学交流、反复修改图纸，每一个过程都是对自己能力的一次检验和充实。

毕业设计收获很多，比如学会了查找相关资料、相关标准，分析数据，提高了绘图能力，懂得了许多经验公式的获得是前人不懈努力的结果。但是毕业设计也暴露出自己专业基础的很多不足之处。比如缺乏综合应用专业知识的能力，对材料的不了解等。这次实践是对自己大学三年所学的一次大检阅，使我明白自己知识还很浅薄，虽然马上要毕业了，但是自己的求学之路还很长，以后更应该在工作中学习，努力使自己成为一个对社会有所贡献的人。

也许，我的学生生涯从此就会结束，但是学习的道路却还将持续下去，毕竟"学无止境"。通过这次设计，我懂得了"凡事必亲躬"，唯有自己亲自去做的事，才懂得其过程的艰辛。未来的人生路途中难免会遇到各种各样的困难和挫折，也正是这次设计让我有了迎接新挑战，战胜困难的勇气。

参考文献

[1] 曾霞文，徐政坤．冷冲压工艺及模具设计．长沙：中南大学出版社，2006．
[2] 王芳．冷冲压模具设计指导．北京：机械工业出版社，1999．
[3] 付宏生．冷冲压成形工艺与模具设计制造．北京：化学工业出版社，2005．
[4] 肖景容，姜奎华．冲压工艺学．北京：机械工业出版社，1999．
[5] 徐茂功，桂定一．公差配合与技术测量．北京：机械工业出版社，2000．
[6] 王孝培．冲压手册（修订本）．北京：机械工业出版社，1988．
[7] 催忠圻．金属学与热处理．北京：机械工业出版社，2000．
[8] 谭海林，陈勇．模具制造工艺学．长沙：中南大学出版社，2006．
[9] 廖念钊，莫雨松等．互换性与技术测量．北京：中国计量出版社，2000．
[10] 张定华．工程力学．北京：高等教育出版社，2000．
[11] 梁耀能．工程材料及加工工程．北京：机械工业出版社，2001．

10.3　模具方向的各类选题

本小节介绍了一些模具方向常见的、有代表性的毕业设计选题，并对其一一进行解析。

10.3.1　冷冲压方向

选题研究领域：冲压模具的设计
选题类型：设计
选题完成形式：论文+设计图纸
选题参加人数：个人独立完成或者2人
选题知识准备：

冲压模具在实际工业生产中应用广泛。在传统的工业生产中，工人生产的劳动强度大、劳动量大，严重影响生产效率的提高。随着当今科技的发展，工业生产中模具的使用已经越来越引起人们的重视，而被大量应用到工业生产中来。冲压模具的自动送料技术也投入到实际的生产中，冲压模具可以大大地提高劳动生产效率，减轻工人负担，具有重要的技术进步意义和经济价值。

选择此类题目，知识准备包括：识图、冲压工艺分析、冲压模具基本结构、模具加工等。
选题设计大纲举例——《金属垫片的冷冲压模具设计》
第1章　前言
第2章　零件的工艺分析
　2.1　结构与尺寸
　2.2　精度
　2.3　材料
第3章　确定冲裁工艺方案

第 4 章 确定模具总体结构方案
　4.1 模具类型
　4.2 操作与定位方式
　4.3 卸料与出件方式
　4.4 模架类型及精度
　4.5 凸模设计

第 5 章 工艺设计计算
　5.1 排样设计与计算
　5.2 计算冲压力与压力中心，初选压力机
　5.3 计算凸、凹模刃口尺寸及公差

第 6 章 设计选用零件、部件，绘制模具总装草图
　6.1 凹模设计
　6.2 凸模设计
　　6.2.1 凸模的结构形式与固定方法
　　6.2.2 凸模长度计算
　　6.2.3 凸模的强度与刚度校核
　　6.2.4 凸模材料和技术条件
　6.3 凸凹模的设计
　　6.3.1 凸凹模的结构形式与固定方法
　　6.3.2 校核凸凹模的强度
　　6.3.3 凸凹模尺寸的确定
　　6.3.4 凸凹模材料和技术条件
　6.4 定位零件
　6.5 卸料与出件装置
　6.6 模架及其他零件的选用
　　6.6.1 模柄
　　6.6.2 模座
　　6.6.3 垫板
　　6.6.4 冲压设备的选择
　　6.6.5 紧固件的选用

第 7 章 压力机的校核
　7.1 公称压力
　7.2 滑块行程
　7.3 行程次数
　7.4 工作台面的尺寸
　7.5 滑块模柄孔尺寸
　7.6 闭合高度

第 8 章 模具主要零件加工工艺规程的编制
　8.1 冲压模具制造技术要求

8.2 总装工艺
8.3 主要零、部件加工工艺
　　8.3.1 垫板的加工工艺
　　8.3.2 凸模固定板的加工工艺
　　8.3.3 冲孔凸模的加工工艺
　　8.3.4 卸料板加工工艺
　　8.3.5 落料凹模加工工艺
　　8.3.6 凸凹模的加工工艺
　　8.3.7 凸凹模固定板的加工工艺

相似选题扩展：
（1）冲裁模具设计
（2）弯曲模具设计
（3）拉深模具设计
（4）挤压模具设计
（5）翻边模具设计

10.3.2 型腔模具

选题研究领域：基于塑料模具的设计
选题类型：设计
选题完成形式：论文+设计图纸
选题参加人数：个人独立完成或者2人
选题知识准备：

塑料模具工业是随塑料工业的发展而发展的。塑料工业是一门新兴工业。自塑料问世后的几十年以来，由于其原料丰富、制作方便和成本低廉，塑料工业发展很快，它在某些方面已取代了多种有色金属、黑色金属、水泥、橡胶、皮革、陶瓷、木材和玻璃等，成为各个工业部门不可缺少的材料

选择此类题目，知识准备包括：识图，塑料工艺性、塑料模具结构，塑料模具各大系统结构设计、型腔的加工等。

选题设计大纲举例——《充电器外壳注塑模具设计》
第1章 绪论
　　1.1 选题的依据及意义
　　1.2 国内外研究现状及发展趋势
第2章 充电器外壳工艺性分析
　　2.1 材料性能
　　2.2 成型特性和条件
　　2.3 结构工艺性
　　2.4 零件体积及质量估算
　　2.5 充电器外壳注塑工艺参数的确定
　　2.6 初选注射机的型号和规格

第 3 章 充电器外壳注塑模具的结构设计
　　3.1 分型面的选择
　　3.2 确定模具基本结构及模架的选定
　　3.3 确定型腔的数量和布局
　　3.4 浇注系统设计
　　　　3.4.1 主流道设计
　　　　3.4.2 分流道截面设计及布局
　　　　3.4.3 浇口设计及位置选择
　　　　3.4.4 冷料穴设计
　　　　3.4.5 浇口套的设计
　　3.5 注塑模成型零部件设计
　　　　3.5.1 型腔、型芯结构设计
　　　　3.5.2 成型零件工作尺寸计算
　　3.6 合模导向机构设计
　　3.7 脱模机构设计
　　　　3.7.1 脱模力计算
　　　　3.7.2 浇注系统凝料脱出机构
　　3.8 定距分型机构设计
　　3.9 冷却系统设计
　　3.10 模架及模具材料的选择
第 4 章 注射机相关参数校核
　　4.1 最大注射量的校核
　　4.2 注射压力校核
　　4.3 锁模力校核
　　4.4 模具厚度的校核
第 5 章 模具的工作原理及安装、调试
　　5.1 模具的工作原理
　　5.2 模具的安装
　　5.3 试模
第 6 章 总结

相似选题扩展：
（1）压缩模具的设计
（2）压铸模具的设计设计
（3）挤出模具的设计
（4）中空模具的设计

第 11 章　成型方向毕业设计实例及选题

本章概要

- 成型方向概述；
- 成型方向毕业设计实例分析；
- 成型方向的各类选题。

11.1　成型方向概述

1. 成型专业概述

材料成型及控制工程专业研究通过热加工改变材料的微观结构、宏观性能和表面形状；研究热加工过程中的相关工艺因素对材料的影响，解决成型工艺开发、成型设备、工艺优化的理论和方法；研究模具设计理论及方法；研究模具制造中的材料、热处理、加工方法等问题。本学科是国民经济发展的支柱产业。

材料成型及控制工程专业作为机械系的一个方向，主要侧重于机械加工方面。近年来随着材料科学的发展，材料成型及控制已经远远超出机械加工范畴，逐渐形成一个完整体系。它包括材料加工的基础理论知识，对材料成型的形状控制、组织结构控制、性能控制和生产过程控制，模具计算机设计及制造，材料成型计算机仿真与控制，以及新材料、新产品工艺的开发等。可以说该专业是一个接口，一头联系着材料科学，另一头联系着实际工业应用。

本专业具体方向又分为铸造成型及控制、模具设计与制造、焊接成型及控制等，本章主要以铸造成型及控制方向为主，其他方向分别在第 10 章、第 12 章介绍。

2. 毕业生能力培养目标

高等学校成型专业培养具备材料科学与工程的理论基础、材料成型加工及其控制工程、模具设计制造等专业知识，能在机械、模具、材料成型加工等领域从事科学研究、应用开发、工艺与设备的设计、生产及经营管理等方面工作的高级工程技术人才和管理人才。

毕业生应具备的能力：

（1）工艺规程的制定与实施的能力。
（2）工艺装备设计的能力。
（3）成型工艺操作的能力。
（4）产品质量检验与分析的能力。
（5）现场生产管理与技术管理的能力。

3. 毕业设计相关主干课程

成型方向毕业设计涉及学生在校期间必修和选修的一些专业课，这些课程内容支撑着整个毕业设计过程。相关专业课一般包括：机械制图、工程力学、公差与互换性、铸造合金及熔炼、铸造工艺学、特种铸造、铸造设备等课程。

(1) 机械制图。

机械制图是机械类专业学生必修的专业基础课，是一门既有系统理论又有较强的实践性的技术基础课。本课程的目的主要是学习正投影法的基本原理及其应用，培养学生绘制和阅读机械图样的基本能力；培养学生图解简单空间几何问题的能力；培养学生对三维形状与相关位置的空间逻辑能力和形象思维能力；培养学生使用 CAD 的初步能力。同时有目的地培养学生的自学能力、分析问题和解决问题的能力，以及认真负责的工作态度和严谨细致的工作作风。

(2) 工程力学。

工程力学是研究物体机械运动的一般规律和工程构件的强度、刚度及稳定性等计算原理的一门学科。它是一门理论性较强的技术基础课，在整个教学过程中起着承上启下的作用。通过本课程的学习，可以开发学生的智力，培养学生敏锐的观察能力、丰富的想象能力、科学的思维能力，并为后续专业课程的学习和解决工程实际问题提供基本理论和方法。

(3) 公差与互换性。

公差与互换性是机械类专业的一门实践性很强的技术基础课，该课程将实现互换性生产的标准化领域与计量学领域的有关知识结合在一起，涉及机械电子产品的设计、制造、质量控制和生产组织管理等诸多方面，是机械类专业技术人才必须具备的基础知识与基本能力。本课程使学生熟悉机械精度设计的基本概念、精度设计的基本步骤、基本原则和一般方法；掌握基本几何量线性尺寸、角度尺寸、形状和位置精度的基本概念及有关国标的基本内容，形位精度和尺寸精度间的关系；具备初步设计几何量精度的能力；了解常用测量器具的工作原理、调整和使用；具备对机械零件的一般几何量作技术测量的初步能力。

(4) 铸造合金及熔炼。

铸造合金及熔炼是材料成型及控制专业的核心课程。通过该理论课程与实践课程的学习，使学生基本掌握本门课程的科学原理和技能，最终能够运用所学知识确定材料的性能、结构与应用的要求，制定合理的生产工艺；使学生掌握铸造合金的组织特点及其形成过程；能够分析各种铸造合金的工艺因素、金相组织和其机械性能的关系；具备制定和控制各项工艺因素，获得满意的金相组织和各种性能的知识和技能；了解铸造合金的凝固过程、工艺因素、金相组织和其机械性能的关系及不同合金凝固过程中的共性；掌握铸造合金的各种熔炼技术和工艺以及其与金属液质量、铸件质量的关系；了解近年来铸造合金及熔炼领域内的发展；培养学生分析问题、逻辑推理和创新能力，具有比较熟练地运用铸造合金及熔炼基本理论去分析解决实际生产问题的能力，成为能够适应工程实践要求的高素质技能型专门人才。

(5) 铸造工艺学。

铸造工艺学是材料成型及控制工程专业的主要专业课之一，讲授铸造工程师必备的工艺理论和基础知识，使学生能了解和掌握铸件生产的过程，铸造工艺及工装设计的基础知识，主要包括铸造工艺参数的确定，砂芯设计，浇铸系统的设计，冒口的设计，模样、模板、芯盒设计等。

(6) 特种铸造。

特种铸造是材料成型与控制技术专业的一门专业课。其研究的主要内容是：熔模铸造技术、消失模铸造技术、压力铸造技术以及离心铸造技术等。重点为各种铸造方法的原理、应用、优缺点、适用场合、工艺流程等内容，同时将这些特种铸造方法与铸件质量分析结合起来，培养学生分析和解决生产实际问题的能力。

(7) 铸造设备。

铸造设备是材料成型及控制工程专业——铸造方向重要的专业课程。通过本课程的学习使学生掌握常用铸造设备的工作原理。

11.2 成型方向毕业设计实例

1. 毕业设计任务书

毕业设计任务书如表 11-1 所示。

表 11-1 ××××大学毕业论文（设计）任务书

姓　　名	×××	学　　号	××××××××	系　　别	机械系
专　　业	材料成型专业	年级班级	××级×班	指导教师	×××
论文题目	车床拨叉零件毛坯成型工艺设计					
任务和目标	毕业设计（论文）的任务和目标： 　　本毕业设计主要完成一个"车床拨叉零件毛坯成型工艺"的设计，并撰写题目为《车床拨叉零件毛坯成型工艺设计》的论文。根据本设计题目生产性质、零件结构特点和用途，确定采用铸造成型工艺方法做出该零件的毛坯。论文撰写必须符合学院所规定的标准。 　　设计需要符合铸造工艺设计要求，主要设计部分包括： 1. 铸造工艺方案的确定 2. 零件毛坯的铸造工艺设计 　　（1）铸件浇注位置的确定 　　（2）型芯设计 　　（3）铸造工艺参数的确定 　　（4）绘制铸造工艺图 　　（5）浇注系统设计 　　（6）冒口设计 　　（7）冷铁设计 3. 铸造工艺装备设计 　　（1）模样材质的选择及制造步骤 　　（2）模样尺寸的计算 　　（3）模板的设计 4. 砂箱的设计 　　（1）砂箱选择 　　（2）砂箱的结构设计 5. 支座铸件芯盒的确定 　　（1）芯盒的种类及特点分析 　　（2）芯盒设计的一般原则 　　（3）手工芯盒的设计 6. 铸型装配 　　（1）合型及定位 　　（2）砂型、砂芯的烘干 　　（3）铸型装配图				

续表

基本要求	论文撰写应在指导教师指导下独立完成，并以马克思主义理论为指导，符合党和国家的有关方针、政策；论文应做到中心突出，层次清楚，结构合理；必须观点正确，论据充分，条理清楚，文字通顺；并能进行深入分析，见解独到。同时论文字数不得少于8000字，还要有300字左右的论文摘要，关键词3~5个（按词条外延层次，由高至低顺序排列）。最后附上参考文献目录和致谢辞。		
研究所需条件	1. 具备足够的专业基础知识 　（1）识图绘图的能力 　（2）熔炼、铸造工艺等专业知识 　（3）计算机绘图工具的使用 2. 具备搜集资料的网络、图书馆等资源和条件。		
任务进度安排	序号	主要任务	起止时间
	1	任务书下达、毕业设计正式开始	2014.3.1~2014.3.10
	2	完成文献综述、开题报告	2014.3.11~2014.3.31
	3	完成需求分析	2014.4.1~2014.4.10
	4	完成论文二稿	2014.4.11~2014.5.30
	5	上交论文成稿及设计图纸等	2014.5.31~2014.6.15
	6	论文答辩	2014.6.16~2014.6.20
指导教师签字		日期	年　月　日
系部领导签章		日期	年　月　日

2. 文献综述

文献综述如表11-2所示。

表11-2　××××大学毕业论文（设计）文献综述

姓　　名	×××	学号	××××××××	系别	机械系
专　　业	材料成型专业	年级班级	××级×班	指导教师	×××
论文题目	车床拨叉零件毛坯成型工艺设计				
查阅的主要文献	[1] 中国机械工程协会铸造分会. 铸造手册—铸造工艺[M]. 北京：机械工业出版社，2003. [2] 徐允长. 铸造工技术（高级）[M]. 北京：化学工业出版社，2004. [3] 沈其文. 材料成型工艺基础[M]. 北京：华中科技大学出版社，2003. [4] 曹瑜强. 铸造工艺及设备[M]. 北京：机械工业出版社，2009. [5] 国家职业资格培训教材编审委员会. 铸造工（技师、高级技师）[M]. 北京：机械工业出版社，2006. [6] 张代东. 机械工程材料应用基础[M]. 北京：机械工业出版社，2008. [7] 曹瑜强. 铸造工艺及设备[M]. 北京：机械工业出版社，2009. [8] 廖景娱. 金属构件失效分析[M]. 北京：化学工业出版社，2011. [9] 林勃. 砂型铸造工艺学[M]. 北京：机械工业出版社，1992. [10] 李玉庆. 合理设计浇注系统减少夹渣缺陷[J]. 现代铸铁，2003（03）：21-22. [11] 郭景杰，李新中，苏仕方，刘秀玲，张正贺. 中国铸造行业发展现状及未来[J]. 特种铸造及有色合金，2008（S1）：1-5. [12] Y T Zhu, Manthirman A. New route for synthesis of tungsten carbide-cobalt nanocomposites[J]. Journal of American ceramic Socicty，1994，77（10）：2777-2778.				

续表

文献综述	**车床拨叉零件毛坯成型工艺设计** **一、前言** 　　国家的综合国力是看这个国家的制造业发展水平。其中大型铸、锻件的生产水平，标志着这个国家制造业能力的水平，影响着国民经济。铸造历来是装备制造业的基础，但是我国的铸造行业是装备制造业的薄弱环节。我国要向铸造大国迈进，必须尽快解决生产技术水平和人才专业素质问题。我国铸造业现状主要是：铸造企业的平均规模较小，专业化程度不高，铸造生产的技术和装备差，自主创新能力弱，铸件品质不高，距离铸造强国这个目标，还有很长的路要走。但是，国内对铸造业的研究成果不断推陈出新，铸造成型工艺依铸型材料、造型工艺和浇注方式不同，可分为砂型铸造和特种铸造两大类。砂型铸造适用于金属材料、大小、形状和批量不同的各种铸件，成本低廉，由砂型铸造生产的铸件占铸件总产量的 90% 以上，特种铸造是指砂型铸造以外的铸造工艺，常见的有熔模铸造、金属型铸造、压力铸造、低压铸造和离心铸造等。 　　铸造具有很多特点，与其他形成工艺相比，它不受零件毛坯的重量、尺寸和形状的限制，重量从几克到几百吨，壁厚由 0.3mm 到 1m，形状十分复杂，用机械加工比较困难，耗费大量机床工时，甚至难以制得的零件，都可以用铸造方法获得。 　　铸造由于可选用多种多样的成分，加之基本建设投资小，工艺灵活性大和生产周期短等优点因而广泛地应用在机械制造、矿山冶金交通运输、石化通用设备、农业机械、能源电力、轻工纺织、家用电器、土建工程、电力电子、航天航空、国防军工等国民经济各部门，是现代大工业机械的基础。 　　铸造工艺是铸造生产的核心，是能否生产优质铸件的关键，这也是本论文的关键内容。古今中外都把提高和发展工艺水平，视为推动行业技术进步，满足经济和社会发展需要的一个重要组成部分。 **二、铸造的优势** 　　砂型铸造——在砂型中生产铸件的铸造方法。钢、铁和大多数有色合金铸件都可用砂型铸造方法获得。由于砂型铸造所用的造型材料价廉易得，铸型制造简便，对铸件的单件生产、成批生产和大量生产均能适应，长期以来，一直是铸造生产中的基本工艺。 　　砂型铸造的破碎机耐磨件在国内还是非常普遍的，像颚板、高铬板锤、破碎壁、轧臼壁等，因为在破碎机设备中，作为一种比较大的耐磨铸件，相对来说精确度不是很高，特别如颚板，出来的成品几乎不用车床打磨，破碎壁、轧臼壁、辊皮之类的也只是铸件的部分地方需要车床打磨，所以特别适合用砂型铸造，因为砂型铸造的颚板、高铬板锤、破碎壁、轧臼壁、辊皮等这些破碎设备的耐磨件比其他如消失模铸造工艺的产品耐用 20% 以上。但是消失模铸造具有尺寸精度高，加工余量小，干砂落砂方便，清理打磨工作量减少 50% 以上，节约劳动成本，因此消失模铸造的价格相对较低。 　　砂型铸造是铸造工艺中的一种，砂型铸造所用铸型一般由外砂型和型芯组合而成。由于砂型铸造所用的造型材料价廉易得，铸型制造简便，对铸件的单件生产、成批生产和大量生产均能适应，长期以来，一直是铸造生产中的基本工艺。目前，国际上，在全部铸件生产中，60%~70%的铸件是用砂型生产的，而且其中 70%左右是用粘土砂型生产的。 　　主要原因在于：砂型铸造较之其他铸造方法成本低、生产工艺简单、生产周期短。所以像汽车的发动机气缸体、气缸盖、曲轴等铸件都是用粘土湿型砂工艺生产的。当湿型不能满足要求时再考虑使用粘土砂表干砂型、干砂型或其他砂型。粘土湿型砂铸造的铸件重量可从几公斤直到几十公斤，而粘土干型生产的铸件可重达几十吨。因砂型铸造具有以上的优势，所以，其在铸造产业中应用越来越广泛。未来，其将会在铸造业中扮演着越来越重要的角色。 **三、铸造技术的发展** 1. 中国古代铸造技术发展 　　中华文明大致经历了石器时代、铜器时代和铁器时代三个历史阶段，这三种材质的工具和技术的创造发明，随着人类的繁衍，不断推动人类文明向高级阶段发展，金属的应用使人类文明产生了根本性的飞跃，而铸造技术的运用和金属的发展紧密联系在一起。对古代很多务

续表

农的人来说，铸造技术是一门手艺。据历史考证，我国铸造技术开始于夏朝初期，迄今已有5000多年。到了晚商和西周初期，青铜的铸造技术得到了蓬勃发展，形成了灿烂的青铜文化，遗留到今天的有一批铸造工艺水平较高的铸造产品。

中国古代的铸造方法有：石型即用石头或石膏制作铸型；泥型古称"陶范"；金属型古称"铁范"；失蜡型有出蜡法、走蜡法、脱蜡法或刻蜡法；砂型这种方法是伴随泥型一起产生的。

中国古代铸造中的精品有：沧州铁狮、司母戊方鼎、四羊方尊、曾侯乙尊盘、永乐大铜钟、大型铜编钟、铜车马仪仗队等。

2．中国铸造技术发展现状

尽管近年来我国铸造行业取得迅速的发展，但仍然存在许多问题。第一，专业化程度不高，生产规模小。我国每年每厂的平均生产量是815t，远远低于美国的4606t和日本的4878t。第二，技术含量及附加值低。我国高精度、高性能铸件比例比日本低约20个百分点。第三，产学研结合不够紧密、铸造技术基础薄弱。第四，管理水平不高，有些企业尽管引进了国外的先进的设备和技术，但却无法生产出高质量铸件，究其原因就是管理水平较低。第五，材料损耗及能耗高、污染严重。中国铸铁件能耗比美国、日本高70%～120%。第六，研发投入低、企业技术自主创新体系尚未形成。

3．发达国家铸造技术发展现状

发达国家总体上铸造技术先进、产品质量好、生产效率高、环境污染少、原辅材料已形成商品化系列化供应，如在欧洲已建立跨国服务系统。生产普遍实现机械化、自动化、智能化（计算机控制、机器人操作）。

在大批量中小铸件的生产中，大多采用微机控制的高密度静压、射压或气冲造型机械化、自动化高效流水线湿型砂造型工艺。砂处理采用高效连续混砂机、人工智能型砂在线控制专家系统，制芯工艺普遍采用树脂砂热、温芯盒法和冷芯盒法。熔模铸造普遍用硅溶胶和硅酸乙酯做粘结剂的制壳工艺。

铸造生产全过程主动、从严执行技术标准，铸件废品率仅2%～5%；标准更新快（标龄4～5年）；普遍进行ISO9000、ISO14000等认证。

4．我国铸造未来发展趋势

铸造行业的80%以上的产品都是砂型铸造完成的，因此我们通常所讲的铸造一般就是指砂铸，即砂型铸造。

"八五"期间铸造受到了原机电部高度重视，投入了建国以来最大的一次专项技改贷款和攻关费用，扶持了铸造机械行业产品的开发和发展。"大型抛丸清理机的制造""垂直分型无箱射压造型机""水玻璃砂旧砂再生设备的研制""金属型铸造设备"等相继被开发应用。

"九五"期间，铸造行业承担并树立完成了"轿车铸件毛坯精化高效造型与清理成套技术与装备"的任务，"缸体高效连续抛丸清理线的开发与研制"也取得圆满成功，1999年完成了国家攻关高水平的气冲造型线项目的成功。

"十五"期间，铸造行业主要经济指标的年均增长都在30%以上，高于机床工具全行业平均增长水平，特别是利润增长更快，年均利润增长高达46%，同时也保持较高的市场销售水平。另外，树脂砂铸造成套设备，基本可以满足国内市场需求，改变了过去主要依赖进口的局面；已经能够生产出较高水平的铸造自动生产线，达到可部分替代进口的水平，部分地解决了轿车发动机缸体、缸盖等铸件毛坯也要进口的情况；高水平自动制芯机、自动铸件清理机、自动砂处理机、大型自动压铸机以及精密铸造设备等铸造机械，国内基本上都能生产制造。应当说"十五"期间铸造机械行业的产品水平有了很大提高，为中国铸造机械行业今后的进一步发展打下良好基础。

"十一五"期间，铸造业在巨大市场需求的刺激下，仍将继续保持较高的速度增长。由于铸造机械产品的技术水平仍然与市场需求差距较大，使行业的发展存在巨大的发展潜力和扩展空间，为铸造机械行业的快速增长带来机遇。

续表

"十二五"时期,整个铸造行业特别要在铸造新工艺和新材料上下工夫,铸造材料的价格居高不下,要求精密铸造行业必须而且快速开发出新的可替代的低价新材料;下游客户的的要求的不断提高,驱使我们必须提升工艺水准;人力资源成本的不断上升,我们必须在精密铸造装备上多下工夫,多开发,多投资!例如,中国铸造权威机构中国铸造协会及国际铸业咨询网一致推荐的新材料精铸专用刚玉及台湾的铸造手机器人等,都是精密铸造下一步发展的方向。

四、设计思路

主要设计部分包括:
1. 铸造工艺方案的确定
2. 零件毛坯的铸造工艺设计
    (1) 铸件浇注位置的确定
    (2) 型芯设计
    (3) 铸造工艺参数的确定
    (4) 绘制铸造工艺图
    (5) 浇注系统设计
    (6) 冒口设计
    (7) 冷铁设计
3. 铸造工艺装备设计
    (1) 模样材质的选择及制造步骤
    (2) 模样尺寸的计算
    (3) 模板的设计
4. 砂箱的设计
    (1) 砂箱的选择
    (2) 砂箱的结构设计
5. 支座铸件芯盒的确定
    (1) 芯盒的种类及特点分析
    (2) 芯盒设计的一般原则
    (3) 手工芯盒的设计
6. 铸型装配
    (1) 合型及定位
    (2) 砂型、砂芯的烘干
    (3) 砂箱装配图

五、结束语

本设计完成了车床拨叉零件成型工艺设计,达到了预期目标,对铸造工艺方案的设计,铸造工艺参数的确定,砂芯设计,浇注系统设计,冒口设计,冷铁和出气孔设计,砂型及砂芯的烘干以及对铸造工艺装配的设计,包括模样、模板、芯盒和砂箱等的设计都得到了巩固和进一步学习。绘制出了工艺装配图、铸造工艺图、铸件图和模样图。基本具备了用砂型铸造知识解决工作的实际问题,进一步培养综合分析问题和解决问题的能力。

经过几个月的努力,终于完成了这次毕业设计。从开始对知识掌握不是十分扎实,经过这段时间的学习和设计,现在具备了一定砂型铸造的水平,完成了车床拨叉零件成型工艺设计。

在做毕业设计期间,我充分地意识到了要想实现一个优秀的设计还需要更多研究与斟酌,重要的是要学会怎样去自学,老师只是起到一个辅佐的作用,通过自己的力量去学习新的知识才是更重要的。

备注	
指导教师意见	指导教师签字： 　　　年　　　月　　　日

3. 论文开题报告

论文开题报告如表 11-3 所示。

表 11-3 ××××大学毕业论文（设计）开题报告

姓　　名	×××	学　　号	××××××××	系　　别	机械系
专　　业	材料成型专业	年级班级	××级×班	指导教师	×××
论文题目	车床拨叉零件毛坯成型工艺设计					
选题依据与意义	一、学术价值、应用价值 　　铸造是将通过熔炼的金属液体浇注入铸型内，经冷却凝固获得所需形状和性能的零件的制作过程。铸造是常用的制造方法。优点是：制造成本低，工艺灵活性大，可以获得复杂形状和大型的铸件，在机械制造中占有很大的比重，如机床占 60%～80%，汽车占 25%，拖拉机占 50%～60%。 　　砂型铸造是在砂型中生产铸件的铸造方法。钢、铁和大多数有色合金铸件都可用砂型铸造方法获得。由于砂型铸造所用的造型材料价廉易得，铸型制造简便，对铸件的单件生产、成批生产和大量生产均能适应，长期以来，一直是铸造生产中的基本工艺。 　　铸造工艺是铸造生产的核心，是能否生产优质铸件的关键，这也是本论文的关键内容。古今中外都把提高和发展工艺水平，视为推动行业技术进步，满足经济和社会发展需要的一个重要组成部分。 二、铸造工艺国内外研究现状分析 　　发达国家总体上铸造技术先进、产品质量好、生产效率高、环境污染少、原辅材料已形成商品化系列化供应，如在欧洲已建立跨国服务系统。生产普遍实现机械化、自动化、智能化（计算机控制、机器人操作）。 　　在大批量中小铸件的生产中，大多采用微机控制的高密度静压、射压或气冲造型机械化、自动化高效流水线湿型砂造型工艺。砂处理采用高效连续混砂机、人工智能型砂在线控制专家系统，制芯工艺普遍采用树脂砂热、温芯盒法和冷芯盒法。 　　我国"十二五"时期，整个铸造行业特别要在铸造新工艺和新材料上下工夫，铸造材料的价格居高不下，要求精密铸造行业必须而且快速开发出新的可替代的低价新材料；下游客户的要求不断提高，驱使我们必须提升工艺水准；人力资源成本的上升，我们必须在精密铸造装备上多下工夫。如新材料精铸专用刚玉及台湾的铸造手机器人等，都是精密铸造的发展方向。					
研究内容	第 1 章　前言 第 2 章　零件毛坯制造方法的确定 　2.1　零件的工艺分析 　2.2　毛坯制造方法的确定 第 3 章　零件材料的选择及对化学成分的要求 　3.1　零件材料的选择					

	3.2 本铸件熔炼时化学成分的要求
	3.3 HT250 合金的熔炼
	第 4 章 铸造工艺方案的确定
	第 5 章 零件毛坯的铸造工艺设计
	    5.1 铸件浇注位置的确定
	    5.2 型芯设计
	    5.3 铸造工艺参数的确定
	    5.4 绘制铸造工艺图
	    5.5 浇注系统设计
	    5.6 冒口
	    5.7 冷铁
	第 6 章 铸造工艺装备设计
	    6.1 模样设计及模样的种类
	    6.2 模样材质的选择及制造步骤
	    6.3 模样尺寸的计算
	    6.4 模板
	第 7 章 砂箱
	    7.1 砂箱选择和设计原则
	    7.2 砂箱的结构设计
	第 8 章 支座铸件芯盒的确定

研究方案	一、本课题研究的目标
	    本设计题的任务是完成车床拨叉零件成型工艺设计，根据本设计题目生产性质、零件结构特点和用途，确定采用铸造成型工艺方法做出该零件的毛坯。
	二、本课题研究的内容
	    本设计体内容包括了铸造工艺方案的设计，铸造工艺参数的确定，砂芯设计，浇注系统设计，冒口设计，冷铁和出气孔设计，砂型及砂芯的烘干等，又对铸造工艺装配进行了设计，内容包括模样、模板、芯盒和砂箱等的设计。绘制出了工艺装配图、铸造工艺图、铸件图和模样图。
	三、本课题研究要解决的问题
	（一）工艺方法的选择
	    铸件的工艺设计方法有很多种选择，可供选择砂型铸造方法的种类有干型和表干型、湿型铸造、负压铸造、手工铸造、砂型铸造和特种铸造。由于本题目的生产性质，50 件，结构较为复杂，尺寸不大，故选择两箱砂型铸造，一箱一铸。
	（二）实践问题
	    在实际生产中，要设计出合理并尽可能节约成本的工艺是需要在实践过程中不断积累经验的。因此对于每一个设计参数我们都要考虑到实际生产的合理性，从而使设计出的工艺不但可行而且能生产出高质量高成品率的铸件。
	四、本课题的研究方法
	    本题目的研究方法，是运用所学《材料成型工艺基础》中的铸造成型理论，对金属液在充型、结晶、凝固和冷却过程中发生的一系列物理、化学的变化及铸件内部的变化进行了理论研究和分析。对如何保证铸件的质量，在合金液的成分上进行了研究和探讨，对工艺上采取的相应措施进行了可行性的研究和探讨，针对本题目，如何运用灰铸铁（HT250）铸造出所要求的零件的铸造成型工艺作了详细阐述，对运用砂型铸造设计的浇注系统做出了详细设计，并做出了铸型装配图、铸造工艺图和模样图。

续表

研究方案	**五、技术路线** （一）研究步骤 1．2013 年 3 月 10 日～2014 年 3 月 31 日，需求调研，收集资料。 2．2013 年 4 月 01 日～2014 年 4 月 10 日，进行铸件结构分析、确定工艺方案。 3．2013 年 4 月 11 日～2014 年 5 月 15 日，具体参数设计。 4．2013 年 5 月 16 日～2014 年 5 月 30 日，完成论文二稿。 （二）关键技术 　1．作力学性能分析：根据拨叉零件在工作中受拉应力和冲击力作用，要求最大抗拉强度 σ_b≥275MPa，硬度为 HBS210-241。机械性能要求宜选用材料 HT250。 　2．Φ14 孔在工作时会受到频繁的冲击力和拉应力，而拨叉的大圆弧所要求的加工精度较高，且与离合器的摩擦很频繁，这些都是重要的加工面，在铸造过程中不允许有缩孔组织及夹渣的出现。 **六、可行性分析** 1．结构可行性分析 　零件外形有支撑筋板，最小壁厚为 5.5mm，最大壁厚为 16mm，壁厚差较大，由不同的几何形体组成，属结构复杂机件。结合生产批量，可采用铸造毛坯。 2．性能可行性分析 　拨叉工作时主要承受拉应力和冲击力作用，且工作频繁。要求拨叉强度、硬度设计值为：σ_b≥275MPa，HBS210～241，根据拨叉零件在工作中受拉应力和冲击力作用，要求最大抗拉强度 σ_b≥275MPa，硬度为 HBS210～241。查表得知：宜选用 HT250，但必须经过孕育处理，孕育处理后，它的强度和硬度显著提高（σ_b=250～350MPa，硬度=170～270HBS）都可以满足该零件的机械性能。 3．经济可行性分析 　因为是批量生产，经过初步分析，本机床拨叉零件毛坯的生产有两种方式：可选用铸造和锻造，首先，对于锻造来说，锻出的锻件的质量往往比铸件质量要好，但是，由于锻造的模具设计过于复杂以及在设计成本上往往高出很多，而且对于设备的要求也相当高一些，而对于机床的拨叉零件，经过合理的选用铸造合金和相应合理的设计要求，是可以达到零件所需的工作性能的，而且对于设备的要求没有锻件的高，而且成本也会大大降低，所以鉴于设备和成本要求分析、机床的拨叉零件选用铸造最为合适。 **七、预期成果** 　完成车床拨叉零件成型工艺设计，根据本设计题目生产性质、零件结构特点和用途，确定采用铸造成型工艺方法做出该零件的毛坯。
写作进度安排	1．2014 年 3 月 10 日～2014 年 3 月 31 日，完成文献综述及开题报告。 2．2014 年 3 月 11 日～2014 年 4 月 10 日，进行铸件结构分析、确定工艺方案 3．2014 年 4 月 11 日～2014 年 5 月 30 日，完成论文二稿或中期检查。 5．2014 年 6 月 01 日～2014 年 6 月 10 日，完成设计图纸等。 4．2014 年 6 月 11 日～2014 年 6 月 15 日，上交论文成稿及设计图纸。
指导教师意见	指导教师签字： 　　　　　　　年　　月　　日
系学术委员会意见	主任签章： 　　　　　年　　月　　日

4. 论文中期报告

论文中期报告如表 11-4 所示。

表 11-4　××××毕业论文中期检查报告

学生名字	×××	学号	××××××××	指导老师	×××
论文题目		车床拨叉零件毛坯成型工艺设计			
论文中期 完成情况	一、前期工作简述 　　论文的前期工作主要完成了任务书、文献综述和开题报告的撰写，确定总体工艺方案，并对各环节进行总体设计。 二、解决的问题及解决办法 　　1. 零件毛坯的铸造工艺设计：本次设计内容较多，尤其浇铸系统的设计较复杂，开始有点摸不着头脑，后来经过指导老师的点播以及查阅相关的资料，已经基本上捋顺了。 　　2. 铸造工艺装备设计：此部分中模样和模板的选择是重点，经过导师的辅导，以及在网上搜索一定量的资料和相关书籍，对此部分设计有了一定的掌握。 三、尚存在的问题及解决方案 　　质量保证问题：为保证铸件的结构和尺寸的准确性，除了合理的铸造工艺及参数设计，还要保证铸型装配的准确性，因此要总结准确装配的方法，以确保铸件的质量。 四、后期工作安排 　　2014 年 6 月 01 日～2014 年 6 月 10 日，完成装配内容，撰写论文。 　　2014 年 6 月 11 日～2014 年 6 月 15 日，上交论文成稿。				
完成情况 评价	1. 按计划完成，完成情况优（　） 2. 按计划完成，完成情况良（　） 3. 基本按计划完成，完成情况合格（　） 4. 完成情况不合格（　） 补充说明： 　　指导教师签名：　　　　　　　　　　　　　　　　　　年　　月　　日				

5. 论文封皮

论文封皮示样图如图 11-1 所示。

```
                ××××大学
              毕 业 论 文（设 计）

        题　　目：车床拨叉零件毛坯成型工艺设计
        系　　部：机械工程系
        专　　业：材料成型专业
        班　　级：××级×班
        学　　号：××××××××
        姓　　名：×××
        指导教师：×××
        完成日期：××××年××月××日
```

图 11-1　论文封皮示样图

6. 论文诚信声明和版权说明

论文诚信声明和版权说明如图 11-2 所示。

毕业论文（设计）诚信声明书

本人声明：我将提交的毕业论文（设计）《车床拨叉零件毛坯成型工艺设计》是我在指导教师指导下独立研究、写作的成果，论文中所引用他人的无论以何种方式发布的文字、研究成果，均在论文中加以说明；有关教师、同学和其他人员对本文的写作、修订提出过并为我在论文中加以采纳的意见、建议，均已在我的致谢辞中加以说明并深致谢意。

　　　　　　　　　　　论文作者：×××　　（签字）时间：　　年　月　日
　　　　　　　　　　　指导教师已阅　　　　（签字）时间：　　年　月　日

毕业论文（设计）版权使用授权书

本毕业论文（设计）《车床拨叉零件毛坯成型工艺设计》是本人在校期间所完成学业的组成部分，是在××××大学教师的指导下完成的，因此，本人特授权对××××大学可将本毕业论文（设计）的全部或部分内容编入有关书籍、数据库保存，可采用复制、印刷、网页制作等方式将论文文本和经过编辑、批注等处理的论文文本提供给读者查阅、参考，可向有关学术部门和国家有关教育主管部门呈送复印件和电子文档。本毕业论文（设计）无论做何种处理，必须尊重本人的著作权，署明本人姓名。

　　　　　　　　　　　论文作者：×××　　（签字）时间：　　年　月　日
　　　　　　　　　　　指导教师已阅　　　　（签字）时间：　　年　月　日

图 11-2　论文诚信声明和版权说明

7. 论文正文

车床拨叉零件毛坯成型工艺设计

摘要：本设计题目的任务是完成车床拨叉零件成型工艺设计，根据本设计题目生产性质、零件结构特点和用途，确定采用铸造成型工艺方法做出该零件的毛坯。其具体内容包括了铸造工艺方案的设计，铸造工艺参数的确定，砂芯设计，浇注系统设计，冒口设计，冷铁和出气孔设计，砂型及砂芯的烘干等，又对铸造工艺装配进行了设计，内容包括模样、模板、芯盒和砂箱等的设计。绘制出了工艺装配图、铸造工艺图、铸件图和模样图。本题目的研究方法，是运用所学《材料成型工艺基础》中的铸造成型理论，对金属液在充型、结晶、凝固和冷却过程中发生的一系列物理、化学的变化及铸件内部的变化进行了理论研究和分析。对如何保证铸件的质量，在合金液的成分上进行了研究和探讨，对工艺上采取的相应措施进行了可行性的研究和探讨，针对本题目，如何运用灰铸铁（HT250）铸造出所要求的零件的铸造成型工艺作了详细阐述，对运用砂型铸造设计的浇注系统做出了详细设计，并做出了铸型装配图、铸造工艺图和模样图。

关键词：砂型铸造；浇注系统；铸造工艺图；模样；铸型装配图；HT250

Abstract: The design project is to complete the task of forming process fork parts of Lathe dial the forming design, according to the nature of the production of a design, part structural characteristics and uses to determine the method used to make the casting forming process of the rough parts.The specific contents of the casting process in the design, casting process parameters identified, the sand core design, gating system design, riser design, the design of cold iron, and out of holes, sand and sand core of drying, but also on the casting assembly has been designed, including appearance, templates, core boxes and sand boxes and other designs. Assembly diagram drawn out process, casting process maps, charts and pattern casting map. The subject of research methods is to use what they have learned "material forming technology base" in the casting forming the theory of liquid in the filling of metal, crystal, solidification and cooling process in a series of physical and chemical changes and changes in the castings The theoretical research and analysis. Casting on how to ensure the quality of the ingredients in the liquid alloy was carried out research and study on the process to take the appropriate measures to study and explore the feasibility. According to this topic, how to apply grey (HT250) casting out the parts required the casting molding process were discussed in detail, to use the sand casting gating system design, and has made the detailed design drawings made casting, casting process chart and shape figure.

Keywords：sand casting；gating system；casting chart；appearance；mold assembly drawing；HT250

1 前言

国家的综合国力是看这个国家的制造业发展水平。其中大型铸、锻件的生产水平，标志着这个国家制造业能力的水平，影响着国民经济。铸造历来是装备制造业的基础，但是我国的铸造行业是装备制造业的薄弱环节。我国要向铸造大国迈进，必须尽快解决生产技术水平和人才专业素质问题。我国铸造业现状主要是：铸造企业的平均规模较小，专业化程度不高，铸造生产的技术和装备差，自主创新能力弱，铸件品质不高，距离铸造强国这个目标，还有很长的路要走。但是，国内对铸造业的研究成果不断推陈出新，铸造成型工艺依铸型材料、造型工艺和浇注方式不同，可分为砂型铸造和特种铸造两大类。砂型铸造适用于金属材料、大小、形状和批量不同的各种铸件，成本低廉，由砂型铸造生产的铸件占铸件总产量的90%以上，特种铸造是指砂型铸造以外的铸造工艺，常见的有熔模铸造、金属型铸造、压力铸造、低压铸造和离心铸造等。

铸造具有很多特点，与其他成型工艺相比，它不受零件毛坯的重量、尺寸和形状的限制，重量从几克到几百吨，壁厚由0.3mm到1m，形状十分复杂，用机械加工比较困难，耗费大量机床工时，甚至难以制得的零件，都可以用铸造方法获得。

铸造由于可选用多种多样的成分，加之基本建设投资小，工艺灵活性大和生产周期短等优点因而广泛地应用在机械制造、矿山冶金交通运输、石化通用设备、农业机械、能源电力、轻工纺织、家用电器、土建工程、电力电子、航天航空、国防军工等国民经济各部门，是现代大工业机械的基础。

铸造工艺是铸造生产的核心，是能否生产优质铸件的关键，这也是本论文的关键内容。古今中外都把提高和发展工艺水平，视为推动行业技术进步，满足经济和社会发展需要的一个重要组成部分。

2 零件毛坯制造方法的确定

2.1 零件的工艺分析

零件的二维零件图及三维立体图,如图 2.1 所示。

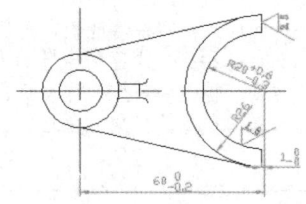

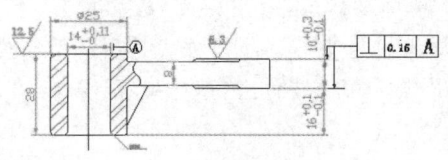

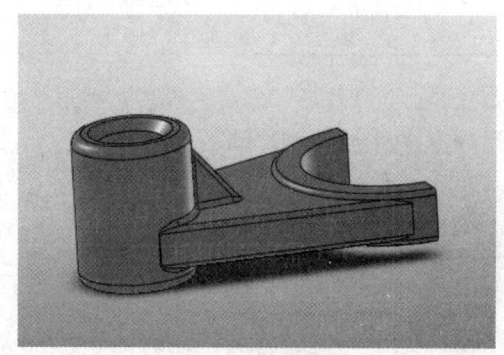

(a) 二维零件图　　　　　　　　(b) 三维立体图

图 2.1　零件图和三维图

2.1.1 零件的结构特点

(1)结构特点。零件外形有支撑筋板,最小壁厚为 5.5mm,最大壁厚为 16mm,壁厚差较大,由不同的几何形体组成,属结构复杂机件。结合生产批量,确定采用铸造毛坯。

(2)工作条件。拨叉工作时主要承受拉应力和冲击力作用,且工作频繁。要求拨叉强度、硬度设计值为:$\sigma_b \geqslant 275$MPa,HBS210~241,根据拨叉零件在工作中受拉应力和冲击力作用,要求最大抗拉强度 $\sigma_b \geqslant 275$MPa,硬度为 HBS210~241。不同材料的牌号及应用如表 2.1 所示,查表得知:宜选用 HT250,但必须经过孕育处理,孕育处理后,它的强度和硬度显著提高(σ_b=250~350MPa,硬度=170~270HBS)都可以满足该零件的机械性能。

表 2.1　材料的牌号及应用

牌号	铸件壁厚/mm	σ_b/MPa不小于	特性及应用举例
HT150	2.5~10	175	铸造性能好,工艺简便,铸造应力小,不需要人工时效处理,适用于负荷小、对摩擦磨损无特殊要求的简单零件。如:普通机床上的支柱、刀架、轴承座;发动机的进排气管、泵壳、法兰等
	10~20	145	
	20~30	130	
	30~50	120	
HT200	2.5~10	220	强度较高,耐磨耐热性较好,减震性好;铸造性能较好,但需要人工时效处理。适用于承受较大负荷和要求一定的气密性或耐蚀性的零件。例如:一般机械制造中较为重要的铸件(如气缸、衬套、棘轮、链轮、齿轮、拨叉等)
	10~20	195	
	20~30	170	
	30~50	160	

续表

牌号	铸件壁厚/mm	σ_b/MPa 不小于	特性及应用举例
HT250	2.5～10 10～20 20～30 30～50	270 240 220 200	汽车、拖拉机的汽缸体、汽缸盖、活塞环联轴器等；具有测量平面的检验工件（如划线平板、V形铁、平尺、水平框架等）；承受压力小于785XMPa的油缸、阀体；圆周速为12～20m/s的带轮等
HT300	10～20 20～30 30～50	290 250 230	属于高强度、高耐磨性的灰铸铁，其强度和耐磨性均优于以上牌号的铸铁，但白口倾向大，铸造性能差，需要人工时效处理。适用于承受高负荷和保持高度气密性的零件，例如机械制造中的某些重要零件，如剪床、压力机、自动车床及其他重型车床的床身、机座、机架、主轴箱、卡盘及受力较大的齿轮等
HT350	10～20 20～30 30～50	340 290 260	

结论：如壁厚不均，带有深腔；外形带有侧凹，尺寸中等（不大），属结构较复杂的零件。采用砂型铸造生产毛坯零件。

2.1.2 生产性质

根据生产纲领，需要生产50件该零件毛坯，属于批量生产，生产方式是用砂型铸造。根据该零件的机械性能和生产纲领的要求制定出可行的铸造方案和工艺设计规程。

2.1.3 技术要求

（1）作力学性能分析：根据拨叉零件在工作中受拉应力和冲击力作用，要求最大抗拉强度 $\sigma_b \geqslant 275\text{MPa}$，硬度为HBS210～241。机械性能要求宜选用材料HT250。

（2）根据图1.1，Φ14孔在工作时会受到频繁的冲击力和拉应力，而拨叉的大圆弧所要求的加工精度较高，且与离合器的摩擦很频繁，这些都是重要的加工面，在铸造过程中不允许有缩孔组织及夹渣的出现。

2.2 毛坯制造方法的确定

主要有铸造、塑性体积成型和焊接。因为是批量生产，经过初步分析，本机床拨叉零件毛坯的生产有两种方式：可选用铸造和锻造，首先，对于锻造来说，锻出的锻件质量往往比铸件质量要好，但是，由于锻造的模具设计过于复杂以及在设计成本上往往高出很多，而且对于设备的要求也相当高一些，而对于机床的拨叉零件，经过合理的选用铸造合金和相应合理的设计要求，是可以达到零件所需的工作性能的，而且对于设备的要求没有锻件的高，而且成本也会大大降低，所以鉴于设备和成本要求分析、机床的拨叉零件选用铸造最为合适。

结论：结合本题目零件的结构、尺寸特点及技术要求，确定采用铸造方法，做出零件的毛坯。

3 零件材料的选择及对化学成分的要求

3.1 零件材料的选择

拨叉工作条件：拨叉工作时主要承受拉应力和冲击力作用，且工作频繁。要求拨叉强度、硬度设计值为：$\sigma_b \geqslant 275$MPa，HBS210～241，根据拨叉零件在工作中受拉应力和冲击力作用，要求最大抗拉强度$\sigma_b \geqslant 275$MPa，硬度为HBS210～241。

表2.1列出的所选材料足以满足零件的机械性能。鉴于本题目的性质，在设计过程中选用HT250。

3.2 本铸件熔炼时化学成分的要求

用于生产铸件的金属材料称为铸造合金，工业中最常用的铸造合金是铸铁、铸钢、铸造非铁合金。本题目要求的是使用HT250的灰铸铁，不同的化学成分决定所需铸铁品种以及牌号。

3.3 HT250合金的熔炼

1. 合金液化学成分的控制、冷却速度、出炉温度

（1）如250HT铸铁件的熔炼铁水技术的研究。石墨是决定灰铸铁性能的主导因素。石墨本身的力学性能极差，它好似空洞和缺口存在于金属基体中，因此石墨数量愈多，形态愈粗大，分布愈不均匀，对金属基体的割裂就愈严重，灰铁的抗拉强度底，塑性差，但却有良好的吸震性、减磨性和对缺口敏感性，易于铸造和切削加工。

（2）对化学成分的研究：碳和硅。如图3.1所示，碳是石墨化元素，含碳愈多，可能析出的石墨就愈多，但这种可能性还取决于硅的含量，硅是强烈促进石墨化的元素（孕育剂）。含硅愈多，石墨化的可能性就愈大，反之碳含量高而硅含量少时，容易得到白口铸铁。

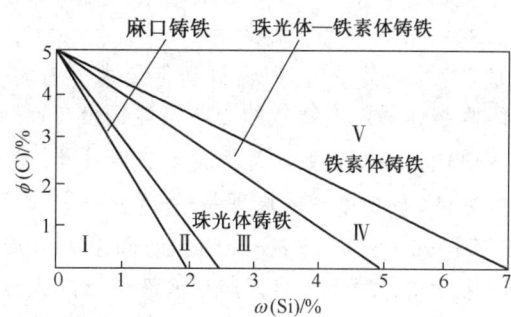

图3.1 碳、硅含量与铸铁组织关系

（3）硫和锰。硫是强烈的反石墨化元素，硫含量高，易促使铸铁形成白口组织。同时，硫还是形成低熔点（985°C）的、分布于晶界上的FeS-Fe共晶体，造成铸铁的热脆性。硫是铸铁中的有害元素，一般将硫控制在0.1%～0.15%之间。锰也是阻碍石墨化，具有稳定珠光体的作用，能提高铸铁的强度和硬度，同时，锰对硫的亲和力大，易形成熔点高（1600°C）、密度小的MnS，MnS上浮随熔渣排出炉外，故锰是有益元素，一般控制在0.6%～1.2%之间。

（4）磷。磷对石墨化的影响不显著，但当磷的含量超过0.3%时，便形成呈网状分布于晶界的低熔点、高硬度（390HBS-520HBW）的Fe_3P共晶体。这有益于增加铸铁的耐磨性，但过高会增加铸铁的冷脆性，所以，高强的铸铁件一般将磷限制在0.2%～0.3%之间。

2. 针对HT250如何得到珠光体+少量铁素体铸铁的生产

铸件壁厚影响着铸件冷却速度，从而影响到铸件晶体组织的获得，铸件壁厚和碳硅含量

对铸铁组织的影响,如图 3.2 所示,为获得要求珠光体组织,设计最小壁厚不得小于 5mm,最大壁厚不得大于 25mm。

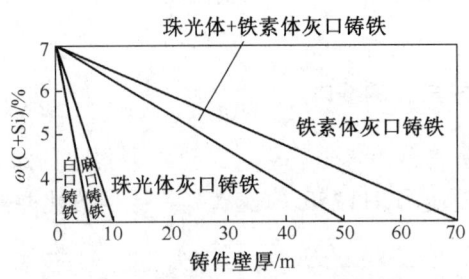

图 3.2 壁厚和碳硅含量对铸铁组织的影响

结论:铸件化学成分和壁厚的一般范围,如表 3.1 所示。

表 3.1 铸件化学成分和壁厚范围

铸铁牌号	铸件壁厚/mm	化学成分(%)					石墨组织	集体组织
		W_c	W_{si}	W_{mn}	W_p	W_s		
HT200	5~25	3.5~4.0	2.5~3.0	0.7~0.9	<0.3	<0.12	80%~90%的片状石墨,20%~10%晶间石墨,长度 60~250μm,无向分布,其质量分数为 6%	珠光体>95%;中片状铁素体<5%;二磷共晶<4%

是否须进行"孕育处理""球化处理",以保证铸件要求的力学性能呢?如前所说,粗大的石墨对灰铸铁金属的基体割裂作用,灰铸铁的力学性能偏低(σ_b=100-200MPa)。提高灰铸铁性能的途径是改善其基体组织,减少石墨数量及减小石墨尺寸,并使石墨分布均匀。孕育处理是提高灰铸铁性能的有效方法。孕育处理的原理是:先熔炼出相当于白口或麻口组织的低碳、含硅量(ω(C)=2.7%~3.3%,ω(Si) 1.0%~2.0%)的高温(1400~1450℃)铁液,然后向铁液中冲入少量细粒状或粉末状的孕育剂。孕育剂在铁液中形成大量弥散的石墨结晶核心,使石墨化作用骤然加强,从而得到细晶粒珠光体和分布均匀的细片状石墨组织。处理后强度和硬度都得到明显的加强(σ_b=250~350MPa,硬度=170~270HBS)。由表 1.1 不难得知,光是 HT250 本身的性能是不足以满足机床拨叉零件的机械性能的,必须经过孕育处理后,才能满足其所需要的强度和硬度(最大抗拉度 $\sigma_b \geq$ 275MPa,硬度为 HBS210~241。)

4 铸造工艺方案的确定

可供选择砂型铸造方法的种类:
1. 干型和表干型

干型的主要特点是水分少,强度高,透气性好,成本高,劳动条件差,不易实现机械化和自动化。主要应用在结构复杂铸件的生产。

2. 湿型铸造

湿型铸造应用范围较广,几乎不受铸件结构、尺寸、材料、批量的限制,特别适用于高精度、小余量、复杂铸件的生产。

3. 负压铸造

铸件清理方便,劳动强度低,浇注过程中有有害气体,既适用于单件小批量生产,也适用于大中型精密铸件、薄壁铸件生产。

4. 手工铸造

可分为两箱、三箱、叠箱和劈箱造型,适用于小型铸件的批量生产。

5. 砂型铸造和特种铸造

铸造成型工艺依铸型材料、造型工艺和浇注方式不同,可分为砂型铸造和特种铸造两大类。砂型铸造适用于金属材料,大小形状和批量不同的各种铸件,成本低廉,有砂型铸造生产的铸件占铸件总产量的 90%以上,而砂型铸造的机器造型按成型机理分类又分为:震击、压实、射压、抛砂、气流紧实。

两箱造型按其模样分类,可分为整体模样、分开模样和刮板模样造型。本设计的零件为轴支座类零件,根据图 1.1,可以看出它的下表面为基准面,Φ14 孔位装配孔,属于重要加工面,要保证它的质量。如图,可以看出零件的顶面也为重要加工面,也要保证它的质量。为了综合考虑两者的重要加工面的质量,采用上下联办模样进行铸造生产,并在顶面位置加大加工余量,以保证铸件质量。

结论:由于本题目的生产性质,50 件,结构较为复杂,尺寸不大,故选择两箱砂型铸造,一箱一铸。

5 零件毛坯的铸造工艺设计

5.1 铸件浇注位置的确定

铸件的浇注位置是指浇注时铸件在铸型中所处的位置,浇注位置是根据铸件的结构、技术要求、铸件合金特性、铸造方法以及生产车间的各种条件决定的。

浇注位置确定的一般原则:

(1)铸件的重要加工面、主要工作面和受力面应尽量放在底部或侧面,以防止这些表面上产生沙眼、气孔和夹渣等缺陷。

(2)浇注位置应有利于所确定的凝固顺序。对于体收缩较大的合金,浇注位置应尽量满足顺序凝固的原则。铸件厚实部分一般应置于浇注位置的上方,以利于设置冒口补缩。

(3)浇注位置应有利于砂芯的定位和稳固支撑,使排气通畅。尽量避免吊芯、悬臂砂芯。

(4)铸件上的大平面应置于下部或倾斜放置,以防止夹砂等缺陷。有时为了方便造型,采用"横做立浇""平做斜浇"的办法。

(5)铸件的薄壁部位应置于浇注位置的下部或侧面,以防止浇不到、冷隔等缺陷。

(6)在大批量生产中,应使铸件的毛刺、飞翅易于清理。

(7)要避免厚实铸件的冒口下面的主要工作面产生偏析。

综上,该零件确定浇注位置如图 5.1 所示。

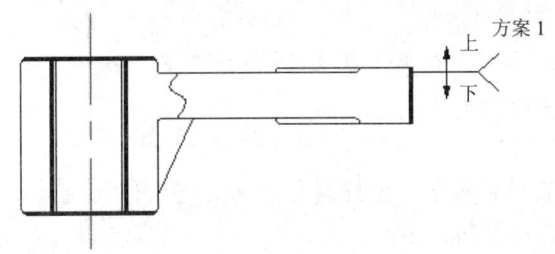

图 5.1 确定浇注位置

5.1.1 分型面的选择

浇注位置确定后，即可确定分型面。铸造分型面是指铸型组元间的结合面，分型面确定的合理与否，关系到模样制造的难易程度。同时合理选择分型面，对于简单化铸造工艺，提高生产率，降低成本，提高铸件质量等有直接关系。

该零件有两种分型面方案，如图 5.2 所示。根据分型面确定的原则，重点考虑应尽量把铸件的加工定位面和主要加工面放在同一箱内，以减少加工定位的尺寸偏差。为方便起模，分型面应选在铸件的最大截面处。对于较高的铸件，尽量不使铸件在一箱内过高。在考虑造型、浇注、置芯的基础上，分型面的选择还有利于清理。选择分型时应考虑到造型方法，所以选用方案一。

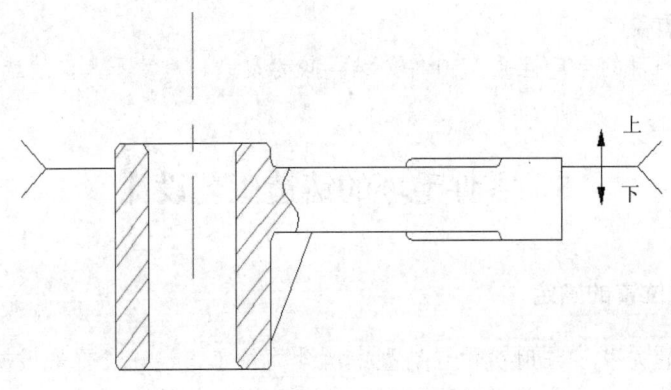

(a) 方案一

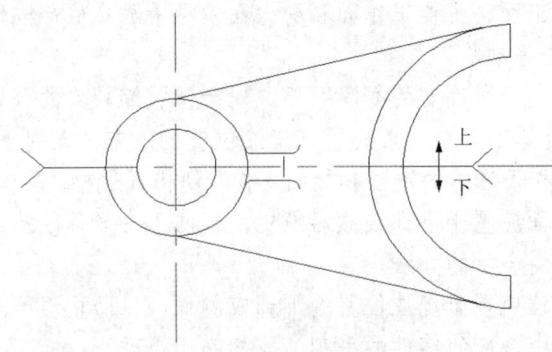

(b) 方案二

图 5.2 分型面的选择示意图

5.1.2 造型方法的选择

分析本题目铸件是否带有侧凹结构，考虑为方便取模，是否采用活块造型、挖砂造型；考虑为使铸件上的重要面朝下浇注，可能要采用假箱造型等。

结论：砂箱中铸件数量的确定原则：砂箱中的铸件数量一般要根据工艺要求和生产条件来确定，因本零件生产的属于小批量生产（50件），因此采用一个砂箱生产一个铸件。

5.1.3 凝固方式的确定

控制铸件凝固的措施很多，但指导运用这些措施的基本原则只有两个，即定向凝固和同时凝固。

（1）定向凝固原则：铸件的定向凝固，采取各种工艺措施，保证铸件各部分按照远离冒口的部分最先凝固，然后向着冒口方向逐步凝固，最后才是冒口本身凝固的顺序进行。铸件按照定向凝固原则进行凝固，就能保证缩孔集中在冒口中，以获得致密的铸件。它的优点为：冒口补缩作用好，铸件内部致密。缺点为：在凝固期间容易使铸件各部分存在着较大的温度差。在铸件过渡部分产生热裂。凝固后也容易使铸件产生应力和变形。定向凝固需加冒口、冷铁。

（2）同时凝固原则：采取各种工艺措施，保证铸件结构上各部分同时凝固，铸件各部分之间几乎没有温度差。它的优点为：不宜产生热裂，凝固后也不易产生热裂和变形。缺点为：在铸件的中心区域往往有缩松，铸件不致密。

对灰铸铁来说，由于灰铸铁在浇注时的流动性比较好，在冷却过程中，其塑性较差，不易补缩，所以该铸件选用同时凝固原则。

结论：根据以上所说的定向凝固和同时凝固的原则，对比定向凝固与同时凝固之间存在着相互对应的优点和缺点，本铸件的结构特点是铸件的厚实和壁厚不均匀，兼顾灰铸铁铸件塑性较差，应尽量避免铸造应力的产生，因此应采取同时凝固，在铸件厚大部位处增设间隔外冷铁已达到同时凝固的目的。

5.2 型芯设计

5.2.1 型芯种类的选择

砂芯的种类有：

（1）按尺寸大小分：大、中、小。
（2）按干湿程度分类：湿芯用于中小薄壁件、干芯用于大中小件均可。
（3）按粘结剂分类：粘土砂芯、水玻璃砂芯、水泥砂芯、油脂砂芯、树脂砂芯等。
（4）按制芯工艺分类：常规砂芯、自硬砂芯、热芯盒砂芯、冷芯盒砂芯、壳芯等。
（5）按砂芯复杂程度分类：可分为5级。

结论：根据以上的种类的分析比较，确定选用干芯。

5.2.2 砂芯顺序设计

砂芯设置的基本原则：

（1）尽量减少砂芯数量：为了减少制造工时、降低铸件成本和提高其尺寸精度，对于不太复杂的铸件，应尽量减少砂芯数量，且采用合并砂芯减少砂芯数量，提高铸件尺寸精度。

（2）复杂砂芯可分块制造：因尺寸太大，制芯和下芯操作困难而分成几块制造，砂芯是为了操作方便而分块制造的。

（3）选择合适的砂芯形状：砂芯形状的选择，应使芯盒有宽阔的捣砂面，便于填砂、舂砂、安放芯骨和采取排气措施。

（4）砂芯烘干支撑面最好是平面：这一点对于需要烘干硬化的砂芯尤其重要。

（5）砂芯的分盒面应尽量与砂型的分型面一致：起芯与起模斜度的大小与方向应尽量一致，以保证由砂芯和砂型之间所形成的壁厚均匀，减少披缝，同时也有利于砂芯中气体的排出。

（6）便于下芯、合型：将砂型分成两块后，便于下芯时检验窗口型腔的尺寸，以避免整体砂芯移动的影响，从而保证窗口位置的准确。

（7）沿高度方向的分层砂芯：选择砂芯的划分面时，应力求使同层砂芯组合后的上面为平面。

（8）被分开的砂芯每段要有良好的定位条件，要尽量避免靠芯撑支撑，尤其是压力容器铸件，防止因芯撑溶合不好造成铸件渗漏。

5.2.3 型芯的形状、数量

结论：根据以上原则，为了提高本铸件的尺寸精度，采用合并砂芯减少砂芯数量且方便下芯，采用一个砂芯，如图5.3所示。

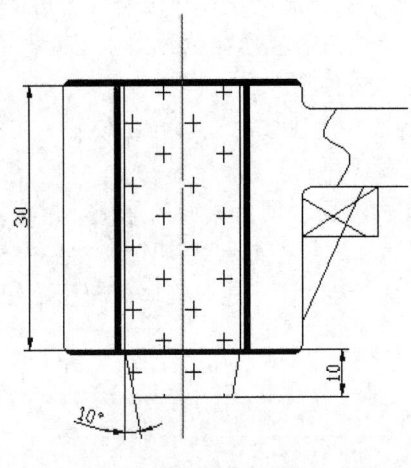

图5.3 砂芯示意图

5.2.4 芯头设计

砂芯定位要准确，不允许沿芯头方向移动或绕芯头转动。芯头需要有一定的定位结构，根据砂芯在砂型中放置的位置，定位芯头通常分为以下三种形式：

（1）垂直定位芯头。

（2）水平定位芯头。

（3）特殊定位芯头。

砂芯在砂型中的位置一般是靠芯头来固定的，也有用芯撑或铁丝来固定。因本铸件只有一个孔需要安放芯头，壁厚不均，属结构较复杂的零件，因此采用芯头固定。

5.2.5 芯头的尺寸和排气分析与确定

芯头的尺寸与采用的铸造工艺有关，一般决定于铸件相应部位孔、槽的尺寸。为了下芯和合型的方便，芯头应有一定的斜度，芯头与芯座之间应有一定的间隙。一般来说，在实际生产中，上芯头的高度比下芯头低，上芯头的斜度比下芯头大。

5.2.6 垂直芯头的尺寸确定

垂直芯头的高度是垂直芯头的主要尺寸,主要是根据砂芯在型腔中安放时的稳定程度,同时,还应考虑木模制造时,是否易于变形以及放置芯骨时要有一定的吃砂量等因素确定。垂直芯头与芯座之间的间隙,芯头的斜度、高度选取的是干型为1.5mm,斜度为10º。

5.2.7 砂芯的排气方案确定

由于本铸件只有一个砂芯,而砂芯在高温金属液的作用下,由于水分蒸发及有机物的挥发、分解和燃烧,在浇注后很短时间内会产生大量气体,当砂芯排气不良时,这些气体会侵入金属液中,使铸件产生气孔缺陷。因此,在砂芯的结构设计、制造方式,以及在下芯、合型操作中,都要采取必要的措施,使浇注时在砂芯中产生的气体能顺利地通过芯头及时排出。

5.3 铸造工艺参数的确定

5.3.1 铸件尺寸公差

铸件的尺寸公差是指铸件的公称尺寸的两个允许极限尺寸之差。在这两个允许极限尺寸之内可满足加工、装配和使用的要求。铸件的尺寸精度取决于工艺设计过程控制的严格程度,铸件的尺寸精度越高,对工艺的控制就越严格,但铸件的生产成本相应就越高。因此在规定铸件的尺寸公差时,必须从实际出发,综合考虑各种因素,达到既保证铸件的质量,又不过多增加生产成本的目的。

按照 GB/T6414—1999《铸件尺寸公差与机械加工余量》的规定,铸件尺寸公差分为 16 级,表示为 CT1-CT16,如表 5.1 所示。

表 5.1 摘自(GB/T6414—1999)单位:mm

毛皮铸件基本尺寸		铸件尺寸公差等级 CT														
大于	至	1	2	3	4	5	6	7	8	9	10	11	12	13	14	15	16
-	10	0.09	0.13	0.18	0.26	0.36	0.52	0.74	1	1.5	2	2.8	4.2	-	-	-	-
10	16	0.1	0.14	0.2	0.28	0.38	0.54	0.78	1.1	1.6	2.2	3.0	4.4	-	-	-	-
16	25	0.11	0.15	0.22	0.30	0.42	0.58	0.82	1.2	1.7	2.4	3.2	4.4	6	8	10	12

考虑到是成批生产,该铸件的最大壁厚为 10mm,综上因素考虑,该铸件选用公差等级 11 级,即 CT=3.2,如表 5.2 所示。

表 5.2 成批和大批量生产铸铁的尺寸公差等级(GB/T6414—1999)

方法	公差等级 CT						
	铸件材料						
	铸钢	灰铸铁	球墨铸铁	可锻铸铁	铜合金	轻金属合金	镍基合金
砂型铸造手工造型	13~15	13~15	13~15	13~15	13~15	11~13	13~15
砂型铸造机器造型和壳型	12~14	11~13	11~13	11~13	10~12	10~12	12~14

5.3.2 机械加工余量

GB/T1614—1999《铸件尺寸公差与机械加工余量》中规定,要求的机械加工余量适用于整个毛坯零件,且该值尺寸应根据最终机械加工后成品铸件的最大轮廓尺寸和相应的尺寸范围选取。

要求的机械加工余量等级有10级,称之为A、B、C、D、E、F、G、H、J和K共10个等级,如表5.3、5.4所示。

表5.3 要求的铸件机械加工余量(RMA)(GB/T6414—1999)单位:mm

最大尺寸		要求机械加工余量等级									
大于	至	A	B	C	D	E	F	G	H	J	K
—	40	0.1	0.1	0.2	0.3	0.4	0.5	0.5	0.7	1	1.4

表5.4 毛坯铸件典型的机械加工余量等级

方法	要求的机械加工余量等级							
	铸件材料							
	铸钢	灰铸铁	球墨铸铁	可锻铸铁	铜合金	锌合金	轻金属合金	镍基合金
砂型铸造手工铸造	G~K	F~H	F~H	F~H	F~H	F~H	G~K	G~K
砂型铸造机器造型和壳型	E~H	E~G	E~G	E~G	E~G	E~G	E~H	F~H

在这里,我们选用机械加工余量等级为F级。

凸台外面的机械加工:

$$R = F + 2RMA + CT/2 = F + 2.1; \tag{5-1}$$

内腔作机械加工:

$$R = F - (2RMA + CT/2) = F - 4.2; \tag{5-2}$$

RF—铸件毛坯的基本尺寸。
F—最终加工后的尺寸。
RMA—要求的机械加工余量。
CT—铸件公差。

5.3.3 铸件工艺补贴(余量)

在手工造型和制芯时,为了起模和起芯的方便。需要敲动模样和芯盒内的肋板,以及由于木模和肋板吸潮而引起的膨胀,这都会造成铸件非加工壁的厚度增加,致使铸件尺寸超差和重量超重。为了保证铸件尺寸准确,对形成铸件非加工面壁厚的木质模样,肋板的尺寸应予以减小,即小于图样上尺寸,所减少的尺寸称为非加工壁厚的负余量。在确定铸件线收缩率时,如果已经考虑负余量的因素,就不用另作考虑了。

5.3.4 铸件工艺补正量

铸件的工艺补正量是用以防止铸件局部尺寸由于各种因素(例如铸件线收缩率选用值和实际值不符,铸件变形、有规律的操作偏差等)的影响而超差,在铸件相应部位上增加金属厚度。

5.3.5 起模斜度

当铸件本身没有足够的结构斜度,应在铸件设计或铸造工艺设计时给出铸件的起模斜度,以保证铸型的起模。起模斜度可采取增加壁厚或减少铸件壁厚的方式来形成。在铸件上加起模斜度原则上不应超出铸件壁厚公差要求。这里我们采用木模,查阅《铸造手册——铸造工艺》

得知，如表 5.5 所示。

表 5.5 模样的起模斜度

模样外表面的起模斜度				
测量高度	起模斜度≤			
	金属模样、塑料模样		木模样	
	α	a/mm	α	a/mm
>10~40	1°10′	0.8	1°25′	0.6
模样凹处内表面的起模斜度				
>10~40	2°20′	1.6	2°50′	2.0

5.3.6 铸造收缩率

铸件线收缩率又称铸件收缩率或铸造收缩率，是指铸件从线收缩开始温度（从液相中析出枝晶搭成的骨架开始具有固态性质的温度）冷却到室温时的相对线收缩量，以模样与铸件的长度差除以模样长度的百分比表示：

$$\epsilon = \frac{L_1 - L_2}{L_1} \times 100\% = 3.5\% \tag{5-3}$$

式中：L_1—模样长度；
　　　L_2—铸件长度

线收缩率 ϵ 是考虑各种影响因素后的铸件实际收缩率，它不仅与铸造金属的收缩率和线收缩起始温度有关，而且还与铸件结构、铸型种类、浇冒口系统结构、砂型和砂芯的退让性因素有关，如表 5.6 所示。

表 5.6 各种铸铁件的收缩率

铸件的种类		线收缩率	
		受阻收缩	自由收缩
灰铸铁	中小型铸件	0.8~1.0	0.9~1.1

5.3.7 最小铸孔

在机械零件上往往有很多孔和槽，一般应尽可能在铸造时铸出。这样既可以节约金属，减少机械加工的工作量、降低成本，又可使铸件壁厚比较均匀，减少形成缩孔、缩松等铸造缺陷的倾向。但在铸件上的孔和槽尺寸太小，而铸件的壁厚又较厚、金属压力较高时，反而会使铸件产生粘砂，造成清理和机械加工困难。有的孔必须反复采用复杂而且难度较大的工艺措施才能铸出，而实现这些措施还不如用机械加工的方法制出更为方便和经济。本题中对孔距的要求很精确，铸出的孔如有偏心，就很难保证加工精度。因此在确定孔零件上的孔和槽是否铸出时，又要考虑到铸出这些孔和槽的必要性和经济性。

最小铸出孔和槽的尺寸，和铸件的生产批量、合金种类、逐渐大小、孔处铸件壁厚、孔的长度和直径有关。灰铸铁铸件不铸出孔直径的最小铸出孔（槽）尺寸，如表 5.7 所示。

但是考虑到本铸件，Φ14 如果不铸出，就使得壁厚悬殊太大，在铸件冷却时造成的应力就很大，加上灰铸铁的流动性很差，在浇注冷却时会产生很大的应力，就容易造成裂纹，使铸件质量难以保证，所以得出一结论：该零件的孔要铸出。

表 5.7 灰铸铁不铸出孔直径

生产批量	不铸出孔直径≤
大量生产	12～15
成批生产	15～30
单件或小批量生产	30～50

灰铸铁和球墨铸铁的最小铸出孔和槽的经验数值如表 5.8 所示。

表 5.8 铸件的最小铸出孔

铸件厚壁		<50	50～100	101～200	>200
应铸出的最小孔径	灰铸铁	30	35	40	另行规定
	球墨铸铁	35	40	45	另行规定

5.3.8 浇注温度

浇注温度对铸件的影响是非常关键的，主要表现在以下几个方面：

（1）在浇注时，金属液温度越高，实际结晶温度就越低，过冷度就越大，形核就越多，得到的铸件需要孕育处理。

（2）保证浇注温度，防止铸件产生冷隔、浇不到等缺陷。

（3）铁水要求有一定的过热度，浇注温度取熔点+150℃，这里一般取 1450℃～1470℃。

5.3.9 工艺肋

工艺肋又称铸肋，分为两种：一种防止铸件产生热裂的称为收缩肋；另一种防止铸件产生变形的称为拉肋。这里需要设置肋板，称为收缩肋，$\sigma=10mm$ 为铸件壁厚，这里取肋板厚度 $t=1/3\sigma=3mm$，长度为 $l=10t=30mm$，高度 $h=27mm$。

5.4 绘制铸造工艺图

要考虑是否画出工艺余块。可根据题目给出的对机件的质量要求决定，如图 5.4 所示。

5.5 浇注系统设计

5.5.1 生产中常用的几种浇注系统

浇注系统按照各单元的比例分类分为：封闭式、开放式、半封闭式、封闭—开放式。

按内浇道在铸件上的注入位置分类，又分为：顶部浇注、中间浇注底部注入和分层注入。

5.5.2 本题目铸件采用的浇注系统

浇注系统是砂型中引导液态金属进入型腔的通道。合理的浇注系统设计，应根据铸件的结构特点、技术条件、合金种类，选择浇注系统结构类型，确定引入位置，计算节目尺寸等。浇注系统的设计应遵循的原则如下：

（1）引导金属液平稳、连续的充型，避免由于端流过度强烈而造成夹卷空气，产生金属氧化物夹杂和冲刷型芯。

（2）充型过程中流动的方向和速度可以控制，保证铸件轮廓清晰、完整。

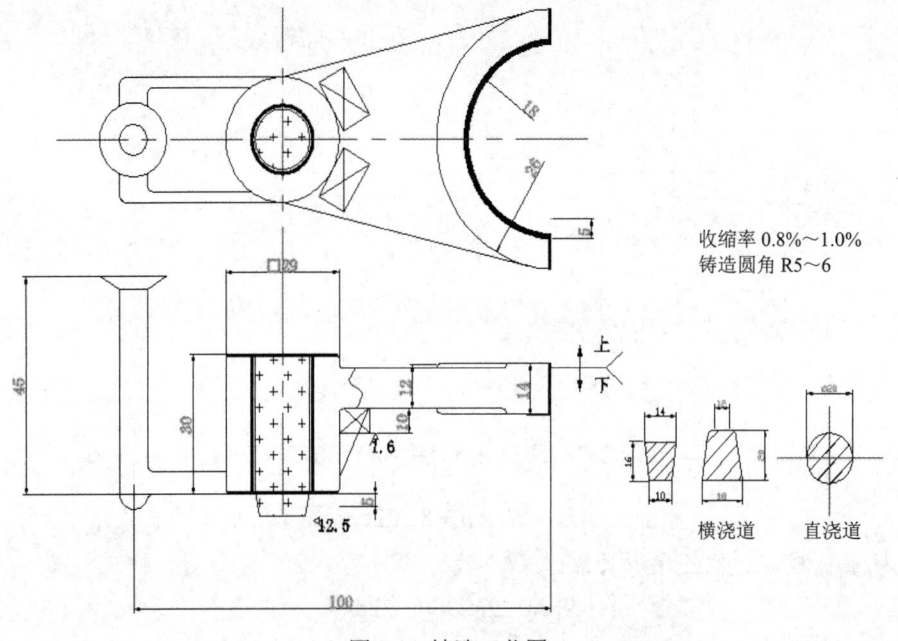

图 5.4 铸造工艺图

（3）在合适的时间内充满型腔，避免形成夹砂、冷隔、皱皮等缺陷。
（4）调节铸型内的温度分布，有利于强化铸件补缩，减少铸造应力，防止铸件出现变形、裂纹等缺陷。
（5）具有挡渣、溢渣能力，净化金属液。
（6）浇注系统结构应当简单、可靠，减少金属液消耗，便于清理。
一般铸件的浇注系统由以下4部分组成：外浇口、直浇道、横浇道、内浇道。
据铸件合金的种类，铸造性能特点，铸件的高度尺寸，结合所采用的铸造工艺，参考同类铸件的生产经验，确定采用普通砂型铸造。

5.5.3 内浇道在铸件上开设位置、内浇口引入方向的设计及内浇道数量
（1）顶部注入：基本形式、雨淋式、压边式、楔形式、搭边式。
（2）中间注入：基本形式、阻流式、稳流式、锯齿式、过滤网式。
（3）底部注入：基本形式、雨淋式、牛角式、阶梯式、垂直缝隙式。
结论：根据以上各种浇注系统的比较，并结合本铸件的结构特征，选用中间注入。

5.5.4 浇注系统尺寸的设计
首先计算铸件的质量，如图 5.5 所示，该零件的截面积分为 4 个部分。
对于铸件毛坯

$$S_1 = \pi r^2 = \pi \times 1.35^2 = 5.723 \text{cm}^2 \tag{5-4}$$

$$V_1 = S_1 \times h = S_1 \times 2 = 11.446 \text{cm}^2 \tag{5-5}$$

对于 S_2 我们近似取一半圆作为计算，即：

$$S_2 = \pi(R^2 - r^2) = \pi(2.7^2 - 1.8^2) = 12.717 \text{cm}^2 \tag{5-6}$$

$$V_2 = S_2 \times h = 12.717 \times 1.2 = 15.26 \text{cm}^3 \tag{5-7}$$

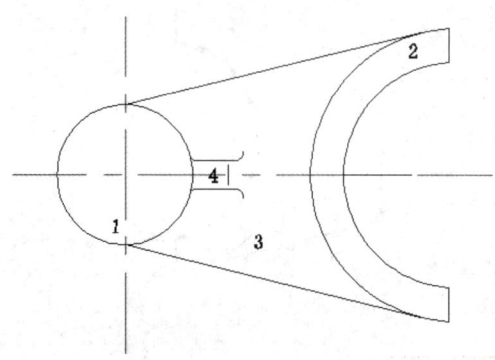

图 5.5 零件分成四个部分计算

对于
$$S_3 = L \times 2R - (S_1/2 + S_2) - \frac{1}{2} R \times L = 8.722 \text{cm}^2 \quad (5\text{-}8)$$

$$V_3 = S_3 \times h = 8.722 \text{cm}^2 \quad (5\text{-}9)$$

工艺肋截面积取近似三角形计算：
$$S_4 = 1/2 l \times h = 1.62 \text{cm}^2 \quad (5\text{-}10)$$

$$V_4 = S_4 \times \sigma = 0.486 \text{cm}^2 \quad (5\text{-}11)$$

$$V_{总} = V_1 + V_2 + V_3 + V_4 = 35.914 \text{cm}^2 \quad (5\text{-}12)$$

对于灰铸铁件，通常取密度 $\rho = 0.0069 \text{kg/cm}^2$
$$G_L = \rho V_{总} = 0.248 \text{kg} \quad (5\text{-}13)$$

对于重量小于 450kg 的形状复杂的薄壁铸铁件，其浇注时间可按经验公式
$$t = S\sqrt{GL} \quad (5\text{-}14)$$

式中：t—浇注时间（s）；
GL—型内金属液总总重量，包括浇，冒口系统重量（kg）；
S—系数，取决于铸件壁厚，由表 5.9 查处。

表 5.9 因数 s 和铸件壁厚的关系

铸件壁厚 σ/mm	2.5~3.5	3.5~8.0	8.0~15
系数 S	1.63	1.85	2.2

S 根据本铸件壁厚最大壁厚为 16.6mm，平均壁厚为 10mm，超过 9~15 的最高限，因此估算取值为 2.0mm。而 m 根据铸造手册查得，浇冒口重量占铸件毛坯重量的 35%，因此
$$t = S\sqrt{GL} = 2 \times \sqrt{0.248(1+0.35)} = 1.2\text{s} \quad (5\text{-}15)$$

5.5.5 浇注系统结构尺寸的设计

型腔内液面上升速度的计算：对于大型铸件和复杂的薄壁铸件，金属液在型腔内的上升速度也是应该考虑的因素，因此上升速度太慢，易使铸件产生冷隔、浇不到、夹砂等缺陷。本铸件为薄壁铸件，因此需考虑上升速度，公式如下：
$$v = \left(A + \frac{\sigma}{25.4B}\right)\sqrt{2.25GL} = 0.28 \text{kg/s} \quad (5\text{-}16)$$

式中：v—浇注速度（kg/s）；GL—型腔内金属液总质量（包括浇、冒口系统重量）（kg）；A—系数（铸铁为 0.9）；B—系数（铸铁为 0.833）。

计算平均压力头和最小剩余压力头（要画出平均压力头和剩余压力头计算示意图）适当的浇注时间 t，是通过合理地确定内浇道截面积来实现的，而内浇道截面积又是利用水力学公式来计算的，选用公式法之截面比设计法即

$$A_{内}=\frac{G_{1}}{(0.17-0.2)t\sqrt{h_p}}=0.34\text{cm}^2 \tag{5-17}$$

式中：$A_{内}$—内浇道截面积；G_{1}—铸件浇注总重量；t—浇注时间；h_p—平均压力头。

式中的 h_p 值确定方法如下：

确定平均压力头 h_p 及最小剩余压力头 h_m。通常是按直浇道压力所做的功来计算平均压力头的。

$$h_p = h_0 - \frac{h_n^2}{2h_c} \tag{5-18}$$

由于金属液注入型腔的位置不同，平均压力头的值也不同，如下三种情况：

顶注时：
$$h_0 = 0, \quad h_p = h_0 \tag{5-19}$$

中注时：
$$h_n = h_c/2, \quad h_p = h_0 - \frac{h_c}{8} \tag{5-20}$$

底注时：
$$h_n = h_c, \quad h_p = h_0 - \frac{h_c}{2} \tag{5-21}$$

本铸件选用的是底部浇注，由公式计算得：
$$h_p = 15\text{cm}, \quad h_p = h_0 - 0.5h_c \tag{5-22}$$

5.5.6 确定浇注系统各组元的比例

内浇道的总截面积确定之后，根据不同的合金和不同的铸件特点，选择浇注系统各组元的比例关系。

在这里选择中小型铸件砂型铸造：

$$\Sigma A_{内}:\Sigma A_{横}:\Sigma A_{直}=1:1.1:1.5 \tag{5-23}$$

5.5.7 计算各组元截面积

横浇道和直浇道的截面积可根据选定的各组元的比例关系，以及通过计算，所得内浇道总截面积，就可依次算出来。

$\Sigma A_{内}=0.34\text{cm}^2$ $\quad\quad$ $\Sigma A_{横}=0.37\text{cm}^2$ $\quad\quad$ $\Sigma A_{直}=0.51\text{cm}^2$

根据《铸造手册》等资料上的经验数据，如表 5.10 所示，该题目选用 $A_{内}=0.4\text{cm}^2$，这样修正后的截面积就为：

$\Sigma A_{内}=0.4\text{cm}^2$ $\quad\quad$ $\Sigma A_{横}=0.44\text{cm}^2$ $\quad\quad$ $\Sigma A_{直}=0.6\text{cm}^2$

5.5.8 选择直浇道、横浇道和内浇道的截面形状，确定其几何尺寸

选择直浇道、横浇道和内浇道的截面形状，确定其几何尺寸，如图 5.6 所示。

表 5.10 适用于中、小铸铁件浇注系统 $A_{内}$ 截面积参考数据

铸件重量 L/kg	铸件壁厚/mm				
	≤5	>5～10	>10～15	>15～25	>25～40
	内浇道横截面积/cm²				
≤1	0.6	0.6	0.4	0.4	0.4
>1～3	0.8	0.8	0.6	0.6	0.6

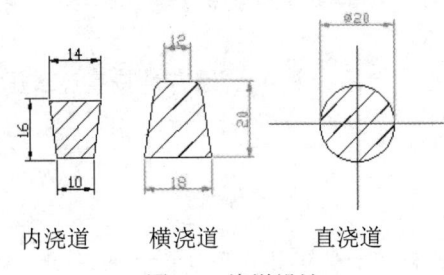

图 5.6 浇道设计

5.6 冒口

5.6.1 冒口的作用

冒口是在铸型内设置的储存金属液的空腔，用以补偿铸件形成过程中可能产生的收缩，起防止铸件产生缩孔、缩松并兼有排气、集渣、引导充型的作用。

冒口设计的基本原则如下：

（1）冒口的凝固时间应不小于铸件被补缩部分在凝固过程中的收缩时间。

（2）冒口所能提供的补缩液量应不小于铸件的液态收缩、凝固收缩和型腔扩大量之和。

（3）冒口和铸件需要补缩部分之间在整个补缩过程中应存在通道。

（4）冒口体内要有足够的补缩压力，使补缩金属液能够定向流动到补缩对象区域，以克服流动阻力，保证铸件在凝固过程中一直处于正压状态，即补缩过程终止时，冒口中还有一定高度的残余金属液压头。

（5）冒口和铸件连接形成的接触热节应不大于铸件的几何热节，避免因为冒口设置而大大延长铸件的凝固时间。

5.6.2 本铸件冒口位置设计分析

孕育可提高灰铸铁的力学性能，但影响凝固方式，使糊状凝固特性增强，高牌号灰铸铁的共晶度低，结晶温度范围宽，因而冒口相应补缩距离有缩短趋向。

灰铸铁件冒口与尺寸设计可以采用两种方法，收缩模数法和经验比例法，这里我们采用经验比例法。

根据铸件的结构特征，综合 HT250 金属液良好的流动性能，直浇道能达到补缩作用，故无需再增设冒口。

5.7 冷铁

5.7.1 冷铁的作用

冷铁是控制铸件凝固最常用的一种激冷物。各种铸造合金均可使用冷铁。冷铁的作用如下：

（1）与冒口配合使用，加强铸件的定向凝固，扩大冒口的有效补缩距离，防止铸件产生缩孔或缩松缺陷。

（2）加快铸件局部的冷却速度，使铸件倾向于同时凝固，以防铸件产生变形或裂纹。

（3）加快铸件某些特殊部位的冷却速度，以达到细化晶粒，提高铸件表面硬度和耐磨性。

冷铁分为外冷铁和内冷铁两种。前者作为铸型一部分，不与铸件熔合，可回收重复使用；后者和铸件熔合在一起最后作为铸件壁厚的一部分。

5.7.2 冷铁设计

灰铸铁件的缩孔、缩松倾向性小，线收缩也小，因此很少采用冷铁控制其凝固过程；但当相邻铸壁的厚度相差悬殊时，也常在厚壁处及厚薄壁的过渡转角处采用冷铁进行均衡凝固控制，以减少铸造缺陷。对表面层要求有一定的致密度或硬度的铸件，也常采用冷铁进行控制。本题目对铸件提出质量要求，如铸件上重要工作面，规定了工作硬度，耐磨性要求等，在铸造生产理论上，要求铸件该部位组织致密、晶粒度细小。为此，在工艺上对铸件重要的部位采用：

（1）放置激冷物，以加快局部冷却速度。再有铸件结构上有热节，而采用定向凝固方式，为控制铸件的凝固过程，需设置冷铁，与浇注系统、冒口配合使用，以获得合格铸件。

（2）直接外冷铁易引起灰铸铁件表面产生白口层或过冷石墨层，有时又由于激冷过大可能引起铸件产生裂纹，用蓄热系数较大的材料，如铬镁砂、铬砂、镁砂等做局部激冷材料。

5.7.3 冷铁位置及种类的确定

（1）铸件需按自下而上的顺序凝固，应将冷铁放在铸型下部。注意，即使铸件底部不厚大，但为加强铸件自下而上的顺序凝固，增加凝固过程的温度梯度，也要在铸型底部放置冷铁。

（2）特别强调，根据该题目铸件结构特点，重要的面和厚大部位，须保证铸造质量，应放置冷铁。

5.7.4 外冷铁、内冷铁尺寸和重量的确定

参考铸造工艺设计，铸铁件冷铁的厚度 $\sigma_{ch} = 0.8 - 1.2\sigma$（$\sigma$ 是铸件的壁厚）；长度 $L = 0.8 - 1.2b$（b 为铸件冷铁安放面的长度）；宽度为 $S = 0.8b$（b 为铸铁安放面的宽度，若采用两排冷铁则宽度减半）。

5.7.5 使用冷铁做激冷物应注意的事项

直接使用外冷铁易引起灰铸铁件表面产生白口或过冷石墨层，有时由于激冷过大可能引起铸件产生裂纹，因此需要格外注意。

至此，我们就可以做出机床拨叉零件的铸造工艺图了，如图 5.7 所示。

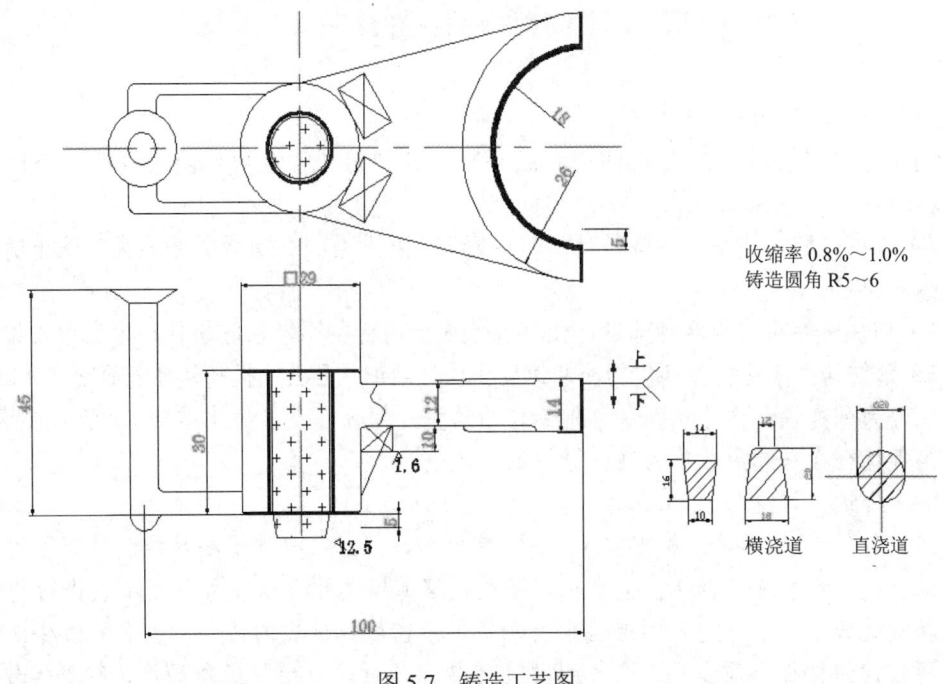

图 5.7 铸造工艺图

6 铸造工艺装备设计

6.1 模样设计及模样的种类

模样按其材质可分为木模模样、金属模模样、塑模模样。

木模：质轻、易加工、价格低廉，但强度低，易吸潮变形和损伤，尺寸精度低。适用范围：用于单件、小批量或成批生产的各种模样。

金属模：包括铝合金、铜合金、铸铁模样。特点：易加工、表面光滑、耐蚀耐磨、强度高、精度高、多次运用。适用范围：用于制造精度要求高、批量大的薄壁、小铸件及肋板活块等。

泡沫塑料模样：质轻、制作简便，但成本高，表面不光滑，压力下不变形，只能用一次。适用范围：用于制造单件小批量的各种模样，制造用普通铸造难以生产的铸件，特别是不易起模的部分。

6.2 模样材质的选择及制造步骤

（1）选择木模样，它的特点是：质轻、易加工、价廉，但强度低，易吸潮变形和损伤，尺寸精度低。

适用范围：用于单件、小批量或成批生产的各种模样。

木模是用木材制成的模样。木材随着水分的蒸发发生干缩，且木模各个方向干缩的程度相差较大，所以制造木模的木材，应经干燥处理。

木模制造时采用多块木料，经过合理组合拼接的结构。这种结构不仅能提高木模的强度，减少变形量，还能充分利用小块木料，节约材料。

（2）制造木模的步骤如下

1）画放样图：在制造较复杂的木模时，为了便于取料和计算尺寸，根据铸造工艺要求绘制的木模制造图，称为放样图。

2）确定木模结构：木模工应根据放样，确定木模的具体结构。

3）整体分析：任何一个复杂铸件的木模，都是由许多结构简单的通用部件构成。

4）检验、着色和涂漆：木模做好后，按铸造工艺进行检验，合格后表面涂漆，用线条或颜色表示出芯头、活块等。

6.3 模样尺寸的计算

模样的工作尺寸是模样所用尺寸中最重要的尺寸，其正确与否直接影响铸件的尺寸精度，模样的工作尺寸可按下式计算：

$$A_M = (A_C + A_c)(1+\varepsilon_1) A_M \tag{6-1}$$

式中：A_M—模样工作尺寸（mm）；A_C—产品的铸件尺寸（mm）；A_c—零件铸造工艺尺寸（加工余量+起模斜度+其他工艺余量）（mm）；ε_1—铸造的线收缩率（%）。

6.4 模板

6.4.1 模板的选择

根据本铸件的材料HT250，选用铸铁模板。

6.4.2 模板结构尺寸的设计及尺寸的计算

（1）模底板的平面尺寸：模底板的平面尺寸与已定的砂箱内框尺寸和所选造型机有关。模底板如图6.1所示。

模底板的平面尺寸按下式确定：

$$A_0 = A + 2b \qquad B_0 = B + 2b \tag{6-2}$$

式中：A—砂箱内框长度尺寸（mm）；B—砂箱内框宽度尺寸（mm）；A_0—模底板长度尺寸（mm）；B_0—模底板宽度尺寸（mm）；b—砂箱分型面外凸的宽度（mm）。

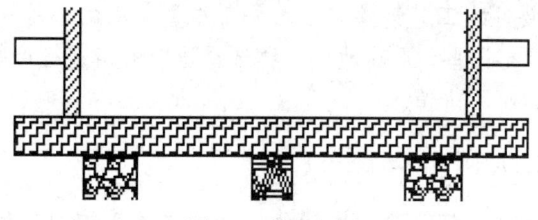

图6.1 模底板图

（2）模底板的高度：模底板的高度h必须根据使用要求和选用的造型机来确定。

普通平面式模底板：$H_{铸铁}=80\sim150$mm

（3）模底板定位销孔中心距：模底板定位销孔中心距应与所配用砂箱的定位孔中心距相一致。

6.4.3 模底板的壁厚和加强肋设计与确定

（1）壁厚δ和加强肋厚度δ_1、δ_2及连接圆角半径r可根据模底板平均轮廓尺寸和选用材料，选用：$\delta = 10\sim 12\text{mm}$，$\delta_1 = 12\sim 14\text{mm}$，$\delta_2 = 10\text{mm}$，$r = 3\text{mm}$。

（2）加强肋的布置：加强肋之间的距离为$K = 50\text{mm}$。

（3）模底板和砂箱的定位装置：模底板与砂箱之间用定位销与销套定位。

结论：根据以上的叙述，模板在满足以上的基础上确定为，模底板的长为120mm、宽为80mm。

6.4.4 模样在模板上的装配设计

模样在模板上的装配设计，如图6.2所示。

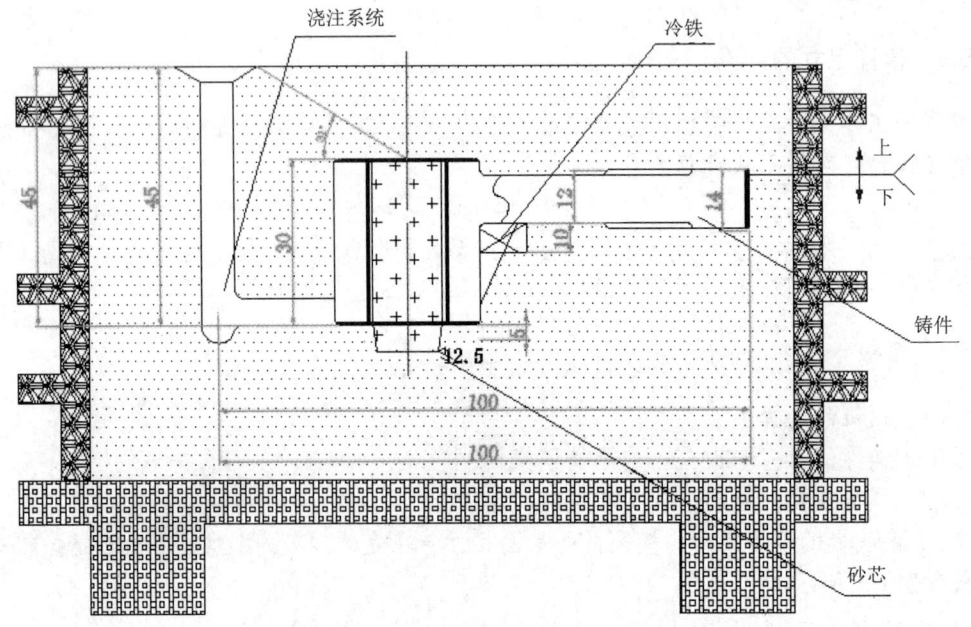

图 6.2 模样在模板上的装配设计

7 砂箱

砂箱是铸件生产中必备的工艺装备之一。手工造型所用的砂箱一般要求比较简单；半机械化造型对砂箱要求要严格一些；正确地设计和选择适合的铸造生产需要的砂箱，对日益发展的铸造生产，具有很大的实用价值。

7.1 砂箱选择和设计原则

按砂箱外形一般有木质、铝合金、灰铸铁、球墨铸铁及铸钢五种；按搬运方式不同有手抬、吊运和滑道三种；按砂型外形一般有方形、矩形和圆形三种；按制造方法不同有整铸、铸接和拼合三种。根据前面的分析和选用，这里选择灰铸铁整铸式砂箱，它的特点是铸铁砂箱应用广泛，材料成本低，制造方便，强度、刚度较高。

7.2 砂箱的结构设计

砂箱内框轮廓尺寸的确定，主要根据模样的大小和数量、浇冒口尺寸和位置，在四周加上适当的吃砂量，便可初步确定砂箱的结构。

箱壁截面形式是影响砂箱强度和刚度的决定因素，要依据砂箱的工作条件，内框尺寸，高度和砂箱用的材料来确定。布置在砂箱壁外缘加强肋是增加砂箱强度和刚度，提高砂箱使用寿命的重要措施，肋的布置和尺寸是根据砂箱的高度和内框平均尺寸而定。如图 7.1 所示。

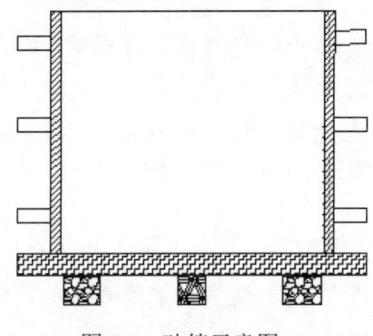

图 7.1　砂箱示意图

8　支座铸件芯盒的确定

芯盒是制芯过程中所必需的工艺装备。正确地选择和设计芯盒是保证铸件质量，提高生产率，降低成本、减轻劳动强度的重要环节。在大量生产中，为了提高砂芯精度和芯盒耐用性，多采用金属芯盒。

8.1　芯盒的种类及特点分析

铸造生产中，芯盒种类繁多，按照不同方式分类如下：
1. 按芯盒材料种类

按芯盒材料种类可分为木质芯盒、铝合金芯盒、金木结构芯盒、塑料芯盒、会铸铁芯盒。根据它们的应用范围，由于本铸件为小批量生产，所以选用木质芯盒，它适用于手工制芯、振动台制芯、蛇砂制芯及自硬砂制芯，单件或小批量生产。

2. 按制芯方法分类

按制芯方法分类可分为敞开整体式芯盒、垂直对开式芯盒、水平对开式芯盒、敞开脱落式芯盒、多向开盒式芯盒、成型管式芯盒。根据各种制芯方法的特点和应用，选用敞开整体式芯盒。

8.2　芯盒设计的一般原则

（1）芯盒材料的结构设计应与生产批量相适应。
（2）芯盒必须具有足够的强度、刚度和耐磨性，在正常操作下，达到要求的使用寿命。
（3）确保芯盒的几何形状和尺寸精度达到工艺要求。
（4）尽可能减轻芯盒的重量，以降低能耗和工人的劳动强度。
（5）使用方便、制造简单，降低成本。
（6）应满足选用的制芯设备的装配和操作要求。

8.2.1　分盒面的确定

一个砂芯往往存在几个分盒面。为了简化芯盒结构，保证砂芯尺寸精度，方便制芯操作，砂芯分盒面的选择应遵照下列原则。

（1）尽量使砂芯的分盒面和砂型的分型面一致，以使砂芯的起模斜度和模样的起模斜度大小和方向一致，保证逐渐壁厚均匀。

（2）优先采用平直分盒面，有时为了适应砂芯的形状，需要采用曲面或折面分盒。

（3）应有较大的敞开面，有利于砂芯的填充与紧实，并便于安放芯骨和开设砂芯气路。

（4）尽可能使砂芯的烘干支撑面为一平面，以简化烘干板结构，增加烘干板的通用性。

（5）尽量将尺寸要求高的部分放在同一片芯盒中，避免被分盒面分割。

（6）应使芯盒结构简单，便于制造、方便制芯操作，并能满足砂芯尺寸的精度要求。

8.2.2 芯盒的结构设计

芯盒的结构设计包括壁厚，加强肋，芯盒凸缘，芯盒中的活块、镶块等。

（1）芯盒壁厚：在保证芯盒强度、刚度和使用寿命的前提下，应尽可能减少芯盒壁厚，以减轻芯盒重量和改善操作条件。

（2）芯盒加强肋：为了增加芯盒的强度与刚度，在芯盒外壁上要设置加强肋，加强肋的布置应排列合理，便于芯盒的制造和使用。

根据铸造工艺手册选择≤300mm，$a = 100 - 125$ mm，$k = 75 - 100$ mm，$R = 5$ mm。

（3）芯盒的活块：芯盒中妨碍出芯或难以出芯的部分应设置活块。

8.3 手工芯盒的设计

手工芯盒的设计分为金属芯盒的设计和非金属芯盒的设计两类。根据本铸件的特点和生产形式选用非金属芯盒设计的木质芯盒设计。木质芯盒一般由多块木料，根据芯盒的几何形状、尺寸以及分盒形式拼接组合而成。

9 铸型装配

9.1 下芯原则

9.1.1 熟悉工艺图

下芯工必须熟悉铸造工艺图和工艺要求，了解铸件的基本结构，砂芯间及砂芯与砂型的相对位置、砂芯数量等，防止下芯位置和方向发生错误或漏放砂芯。不能使用破损、吸潮、表面粉化等不合格的砂芯。

9.1.2 下芯后检查

下芯后的检查项目有：砂芯的数量和位置；砂芯建的相对位置；砂芯和砂型的配合间隙；砂芯的排气通道是否畅通。

结论：为了保证本铸件的尺寸、结构，采用 1:1 的方法，画出和砂芯相同大小的图纸，以确定下芯的准确。

9.2 合型及定位

9.2.1 合型

合型是造型的最后一道工序，如果合型不符合工艺要求，会导致铸件产生缺陷，甚至报废。合型过程：

（1）为防止跑火，可根据情况在分型面四周放置封火泥条或石棉绳。

（2）合型时，上型要呈水平状态，缓慢下落，准确定位合型。

（3）检查分型面处，是否合严，如有间隙，应采取杜绝跑火的措施。

（4）检查直浇道与下型横浇道位置，砂芯有无卡砂的可能。

（5）放好压铁或紧固好砂型。

（6）放浇、冒口杯、盖好浇口杯，准备浇注。

9.2.2 定位

为了保证铸件的尺寸精度，防止卡砂、错型等，砂箱上应设有定位装置，根据生产条件，使用的定位方法很多，常用的砂箱定位方法有：划泥号定位、楔定位、定位销定位、箱垛定位、止口定位，本铸件选用箱垛定位。

9.3 砂型、砂芯的烘干

干型和表干砂型很重要的一个环节是烘干工艺的控制。表干砂型在每刷一次水基石墨涂料后，要经过喷烘才可刷下一遍涂料。厚大铸铁件往往要刷2~3遍涂料。砂型的烘干温度见表。烘干后的砂型、砂芯的干燥层深度更大一些。一般砂型、加木屑的砂型、加有机粘结剂的砂芯烘干温度在350℃~400℃，和湿型砂一样，干型砂及表干型砂需要定期对旧砂的总含混量和有效膨润上含量及pH值进行监测相应调整新砂和旧砂的比例，以求得型砂和芯砂性能的稳定。总含混量至求控制在16%~18%以下。

9.4 铸型装配图

铸型装配图，如图9.1所示。

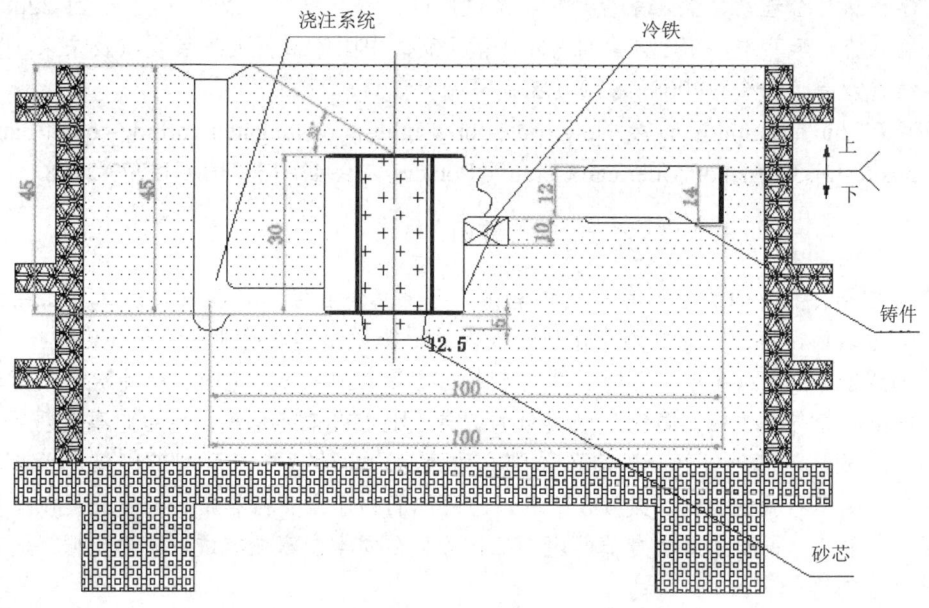

图9.1 铸型装配图

结论

  本设计的设计题目是机床拨叉零件铸造工艺的设计,运用到学《材料成型工艺基础》中的铸造成型理论,结合大量其他铸造类资料、手册等,在指导老师李明辉老师的精心指导下,终于完成设计任务。

  通过这次毕业设计的磨练发现机械设计知识博大精深,自己在设计方面需要加强的知识和经验还有很多,我们可敬可亲的老师们将我们领入了这个行业的大门里,自己需要走的求学之路还很长很长,到单位工作的时间里,我一定踏实工作,虚心学习,以积累更多知识和经验。

参考文献

[1] 中国机械工程协会铸造分会. 铸造手册——铸造工艺[M]. 北京:机械工业出版社,2003.
[2] 徐允长. 铸造工技术(高级)[M]. 北京:化学工业出版社,2004.
[3] 沈其文. 材料成型工艺基础[M]. 北京:华中科技大学出版社,2003.
[4] 曹瑜强. 铸造工艺及设备[M]. 北京:机械工业出版社,2009.
[5] 国家职业资格培训教材编审委员会. 铸造工(技师、高级技师)[M]. 北京:机械工业出版社,2006.
[6] 张代东. 机械工程材料应用基础[M]. 北京:机械工业出版社,2008.
[7] 曹瑜强. 铸造工艺及设备[M]. 北京:机械工业出版社,2009.
[8] 廖景娱. 金属构件失效分析[M]. 北京:化学工业出版社,2011.
[9] 林勃. 砂型铸造工艺学[M]. 北京:机械工业出版社,1992.
[10] 李玉庆. 合理设计浇注系统减少夹渣缺陷[J]. 现代铸铁,2003(03):21-22.
[11] 郭景杰,李新中,苏仕方,刘秀玲,张正贺. 中国铸造行业发展现状及未来[J]. 特种铸造及有色合金,2008(S1)1-5.
[12] Y T Zhu,Manthirman A. New route for synthesis of tungsten carbide-cobalt nanocomposites[J]. Journal of American Ceramic Socicty,1994,77(10):2777-2778.

致谢

  非常感谢陪伴我走过大学四年的各位老师,感谢您们在学习、生活、及工作上给予的亲切关怀和谆谆教诲,您们严谨的治学作风、高尚的道德风尚和兢兢业业的工作态度一直鼓励、鞭策着我的成长,令我终生难忘。特别感谢本人的指导老师×××老师,在此次论文撰写过程中,对我的细心指导和关心,向您致以诚挚的谢意。纸上得来终觉浅,绝知此事要躬行,作此设计使我认识到要认真地做好一件事不是那么的容易,也为我在以后的工作奠定了基础和经验。感谢各位同学给我的支持、鼓励、帮助,谢谢你们的鼎立支持和配合,使我得以顺利完成论文的设计。最后,祝愿老师们身体健康,工作愉快;同学们事业有成,前途无限;同时祝愿母校蒸蒸日上,再创辉煌!

11.3 成型方向的各类选题

本小节介绍了一些成型方向常见的、有代表性的毕业设计选题，并对其一一进行解析。

11.3.1 砂型铸造

选题研究领域： 基于砂型铸造零件成型工艺的设计
选题类型： 设计
选题完成型式： 论文+设计图纸
选题参加人数： 个人独立完成或者 2 人
选题知识准备：

砂型铸造是在砂型中生产铸件的铸造方法。钢、铁和大多数有色合金铸件都可用砂型铸造方法获得。由于砂型铸造所用的造型材料价廉易得，铸型制造简便，对铸件的单件生产、成批生产和大量生产均能适应，长期以来，一直是铸造生产中的基本工艺。

选择此类题目，知识准备包括：识图、零件结构及性能分析、砂型铸造工艺设计等。

选题设计大纲举例——《支座砂型铸造工艺的设计》

第 1 章 概述
  1.1 砂型铸造工艺概述
  1.2 设计的目的和意义
  1.3 题目简述
    1.3.1 要解决的关键问题
    1.3.2 解决问题的思路
第 2 章 零件毛坯制造方法的确定
  2.1 零件的工艺分析
  2.2 毛坯制造方法的确定
第 3 章 零件材料的选择及对化学成分的要求
  3.1 零件材料的选择
  3.2 铸件熔炼时化学成分的要求
第 4 章 铸造工艺方案的确定
第 5 章 零件毛坯的铸造工艺设计
  5.1 铸件浇注位置的确定
  5.2 型芯设计
  5.3 铸造工艺参数的确定
  5.4 绘制铸造工艺图
  5.5 浇注系统设计
  5.6 冒口
  5.7 冷铁
第 6 章 铸造工艺装备设计
  6.1 模样设计及模样的种类

6.2 模样材质的选择及制造步骤

6.3 模样尺寸的计算

6.4 模板

第 7 章 砂箱

7.1 砂箱选择和设计原则

7.2 砂箱的结构设计

第 8 章 支座铸件芯盒的确定

8.1 芯盒的种类及特点分析

8.2 芯盒设计的一般原则

8.3 手工芯盒的设计

第 9 章 铸型装配

9.1 下芯原则

9.2 合型及定位

9.3 砂型、砂芯的烘干

9.4 铸型装配图

相似选题扩展：

（1）汽车气缸体铸造工艺设计

（2）4146 柴油机飞轮壳铸造工艺设计

（3）灰铸铁 CA6102 发动机变速器壳体铸造工艺设计

（4）可锻铸铁 1130(B)同径三通（垂直分型）铸造工艺设计

（5）26100 型汽车用铸态球墨铸铁曲轴铸造工艺设计

（6）灰铸铁 CA6102 发动机进排气管铸造工艺设计

11.3.2　特种铸造

选题研究领域： 基于特种铸造零件成型工艺的设计
选题类型： 设计
选题完成型式： 论文+设计图纸
选题参加人数： 个人独立完成或者 2 人
选题知识准备：

铸造是一种液态金属成型的方法。在各种铸造方法中，用得最普遍的是砂型铸造。这是因为砂型铸造对铸件形状、尺寸、重量、合金种类、生产批量等几乎没有限制。

但随着科学技术的发展，对铸造提出了更高的要求，要求生产出更加精确、性能更好、成本更低的铸件。为适应这些要求，铸造工作者发明了许多新的铸造方法，这些方法统称为特种铸造方法，即特种铸造。

选择此类题目，知识准备包括：识图、零件结构及性能分析、特种铸造工艺设计等。

选题设计大纲举例——《球铁冲头消失模铸造工艺设计》

第 1 章　概述

1.1 消失模铸造工艺概述

1.2 设计的目的和意义

1.3 题目简述
    1.3.1 要解决的关键问题
    1.3.2 解决问题的思路

第2章 零件的三维实体造型
2.1 零件的结构分析
2.2 零件的三维实体造型

第3章 铸造工艺方案确定
3.1 铸造方法
3.2 冲头工艺流程
3.3 铸造用型砂、涂料及胶补剂
    3.3.1 铸造用型砂
    3.3.2 铸造涂料
3.4 铸铁熔炼
    3.4.1 熔炼设备
    3.4.2 熔炼要求
    3.4.3 球化处理
    3.4.4 孕育处理
    3.4.5 炉前检验

第4章 铸造工艺设计
4.1 铸件三维图
4.2 浇注位置的选择
4.3 主要的铸造工艺参数
    4.3.1 铸件尺寸公差和重量公差
    4.3.2 加工余量与铸造圆角
    4.3.3 铸造收缩率
    4.3.4 最小铸出孔
    4.3.5 起模斜度
    4.3.6 砂芯设计
    4.3.7 出气孔
4.4 浇注系统设计
    4.4.1 浇注系统类型的选择
    4.4.2 浇注系统各部分的尺寸
    4.4.3 浇口杯
4.5 冒口设计
    4.5.1 冒口位置选择
    4.5.2 冒口尺寸的计算
    4.5.3 浇冒系统三维图
    4.5.4 铸件的工艺出品率

第5章 冲头模型的制作

5.1 聚苯乙烯泡沫塑料的制备
　　5.2 粘结剂的选择
　　5.3 模型的装配和加工
第 6 章 工装设计
　　6.1 砂箱设计
　　6.2 平板及其他
　　　6.2.1 平板
　　　6.2.2 其他工装
第 7 章 铸件的落砂、清理及后处理
　　7.1 铸件的落砂
　　7.2 铸件的清理
　　7.3 铸件的后处理
相似选题扩展：
（1）变速箱箱体消失模铸造工艺设计
（2）蝶阀阀体的消失模铸造工艺设计
（3）三通管消失模铸造工艺设计
（4）起重臂熔模铸造的压型设计
（5）螺杆套压铸工艺设计
（6）滤波器腔体压铸工艺设计

第 12 章 焊接方向毕业设计实例及选题

本章概要

- 焊接方向概述；
- 焊接方向毕业设计实例分析；
- 焊接方向的各类选题。

12.1 焊接方向概述

1. 焊接专业概述

计算机软件方向是计算机专业一个主要的分支，主要研究软件设计、开发、维护和使用过程中涉及的软件理论、方法和技术，探讨计算机科学与技术发展的理论基础。随着社会信息化程度的不断提高，计算机软件方向的研究领域不断扩展、深化，计算机软件方向的原理、方法和技术应用到了各行各业，像金融、交通等许多领域的工作开展都离不开计算机软件产品的辅助。计算机软件技术对于人类社会的生产和生活发挥着越来越重要的作用。

2. 毕业生能力培养目标

本专业面向装备制造业，培养具有与本专业未来工作岗位相适应的职业素质和职业道德，较强的学习能力和创新意识，具备精操作、能工艺、会设计、懂管理的能力，能够胜任生产现场操作、基本工艺制订、工艺设计、结构设计、生产组织和管理和产品销售等岗位的高技能人才。

焊接专业毕业生应该具备以下能力：
- 焊接产品的设计能力；
- 焊接产品的分析能力；
- 焊接产品的维护能力；
- 焊接产品的测试能力；
- 焊接现场的管理能力。

3. 毕业设计相关主干课程

焊接方向的毕业设计涉及学生在校期间必修和选修的一些专业课，这些课程内容支撑着毕业作品的整个开发过程。相关专业课一般包括：机械制图与机械基础、计算机应用基础与计算机绘图、金属工艺、金属学及热处理、金属熔焊基础、焊接方法与工艺、焊接结构生产、焊接检验等。

（1）机械制图与机械基础。

本课程主要讲授机械制图、机械基础等与焊接专业相关的内容。

重点讲解与焊接专业加工对象相同或相近的机械零部件的测绘、手工绘图与识读轴测图、零件图和装配图。加强识读能力、测绘能力及手工绘图能力的培养。能正确地识读经测绘绘制的轴、盘、转子、轮、模具的零件图和装配图。掌握缸体、轴、盘、定子、转子、轮、模具等机械零部件的结构要素、加工工艺要素、零件的强度概念等技术要求要素。课程教学中，安排机械原理、机械零件、工程力学课程中与焊接专业相关的内容。

（2）计算机应用基础与计算机绘图。

本课程主要讲授计算机应用基础、AutoCAD 中与焊接专业相关的内容。

在讲解 Windows XP 操作的安装、设置与使用；Word、Excel、PowerPoint 的安装、设置与使用；AutoCAD 的安装、设置与使用；个人计算机拆装、网络设置与使用；杀毒软件选择、安装与升级、杀毒操作；打印机、传真机、绘图仪、扫描仪的安装、设置与使用。能够较熟练使用个人计算机系统，进行文字处理、工程图绘制；能够进行个人计算机系统的日常维护。

（3）金属工艺。

本课程是专业领域的重要职业基础课程。主要讲授除焊接以外的冷、热金属加工工艺，开阔学生的眼界、提高学生的动手能力。

机械零部件加工的工艺过程，包括机械加工和热加工两部分。

（4）金属学及热处理。

主要讲授金属材料与热处理的基本知识，针对焊接的特性讲解冶金与机械性能的变化，以及典型焊接材料与结构的热处理技巧与设备，贴近生产实际。本课程另加 1 周集中实训，以掌握基本热处理工艺及操作。

（5）金属熔焊基础。

本课程是焊接技术及自动化专业的一门拓展课程。主要使学生具备从事焊接操作及工艺编制的职业能力，是一门技术性、实践性非常强的课程。

（6）焊接方法与工艺。

本课程是专业领域的主要课程。包含焊接材料、焊接冶金、设备与方法，给学生全面的焊接技术教育，无限的发展空间。

（7）焊接结构生产。

本课程是专业领域的主要课程。主要讲授结构分析、工艺选择、工艺流程的制订、工装的使用及焊接技巧等。

（8）焊接检验。

主要讲述焊接检测方法和各种无损检测方法：X-光检测、渗透检测、超声波检测、硬度检测等，使学生掌握各种检测方法的基本原理和方法，了解检测的重要性和必要性。

12.2　焊接方向毕业设计实例

1. 毕业设计任务书

毕业设计任务书如表 12-1 所示。

表12-1 ××××大学毕业论文（设计）任务书

姓　　名	×××	学　　号	××××××××	系　　别	机械系
专　　业	焊接专业	年级班级	××级×班	指导教师	×××
论文题目	中厚板对接焊缝接触法超声波检测					
任务和目标	本毕业设计的课题是板材对接焊缝的超声波检测。主要任务是在掌握设备制造流程和焊接缺陷及其产生原因的基础上，研究超声波探伤技术在中厚板对焊接接头检测中的应用，并给出焊缝返修的具体方案。				
基本要求	论文撰写应在指导教师指导下独立完成，并以马克思主义理论为指导，符合党和国家的有关方针、政策；论文应做到中心突出，层次清楚，结构合理；必须观点正确，论据充分，条理清楚，文字通顺；并能进行深入分析，见解独到。同时论文字数不得少于8000字，还要有300字左右的论文摘要，关键词3～5个（按词条外延层次，由高至低顺序排列）。最后附上参考文献目录和致谢辞。				
研究所需条件	1. 具备足够的专业基础知识 　（1）掌握焊接检验的基本方法和步骤。 　（2）焊接检验等专业知识和资源。 　（3）必不可少的实验条件。 　　①焊接检验超声波探伤仪。 　　②相关实验试块等。 2. 具备搜集资料的网络、图书馆等资源和条件 3. 必备的实验工具				
任务进度安排	序号	主要任务		起止时间	
	1	任务书下达、毕业设计正式开始		2013.11.1～2013.11.12	
	2	完成文献综述、开题报告		2013.11.13～2013.12.10	
	3	完成需求分析		201312.11～2013.12.24	
	4	完成论文二稿或中期检查		2013.12.25～2014.4.1	
	5	上交论文成稿		2013.4.2～2014.4.13	
	6	设计类论文上交程序代码		2013.4.12～2014.4.15	
	7	论文答辩		2013.4.16～2014.4.20	
指导教师签字			日期	年　　月　　日	
系部领导签章			日期	年　　月　　日	

2．文献综述

文献综述如表12-2所示。

表12-2 ××××大学毕业论文（设计）文献综述

姓　　名	×××	学　　号	××××××××	系别	机械系
专　　业	焊接专业	年级班级	××级×班	指导教师	×××
论文题目	中厚板对接焊缝接触法超声波检测				
查阅的主要文献	[1] 邹广华，刘强．过程装备制造与检测．北京：化学工业出版社，2003，7：32-52. [2] 邓辉，林树青．超声检测．第二版．北京：中国劳动社会保障出版社，2008：3-5.				

	续表
	[3] 郑津洋，董其伍，桑芝富. 过程设备设计. 北京：化学工业出版社，2005，5：91-95. [4] 曹玉华. 焊接质量的超声波探伤无损检测. 宁夏机械，2008，4：73-75. [5] 单宝华，喻言，欧进萍. 超声相控阵检测技术及其应用. 无损检测，2004，26（5）：235-238. [6] 于建军. 焊缝的超声波检测技术研究[D]. 新疆：新疆农业大学，2005. [7] 刘宏宇. 浅谈超声衍射时差法（TOFD）检测技术. 中国高新技术企业，2009，17：55-56. [8] 孔立峰，李树学，罗光华，杨锦标. TOFD 检测技术的应用. 河北工业科技，2009，26（3）：168-171. [9] 尹贤友. 无损探伤技术及其应用. 科技信息，2009，11：784-784. [10] 陈静图. 薄板对接焊缝超声波探伤技术. 建筑监督检测与造价，2008. [11] 张旭辉，马宏伟. 超声无损检测技术的现状和发展. 现状·趋势·战略，2002，40：24-26. [12] 仲维畅. 超声波探伤技术的局限性和可靠性. 无损检测，1996，18：65-67. [13] 薛永盛. 超声探伤中影响缺陷检出的因素. 云南水力发电，2008，4：79-81.
文献综述	一、前言 　　无损检测技术已经历一个世纪，尽管无损检测技术本身并非一种生产技术，但其技术水平却能反映该部门、该行业、该地区甚至该国的工业技术水平，无损检测技术所能带来的经济效益十分明显，经过无损检测后的产品增值情况大致是机械产品的 5%，国防、宇航、原子能产品为 12%～18%，火箭为 20%。例如，德国奔驰公司汽车几千个零件经过无损检测后，整车运行公里数提高了一倍，大大提高了产品在国际市场的竞争能力，可见现代工业是建立在无损检测基础上的说法并不为过。 　　超声无损检测技术（UC）作为五大常规检测技术之一，由于与其他常规无损检测技术相比，它具有被测对象范围广，检测深度大；曲线定位准确，检测灵敏度高；成本低，使用方便，速度快，对人体无害以及现场使用等特点，因而世界各国都对超声无损检测给与了高度的重视。有关资料表明，国外每年大约发表 3000 篇涉及无损检测的文献资料，全部文献资料中有关超声无损检测的内容约占 45%，特别是 2000 年 10 月在罗马召开的第十五届无损检测会议（WCNDT）收录的 663 篇论文中，超声检测就占 250 篇。这些都说明超声无损检测的研究起头和其在无损检测中的重要地位。同时，这也是本文对焊缝缺陷选用超声波检测的一个重要原因。 二、超声波及检测应用 　　利用超声波对材料中的宏观缺陷进行探测，依据的是超声波在材料中传播时的一些特性，如：超声波在通过材料时能量会有损失，在遇到两种介质的分界面时，会发生反射等等，常用的频率为 0.5～25MHz。以脉冲反射技术为例，由声源产生的脉冲波被引入被检测的试件中后，若材料是均质的，则声波沿一定的方向，以恒定的速度向前传播。随着距离的增加，声波的强度由于扩散和材料内部的散射和吸收而逐渐减少。当遇到两侧声阻抗有差异的界面时，则部分声能被反射。这种界面可能是材料中某种缺陷（不连续），如裂纹、分层、孔洞等，也可能是试件的外表面与空气活水的界面。反射的程度取决于界面两侧声阻抗差异的大小，在金属与气体的界面上几乎全部反射。通过探测和分析反射脉冲信号的幅度、位置等信息，可以确定缺陷的存在，评估其大小、位置。通过测量入射波和接收声波之间声传播的时间可以得知反射点距入射点的距离。 　　金属材料中超声波检测常用的频率范围在 1～5MHz，其中 2～2.5MHz 被推荐为焊缝检测的公称频率。

	续表
文献综述	**三、检测设计思路** 　　论述了过程设备制造工艺流程,并详细介绍了焊接过程中常见的缺陷和产生缺陷的原因。详细讲述了超声波探伤技术的原理、分类、评定等级和评定标准。 　　结合实验详细介绍了超声波探伤的操作步骤和注意事项,并对给定板材焊缝进行了现场探伤和等级评定,完成了焊缝超声检测报告和焊缝超声检测工艺卡。 **四、焊接缺陷进行评定** 　　超过评定线的信号,应注意其是否具有裂纹等危害性缺陷的特征,如有怀疑时应采取改变探头角度、增加探伤面、观察动态波形、结合结构工艺特征作判定;对对波形不能准确判断时,应辅以其他检验方法判定。相邻两缺陷各向间距小于8mm时,两缺陷指示长度和作为单个缺陷的指示长度。最大反射波幅位于Ⅱ区的缺陷,其指示长度小于10mm 时按5mm 计。 　　GB 11345-89标准将焊缝质量分为Ⅰ、Ⅱ、Ⅲ、Ⅳ四个等级。其中Ⅰ级质量最高,Ⅳ级质量最低,具体分级规定如下。最大反射波幅位于Ⅱ区的缺陷,根据缺陷指示长度按表4.2的要求进行评定。最大反射波幅不超过评定线的缺陷,均评为Ⅰ级;最大反射波幅超过评定线的缺陷,检验者判定为裂纹、未焊透等危险性缺陷时,无论其波幅和长度如何,均评定为Ⅳ级;反射波幅位于Ⅰ区的非裂纹性缺陷,均评为Ⅰ级;反射波幅位于Ⅲ区的缺陷,无论其指示长度如何,均评定为Ⅳ级。不合格的缺陷应返修。外观缺陷的返修比较简单,对焊缝内部缺陷应用碳弧气刨刨去缺陷;为防止裂纹扩大或延伸,刨去长度应在缺陷两端各加50mm;刨削深度也应将缺陷完全彻底清除,露出金属母材,并经砂轮打磨后施焊;返修区域修补后应按原探伤要求进行。 **五、结束语** 　　科技在发展,焊缝无损检测技术也在向着自动化、智能化和信息化的方向发展。但是,我们也应看到,针对我国当前的实际情况,手动人工超声波探伤仍是主要的探伤方法,且应用依然相当广泛。在实际的超声波探伤过程中,仍在不断涌现许多新问题。针对这些实际问题,在指导老师的悉心指导下,在前人成果的基础上,本文对焊接缺陷的超声波探伤技术进行了详细介绍,并通过钢板焊缝的超声波探伤实验详细讲述了超声波探伤的操作步骤、注意事项和等级评定标准。 　　本课题着重做了以下工作: 　　论述了过程设备制造工艺流程,并详细介绍了焊接过程中常见的缺陷和产生缺陷的原因。详细讲述了超声波探伤技术的原理、分类、评定等级和评定标准。 　　结合实验详细介绍了超声波探伤的操作步骤和注意事项,并对给定板材焊缝进行了现场探伤和等级评定,完成了焊缝超声检测报告和焊缝超声检测工艺卡。
备注	
指导教师意见	指导教师签字: 　　　年　　月　　日

3. 论文开题报告

论文开题报告如表12-3所示。

表 12-3　××××大学毕业论文（设计）开题报告

姓　　名	×××	学　　号	××××××××	系　　别	机械系
专　　业	焊接专业	年级班级	××级×班	指导教师	×××
论文题目	中厚板对接焊缝接触法超声波检测					
选题依据与意义	一、学术价值、应用价值 　　锅炉压力容器和各种钢结构主要是采用焊接的方法制造。为了保证焊缝质量，超声波探伤是重要的检查手段之一。在焊缝探伤中，不但要求探伤人员具备熟练的超声波探伤技术。而且还要求探伤人员了解有关的焊接基本知识，如焊接接头型式，焊接坡口型式、焊接方法和焊接缺陷等。只有这样，探伤人员才能针对各种不同的焊缝，采用适当的探测方法，从而获得比较正确的缺陷位置，确保探伤结果的准确。 　　本文主要是针对中厚板对接焊缝自用接触法超声波检测。 二、焊接检测技术国内外研究现状分析 　　目前，国外工业发达国家的无损检测技术已逐步从 NDI 和 NDT 向 NDE 过渡。无损探伤、无损检测和无损评价是无损检测发展的三个阶段。超声波无损探伤是超级阶段，它的作用仅仅是在无损害零件的前提下，发现人眼不可见的内部缺陷，以满足工业设计中的强度要求。超声无损检测包括对材料和缺陷的物理和力学性能的检测以及评价。				
研究内容	摘　　要 1 绪论 　1.1 超声波 　1.2 超声波检测原理 2 45 号钢对接焊缝的结构 　2.1 45 号钢的热处理 　　2.1.1 45 号钢的硬度 　　2.1.2 45 号钢不要采用渗碳淬火的热处理工艺 　　2.1.3 渗碳处理 　2.2 对接焊缝的形式 　2.3 对接焊缝的优缺点 　2.4 对接焊缝的构造处理 　2.5 45 号钢对接焊缝的强度 3 10mm 厚对接焊缝的超声波检测 　3.1 超声波检测仪的选择 　　3.1.1 超声检测仪的类型 　　3.1.2 模拟超声检测仪 　3.2 探头的选择 　　3.2.1 探头的种类 　　3.2.2 探头的主要参数 　　3.2.3 探头型号 　3.3 试块的选择 　　3.3.1 标准试块 　　3.3.2 试块的主要用途 　3.4 耦合剂的选择 　3.5 超声波检测条件 　　3.5.1 探测面的修整				

续表

	3.5.2 检测频率的选择
	  3.5.3 K 值选择
	  3.5.4 仪器时间基线的调整
	  3.5.5 距离—波幅（DAC）曲线的绘制
	  3.5.6 超声检测作业
	  3.5.7 焊缝缺陷的评定
	 3.6 横波检测技术
	  3.6.1 接触法检测
	  3.6.2 脉冲反射法
	 3.7 焊缝质量评定标准
	4 实验过程
	 4.1 仪器调节
	 4.2 具体实施
	  4.2.1 测定探头的射入点和 K 值
	  4.2.2 按深度 1:1 调节扫描速度
	  4.2.3 调起始灵敏度
	  4.2.4 记录
	  4.2.5 绘制波形图
	  4.2.6 探头的扫查方式
	 4.3 焊缝缺陷评定
	  4.3.1 缺陷位置的测定
	  4.3.2 缺陷性质的估判
	  4.3.3 缺陷评定与检验结果的分级
	  4.3.4 记录与报告
	5 国内外超声检测技术研究现状
	6 总结

研究方案	**一、本课题研究的目标**
	  本毕业设计的课题是板材对接焊缝的超声波检测。主要任务是在掌握过程设备制造流程和焊接缺陷及其产生原因的基础上，研究超声波探伤技术在中厚板对焊接接头检测中的应用，并给出焊缝返修的具体方案。
	二、本课题研究的内容
	  本文详述了板材焊缝的超声检测过程，并在简述过程设备制造、焊接及无损探伤的基础上详细介绍了超声波探伤技术及其在焊缝无损探伤中的应用及评定等级和注意事项。
	  针对给定的板材焊缝，通过实验检测该焊缝的缺陷。本文详细介绍了试块选用、设备调试、现场探伤的常见问题及解决方法，同时给出了现场探伤、缺陷定位和长度测量的具体方法，并通过 GSK-ⅢA 试块对试验中检测到的缺陷进行了等级评定，并编制出了检测工艺卡。
	三、本课题研究要解决的问题
	（一）技术选择
	  超声波检测通常用于锻件、焊缝及铸件等的检测。可发现工件内部较小的裂纹、夹渣、缩孔、未焊透等缺陷。被探测物要求形状较简单，并有一定的表面光洁度。为了成批地快速检查管材、棒材、钢板等型材，可采用配备有机械传送、自动报警、标记和分选装置的超声探伤系统。除探伤外，超声波还可用于测定材料的厚度，使用较广泛的是数字式超声测厚仪，其原理与脉冲回波探伤法相同，可用来测定化工管道、船体钢板等易腐蚀物件的厚度。利用测定超声波在材料中的声速、衰减或共振频率，可测定金属材料的晶粒度、弹性模量（见拉伸试验）、硬度、内应力、钢的淬硬层深度、球墨铸铁的球化程度等。此外，穿透式超声法在检验纤维增强塑料和蜂窝结构材料方面的应用也已日益广泛。

续表

	（二）实践问题 根据 45 号钢对接焊缝的结构，确定超声检测仪的类型以及试块的选用。 **四、本课题的研究方法** 针对给定的板材焊缝，通过实验检测该焊缝的缺陷。本文详细介绍了试块选用、设备调试、现场探伤的常见问题及解决方法，同时给出了现场探伤、缺陷定位和长度测量的具体方法，并通过 GSK-IIIA 试块对试验中检测到的缺陷进行了等级评定、编制出了检测工艺卡。 **五、技术路线** （一）研究步骤 1. 2013 年 11 月 08 日～2013 年 12 月 03 日，需求调研，收集资料。 2. 2013 年 12 月 04 日～2013 年 12 月 24 日，进行检测分析，确定检测手段。 3. 2013 年 12 月 25 日～2014 年 02 月 28 日，检测分析，设计与实现。 4. 2014 年 03 月 01 日～2014 年 03 月 25 日，初步完成检测实验。 （二）关键技术 1. 确定超声检测仪的类型以及试块的选用。 2. 检测方案确定。 3. 形成报告及评定。 **六、预期成果** 完成论文，中厚板对接焊缝接触法超声波检测的实现，完成基本检测报告、返修方案、形成判定。
写作进度安排	1. 2013 年 11 月 22 日～2013 年 12 月 10 日，完成文献综述及开题报告。 2. 2013 年 12 月 11 日～2014 年 3 月 25 日，进行系统需求分析，完成论文初稿（或框架）。 3. 2014 年 3 月 28 日～2014 年 4 月 1 日，完成论文二稿或中期检查。 4. 2014 年 4 月 2 日～2014 年 4 月 6 日，上交论文成稿。 5. 2014 年 4 月 7 日～2014 年 4 月 13 日，设计类论文上交程序代码，并完成测试、验收。
指导教师意见	指导教师签字： 年　　月　　日
系学术委员会意见	主任签章： 年　　月　　日

4．论文中期报告

论文中期报告如表 12-4 所示。

表 12-4　××××毕业论文中期检查报告

学生名字	×××	学号	××××××××	指导老师	×××
论文题目		中厚板对接焊缝接触法超声波检测			
论文中期 完成情况		一、前期工作简述 　　论文的前期工作主要完成了任务书、文献综述和开题报告的撰写，并对检测方案总体设计。 二、解决的问题及解决办法 　　1. 焊缝结构的设计 　　这次的设计与以往的都不同，除了要考虑选材，还要设计结构及在焊接中的应用。 　　2. 检测设备的选用 三、尚存在的问题及解决方案 　　需求分析问题：在大型结构焊件的检测中应用很多，所以说这部分是重中之重。需要对整个检测详细分析，总结出检测步骤和评定以满足用户的需要。 四、后期工作安排 2014 年 1 月 13 日～2014 年 3 月 15 日，进行代码后期书写调试，撰写论文； 2014 年 3 月 16 日～2014 年 4 月 11 日，上交论文初稿以及论文修改； 2014 年 4 月 12 日～2014 年 4 月 13 日，上交论文成稿。			
完成情况 评价		1. 按计划完成，完成情况优（　） 2. 按计划完成，完成情况良（　） 3. 基本按计划完成，完成情况合格（　） 4. 完成情况不合格（　） 补充说明： 　　　指导教师签名：　　　　　　　　　　　　　　　　　　年　　月　　日			

5. 论文封皮

论文封皮示样图如图 12-1 所示。

<pre>
                    ××××大学

                  毕 业 论 文（设 计）

         题　　　目：中厚板对接焊缝接触法超声波检测
         系　　　部：机械装备系
         专　　　业：焊接专业
         班　　　级：××级×班
         学　　　号：××××××××
         姓　　　名：×××
         指导教师：×××
         完成日期：××××年××月××日
</pre>

图 12-1　论文封皮示样图

6. 论文诚信声明和版权说明

论文诚信声明和版权说明如图 12-2 所示。

毕业论文（设计）诚信声明书

本人声明：我将提交的毕业论文（设计）《中厚板对接焊缝接触法超声波检测》是我在指导教师指导下独立研究、写作的成果，论文中所引用他人的无论以何种方式发布的文字、研究成果，均在论文中加以说明；有关教师、同学和其他人员对本文的写作、修订提出过并为我在论文中加以采纳的意见、建议，均已在我的致谢辞中加以说明并深致谢意。

      论文作者：×××   （签字）时间： 年 月 日
      指导教师已阅   （签字）时间： 年 月 日

毕业论文（设计）版权使用授权书

本毕业论文（设计）《中厚板对接焊缝接触法超声波检测》是本人在校期间所完成学业的组成部分，是在××××大学教师的指导下完成的，因此，本人特授权对××××大学可将本毕业论文（设计）的全部或部分内容编入有关书籍、数据库保存，可采用复制、印刷、网页制作等方式将论文文本和经过编辑、批注等处理的论文文本提供给读者查阅、参考，可向有关学术部门和国家有关教育主管部门呈送复印件和电子文档。本毕业论文（设计）无论做何种处理，必须尊重本人的著作权，署明本人姓名。

      论文作者：×××   （签字）时间： 年 月 日
      指导教师已阅   （签字）时间： 年 月 日

图 12-2 论文诚信声明和版权说明

7. 论文正文

中厚板对接焊缝接触法超声波检测

摘要： 中厚板对接焊缝是船体关键部位常见的接头型式之一。该类焊缝的检测难度较大，选择适用的检测参数与工艺及扫查方法，正确区分真假信号回波，可保证其各类缺陷的准确检出，提高焊接质量。

关键词： 超声波检测；中厚板对接焊缝；

Abstract

Butt weld with unequal thickness plates is a common joint type of critical parts on hull.As it is difficult to inspect the weld,the selection of appropriate testing parameters and scanning method, estimation of echo signals was put forward in order to inspect all kinds of defects in weld and improve welding quality.

Keywords: ultrasonic inspection; butt weld with thickness plates

1 绪论

锅炉压力容器和各种钢结构主要是采用焊接的方法制造。为了保证焊缝质量，超声波探伤是重要的检查手段之一。在焊缝探伤中，不但要求探伤人员具备熟练的超声波探伤技术，而且还要求探伤人员了解有关的焊接基本知识，如焊接接头型式、焊接坡口型式、焊接方法和焊接缺陷等。只有这样，探伤人员才能针对各种不同的焊缝，采用适当的探测方法，从而获得比较正确的缺陷位置，确保探伤结果的准确。

1.1 超声波

超声波是频率大于20kHz的一种机械波（相对于频率范围在20Hz～20kHz的声波而言）。超声波检测用的超声波，其频率范围一般在0.25～15MHz之间。用于金属材料超声波检测的超声波，其频率范围通常在0.5～10MHz之间；而用于普通钢铁材料超声波检测的超声波，其频率范围通常为1～5MHz。

超声波检测法的优点是：穿透能力较大，例如在钢中的有效探测深度可达1米以上；对平面型缺陷如裂纹、夹层等，探伤灵敏度较高，并可测定缺陷的深度和相对大小；设备轻便，操作安全，易于实现自动化检验。

超声波检测的缺点是：不易检查形状复杂的工件，要求被检查表面有一定的光洁度，并需有耦合剂充填满探头和被检查表面之间的空隙，以保证充分的声耦合。对于有些粗晶粒的铸件和焊缝，因易产生杂乱反射波而较难应用。此外，超声波检测还要求有一定经验的检验人员来进行操作和判断检测结果。

超声波检测通常用于锻件、焊缝及铸件等的检测。可发现工件内部较小的裂纹、夹渣、缩孔、未焊透等缺陷。被探测物要求形状较简单，并有一定的表面光洁度。为了成批地快速检查管材、棒材、钢板等型材，可采用配备有机械传送、自动报警、标记和分选装置的超声探伤系统。除探伤外，超声波还可用于测定材料的厚度，使用较广泛的是数字式超声测厚仪，其原理与脉冲回波探伤法相同，可用来测定化工管道、船体钢板等易腐蚀物件的厚度。利用测定超声波在材料中的声速、衰减或共振频率可测定金属材料的晶粒度、弹性模量（见拉伸试验）、硬度、内应力、钢的淬硬层深度、球墨铸铁的球化程度等。此外，穿透式超声法在检验纤维增强塑料和蜂窝结构材料方面的应用也已日益广泛。超声全息成象技术也在某些方面得到应用。

1.2 超声波检测原理

利用超声波对材料中的宏观缺陷进行探测，依据的是超声波在材料中传播时的一些特性，如：超声波在通过材料时能量会有损失，在遇到两种介质的分界面时，会发生反射等等，常用的频率为0.5～25MHz。以脉冲反射技术为例，由声源产生的脉冲波被引入被检测的试件中后，若材料是均质的，则声波沿一定的方向，以恒定的速度向前传播。随着距离的增加，声波的强度由于扩散和材料内部的散射和吸收而逐渐减少。当遇到两侧声阻抗有差异的界面时，则部分声能被反射。这种界面可能是材料中某种缺陷（不连续），如裂纹、分层、孔洞等，也可能是试件的外表面与空气或水的界面。反射的程度取决于界面两侧声阻抗差异的大小，在金属与气体的界面上几乎全部反射。通过探测和分析反射脉冲信号的幅度、位置等信息，可以确定缺陷的存在，评估其大小、位置。通过测量入射波和接收声波之间声传播的时间可以得知反射点距入射点的距离。金属材料中超声波检测常用的频率范围在1～5MHz，其中2～2.5MHz被推荐为焊缝检测的公称频率。

2　45号钢对接焊缝的结构

45号钢,是GB中的叫法,JIS中称为:S45C,ASTM中称为1045,080M46,DIN称为:C45。国内常叫45号钢,也有叫"油钢"。一般,市场现货热轧居多,冷轧规格1.0～4.0mm之间。

2.1　45号钢的热处理

推荐热处理温度:正火850,淬火840,回火600。

45号钢如图2.1所示,为优质碳素结构用钢,硬度不高易切削加工,模具中常用来做模板、梢子、导柱等,但须热处理。

图2.1　45号钢

2.1.1　45号钢的硬度

淬火后没有回火之前,硬度大于HRC55(最高可达HRC62)为合格。 实际应用的最高硬度为HRC55(高频淬火HRC58)。

2.1.2　45号钢不要采用渗碳淬火的热处理工艺

调质处理后零件具有良好的综合机械性能,广泛应用于各种重要的结构零件,特别是那些在交变负荷下工作的连杆、螺栓、齿轮及轴类等。但表面硬度较低,不耐磨。可用调质+表面淬火提高零件表面硬度。

2.1.3　渗碳处理

一般用于表面耐磨、芯部耐冲击的重载零件,其耐磨性比调质+表面淬火高。其表面含碳量0.8%～1.2%,芯部一般在0.1%～0.25%(特殊情况下采用0.35%)。经热处理后,表面可以获得很高的硬度(HRC58～62),芯部硬度低,耐冲击。

如果用45号钢渗碳,淬火后芯部会出现硬脆的马氏体,失去渗碳处理的优点。现在采用渗碳工艺的材料,含碳量都不高,到0.30%芯部强度已经可以达到很高,应用上不多见。0.35%从来没见过实例,只在教科书里有介绍。可以采用调质+高频表面淬火的工艺,耐磨性较渗碳略差。

GB/T699—1999标准规定的45钢推荐热处理制度为850℃正火、840℃淬火、600℃回火,达到的性能为屈服强度≥355MPa。GB/T699—1999标准规定45钢抗拉强度为600MPa,屈服强度为355MPa,伸长率为16%,断面收缩率为40%,冲击功为39J。

2.2 对接焊缝的形式

对接焊缝的形式如图 2.2 所示。

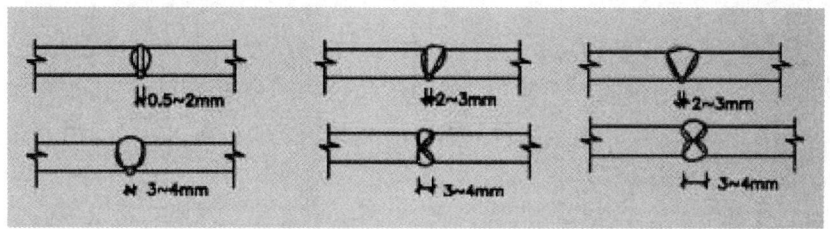

图 2.2 对接焊缝的形式

（1）直边缝：适合板厚 t ≤ 10mm
（2）单边 V 形：适合板厚 t = 10～20mm
（3）双边 V 形：适合板厚 t = 10～20mm
（4）U 形：适合板厚 t > 20mm
（5）K 形：适合板厚 t > 20mm
（6）X 形：适合板厚 t > 20mm

2.3 对接焊缝的优缺点

对接焊缝的优点有用料经济、传力均匀、无明显的应力集中，利于承受动力荷载；缺点有需剖口，焊件长度要精确。

2.4 对接焊缝的构造处理

（1）起落弧处易有焊接缺陷，所以用引弧板。但采用引弧板施工复杂，除承受动力荷载外，一般不用，计算时将焊缝长度两端各减去 5mm。
（2）变厚度板对接，在板的一面或两面切成坡度不大于 1:4 的斜面，避免应力集中。
（3）变宽度板对接，在板的一侧或两侧切成坡度不大于 1:4 的斜边，避免应力集中。

2.5 45 号钢对接焊缝的强度

有引弧板的对接焊缝在受压时与母材等强，但焊缝的抗拉强度与焊缝质量等级有关。

3 10mm 厚对接焊缝的超声波检测

3.1 超声波检测仪的选择

3.1.1 超声检测仪的类型

超声检测仪是检测的主体设备，主要功能是产生超声频率电振荡，并以此来激励探头发射超声波。同时，它又将探头接收到的回波电信号予以放大、处理，并通过一定方式显示出来。

（1）按超声波的连续性可将检测仪分为脉冲波、连续波和调频波检测仪三种。

（2）按缺陷显示方式，可将检测仪分为 A 型显示（缺陷波幅显示）、B 型显示（缺陷俯视图像显示）、C 型显示（缺陷侧视图像显示）和 3D 型显示（缺陷三维图像显示）超声检测仪等。

1）A 型显示。

A 型显示是将超声信号的幅度与传播时间的关系以直角坐标的形式显示出来，横坐标为时间，纵坐标为信号幅度。如果超声波在均匀介质中传播，声速是恒定的，则横坐标可转变为传播距离。因此，从 A 型显示中可以得到入射面距声入射面的距离（纵波垂直入射检验时显示缺陷的深度），以及回波幅度的大小（用来判断缺陷的当量尺寸）。

在评定时，通过始波 T 与缺陷波 F 之间的距离，即可确定缺陷距离表面的位置，同时根据缺陷波 F 的高度可确定缺陷的大小。

2）B 型显示。

B 型显示是被检工件的一个二维截面图，是脉冲回波超声波平面成像的一种。将探头在工件表面沿一条线扫查时的距离作为一个轴的坐标，另一个轴的坐标是声传播的时间（或距离），B 型显示通常将时间轴上不同深度的信号幅值全部采集下来，在每个探头移动位置沿时间轴用不同的亮度显示出信号的幅度。将上下表面回波也包含在时间轴显示范围内，则可以从图中看出缺陷在该截面的位置、取向与深度。因此，从信号的亮度（或颜色）可以获得缺陷信号幅度的信息。

3）C 型显示。

C 型显示也是被检工件的一个平面投影图，探头在工件表面作二维扫查，显示屏的二维坐标对应探头的扫查位置。在每一个探头移动位置，将某一深度范围的信号幅度用亮度或颜色代表信号的幅度大小，显示在对应的探头位置上，则可得到某一深度范围缺陷的二维形状和分布。

B 型显示和 C 型显示多采用计算机，将信号经过转换处理后，显示在计算机屏幕上，图像和数据可存储并可进一步用软件对缺陷进行评定。

4）数字式超声检测仪。

所谓数字式超声检测仪是指发射、接收电路的参数控制和接收信号的处理、显示均采用数字化方式的仪器。目前，数字式超声检测仪已经逐步取代了模拟式超声检测仪。

数字式超声检测仪是计算机技术和超声检测仪结合的产物，在传统的超声检测仪的基础上，采用计算机技术实现仪器功能的精确和自动控制、信号获取和处理的数字化和自动化、检测结果的可记录性和可再现性。

- 组成。

数字式仪器发射电路和模拟式仪器是相同的，接收放大电路的前半部分，包括衰减器和高频放大器等与模拟式也相同。只是在由模—数转换器将其变为数字信号，由微处理器进行处理时，数字式仪器不再像模拟仪器由单行扫描线经幅度调节显示波形，而是由微处理器通过程序来控制显示器实现逐行逐点扫描。发射电路和模—数转换器的同步控制不再需要同步电路，也是由微处理器通过程序来协调各部分的工作。

- 功能。

数字式仪器具有模拟仪器的所有功能。使用模拟仪器时，需要操作者直接拨动开关；而数字式仪器需要通过人机对话，以按键或菜单的方式对仪器进行调整，容易实现自动控制。

此外，数字式仪器可以存储控制参数，方便了检测过程的再现，检测波形的数字化可使仪器进一步提供波形的记录与存储、波形参数的自动计算与显示（波高、距离等）、距离波幅曲线的自动生成、时基线比例的调整等附加功能。

● 特点。

综上所述，数字式仪器的优点在于：接收信号的数字化使超声信号的存储、记录、再现十分方便，同时，也方便了信号的分析与处理；显示器不需要传统的示波管，仪器更小巧；仪器参数的数字化控制使检测参数可以存储、检测过程的重现更为方便；还便于实现遥控功能，为自动检测系统提供了更方便的条件。

3.1.2 模拟超声检测仪

本毕业设计主要针对型号 CTS-22A，如图 3.1 所示，进行设计以及计算。

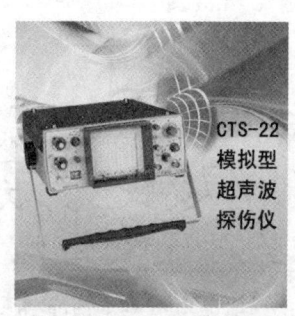

图 3.1　CTS-22A 型超声探伤仪

CTS-22A 型超声探伤仪是携带式 A 型脉冲反射式超声波探伤仪，可用交流电或电池供电工作。仪器采用高亮度、内刻度矩形示波管，具有工作频率宽、探伤灵敏度高、稳定性好、波形清晰和体积小、重量轻、耗电省以及操作方便等特点。

CTS-22A 超声波探伤仪适用于金属和部分非金属材料的无损检测，尤其适用于流动性大的野外或高空探伤作业，可作为无损检测人员资格考核用标准化仪器。

汕头 CTS-22A 超声波探伤仪的技术指标：

工作频率范围 0.5～10MHz；

衰减器 80dB，每 2dB±0.1dB；

垂直线性误差≤5%；

动态范围≥30dB；

扫描范围（钢纵波）10～5000mm；

水平线性误差≤1%；

最小探测距离≤3mm（配用 5N14 窄脉冲探头）；

远场分辨率≥30dB（配用 2.5P20-D 探头）；

脉冲移位范围（钢纵波）0～400mm；

灵敏度余量≥46dB（2.5P20-D 直探头发现 200mm-φ2 平底孔）；

重量：主机 4.5kg，带电池 6.3kg，体积（长×宽×高）300mm×254mm×100mm。

CTS-22A 型超声探伤仪检测波形如图 3.2 所示。

3.2　探头的选择

焊缝检测以横波斜探头为主。斜探头结构如图 3.3 所示。

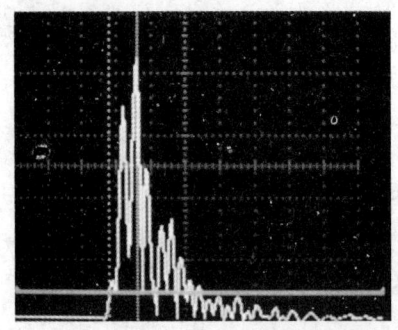

图 3.2　CTS-22A 型超声探伤仪检测波形

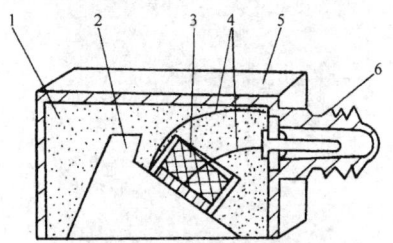

1—吸收块　2—斜楔块　3—压电元件　4—内部电源线　5—外壳　6—接头

图 3.3　斜探头结构

3.2.1　探头的种类

直探头——由压电元件、吸收块、保护膜、壳体组成；

斜探头——由探头芯、斜楔块、壳体组成；

水浸聚焦探头——由超声探头和声透镜组成；

双晶探头——由三个压电元件、吸收块、保护膜、壳体组成。

3.2.2　探头的主要参数

焊缝超声波探伤常使用斜探头。斜探头的主要性能参数如下：

折射角 γ（或探头 K 值）

前沿长度

声轴偏离角

3.2.3　探头型号

探头型号由五部分组成：基本频率、晶片材料、晶片尺寸、探头种类、探头特征。

（1）斜探头 K 值与角度的对应关系，如表 3.1 所示。

表 3.1　斜探头 K 值与角度的对应关系

No.	K 值	对应角度
1	K1	对应 45 度
2	K1.5	对应 56.3 度
3	K2	对应 63.4 度
4	K2.5	对应 68.2 度
5	K3	对应 71.6 度

（2）焊缝探伤仪超声波探头的选择参考，如表3.2所示。

表3.2 焊缝探伤仪超声波探头的选择参考

编号	被测工件厚度	选择探头和斜率	选择探头和斜率
1	4～5mm	6×6 K3	不锈钢：1.25MHz 铸铁：0.5～2.5MHz 普通钢：5MHz
2	6～8mm	8×8 K3	
3	9～10mm	9×9 K3	
4	11～12mm	9×9 K2.5	
5	13～16mm	9×9 K2	
6	17～25mm	13×13 K2.5	
7	26～30mm	13×13 K1.5	
8	31～46mm	13×13（K2－K1）	
9	47～120mm	18×18（K2－K1）	
10	121～400mm	20×20（K2－K1）	

3.3 试块的选择

试块是按一定用途设计制作的具有简单几何形状人工反射体的试件，CSK-IA试块如图3.4所示。

根据使用目的和要求的不同，通常将试块分成以下两大类：标准试块和对比试块。其中标准试块是由法定机构对材质、形状、尺寸、性能做出规定和检定的试块；对比试块是由各专业部门对某些探伤对象规定的试块。

3.3.1 标准试块

标准试块具有规定的材质、表面状态、几何形状与尺寸，可用以评定和校准超声检测设备。标准试块通常由权威机构讨论通过，其特性与制作要求有专门的标准规定。

标准试块的材料、热处理状态、表面粗糙度、外形和尺寸要求均有严格规定。材料应易于加工，不易变形和腐蚀，具有良好的声学性质。制作时，应确认材质均匀、无杂质、无影响使用的缺陷。

标准试块外形加工的平行度、垂直度与尺寸精度均应经过严格检验并符合图样要求。尺寸允许公差一般在±0.1mm以内。检测面的表面粗糙度一般应优于Ra1.6μm。

试块中的平底孔应经硅橡胶覆型检验其直径、孔底表面粗糙度、平面度等。检验后，平底孔应清洗干燥后进行永久性封堵。对于标准试块，还应测量其声学性能。

3.3.2 试块的主要用途

（1）CSK-IA试块是JB1152-1981《锅炉和钢制压力容器对接焊缝超声检测》中规定的标准试块，如图3.5所示。CSK-IA试块较多用于焊缝横波检测，也是本论文所使用的试块。

1）校验超声检测仪的水平线性、垂直线性和动态范围：用50mm或100mm尺寸。
2）调节横波时基线比例和范围，用50mm和100mm尺寸。
3）测定斜探头在深度方向的分辨力。

（2）CSK-IIIA试块使用壁厚范围为60～120mm的焊接接头。

1）调节时基线比例和探测范围。
2）测定斜探头的k值。

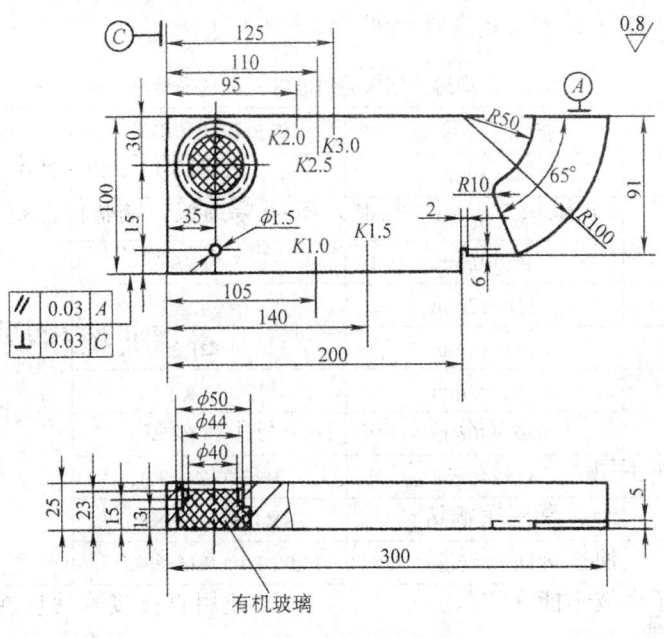

图 3.4 CSK-IA 试块

3)测定横波 AVG 曲线。

4)调节检测灵敏度。

5)进行缺陷定量。

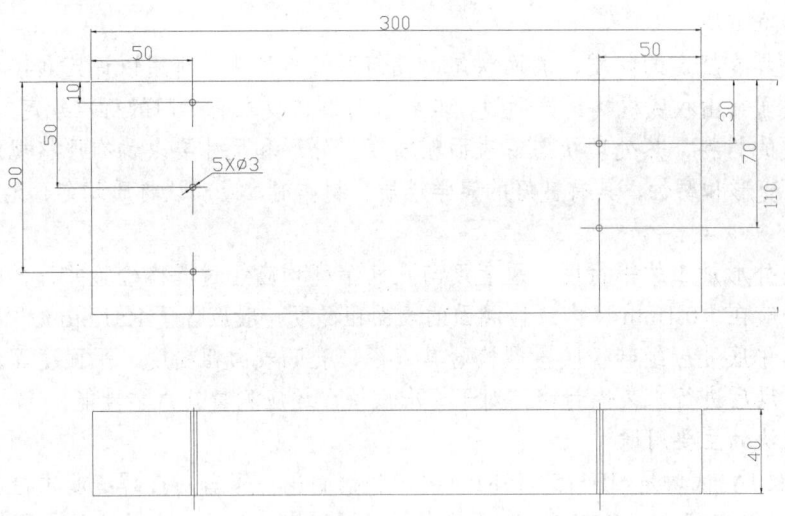

图 3.5 CSK-ⅢA 试块尺寸

3.4 耦合剂的选择

在焊缝探伤中,常用的耦合剂有机油、甘油、浆糊、润滑脂和水等。目前实际探伤中用得最多的是机油与浆糊。从耦合效果看,浆糊同机油差别不大,不过浆糊有一定的粘性,可用于任意姿势的探伤操作,并具有较好的水洗性。用于垂直面或顶面探伤具有独到的好处。

常用耦合剂有水、甘油、全损耗系统用油、变压器油、化学浆糊等。

(1) 水的优点是来源方便;缺点是容易流失,容易使试件生锈,有时不易润湿试件。液浸检测中最常使用水作耦合剂,使用时可加入润湿剂和防腐剂等。

(2) 甘油的优点是声阻抗大、耦合效果好;缺点是要用水稀释,容易使试件形成腐蚀坑,价格较贵。

(3) 全损耗系统用油(俗称机油)和变压器油的附着力、粘度、润湿性都较适当,也无腐蚀性,价格不贵,因此是最常用的耦合剂。本文焊缝检测也是使用此机油作为耦合剂。

(4) 化学浆糊的耦合效果比较好,也是一种常用的耦合剂。

3.5 超声波检测条件

焊缝检测多使用横波检测技术。

3.5.1 探测面的修整

1. 检测面的表面粗糙度

工件表面状况好坏,直接影响探伤结果。因此,应清除焊接工件表面飞溅物、氧化皮、凹坑及锈蚀等。一般使用砂轮机、锉刀、喷砂机、钢丝刷、磨石、砂纸等对探测面进行修整,表面粗糙度 R 一般不大于 $6.3\mu m$。

2. 焊缝两侧的修整宽度

焊缝两侧的修整宽度 P 一般根据母材厚度确定。

厚度为 8~46mm 的焊缝采用二次波探伤,探测面修整宽度为

$$P1 \geqslant 2KT+50 \text{(mm)}$$

厚度大于 46mm 的焊缝采用一次波探伤,探测面修整宽度为

$$P1 \geqslant 2KT+50 \text{(mm)}$$

式中:K—探头的 K 值;T—工件厚度。

3.5.2 检测频率的选择

焊缝晶粒比较细小,可选用较高的频率探伤,一般为 2.5~5.0MHz。对于板厚较小的焊缝,可采用较高的频率;对于板厚较大、衰减明显的焊缝,应选用较低的频率。

3.5.3 K 值选择

1. 斜探头的入射点测定

斜探头声束轴线与探头楔块底面的交点称为斜探头的入射点,商品斜探头都在外壳侧面标志入射点,由于制造偏差和磨损等原因,实际入射点往往与标志位置存在偏差,因此需经常测定。其测定方法如下:

用 CSK-2B 或 IIW 试块测定,将斜探头置于试块 R100 圆心处,探测 R100 圆弧,如图 3.6 所示。前后移动探头,使所获得的反射回波最高。此时探头壳侧面与 R100 圆心的刻度线所对应的点即为入射点。

2. 斜探头 K 值的测定

斜探头的标称 K 值为斜探头声束在钢中折射角的正切值。K 值与入射点等参数的准确性对缺陷定位精度影响很大,其标称值也因制造、磨损等原因与实际值存在差异,因此需在使用前和使用中经常测定。K 值的测定方法如下:

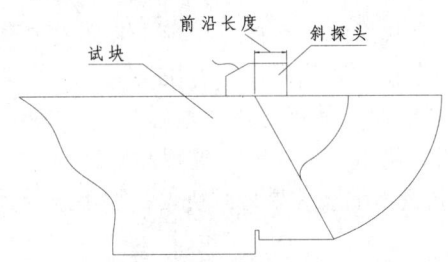

图 3.6 斜探头入射点的测定

用 CSK-2B 或 IIW 试块测定，将被测探头置于试块上，探头沿试块侧面前后移动，当对应于 φ50 圆弧面所获得最高反射回波时，斜探头的入射点所对应的试块上的角度刻度或 K 值刻度指示即为该探头的折射角或 K 值，如图 3.7 所示。

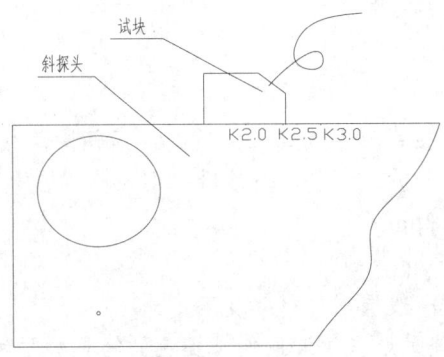

图 3.7 斜探头折射角（K 值）的测定

3.5.4 仪器时间基线的调整

时间基线的调整包括零点校正和扫描速度调整。在横波检测时，为了定位方便，需要将声波在斜楔块中的传播时间扣除，以便将探头的入射点作为声程计算的零点，扣除这段声程的作业就是零点校正。扫描速度的调整则是与零点校正同时进行的，可使定位更为直接。

时间基线的调整方法有如下几种：

（1）按声程调整。调整后荧光屏上的时间基线与声程成正比，具体做法：

用斜探头在 IIW 标准试块（或 CSK-2B 试块）上调试，使横波斜探头的入射点标记同 IIW 标准试块上 R100 圆心（试块上的"0"点）重合。这时，由于 R100 圆弧面的回波被 R100 圆心处的反射槽反射，在荧光屏上会出现 R100 圆弧面的多次回波。根据测量范围的要求，使某两个回波分别对准荧光屏上各自的相应刻度，则荧光屏上多标尺零点即对应于探头入射点。满刻度相当于声程 250mm。

（2）按水平距离调整。调整后荧光屏上的基线刻度与反射体的水平距离成正比。由于水平距离 l 与声程 s 的关系是：

$$l = s \cdot \sin\beta，（\beta = \arctan K）$$

故可利用 CSK-ZB 试块上 R50 和 R100 两个圆弧面的反射进行调整，此时：

$$l_1 = 50 \cdot \sin\beta$$
$$l_2 = 100 \cdot \sin\beta$$

将斜探头对准 R50、R100，调整仪器使其回波 B1、B2 分别对准基线刻度 l_1、l_2 即可。

（3）按深度调整。调整后荧光屏上的基线刻度与反射体的深度 h 成正比。由于深度 h 与声程 s 的关系是：

$$h = s \cdot \cos\beta，（\beta=\arctan K）$$

故可利用 CSK-2B 试块上 R50 和 R100 两个圆弧面的反射进行调整，此时：

$$h_1 = 50 \cdot \cos\beta$$
$$h_2 = 100 \cdot \cos\beta$$

将斜探头对准 R50、R100，调整仪器使其回波 B1、B2 分别对准基线刻度 h_1、h_2 即可。

3.5.5　距离—波幅（DAC）曲线的绘制

由于相同大小的缺陷因声程不同，回波幅度也不相同。超声波检测时要根据缺陷回波波幅高度判定缺陷是否有害，必须按不同声程的回波波幅进行修正。通常是用指定的对比试块来制作距离-波幅（DAC）曲线。

《钢焊缝手工超声波探伤方法和探伤结果分级》（GB 11345-89）中采用对比试块（3×40 横通孔试块）绘制 DAC 曲线，其主要步骤如下：

（1）将测试范围调整到探伤使用的最大探测范围，并按深度、水平或声程调整时的基线扫描比例。

（2）依据工件厚度和曲率选择合适的对比试块，在试块上所有孔深小于等于探测深度的孔深中，选取能产生最大反射波幅的横孔为第一基准孔。

（3）调节"增益"使该孔的反射波为荧光屏满幅高度的 80%，将其峰值标记在荧光屏前的辅助面板上。依次探测其他横孔，并找到最大反射波高，分别将峰值点标记在辅助面板上。如果做分段绘制，可调节衰减器分段绘制曲线。

（4）将各标记点连成圆滑曲线，并延伸到整个探测范围，该曲线即为 $\phi 3mm$ 横孔 DAC 曲线基准线，如图 3.8 所示。

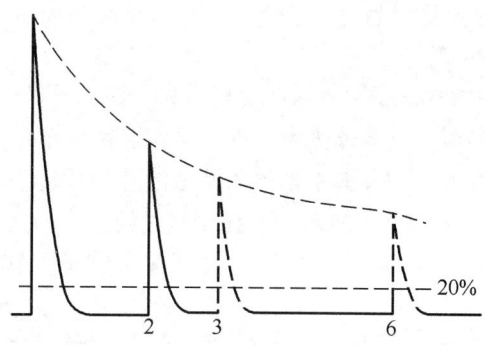

图 3.8　距离-波幅（DAC）曲线的范围

（5）依据表 3.3 规定的各线灵敏度，在基准线下分别绘出判废线、定量线、评定线，并标记波幅的分区，如图 3.9 所示。

（6）在作上述测试的同时，可对现场使用的便携式试块上的某一参考反射体作同样测量，并将其反射波位置和峰值标记在曲线板上，以便现场进行灵敏度验。

表 3.3　距离-波幅曲线的灵敏度

灵敏度 DAC　距离-波幅曲线	检验级别	A	B	C
		8～50	8～300	8～300
判废线		DAC	DAC-4dB	DAC-2dB
定量线		DAC-10dB	DAC-10dB	DAC-8dB
评定线		DAC-16dB	DAC-16dB	DAC-14dB
备注		一般采用 B 级检验，原则上在焊缝单面双侧进行		

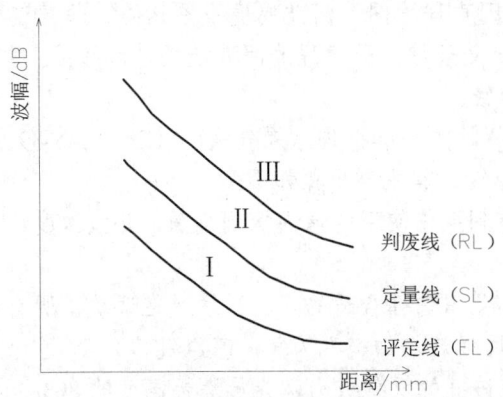

图 3.9　距离-波幅曲线（DAC）示意图

3.5.6　超声检测作业

超声波检验应在焊缝及探伤表面经外观检查合格后进行。检验前，探伤人员应了解受检工件的材质、曲率、厚度、焊接方法、焊缝种类、坡口形式、焊缝余高及背面衬垫、沟槽等情况。探伤灵敏度不应低于评定线灵敏度。当受检工件的表面耦合损失及材质衰减与试块不一致时，应考虑探伤灵敏度的补偿。

探伤扫查速度不应大于 150mm/s，相邻两次探头移动间隔要保证至少 10%的探头宽度重叠。

为探测纵向缺陷，斜探头垂直于焊缝中心线放置在探伤面上，作锯齿形扫查，如图 3.10 所示。探头前后移动的范围应保证扫查到全部焊缝截面及热影响区。在保持探头垂直焊缝作前后移动的同时，还应作 10°～15°的左右转动。为探测焊缝及热影响区的横向缺陷，应进行斜平行扫查，如图 3.11 所示，　在焊缝两侧　　　探头与焊缝中心线　10°～20°作斜平行扫查。

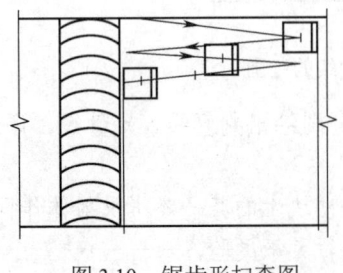

图 3.10　锯齿形扫查图

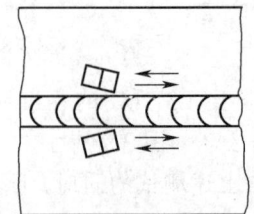

图 3.11　斜平行扫查

为确定缺陷的位置、方向、形状,观察缺陷动态波形或区分缺陷讯号与伪讯号,可采用前后、左右、转角、环绕等四种探头基本扫查方式。通过左右扫查测定缺陷指示长度;通过前后扫查并结合左右扫查找出缺陷的最高回波;通过定点转动和环绕运动推断缺陷的形状和缺陷性质。

对所有反射波幅超过定量线的缺陷,均应确定其位置、最大反射波幅所在区域和缺陷指示长度。当时间基线按水平距离调整时,缺陷的水平距离 l 可由缺陷最大反射波在荧光屏上的位置直接读出;缺陷的深度 h 可通过计算或作图求出。

奇次波 $h=l/K-(n-1)t$, $n=1,3\cdots$

偶次波 $h=nt-l/K$, $n=2,4\cdots$

式中:n—波次;

t—试件厚度;

l—缺陷水平距离;

h—缺陷深度;

K—探头斜率。

缺陷指示长度 $\triangle l$ 的测定采用 1/2 波高法。当缺陷反射波只有一个高点时,用降低 6dB 相对灵敏度测长,如图 3.12 所示;当缺陷反射波峰值起伏变化,有多个高点时,则以缺陷两端反射波降至 1/2 最大反射波波高之间探头的移动长度作为缺陷长度,如图 3.13 所示。

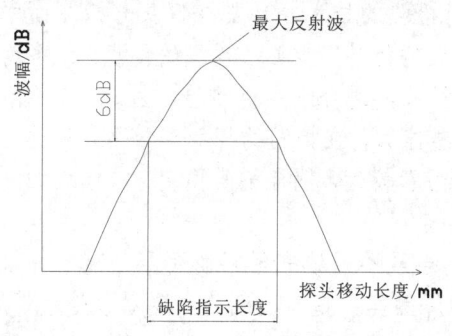

图 3.12　6dB 法测长图

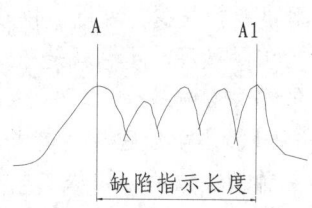

图 3.13　端点峰值法测长

3.5.7　焊缝缺陷的评定

超过评定线的信号,应注意其是否具有裂纹等危害性缺陷的特征,如有怀疑时应采取改变探头角度、增加探伤面、观察动态波形、结合结构工艺特征作判定;如对波形不能准确判断时,应辅以其他检验方法判定。相邻两缺陷各向间距小于 8mm 时,两缺陷指示长度和作为单个缺陷的指示长度。最大反射波幅位于Ⅱ区的缺陷,其指示长度小于 10mm 时按 5mm 计。

GB 11345－89 标准将焊缝质量分为Ⅰ、Ⅱ、Ⅲ、Ⅳ四个等级。其中Ⅰ级质量最高,Ⅳ级质量最低,具体分级规定如下。最大反射波幅位于Ⅱ区的缺陷,根据缺陷指示长度按表 3.4 的要求进行评定。最大反射波幅不超过评定线的缺陷,均评为Ⅰ级;最大反射波幅超过评定线的缺陷,检验者判定为裂纹、未焊透等危险性缺陷时,无论其波幅和长度如何,均评定为Ⅳ级;反射波幅位于Ⅰ区的非裂纹性缺陷,均评为Ⅰ级;反射波幅位于Ⅲ区的缺陷,无论其指示长度如何,均评定为Ⅳ级。不合格的缺陷应返修。外观缺陷的返修比较简单,对焊缝内部缺陷应用碳弧气刨刨去缺陷；为防止裂纹扩大或延伸，刨去长度应在缺陷两端各加 50mm；刨削深度也应将缺陷完全彻底清除，露出金属母材，并经砂轮打磨后施焊；返修区域修补后应按原探伤要求进行复验。同一条焊缝一般允许连续返修补焊 2 次。

表 3.4 缺陷的等级分类

评定等级 \ 板厚/mm \ 检验等级	A	B	C
	8～50	8～300	8～300
I	2T/3 最小 12	T/3 最小 10；最大 30	T/3 最小 10；最大 20
II	3T/4 最小 12	2T/3 最小 10；最大 50	T/2 最小 10；最大 30
III	T 最小 20	3T/4 最小 16；最大 75	2T/3 最小 12；最大 50
IV	超过 III 级者		

注：1. T 为板材厚度；2. 母材板厚不同时取薄板侧厚度值。

3.6 横波检测技术

横波检测技术分为接触法检测和脉冲法检测，本实验主要采用接触法进行试验。

3.6.1 接触法检测

接触法检测是将探头与试件表面直接接触进行检测的技术，通常在探头与检测面之间涂有一层很薄的耦合剂，以改善探头与检测面之间声波的传导。接触法检测的优点：a 多为手动检测，操作方便；b 设备简单，仅需简单的仪器及探头，适合于现场检验，且成本较低；c 直接耦合，入射声能损失少，可以提供较大厚度的穿透能力，在相同的探头参数下，可比液浸法提供更高的检测灵敏度。缺点就是手工操作受人为因素较大，耦合不易稳定；被检表面的光洁度对入射声能损失影响较大。

焊缝是通过加热或加压或两者并用，用填充材料或不用填充材料使两个分离的材料达到原子结合的一种加工方法。焊缝工艺有熔焊和压力焊两类。超声检测的主要对象是熔焊焊缝，焊缝检测中主要是对焊条电弧焊的检测。而焊缝接头形式主要有对接、角接、搭接和 T 型接头等几种。其中，超声检测最常用于对接接头，其次是角接和 T 型接头。接头的缺陷包括外部缺陷和内部缺陷。

外部缺陷有焊缝尺寸不符合要求、未焊透、咬边、焊瘤、表面气孔和表面裂纹等，通常采用目视检测、磁粉检测、渗透检测等方法对这些缺陷进行检测。

内部缺陷有气孔、夹渣、未焊透、未熔合和裂纹等，超声检测主要的目的是为了检测出焊接接头中存在的内部缺陷。其中的气孔、夹渣是立方型缺陷，危害较小；而裂纹、未熔合是平面型缺陷，危害性大。在焊缝探伤中，由于余高的影响及焊缝中裂纹、未焊透、未熔合等危害性大的缺陷往往与检测面垂直或成一定的角度，因此一般采用斜射横波接触法，在焊缝两侧进行扫查。

3.6.2 脉冲反射法

脉冲反射法是有超声波探头发射脉冲波到试件内部，通过观察来自内部缺陷或试件底面的反射波的情况来对试件进行检测的方法。

当试件不存在缺陷时，显示图像中仅有反射脉冲和底面回波两个信号。而当试件中存在缺陷时，在发射脉冲与底面回波之间将有缺陷回波，通过观察缺陷回波的高度可对缺陷的大小进行评估，通过观察回波距发射脉冲的距离，可得到缺陷的埋深。当材质较好且选用的探头适当时，脉冲回波法可观察到非常小的缺陷回波，达到很高的检测灵敏度。

3.7 焊缝质量评定标准

超声波探伤作为无损检测的一种方法，因其探伤效率高、成本低、穿透能力强，而被广泛应用。它是利用频率超过 20KHz 的高频声束在试件中与试件内部缺陷（如裂缝、气孔、夹渣等）中传播的特性，来判定是否存在缺陷及其尺度的一种无损检测技术。

超声检测因其固有特点，它比较适合于检测焊缝中的平面型缺陷，如裂纹、未焊透、未熔合等。焊缝厚度较大时，其优点愈明显。

4 实验过程

设焊缝试件 T=20mm，采用 CSK-IIIA 试块。

4.1 仪器调节

检测仪面板上有许多开关和旋钮，用于调节检测仪的各个工作状态。图 4.1 所示为 CTS-22 型检测仪的面板示意图，下面以这种仪器为例，说明各主要开关的作用及调整方式。

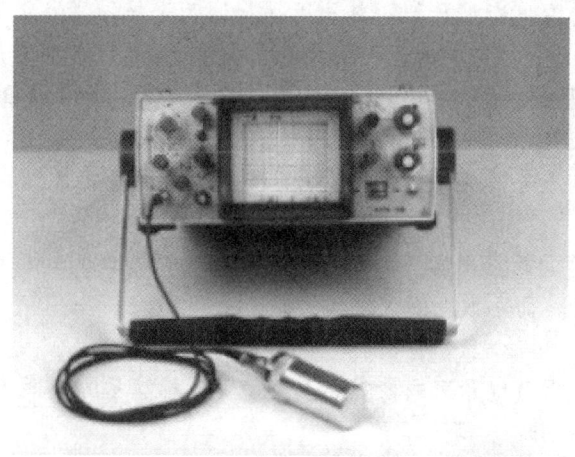

图 4.1　CTS-22 型检测仪面板

4.1.1　工作方式选择旋钮

工作方式选择旋钮的作用是选择检测方式，即"双探"或者"单探"方式。当开关位置位于"双探"时，为双探头一发一收工作状态，可用一个双晶探头或者单探头检测，发射探头的接收探头分别连接到发射插座和接收插座。当开关至于"单探"时，为单探头自发自收的工作状态，此时发射插座和接收插座从内部连通，探头可插入任意插座。

检测仪"单探"方式有两个位置，一个位置为中等反射强度档，旋钮至于该位置时，发射强度不可变。仪器具有较高的灵敏度和分辨力。

4.1.2 发射强度旋钮

发射轻度旋钮的作用是改变仪器发射脉冲功率,从而改变仪器的发射强度。增大发射强度时,可提高仪器的灵敏度,但脉冲变宽,分辨力变差。因此,在检测灵敏度能满足要求的情况下,发射强度旋钮应尽量放在较低的位置。

4.1.3 衰减器

衰减器的作用是调节检测灵敏度和测量回波振幅,调节灵敏度时,衰减读数大,灵敏度低;反之,衰减读数小,灵敏度高。测量回波振幅时,衰减读数大,回波振幅高;反之,衰减读数小,回波振幅低。一般检测仪的衰减器分为粗调和细调两种,粗调每档10dB或20dB,细调每档2dB或者1dB,总衰减量为80dB左右。

4.1.4 增益旋钮

增益旋钮也称增益细调旋钮,其作用是改变接收放大器的放大倍数,进而连续改变检测仪的灵敏度。使用时将反射波高度精确地调节到某一指定高度,一旦灵敏度确定以后,检测过程中一般不再调整增益旋钮。

4.1.5 抑制旋钮

抑制的作用是抑制荧光屏上幅度较低或认为不必要的杂乱反射波,使之不予显示,从而使荧光屏显示的波形清晰。

值得注意的是使用抑制时,仪器垂直性和动态范围将被改变。抑制作用越大,仪器动态范围越小,从而在实际检测中容易漏掉小的缺陷,因此,除非十分必要,一般不使用抑制。

4.1.6 深度范围旋钮

深度范围旋钮也称深度粗调旋钮,其作用是粗调荧光屏扫描线所代表的检测范围。调节深度范围旋钮,可较大幅度地改变时间扫描线的扫描速度,从而使荧光屏上回波间距大幅度的压缩或扩展。粗调旋钮一般都分为若干档,大件选择大的档,小件选择小的档。

4.1.7 深度细调旋钮

深度细调旋钮的作用是精确调整检测范围,可以连续改变扫描线的扫描速度。

4.1.8 延迟旋钮

延迟旋钮用于调节开始发射脉冲时刻与开始扫描时刻的时间差,可以使扫描线上的回波位置大幅度的左右移动,而不改变回波之间的距离。

4.1.9 聚焦旋钮

聚焦旋钮的作用是调节电子束的聚焦程度,使荧光屏显示的波形清晰。

4.1.10 频率选择旋钮

宽屏带检测仪的放大器频率范围宽,覆盖了整个检测所需的频率范围,检测仪面板上没有频率选择旋钮,检测频率由探头决定。

4.1.11 水平旋钮

水平旋钮也称零位调节旋钮,用于调节水平旋钮,可使扫描线连扫描线上的回波一起左右移动一段距离,但不改变回波间距。调节检测时,用深度调节旋钮和细调旋钮调好回波间距,用水平旋钮进行校准。

4.1.12 重复频率旋钮

重复频率旋钮的作用是调节脉冲重复频率即改变发射电路每秒钟发射脉冲次数,重复频率低时,荧光屏较暗,反之则较亮,而这种适于露天检测。

4.1.13 垂直旋钮
垂直旋钮用于调节扫描线的垂直位置。调节垂直旋钮可使扫描线上下移动。

4.1.14 辉度旋钮
辉度旋钮用于调节波形的宽度。

4.1.15 深度补偿开关
作用是改变放大器的性能，使位于不同深度的相同尺寸缺陷的回波高度差异减小。

4.1.16 显示选择开关
显示选择开关的作用是选择"检波"或者"不检波"。

调节仪器，使时基扫描线清晰明亮，并与水平刻度线重合。同时调整抑制旋钮至"0"。

4.2 具体实施

4.2.1 测定探头的射入点和 K 值
探头置于 CSK-IA 试块上，对准 R100mm 圆弧面，平行移动探头，找到最高回波，这时试块上 R100mm 圆心正对的试块底上的点，用铅笔做好标记，并量出探头的前沿长度 10。然后同理用探头测量 $\Phi50$，找到最高回波，这时入射点正对试块上的刻度值就是探头的 K 值。

4.2.2 按深度 1:1 调节扫描速度
（1）调节水平旋钮将脉冲左移 10mm。

（2）将探头置于 CSK-IIIA 试块上，选择两个相差一倍的孔，如 d=30 和 d=60 的横孔，先将探头对准 d=30mm 的横孔 $\Phi1mm \times 6mm$，找到最高回波，然后用微调旋钮将其前沿调至水平刻度 30 处。

（3）后移探头，找到 d=60mm 的横孔 $\Phi1mm \times 6mm$ 的最高回波，若此回波前沿长度所对的水平刻度为 y，应求出 x=60-y，当 x 为 0 时，正好是深度 1:1。当 x 为正值时，用微调旋钮将回波向大读数移动到 $y+2|x|$，当 x 为负时，用微调旋钮将回波向小数移动到 $y-2|x|$。

（4）用水平旋钮将回波前沿调至水平刻度 60 处，这时深度 1:1 的扫描速度就调好了，d=30mm 的横波 $\Phi1mm \times 6mm$ 的最高回波也正对 30 处。

4.2.3 调起始灵敏度
探头对准 d=70mm 的横孔 $\Phi1mm \times 6mm$，衰减 20dB，调节增益旋钮使 d=70mm 的横孔 $\Phi1mm \times 6mm$ 的最高回波大基准 60%高。

4.2.4 记录
分别记录 d=60，50，40，30，20，10 时候的记录。

4.2.5 绘制波形图
测长线：$\Phi1mm \times 6mm$-9dB
定量线：$\Phi1mm \times 6mm$-3dB
判废线：$\Phi1mm \times 6mm$-5dB

以 d 为横坐标，以 dB 值为纵标，注明所用探头、试块。

4.2.6 探头的扫查方式
（1）锯齿形扫查和基本扫查，如图 4.2 所示。

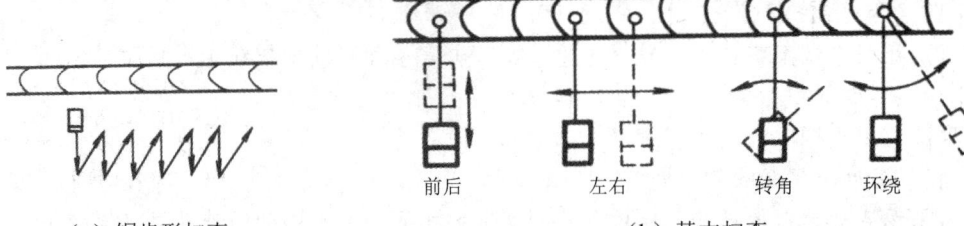

(a) 锯齿形扫查　　　　　　　　(b) 基本扫查

图 4.2　锯齿形扫查和基本扫查

（2）平行扫查和斜平行扫查，如图 4.3 所示。

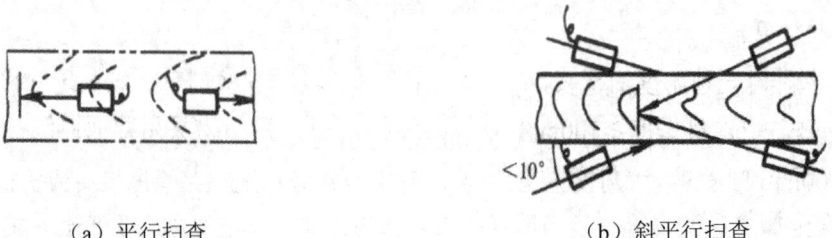

(a) 平行扫查　　　　　　　　(b) 斜平行扫查

图 4.3　平行扫查和斜平行扫查

4.3　焊缝缺陷评定

4.3.1　缺陷位置的测定

用斜探头检测时，缺陷在探头前方的下面，但由于超声波在检测面的折射和在底面的反射等而使缺陷定位比较复杂，有时超声波在到达底面之前发现缺陷，这种方法称为直射法，也叫一次波法；有时超声波经底面反射后才发现缺陷，这种方法称为一次反射法，也叫二次波法，如图 4.4 所示。因此，缺陷位置可用入射点至缺陷的水平距离 l_f、缺陷到检测面的垂直距离 Z_f 两个参数来确定。

下面介绍常用的几种缺陷定位方法。

（1）按声程调节扫描速度

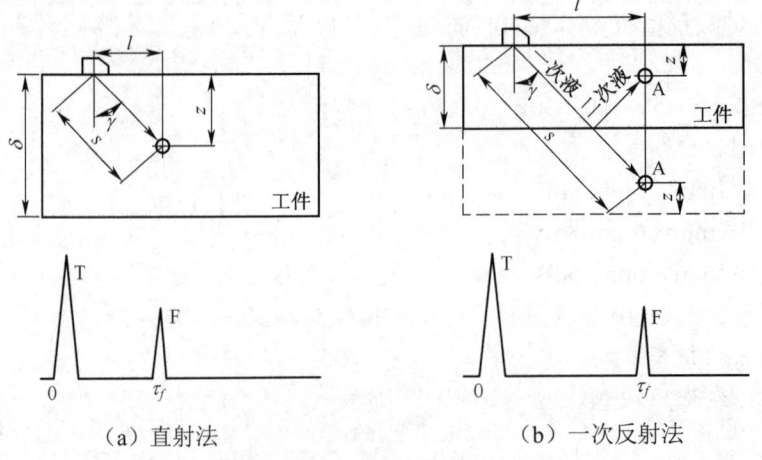

(a) 直射法　　　　　　　　(b) 一次反射法

图 4.4　横波探伤缺陷定位

设仪器按声程 1:n 调节扫描速度，探伤中在显示屏上水平刻度 τ_f 处出现一缺陷波则该缺陷在工件中的声程为 $s = n \cdot \tau_f$。

若该缺陷为直射法发现，如图 4.4（a）所示，则缺陷在工件中的水平距离 l_f 和深度 Z_f 分别为：

$$\begin{cases} l_f = s \cdot \sin\gamma = n \cdot \tau_f \cdot \sin\gamma \\ Z_f = s \cdot \cos\gamma = n \cdot \tau_f \cdot \cos\gamma \end{cases}$$

若该缺陷为一次反射法发现，如图 4.3（b）所示，则缺陷在工件中的水平距离 l_f 和深度 Z_f 分别为：

$$\begin{cases} l_f = s \cdot \sin\gamma = n \cdot \tau_f \cdot \sin\gamma \\ Z_f = 2\delta - s \cdot \cos\gamma = 2\delta - n \cdot \tau_f \cdot \cos\gamma \end{cases}$$

式中：δ—工件的厚度；γ—斜探头的折射角。

（2）水平调节法定位。检测仪按水平 1:n 调节横波扫描速度时，则有

若该缺陷为直射法发现，则缺陷在工件中的水平距离 l_f 和深度 Z_f 分别为：

$$\begin{cases} l_f = n\tau_f \\ Z_f = \dfrac{n\tau_f}{K} \end{cases}$$

若该缺陷为一次反射法发现，则缺陷在工件中的水平距离 l_f 和深度 Z_f 分别为：

$$\begin{cases} l_f = n\tau_f \\ Z_f = 2\delta - \dfrac{n\tau_f}{K} \end{cases}$$

式中：l_f—缺陷在工件中的水平距离（mm）；Z_f—缺陷在工件中的深度（mm）；τ_f—缺陷波前沿所对水平刻度值；n—检测仪调节比例系数；δ—检测厚度（mm）；K—探头 K 值（$K = \tan\gamma$）。

在水平调节法的计算中，首先要判断是直射法还是一次反射法发现了缺陷，判断条件是：缺陷距探头的水平距离 l_f 小于或等于斜角探伤法的 0.5P（跨距），则是直射法发现了缺陷；若缺陷距探头的水平距离 l_f 大于斜角探伤法的 0.5P（跨距），并且小于 1P，则是一次反射法发现了缺陷。

缺陷大小的测定：测定工件或焊接接头中缺陷的大小和数量称为缺陷定量。

（1）当量法

当量法主要有当量曲线法和当量计算法。焊缝探伤常采用当量曲线法，即利用具有同一孔径、不同距离的横孔试块制作的距离-波幅曲线（DAC 曲线），查出缺陷区域和当量。

（2）探头移动法

对于尺寸或面积大于声束直径或断面的缺陷，常采用探头移动法来测定其指示长度和范围。

4.3.2 缺陷性质的估判

判定工件或焊接接头中缺陷的性质称之为缺陷定性。不同缺陷波形特点如表 4.1 所示。

4.3.3 缺陷评定与检验结果的分级

距离-波幅曲线是缺陷评定与检验结果分级的依据。

表 4.1　动态波形特点

缺陷形状	动态波形
点状缺陷	左右移动距离短，幅度下降快，环绕运动，幅度不变
线形或面形缺陷	左右移动幅度变化小，环绕运动幅度下降快
不规则线形或面形缺陷	多峰

1. 缺陷评定

缺陷的大小确定以后，要根据缺陷的性质和指示长度结合有关标准的规定评定焊缝的质量级别。

2. 检验结果的等级分类

焊缝超声检验结果分为四级：

（1）最大反射波幅不超过评定线的缺陷，均评为 I 级。

（2）最大反射波幅超过评定线的缺陷，检验者判定为裂纹等危害性缺陷时，无论其波幅和尺寸如何，均评为 IV 级。

（3）反射波幅位于 I 区的非裂纹性缺陷，均评为 I 级。

（4）最大反射波幅位于 II 区的缺陷，根据缺陷的指示长度按表 4.2 所示的规定予经评级。

（5）反射波幅超过判废线进入 III 区时缺陷，无论其指示长度如何，均评定为 IV 级。

表 4.2　缺陷的等级分类

评定等级 \ 检验等级 板厚/mm	A 8~50	B 8~300	C 8~300
I	2T/3 最小 12	T/3 最小 10；最大 30	T/3 最小 10；最大 20
II	3T/4 最小 12	2T/3 最小 10；最大 50	T/2 最小 10；最大 30
III	T 最小 20	3T/4 最小 16；最大 75	2T/3 最小 12；最大 50
IV	超过 III 级者		

4.3.4　记录与报告

焊缝超声波探伤后，应将探伤数据、工件及工艺概况归纳到探伤的原始记录中，并签发检验报告。焊缝超声检测工艺卡如表 4.3 所示。

表 4.3　焊缝超声检测工艺卡

试件名称	钢焊板	材料牌号	Q235C	试件厚度	22mm
坡口形式	X 形	焊接方式	焊条电弧焊	表面状态	余高未清除
检验标准	GB11345—1989	检验级别	B 级	验收级别	II 级
仪器型号	CTS-23	探头型号	2.5P13×13K2	探头前沿	小于 12mm
探头 K 值	K2 探头	标准试块	CSK-IB	对比试块	RB-2
检测面	单面双侧	耦合剂	机油	表面补偿	4dB
检测区域	28mm	检测方法	横波斜入射	时基线调节	水平 1:1

续表

最大扫查间距	不大于13mm		最大扫差速度	不大于150m/s
检测灵敏度	纵向缺陷：评定线φ3-16dB			
	横向缺陷：评定线φ3-22dB			
探头扫查区域： 焊缝两侧110mm区域内，两探头串列式扫查			检测区域： 焊缝两侧28mm区间内	
技术要求：				
编制	×××	审核	×××	批准	×××
年　月　日		年　月　日		年　月　日

检验报告是焊缝超声波检验的存档文件，经质量管理人员审核后，正本发送委托部门，其副本由探伤部门归档。探伤记录与报告应具有追踪性，并至少保存7年以上以备随时查核。

5　国内外超声检测技术研究现状

无损检测技术已经历一个世纪，尽管无损检测技术本身并非一种生产技术，但其技术水平却能反映该部门、该行业、该地区甚至该国的工业技术水平，无损检测技术所能带来的经济效益十分明显，经过无损检测后的产品增值情况大致是机械产品的5%，国防、宇航、原子能产品为12%～18%，火箭为20%。例如，德国奔驰公司汽车几千个零件经过无损检测后，整车运行公里数提高了一倍，大大提高了产品在国际市场的竞争能力，可见现代工业是建立在无损检测基础上的说法并不为过。

超声无损检测技术（UC）作为五大常规检测技术之一，由于与其他常规无损检测技术相比，它具有被测对象范围广，检测深度大；曲线定位准确，检测灵敏度高；成本低，使用方便，速度快，对人体无害以及现场使用等特点，因而世界各国都对超声无损检测给与了高度的重视。有关资料表明，国外每年大约发表3000篇涉及无损检测的文献资料，全部文献资料中有关超声无损检测的内容约占45%，特别是2000年10月在罗马召开的第十五届无损检测会议（WCNDT）收录的663篇论文中，超声检测就占250篇。这些都说明超声无损检测的研究起头和其在无损检测中的重要地位。同时，这也是本文对焊缝缺陷选用超声波检测的一个重要原因。

目前，国外工业发达国家的无损检测技术已逐步从NDI和NDT向NDE过渡。无损探伤、无损检测和无损评价是无损检测发展的三个阶段。超声波无损探伤是超级阶段，它的作用仅仅是在不损害零件的前提下，发现其人眼不可见的内部缺陷，以满足工业设计中的强度要求。超声无损检测包括对材料和缺陷的物理、力学性能的检测以及评价。

6 总结

科技在发展，焊缝无损检测技术也在向着自动化、智能化和信息化的方向发展。但是，我们也应看到，针对我国当前的实际情况，手动人工超声波探伤仍是主要的探伤方法，且应用依然相当广泛。在实际的超声波探伤过程中，仍在不断涌现许多新问题。针对这些实际问题，在指导老师的悉心指导下，在前人成果的基础上，本文对焊接缺陷的超声波探伤技术进行了详细介绍，并通过钢板焊缝的超声波探伤实验详细讲述了超声波探伤的操作步骤、注意事项和等级评定标准。

本课题着重做了以下工作：

论述了过程设备制造工艺流程，并详细介绍了焊接过程中常见的缺陷和产生缺陷的原因。

详细讲述了超声波探伤技术的原理、分类、评定等级和评定标准。

结合实验详细介绍了超声波探伤的操作步骤和注意事项，并对给定板材焊缝进行了现场探伤和等级评定，完成了焊缝超声检测报告和焊缝超声检测工艺卡。

焊缝超声波检测作为检验焊缝质量的一种有效方法，其检测的可靠性和有效性还待进一步完善。由于超声检测的本身所固有的特点和局限性，在实际的无损检测中还须与其他检测方法配合使用。我们坚信，随着研究工作的进一步深入，此问题将会得到进一步解决。

参考文献

[1] 邹广华，刘强. 过程装备制造与检测. 北京：化学工业出版社，2003，7：32-52.
[2] 邓辉，林树青. 超声检测. 第二版. 北京：中国劳动社会保障出版社，2008：3-5.
[3] 郑津洋，董其伍，桑芝富. 过程设备设计. 北京：化学工业出版社，2005，5：91-95.
[4] 曹玉华. 焊接质量的超声波探伤无损检测. 宁夏机械，2008，4：73-75.
[5] 单宝华，喻言，欧进萍. 超声相控阵检测技术及其应用. 无损检测，2004，26（5）：235-238.
[6] 于建军. 焊缝的超声波检测技术研究[D]. 新疆：新疆农业大学，2005.
[7] 刘宏宇. 浅谈超声衍射时差法（TOFD）检测技术. 中国高新技术企业，2009，17：55-56.
[8] 孔立峰，李树学，罗光华，杨锦标. TOFD检测技术的应用. 河北工业科技，2009，26（3）：168-171.
[9] 尹贤友. 无损探伤技术及其应用. 科技信息，2009，11：784-784.
[10] 陈静图. 薄板对接焊缝超声波探伤技术. 建筑监督检测与造价，2008，7.
[11] 张旭辉，马宏伟. 超声无损检测技术的现状和发展. 现状·趋势·战略，2002，40：24-26.
[12] 仲维畅，超声波探伤技术的局限性和可靠性. 无损检测，1996，18：65-67.
[13] 薛永盛，超声探伤中影响缺陷检出的因素. 云南水力发电，2008，4：79-81.

致谢

本次毕业设计顺利及时的完成，首先要感谢×××老师在我毕业论文的撰写至论文定稿给予的全程指导,以及我在此过程中遇到困难、挫折时给予的帮助和鼓励。从课题的选择到系统的最终完成,×××老师都始终给予我细心的指导和不懈的支持。所以,我要向×××老师表示衷心的感谢!

此外,我要感谢××××大学材料系的各位老师在培育我们这几年传授学术知识的工作中所付出的艰辛,我还要感谢曾经帮助过我的所有同学,感谢他们在毕业设计期间对我各方面的帮助。

最后向评审本论文和参加论文答辩的各位老师表示最衷心的谢意!

12.3　焊接方向的各类选题

本小节介绍了一些焊接方向常见的、有代表性的毕业设计选题,并对其一一进行解析。

12.3.1　焊缝设计及质量控制

选题研究领域:焊缝成形质量差的原因及防止措施
选题类型:设计与实现
选题完成形式:设计作品+论文
选题参加人数:个人独立完成或者2人
选题知识准备:

焊缝质量受到了焊接设备、焊材工艺流程、操作技术水平的限制。焊接电源、焊接电流、焊接速度、电弧电压、焊接层数、焊条类形、焊条直径等工艺因素对成形技术焊接质量的影响和造成的相关缺陷。

选题设计大纲举例——《单面焊双面成形质量差的原因及防止措施》

1. 单面焊双面成形技术的概念
2. 单面焊双面成形常见的焊接缺陷
 (1) 尺寸上的缺陷
 (2) 结构上的缺陷
 (3) 性质上的缺陷
3. 单面焊双面成形质量差引起的问题
 (1) 增加消耗,降低结构的质量和使用寿命
 (2) 焊接缺陷会给结构的安全生产带来威胁,引起安全事故
4. 单面焊双面成形焊接质量差的原因分析
 (1) 焊接电源自身因素引起的焊接质量差
 (2) 工艺因素对单面焊双面成形焊接质量的影响
5. 工艺因素
 (1) 焊接电流
 (2) 焊接速度
 (3) 电弧电压
6. 焊接层数选择不当
7. 焊条类形及焊条直径的影响

8．操作因素

9．防止单面焊双面成形焊接产生焊接缺陷的措施

相似选题扩展：

（1）单面焊双面成形质量差的原因及防止措施

（2）铸铁件焊缝设计

（3）异种钢焊件焊缝设计

（4）低合金钢 T 形接头焊缝质量的控制与计算

12.3.2　合金的焊接设计

选题研究领域： 合金的焊接设计

选题类型： 设计与实现

选题完成形式： 设计作品+论文

选题参加人数： 个人独立完成

选题知识准备： 初步掌握铝合金的焊接特点，并能够应用各种焊接技术，

选题设计大纲举例——《铝合金焊接技术》

1．铝合金的焊接特点

（1）铝合金的焊接特点

（2）铝合金焊接的几大难点

2．铝合金的焊接工艺

（1）钨极氩弧焊（TIG）

1）TIG 焊的基本原理

2）TIG 焊的特点

（2）激光焊（LBW）

1）激光焊的基本原理

2）铝合金激光焊的特点

3）铝合金的激光-电弧复合焊

（3）搅拌摩擦焊（FSW）

1）FSW 焊的基本原理

2）FSW 焊的特点

3）铝合金的 FSW 焊

相似选题扩展：

（1）非合金钢的焊接设计

（2）不锈钢的焊接设计

（3）耐热钢的焊接设计

（4）铸铁的焊接设计

（5）非铁金属材料的焊接设计

参考文献

[1] 刘思宁. 大学生毕业设计全程指导. 四川：西南交通大学出版社，2001.

[2] 何庆. 机械制造专业毕业设计指导与范例. 北京：化学工业出版社，2008.

[3] 孙波. 机械专业毕业设计宝典. 西安：西安电子科技大学出版社，2008.

[4] 钟雯，胡家杰. 机械类课程设计、毕业设计与选题精选（机械设计专业）. 北京：化学工业出版社，2010.

[5] 张黎骅，吕小荣. 机械工程专业毕业设计指导书. 北京：北京大学出版社，2011.